永康文獻叢書

（道光）永康縣志

【清】廖重機 應曙霞 等 纂修

盧敦基 校點

圖書在版編目(CIP)數據

道光永康縣志 /（清）廖重機等纂修；盧敦基校點
. —上海：上海古籍出版社，2022.11
　（永康文獻叢書）
　ISBN 978-7-5732-0536-0

Ⅰ.①道… Ⅱ.①廖… ②盧… Ⅲ.①永康-地方志
-清代 Ⅳ.①K295.54

中國版本圖書館 CIP 數據核字(2022)第 216655 號

永康文獻叢書

（道光）永康縣志

［清］廖重機　應曙霞　等纂修

盧敦基　校點

上海古籍出版社出版發行

（上海市閔行區號景路 159 弄 1－5 號 A 座 5F　郵政編碼 201101）

　（1）網址：www.guji.com.cn

　（2）E-mail：guji1@guji.com.cn

　（3）易文網網址：www.ewen.co

浙江新華數碼印務有限公司印刷

開本 710×1000　1/16　印張 37.25　插頁 7　字數 467,000

2022 年 11 月第 1 版　2022 年 11 月第 1 次印刷

印數：1—2,300

ISBN 978-7-5732-0536-0

K · 3298　定價：238.00 元

如有質量問題，請與承印公司聯繫

永康文獻叢書編纂成員名單

指導委員會

主　任　　　　章旭升　胡勇春

副主任　　　　施禮幹　章錦水　俞　蘭　盧　軼

委　員　　　　吕振堯　施一軍　杜奕銘　王洪偉　徐啓波　肖先振

辦公室主任　　施一軍

副主任　　　　朱俊鋒

成　員　　　　徐關元　陳有福　應　蕾　童奕楠

顧問委員會

主　任　　　　胡德偉

委　員　　　　魯　光　盧敦基　盧禮陽　朱有抗　徐小飛　應寶容

編輯委員會

主　編　　　　李世揚

委　員　　　　朱維安　章竟成　林　毅　麻建成　徐立斌

重修永康縣志序

士君子敷政立教將思因天
之時乘地之利順人之情相
其緩急輕重而興利除弊
措施忝協者果何道之滋

貳六惟是網羅舊聞泰致
戴籍驗其星野災祥山川
壇域人物文章以及農桑
學校風氣劉棻莫不瞭如
指掌因而酌古準今示儉

（道光）《永康縣志》書影一

永康縣志卷之一

地里志

夫以宇宙之寥廓大章所步曁亥所度記其里以
億萬計一邑之境不如疊空之在大澤乎奚以志
為雖然撮土亦地也卷石亦山也一勺之多亦水
也況提封百里政賦財用之所出社稷民人之所
寄堂堂乎在土宇販章之內者哉禹貢職方皆地
志所自防顧其小者弗及詳耳至於土訓掌道地
圖誦訓掌道方志則必統邇遐大小而悉詳之第

永康縣志 卷之一 地里 一

其書與汩作九其九篇俱不傳弗可攷已永康雖
葟爾邑於唐為望縣亦稱雄緊且石城或謂卽海
內南經之三天子郡山華溪雖不列於桑氏水經
而酈注載元緒子明之異在永康溪則自孫吳設
縣之始而已著其地矣烏可以不志志地里

分野

保章氏以星土辨九州之地所封封域皆有分星以
觀妖祥此分野之說所由始也鄭康成以十二次分
之孔穎達疏以北斗及二十八宿主之亦有以受封

（道光）《永康縣志》書影二

總　　序

永康歷史悠久，人文薈萃。

據南朝宋鄭緝之《東陽記》載，永康於三國赤烏八年（245）置縣。建縣近 1800 年來，雖經朝代更替，然縣名、治所及區域，庶無大變，風俗名物，班班可考，辭章文獻，卷帙頗豐。

魏晉南北朝至隋唐，是中國經濟重心由北向南轉移的準備階段，永康的風土人情漸次載入各類典籍。北宋以降，永康即以名賢輩出、群星璀璨而著稱婺州。名臣高士，時聞朝野；文采風流，廣播海內。本邑由宋至清，載正史列傳 20 餘人，科舉進士 200 餘名。北宋胡則首開進士科名，爲官一任，造福一方；徐無黨受業於歐陽修，深得良史筆意，嘗注《新五代史》，沾溉後學。南宋狀元陳亮創立永康學派，宣導事功，名播四海；樓炤、章服、林大中、應孟明位高權重，憂國憂民，道德文章，著稱南北。元代胡長孺安貧守志，文采斐然，名列“中南八士”。明代榜眼程文德與應典、盧可久，先後講學五峰書院，傳播陽明之學，盛極一時；朱方長期任職府縣，清廉自守，史稱一代廉吏；王崇投筆從戎，巡撫南疆，功勳卓著；徐文通宦游期間與當時文壇鉅子交往密切，吟咏多有佳作。清初才女吳絳雪保境安民，壯烈殉身，名標青史；潘樹棠博聞強記，飽讀詩書，人稱“八婺書櫥”；晚清應寶時主政上海，對申城拓展、繁榮卓有貢獻；胡鳳丹、胡宗楙父子畢生搜羅鄉邦文獻，刊刻《金華叢書》，嘉惠士林。民國呂公望，早年投身辛亥革命，曾任浙江督軍兼省長，公暇與程士毅、盧士希、應均等人結社唱酬，引領一代文風。抗戰期間,方巖成爲浙江省政府臨時駐地,四方賢俊,匯聚於此,文人墨客,以筆代口,爲抗日救亡而吶喊,在永康文化史上留下濃重一筆。

據粗略統計,本邑往哲先賢自北宋到民國時期,所撰經史子集各類著作及裒輯成集者,360餘家,近千種。惜年代久遠,迭經兵燹蟲蠹、水火厄害,相當部分已灰飛烟滅,蕩然無存。現國内外公私圖書館藏有本邑歷代著作僅百餘部,其中收入《四庫全書》及存目、《續修四庫全書》者20餘部。這是歷代先賢留給我們的寶貴精神財富,也是我們傳承文化基因、汲取歷史智慧的重要載體,更是一座有待開發的文化寶藏。

爲整理出版《永康文獻叢書》,多年以來,我市有識之士不懈呼籲,社會各界紛紛提議,希望開展此項工作。新時代政治清明,百業興盛,重教崇文。爲弘揚優秀傳統文化,拓展我市文化内涵,提升城市文化品位,推進永康文化建設,永康市委市政府因勢利導,決定由市委宣傳部牽頭,文廣旅體局組織實施,啓動《永康文獻叢書》出版工程。歷經一年籌備,具體工作於2021年3月正式展開。

整理出版《永康文獻叢書》,以新時代中國特色社會主義思想爲指導,以中共中央《關於整理我國古籍的指示》爲指針,認真貫徹國務院《關於進一步加强古籍保護工作的意見》,繼承與發揚永康學派的優良傳統,着眼永康文化品位、學術氛圍的營造與提升,系統梳理傳統文化資源,讓沉寂在古籍裏的文字鮮活起來,努力展示本邑傳統文化的獨特魅力,積極推進永康文化建設。現擬用八至十年時間,動員組織市内外專業人士和社會各界力量,將永康文學、歷史、哲學、法學、經濟學、社會學、教育學諸方面的重要古籍資料,分批整理完稿;遵循"精選、精編、精印"的原則,總量在50部左右,每年五至六部,分期公開出版,並向全國發行。

《永康文獻叢書》原則上只收錄永康現有行政區域内,自建縣以來至中華人民共和國成立之前的文獻遺存。注重近代檔案及其他文史資料的收集整理。在永康生活時間較長，或産生過較大影響的外邑人士的著作，酌情收入。叢書的採編，以搶救挖掘地方文獻中的刻本以及流傳稀少的稿本、抄本爲重點；優先安排影響較大、學術價值較高、原創性較强的著作；對在永康歷史上産生過重大影響的家族譜牒，也適當篩選吸收。

本次叢書整理，在注重現存古籍點校的同時，突出新編功能。一些重要歷史人物的著述已經完全散逸，但尚有大量詩文見諸他人著作或志牒之中，又屢屢被時人和後人提及，則予以輯佚新編。一些歷史人物知名度不高，但留存的詩文較多，以前從未結集，酌情編輯出版。宋元以來，我邑不少先賢，雖無著述單行，但大多有零散詩文傳世，爲免遺珠之憾，也擬彙總結集。

歷史因文化而精彩，文化因歷史而厚重。把永康發展的歷史記錄下來，把永康的文獻典籍整理出來，把優秀傳統文化傳承下去，關乎永康歷史文脉的延續，關乎永康精神的傳承，關乎五金文化名城軟實力的提升。因此，整理出版工作必須堅持政府主導、社會支援、專家負責的工作方針，遂分別建立指導委員會、顧問委員會、編輯委員會，各司其職，相互配合，以確保叢書整理出版計劃的全面落實與高品質實施。

《永康文獻叢書》整理出版的品質，在很大程度上取決於編纂人員的學識、眼光、格局，也取決於編纂人員的工作態度和敬業精神。爲此，編纂團隊將懷敬畏之心、精品意識、服務觀念、奉獻精神，抱着"爲古人行役"的理念，以"功成不必在我"的境界和"功成必定有我"的歷史擔當，甘於寂寞，堅守初心，知難而進，任勞任怨，將《永康文獻叢書》整理好、編輯好、出版好。

《永康文獻叢書》是永康建縣 1800 年來，首次對本邑古籍文獻進行系統整理，是一套"千年未曾見，百年難再有"的大型歷史文獻，是對永康蘊藏豐富的文化資源的深入挖掘、科學梳理和集中展示,是構築全國有影響的文化高地的有效途徑,對於推進永康文化的研究、開發和傳播,有着不可估量的可持續發展潛力。它是一項永康傳統文化的探源工程、搶救工程,是一項功在當代、惠及千秋的傳承工程、鑄魂工程,是一項永康優秀傳統文化的建設工程、形象工程。我們要在傳承經典中守好文化根脈,在扎根本土中豐富精神內涵,在相容並濟中打響文化品牌,爲實現永康經濟社會發展新跨越,爲打造"世界五金之都,品質活力永康",提供强大的精神動力和文化支撑。

《永康文獻叢書》編委會

2021 年 10 月

前　　言

　　清朝的皇帝，不管是政治素質、個人品德還是身體狀況，在兩千年的中國皇朝史中都是比較優異的，所以才有連續時間最長的康乾盛世。但此刻人們很容易產生一種錯誤的心理傾向，即以爲前人既有成功的實效和經驗，只要沿着這條路走下去，未來將會是確定的，天下一定太平，萬民必然安泰。道光一朝的政治，主宰的基本就是這種理念，所謂"治術則拘守成規，不敢稍有變通；學術則崇尚考據，不能講求實用"①也。據説道光初登基時，因爲奏摺實在太多，真的很難細看處理，就問親信的重臣曹振鏞如何辦。曹説：今天下承平，可能沒有必要看那麼多，但是又不能有拒諫的表現，最佳方法是見奏摺文書中文本不規範的，用朱筆標出，然後發給大家看，讓大家不敢怠忽；再交部嚴議，痛加譴責，讓臣下再也不敢亂説。道光然之。"於是一時廷臣，承望風旨，以爲奏摺且然，何況士子試卷？而變本加厲，遂至一畫之長短，一點之肥瘦，無不尋瑕索垢，評第妍媸。"（陳康祺《燕下鄉脞録》）"論者謂一時吏治日隳，學風日替，民族日壞，民生日困，內外兵禍，紛至遝來，開千古未有之變局，皆振鏞有以造成之，庸人誤國，甚於佞人，言雖過甚，然亦不得謂非無因也。"②當時也只有天份極高、深諳世變的極少數人才能窺破其中奧秘，如喊出"萬馬齊暗究可哀"的杭州大詩人龔自珍，其實也乏人理會。歷史的重大轉折，已經

---

① 蕭一山：《清代通史》（二），華東師範大學出版社，2006年，第673頁。
② 蕭一山：《清代通史》（二），第676—677頁。

悄然發生，然當時人常無以覺之，反而覺得太平盛世當可無限延續。只有後人才能於史跡中窺之，"後人哀之而不鑒之，亦使後人而復哀後人也"。

此部《永康縣志》，修成於道光十七年，即西元 1837 年，離林則徐虎門銷煙僅兩年、第一次鴉片戰爭僅三年，兩千年未有的中國大變局即將發生。但在這大變局前兩三年，處身帝國腹地的官員百姓們無論如何也料不到歷史會有那樣的轉折。所以這部道光《永康縣志》（下簡稱道光志）就帶有它這個時代所有的特徵。而此特徵，如果必須一言以蔽之，大抵可以表述爲在一個既成的格局中將事情做得更細緻、更準確、更漂亮、更周全。

先來看看道光志寫作班子。爲何這裏不像前幾種志書前言中將其稱爲"胡志"（明正德志）、"徐志"（康熙十一年志）、"沈志"（康熙三十七年志）直接拿主纂官員之姓區別稱呼？因爲道光志有一個龐大的寫作班子。總修三人：廖重機、陳希俊、彭元海，均曾任本縣知縣。廖於道光十四年（1834）冬來永康，覺得距前志纂修已過一百三四十年，實在應該重修縣志了。次年他就立局開工。但不巧，此年秋天歉收，"經費不足"，工作暫停。下一年遇豐收年景，重新開局。但廖此時調到了橫陽（今浙江平陽），來接任的是陳希俊。廖在交接工作時特別向後任提到縣志修纂，陳氏也高興地回答願意繼續。又過年餘，志書告成，知縣又換成了彭元海。彭元海何時到任，志無明確記載，但既上縣志編纂領導班子名單，顯然在刻板印成前已到位，至於幹了多少實際工作，則難説得很。而且廖重機在這項工作一開始就聘請了當地的兩位官員充纂修職：應曙霞，原任甘肅秦州直隸州知州；潘國詔，前任直隸天津府滄州知州。兩人均曾任州職一把手，讓他們來主持實際工作，能夠更方便地應對來自各方的壓力和牽制。光緒《永康縣志》在"人物"卷中記錄了應、潘兩人的事蹟："應曙霞，號梧垞。嘉慶戊午（1798）舉人。"後任甘肅大通縣知縣。"道光元年（1821），西番不靖，乃召募獵户丁壯，厚其食餼，訓以步伐，按山川夷險及虜所出入要隘，嚴設守禦。至冬，西番掠入境。霞親率獵户及白塔營弁，追至青海哈哩察兔河及之，斬酋虜十數人。西番懾伏，不敢入境。壬午（1822），西番抵蒙古地。節相長帥師從西寧、大通兩路出，以曙霞才，檄兼攝西寧，辦理糧餉。六月凱旋，以功升固原州知州。"兵後民饑，應先捐己廉，散給口糧。後得官府接濟，分發後，餘糧一千餘石。陝甘總督那彦成説這點餘糧就補給他。應對曰："此糧應奏請還倉。且前既詳請捐廉，今以餘糧入橐，是前釣名而後弋利也。""潘國詔，字雲留，又字耘流，晚字簣嘐。嘉慶辛酉（1801）拔貢，朝考，以知縣歷任直隸任邱、獲鹿、慶雲、宣化、南皮、交河等縣，升天津府滄州知州，兼署天津通判。性清介，儀貌嚴重，不苟言笑。學有特操，秉敬義。"在官時，面貌嚴肅，清廉耿介，不給不正之風留任何面子。因廉潔、能化民俗，"上官以是皆諒之，不以其剛介爲嫌"。"官直隸三十餘年，丕著清聲，皆目以潘青天"。工作班子中還有校閲、分校、分修、採訪、董事等等，少則三人，多如採訪竟達十七人。廖重機在志書序言中自述其於此項工作："其修纂採訪，則諸君之力；其貲費，則余第捐廉以倡，而踴躍捐輸皆出於邑之士民。且余雖始其事，而未嘗終其事也。"雖是自謙之言，但恐亦是實情。後兩位知縣可能做得更少。而兩位州級官員的跋《書永康縣新志後》，先交代廖重機定下的修志總旨："一百餘年之久，闕略必多。搜采不厭周詳，棄擇務期精當。志猶史也，而褒譏寓焉。志非譜也，而稱述異焉。"而後表明所有的工作均在此原則指導下進行，"惟明府之取裁"，自己則"無所容心於其間也"。雖也是自謙之言，但恐亦是部分實情。所以可以認爲，此志是廖定宗旨，應、潘二人主持日常工作，衆人各有分派。工作既多，人員亦富，但也可以説没有一個人負主要責任。這跟前面幾部志書各有人擔當的情形確乎相異。工作人員多了，責任也通過種種方式相應分散了。

如果從志書的外觀及編校品質上來看，此志在現存永康志書中無疑是最好的一種。整部志書格式開闊爽朗，字體工整美觀，且不像以前志書明顯出於衆刻工之手，全志渾然一體，讓人歎爲觀止。卷首之圖譜，如"永康全境圖"、"永康縣治圖"、"永康公署圖"、"永康學宮圖"，也比前志描繪更加精細，刻印更爲清晰。形式上僅次於此志的是沈志。而光緒志之板刻字體等等，儘管後出，反更次了。

道光志相對於前志，有些改動之處頗見匠心。比如"橋梁"。古代科技不夠發達，造橋遂爲人民日常生活中的重大事件，橋梁對大衆的作用大矣甚矣，自來修志當然不會忽略，會記下一些較大的橋梁，有時還略記修建人。道光志則將橋梁系統化，先記縣城邊上即附郭六橋，再記由縣至府驛道上的三橋，另一至縉雲方向驛道上四橋。接以非驛道但津要者：達東陽路四橋，達武義路二橋，達溫州、處州路六橋。再按東南西北等方位記載縣內各橋。方位清晰，理路井然。較之前志，條理性大大加強，且尤留意建橋事蹟。"市集"也是如此，不再如前志平鋪直敘，第一句就指出"大者五"，即縣內五大集市：縣市、桐琴市、芝英市、象珠市、古山市，綱舉目張，並注明農曆市日。這些市集及市日一直沿續至今未改。古墓，沈志按方位排，但參差不齊。道光志"名墓"則按時代，自宋胡則之父開始，至元、明、本朝，一併注出山名，同時增加了十餘處前志所缺的内容。道光志的系統化程度確實遠勝前志，考慮周密多了。

一部新修的縣志，它的價值，歸根結底是看它比以前多提供了哪些確切的重要信息。這句話其實包含了三層涵義：新事、真實準確的新事、重要的真實準確新事。最後一條，涉及編纂人員的主觀判斷，而且每個讀者也有自己的主觀判斷，很難一致，不容易劃一評判。前面兩條，應該更客觀一些。新事最易判斷，前志所無今志所有就是新事。當然是否準確也不易論。不過，無論如何，這可能是今天判別志書價值最關鍵的標準了。

道光志與沈志相去一百三十九年。此段時間相對於修志的一般

要求大大超過了，所以道光志有許許多多新的内容。有些内容確乎
十分重要，如"縣治"下的火災事："嘉慶二十五年(1820)，署内不戒於
火，大堂、川堂、書房、架閣房皆毁。(是年魚鱗册皆毁於火，一邑田地
山塘皆無所稽考，刁民猾吏更易於舞弊矣!)"一縣的重要檔案原來是
這樣毁掉的，而且其影響肯定極大。"學校"下的"書院"，沈志僅記五
峰書院、龍川書院兩處，道光志則增記了來學書院、鶴亭書院、松桃書
院、育英書院。這些書院皆由近年各任永康縣令創建，當地人士陸續
捐獻義田。可見在清代永康教育得到了較大的發展，主政官員居功
尤偉。在此期間，還新建新修了不少壇廟，如先農壇，嘉慶二十三年
(1820)重建；關帝廟，雍正六年(1728)重建；文昌廟，乾隆二十年
(1755)年擴建；在全縣鄉下還有五處文昌閣，可見有清一代國家與民
間信仰之狀。"武備"一題下，沈志有關隘、孝義巡檢司兩目，而道光
志則增加了司署汛防署，並有較詳盡的記載，如汛防署下有"小汛，在
四十六都"。汛防署下有"馬、步、戰、守各技兵一百十五名"，其分駐
地點人數均明白開列，可見永康當日兵備狀況。"惠政"，沈志有，道
光志無此一題，但具體内容反增了"育嬰堂"一條，康熙間創建、乾隆
十一年(1746)重建、道光九年(1829)擴建。"坊表"中增加的内容不
少，這一百多年中當然出了不少應當建坊紀念的人物。而長壽坊也
明顯增多，沈志中百歲坊凡三，其中一坊爲女。道光志載百歲坊凡
八、百歲女坊三，而且都注明爲某地某人。貞烈坊、節孝坊則增得更
多了。

　　道光志較之沈志，新增内容最多的幾項，應該是藝文和人物兩
類。藝文容後敘。人物，包括很多類。在本縣任職的官員類，沈志以
"宦表"、"宦績"統之，道光志以"職官"分"名表"、"列傳"統之，一百多
年内自然增加許多。經過各種選舉制度脱穎而出的人才，沈志以"仕
進"統之，分上下卷，上卷爲進士、鄉舉、歲貢，下卷爲貢監、辟薦、恩
蔭、封贈、掾吏、耆壽。道光志合爲"選舉"一卷，而分類則更細，依次

爲：進士、舉人、辟薦、貢生、欽賜、掾吏、各途入仕、武科、武途入仕、援例、恩蔭、封贈、旌獎、選尚。沈志的"人物"一卷，收錄的應是傑出人物，而將明萬曆應志中的名賢、士行、民德、女貞四科前三類合而爲一，這是實感於歷史傑出人物分類之難的應對，而又專門另立一卷，收流寓、列女、義民、義勇、方技、仙釋等。道光志大體上按此思路，安排了人物、列女、雜傳三卷來處理，列女單獨列爲一卷，而堅持在"人物"中分許多類別：名臣、忠臣、政績、武功、儒林、文苑、孝友、義行、隱逸、補遺。下面重點談談列女這一部分。

"列女"作爲書名，應始於漢代的《列女傳》，傳爲劉向所作，內容則比較豐富，七卷依次爲母儀、賢明、仁智、貞順、節義、辯通、孽嬖，涉及各個領域，且有褒有貶。到了宋代，列女所指的範圍大幅減縮。正德志的人物下收貞節，徐志有女貞一目，沈志爲列女一目，都非單獨成卷。道光志第一次將列女單獨立卷，分貞烈、節孝兩目，而且收錄名單之多，遠超前志。

爲什麼道光志能夠搜羅那麼多的女性？一方面自然是因爲時間推移，有德行的女性自然增多；但更關鍵的，是道光志的纂寫方式有了重大變革。前此的縣志，采進志書的女性，基本上都是有頭有臉的人家出身，或者已經産生較大影響了的，最爲可靠的是被名人寫進過文章和被官方正式表彰過的。如陳亮寫過《二列女傳》，宋濂寫過章氏二烈婦，正德志中宋代的就僅收了這幾位。後來官府各個行政層次皆有表彰功能，知縣、教諭也可題表寫額，這些官方表彰對象，入志均無障礙。但道光志列女傳撰寫的關鍵舉措，是組織一批人員下鄉採訪，采輯鄉間女性事蹟，將原先沒有機會引起官方和文人重視的貞節烈婦寫入縣志，且在志中標出各屬何鄉、何人採訪，真正深入了基層，極大地擴展了國家意識形態的影響。今天在道光志卷首見的"新志姓氏"（即新志纂修人員姓氏）中的"採訪"十七人，就是幹這個工作的。這就使得列女的篇幅大大擴充，滿足了當時平民百姓的道德要求。

　　採訪人員新增，帶回來的信息當然不止於列女。僅祠堂，道光志比沈志多收了一百三十四處，或前漏收，或新建。“物産”一目中的新增，今天看來可能更有意味。如沈志中有“瓜”，在“蔬之屬”。道光志將“瓜屬”單列一類，與穀、蔬、木、草、花、藥、竹、鳥、畜、獸、介、蟲、貨同列，瓜下攝“西瓜、甜瓜、瓠南瓜（亦名金瓜）、冬瓜”。由於前志的簡略，南瓜第一次出現於永康縣志，只能是道光志了，這比《山陰縣志》的記載晚了近三百年。南瓜首次見於浙江方志，是在明嘉靖三十年（1551）的《山陰縣志》中，爲“金瓜”。這就是對重要信息的不同理解所致。再看穀類，道光志比沈志多了蘆穄、“珠穄（即蜀黍，亦名包穀）”、撒荳、刀荳。筆者不攻植物學，但亦知道南瓜和玉米非中國原産。“目前我國是南瓜最大的種植國和消費國。”[1]玉米的原産地爲中美洲和南美洲，玉米，學名玉蜀黍，“16 世紀初期玉米傳入中國。”“玉米最早是經由西南陸路傳入……清代乾、嘉時期玉米獲得初步的發展。到 19 世紀末期，玉米基本上傳播到全國大部分適宜種植的地區，並與中國已有的‘五穀’並列……而在廣大丘陵山地玉米後來居上，發展成爲‘恃之爲終歲之糧’的糧食作物。”[2]而在永康鄉土文獻上第一次亮相，就在道光志。

　　道光志衆多的採訪者和纂寫者，畢竟爲這部志書帶來了一些更新的資訊。玉米既然寫進了這部縣志，足以證明這種農作物在當時的永康應該不算太稀罕的物種，播種應該較爲廣泛。永康“七山一水二分田”，屬於低山丘陵地帶。對大多數地方而言，旱災比水澇危害更大。如此，新的耐旱糧食作物如玉米，應該給永康帶來不小的影響，從常理推測起碼給人口的繁衍增長起到積極作用。（番薯在古代永康縣志中從未露面，估計道光時也有種植了）據今人研究，嘉慶十

---

① 李昕升：《中國南瓜史》，中國農業科學技術出版社，2017 年，第 3 頁。
② 佟屏亞：《中國玉米科技史》，中國農業科技出版社，2000 年，第 1 頁。

七年(1812)玉米總產爲1 820萬吨,大約全國人均增加糧食10—12公斤。[1] 相應地,這對永康原來的地形地貌應該也會產生相當影響。比如説,原先的旱地當然可以種植麥子,但麥收後原先已没有合適的糧食作物了,如今玉米崛起,提供了原先没有的新食糧。那麽,開山擴地豈非爲百姓最正常不過之抉擇? 而新居民深入散居大山各處,豈非是到此階段才能出現的新生活場景? 换言之,改革開放前永康山中多有小村,是不是與玉米和番薯的種植有莫大相關?

很遺憾,這些推理只存在於架空的推演之上。而且從各方面來看,這些推演均缺少現存史料的佐證。没有什麽更多的可靠史料出現在古代的這幾部縣志中。康乾盛世,實施生丁永不加賦之法,應該是能大大促進人口的生產和再生產的。但是既然没有國家徵税索賦的必要,人口統計自然成爲具文,難得有人去幹這個吃力不討好的事,所以道光志中的人口,僅有清朝開國之初的數字,比之明正德人口大大減少,其實徐志、沈志也均没有當下的人口數字。道光志中記載旱地面積,應是嘉慶以後的數據,與明初洪武黄册中的數據相去僅2%,完全看不出農業革命的痕跡。"哥倫布大交换"在永康竟然没有造成什麽影響,實在太不合理了。但看來這些合理的疑問,在現有的條件下確實難以覓到合理的解答,只有等待以後的合適機緣吧。

道光志中其他新增的内容還有一些。如沈志"山川"中横山,只寥寥幾字:"一曰嵸山,去縣十里。"道光志則言:"嵸山,俗呼爲横山。分東、西二支。東支爲黄青、朱明二山,西支爲西嵸山……"黄青、朱明二山爲何從未被縣志記載而這裏特别關注? 這是因爲這兩座山產石青,即一種顔料。有民人開掘牟利,而他人以爲破壞本縣風水,提起控告,沈藻立石永禁開鑿。所以這兩座山進入了縣志視野,但沈志没有記録立石禁鑿之事,光緒年間縣志才明言此事。"井泉"從沈志

---

① 佟屏亞:《中國玉米科技史》,中國農業科技出版社,2000年,第44頁。

的 15 處增加到了 19 處。"祀典"部分,記錄了祭祀儀式的具體過程,篇幅大增。"耆壽"的標準,從八十歲提到了九十歲。至於"治官"、"人物"等等的增多,就不需再加解釋了。

作爲壓卷的"藝文"內容亦大幅加多。道光志"書目",開列本縣人所著書目,其中相當部分應屬未刻,也有一些因各種原因失傳,但有一個書目總是很好的。沈志"藝文"所收,按詩、文兩大門類排列。道光志先收賦七篇,此爲歷代縣志所未收之文體。而於詩下標出五古、七古、五律、五言排律、七律、七言排律、五言絕句、七言絕句,在文下標出上書、疏、書、序、記、傳、説、箴、銘、辨等文體,將沈志中暗含的次序明朗化,新增了一些體裁和作品。道光志還恢復了正德志有而康熙年間兩部縣志不取的陳亮《上孝宗皇帝書》,可證此時民族問題已經不算最敏感的意識形態問題了。而凡例所云:"藝文:關地方利弊者,在所必錄。亦有名哲品評、寓賢題詠,人物山水賴以生色,皆可爲徵文考獻之資。"第一句話確是做到了。但後續的聲明,明顯擴大了收集範圍,所以道光志"藝文"所收作品大大越過了前志。

要挑道光志的錯舛,當然總會有。最顯眼的,是徐志本着實證精神已摒棄地理與天文的對應,而道光志又恢復了"星野",實在沒有必要,只見出此際人們墨守舊規的習慣思路。所以道光志做得好的,就是在舊的框架內補充、完善。這些編纂者做夢也未曾想到,他們已處於動蕩歲月的前夜,一個天崩地裂、乾坤倒轉的新時代轉瞬來臨。

本次整理底本爲浙江圖書館所藏之道光志,整理工作由本人獨立完成。

盧敦基

2022 年 3 月 5 日

—3 月 9 日

目　　録

重修永康縣志序

　　士君子敷政立教，將思因天之時、乘地之利、順人之情，相其緩急輕重，而興利除弊、措施悉協者，果何道之從哉？亦惟是網羅舊聞，參考載籍，驗其星野、灾祥、山川、疆域、人物、文章，以及農桑學校、風氣剛柔，莫不瞭如指掌，因而酌古準今，示儆示禮，以上下衷益，其施使優柔饜飫，自然而躋於平康正直之休焉。故志所以紀一邑之事，而宰是邑者，將於此徵文考獻，爲敷政立教之本，非徒藉以誇博洽美觀聽、黼黻太平已也。甲午冬，余來宰是邦，覦山川奇勝，仰古哲流風，穆然有餘慕，因索邑志，以稽故實，乃獲徐、沈兩志各一帙。沈志係康熙三十七年續修，繼康熙十一年徐志而作也，迄於今又百有餘歲。凡事之今昔異形，時物異勢，而碩德名儒、忠孝節義之士，亦先後繩繩而不絕。不有紀載，後將何徵？因不揣固陋，以修志爲己任。商諸紳士，咸有同心。適應梧垞、潘雲留兩刺史致事家居，博學有史才，遂請諸大府，畀總司其事，相與承舊章、擬條式、精採訪、補略拾遺，以公去取。雖事有增芟，文有繁簡，而矢公矢慎，不倚不偏，尤於忠孝大節事關風化者，加意蒐羅，其他務於考覈詳明，折衷至當而後已。自乙未立局纂修，是年秋適歲歉，經費不足，因暫停止。明歲稔，復開局修輯，而余調任橫陽，深以未獲蕆事爲憾。臨行，乃屬在局諸公及繼任茲邑者陳君曰："昔韓子有言：'莫爲之前，雖美弗彰；莫爲之後，雖盛弗傳。'余既慎厥始矣，諸公其蓋圖厥終乎！"莫不喜悅。閱歲而新志告成，邑紳士來請序於余。余曰："志之成也，其修纂採訪，則諸君之

1

力；其貲費，則余第捐廉以倡，而踴躍捐輸皆出於邑之士民。且余雖始其事，而未嘗終其事也。余又何序焉？"邑紳士固請曰："永邑志書，歷百餘歲，未有踵而嗣修者。今賴分廉倡修，立法肇始，俾要領舉而節目詳，後人得循序以淑其事。志之成雖成於已後之人，寔成於創始之人也。"余聞而異之。因思此役也，官無新舊久暫、畏難紛擾之嫌，士無角立門户、伐異黨同之見，各殫心力，勉始終，以贊襄厥成，俾後之君子網羅參考，藉以敷政而立教，不可謂非予之大幸也！然諸君之功，亦當與斯志並垂於不朽矣！是爲序。

道光十七年歲次丁酉壯月，賜進士出身、勅授文林郎、原選雲南彌勒縣、欽調浙江永康縣知縣、今調平陽縣知縣、甲午科浙闈鄉試同考官、加五級、紀録十二次桂林廖重機撰。

凡　例

一、邑志與國史不同，與家譜亦異。史兼載善惡，以示勸戒，志唯紀善而已。譜稱揚其祖、父，每多溢美之詞，志則紀其實，不事華藻。鄉前賢載在史牒者，錄其本傳。其家乘載有事實可傳者，止摘其要。凡行狀、墓志，一概不錄。

一、前志不無遺漏，然沈志修於康熙戊寅，距徐志僅二十八年，則遺漏非獨沈志之失，其所由來久矣。至於今又歷一百四十年，傳聞益異，考覈尤難，非國史、省府志、名人文集並事蹟確有可據者，概不補入，以期信而有徵。

一、前志地輿不載星野，山川不載黃青、朱明二山，缺宜補。以處州人湯思退、永嘉人葉式爲邑人，合建置、沿革爲一，譌宜訂。分田賦、貢賦、課程爲三，繁宜汰。

一、建置：城池設險以守，學校明倫以教，倉厫積粟以備荒，橋梁據津以利涉，皆政事之要者。至壇廟以明禋，祠宇以報賽，更爲祀典攸關。下而養濟院使窮有所歸，育嬰堂使幼有所長，皆仁政所必先。興則記其創修之始，廢則原其隳壞之由，以敘勞績而儆怠惰也。

一、祠墓：先賢秩祀，往哲遺踪，所當特書。至一邑中聚族而居，立祠以展孝敬，亦徵風俗之美，故各族例載總祠，其新增者，以鄉區都圖爲先後。

一、賦役：關係民生休戚，悉遵《全書》編纂，并核對節年奏銷底冊，額徵、起運、留支各項，瞭如指掌。至徭役一事，自國初奉旨革除，見年糧長地丁錢糧官收官運一切雜泛差徭概不累及民間。將當時議奏各條，附錄於後。

一、職官：注明籍貫、履歷並某年間任。其有政績卓卓者，別詳列傳。

一、選舉：各途前志亦有失載，然如歐陽志憑人家譜牒銘傳概行補入，恐滋遺議。今以省、府二志爲憑，前志有而省、府二志無者，存之。前志無而省、府二志有者，補之，即於行下注明照某志補，以徵明確。

一、援例捐職僅以頂戴榮身者，止列銜名。其曾經出仕者，注明任何職官。

一、人物：以才德兼全爲上。然以義望人，則難爲人；以人望人，則賢者可知。第有一節之長、卓然自樹、修於身、施於事、見於言，皆可以垂不朽。無濫厠，亦無求備也。

一、前志於人物外另列義民、義勇等名。今考義勇諸人，已見於辟薦。人物中則宜删其重複。其義民或載旌獎，或載義行，或載補遺，各據事實分之。

一、前志俞聞、徐應顯，人物、方技，一人兩傳，今併爲一，仍倣通志例，於方技列其名，注明見文苑、見義行。

一、節婦必年例相符。然有綺歲嫠孀，守節未滿三十年而論定者，既經請旨建坊，或經官長表其門閭，一一登載。其或家貧無力請旌實有苦節可紀者，尤宜表著。至若未嫁夫亡捐軀明志，其貞烈尤爲難能，雖未經旌表，取具里鄉族長甘結，輿論既孚，即准入志。

一、雜傳：補各門所未備。有見於書史足備掌故者，補之。

一、耆壽：百歲五代、躬沐覃恩者，臚列於前。外此必年九十以上，例得並載。

一、藝文：關地方利弊者，在所必錄。亦有名哲品評、寓賢題詠，人物山川賴以生色，皆可爲徵文考獻之資。其流連光景、風雲月露之篇,概從割愛。

　　一、傳志取舍,悉秉至公。非惟徵賄鬻筆,穢不可居,即吹霜煦露,寒暑筆端,亦非戒欺求慊之意,未敢率爾操觚,以期信今傳後。天日誓心,神明鑒之!

舊　跋

前序不全，不刻。

正德甲戌冬，吳尹宣濟注意增修邑志，以其事屬庠生趙懋功、徐訪、俞申、周桐、曹贊，而泗亦與焉。永康有縣，始於吳。志則至宋嘉泰縣令陳昌年始爲之，元延祐邑人陳安可續爲之，俱過於略。明成化間續修於訓導歐陽汶，又多失實，識者不無遺憾。諸生乃據宋、元二志，稽之先輩文集，并採諸故老之所傳聞，務求得實，以備其所未備，而於人物一節，尤加慎重，不敢自是，復質之楓山章先生，去取惟命。及更明春，始脫稿。越七年，大尹胡先生楷欲梓行之，仍屬泗暨申，重加校讎。主教劉君楫，司訓艾君瓊、劉君珊刪定之。而總裁之者則先生。鋟梓垂成，先生適去歸。會伯潤李公作縣，踵而成之。夫金華稱文獻邦，永康爲其屬邑，山川秀氣之所鍾，自昔人才之盛，不在他邑下，如胡子正之忠厚，陳同甫之激烈，林和叔、應仲實之正大光明，皆表表足稱。至於蒞官茲土，和理如何仕光，恩威兼著如黃紹欽，廉明勤恤如劉公珂、王公秩，亦皆不失爲烈烈聲名士。既表章之如右矣，使後之居於此者，仰先哲之遺矩，而闇然日脩；官於此者，慕前者之芳聲，而一振其餘響，則賢才盛，世道隆，其於國家之風化，庶幾亦有補於萬一云。嘉靖甲申八月望，杜溪陳泗書。

舊　序

　　史莫重乎古。古者自王朝以至列國，莫不有史。若内史、外史，所掌非耶？今之制非古矣，而社稷山川之祭，郡邑之臣得專之，且有政教號令之施，是猶古意也。今之史亡矣，而郡邑之有志，凡城郭、宮室、田賦、兵戎之類，與夫先賢往哲嘉言懿行之遺法皆得書，是猶古意也。然予竊有感於今之志有難者三，有不可解者四：開館設局，聚訟盈庭，甲可乙否，莫知所從，嫌疑易涉，怨讟滋生，故主者往往苦於執筆。此一難也。地有沿革，人有顯晦，而欲以一人一時網羅於數千百載之前，稽諸往籍則涉獵爲煩，廣之輿言則雌黄易眩。此二難也。自古稱信史者曰不虛美、不隱惡足矣，而《傳》不曰“孝子揚父之美，不揚父之惡”乎？夫秉筆者欲以寸管尺牘之法，奪爲人子孫者之情；而爲人子孫者，欲以不容自已之情，撓秉筆者之法，故多相左。此三難也。孔子曰：“文勝質則史。”蓋爲史病也。今不務其核，惟務其華，一切誇詡藻飾以爲工，牽連比附以爲富，至使覽者莫辨其域。此其不可解者一也。《春秋》而下必曰遷、固，遷、固傳循吏，何寥寥也。而人物之志，則自羲黄以降，可指數矣。今之大書特書者，奚啻倍蓰焉！豈古之人不如今之人耶？抑今之筆不如古之筆也？此其不可解者二也。揚子雲著《法言》，富人載粟乞名，不可。鄭子真、嚴君平隱於蓬蒿之下，不求名而名之。今則微者或略，而顯達者彌彰，豈盡賢者貴、不肖者賤耶？此其不可解者三也。古之史以善善惡惡即書如南、董，而卿相之貴俛然受之而不辭。今之志直善善耳。善善而一介之士得嘵嘵

7

而議之。此其不可解者四也。永康舊有志，缺而未補，蓋六十餘年矣。若僉憲應公仁卿所修，大抵參考舊籍，而裁成新例，不狥於人言，不膠於己見。其志謙，故述而不創；其文質，故簡而不肆；其事核，故直而不浮。而公之斟酌損益閉戶數十年以自成一家之言者，其用心亦已勤矣！書未及行，而公卒。予承乏茲邑，懼文獻之湮也，乃稍爲校閱，而輯成之，庶可備一邑之典故，而無負於公數十年之苦心乎！刻既成，因詳識予所感，以俟後世筆削之君子，且以爲公解嘲云。萬曆辛巳清和月，邑令長洲吳安國序。

舊　跋

　　邑侯吳公自慎陽更賢，蒞事兹土者二年，合前俸歷滿三載，將奏績赴天官。維時撫按諸公爲民疏留之，父老子弟舉手加額稱慶。公聞之，嘆曰："是終將去爾。雖然，予豈能一日忘吾民哉！"於是出手編縣志一帙，屬以準生校之，壽諸梓。生受而讀之。竊惟志之爲言，識也。弗識，則墜。顧職是者無專門，往往托諸空言懸斷，類多失實。欲以俟來世於不惑，亦難矣！姑無遠喻，即是邑舊志，自宋、元以來，一修於成化初年，再修於正德辛巳。當其時，闢館開局，群儒生操觚翰以事事其間，非不毖焉稱慎，然卒失之舛謬不經。何者？文具飾而實不與存也。今去六十年，事以世殊，即使識載足憑，而猶未可按圖以索，矧猶未然乎！此晉菴應先生爲之增損撰次，殆有所感而續焉，非漫識也。公下車問俗，得其遺稿，遂藉以爲張本，乃明於沿革張弛淑慝之故，因之以出治道，朝試於政事堂，夕退而書之記室，即一事一物，皆經體驗，而又時其巡省，加之訪求，參之典故，至賦、役二者尤注意裁訂，數易稿而後成編。先是載籍無稽，而取證於《全書》，乃豪猾利欺隱并《全書》没之，竟貽不均，爲當事者累。公憾之，爲清理均派，以需上供、備軍國，一切浮汎不經之費，悉裁抑之，以蘇民困。會頒新例尚節省，適與公合，由是即其所均而裁者著爲成法，永永不令泯没。其他若人物、藝文、遺事之類，多親筆之，蓋驗諸行事而非空言也，稽之輿論而非懸斷也，是可以存既往，可以鑒方來，允矣夫稱一方信史也已！譬之創家業者隨事經理充拓，而又籍記其所經理者以貽於後之人，用心亦宏遠哉！嗟嗟！夫士修於家，出而行之於天下，或郡或邑，孰不儼然臨之。顧其來也，嘗試漫爲，而其去也若擲，無亦曰是傳舍而已耳。視公之用心爲何如！公姑蘇世家，弱冠舉進士，瑰意瑋行不及論，論其所以修志者如此，後之人亦可以深長思矣！萬曆九年辛巳歲儒學教諭豫章胡以準書。

舊　叙

　　叙曰：縣之有志，猶國之有史也。政藉是以考成，賢藉是以不朽。杞宋無徵，魯經是醜。爰摭古今，用垂永久。作《永康縣志》，總若干萬言，釐爲十卷：初一曰地理，次二曰建設，次三曰貢賦，次四曰户役，次五曰風俗，次六曰秩官，次七曰選舉，次八曰人物，次九曰藝文，次十曰遺事終焉。地理以經之，建設以紀之，貢賦以徵之，户役以庸之，風俗以齊之，秩官以董之，選舉以興之，人物以表之，藝文以飾之，遺事以綜之。揆厥典常，細大畢舉，縣之文獻，於是乎備。凡述作之指，另存于篇。晉菴子曰：其事則稽諸往籍與今聞，其義則以質于令尹公裁定之，其文淺陋者蓋有責焉，觀者幸無罪乎爾！縣人晉菴應廷育仁卿甫題。

舊　序

　　郡邑有志，猶國有史。由來著述，言之詳矣。永邑雖小，絕長補短，古侯國也。舊志代修代易，不一其人，而成於前令尹吳公文仲、鄉先生應公仁卿者，則在明萬曆之初。迄于今且將百年。梨棗蠹蝕，不減秦碑漢碣；典晝荒謬，奚啻亥豕魯魚。余不敏，愧未能抽金匱石室之藏，品題軒輊，勒成一代之典，乃於案牘偶暇，廣搜遺文，博綜近事，聞見從新，條例從舊，以提綱則有大書，以評事則有分注，倣簡記于編年，協參稽於輿論，持之慎故察之精，察之精則其書之也，頗謂得其實而無歉。昔司馬子長之自爲一史也，總要舉凡，原始會終，覽其概略，亦足通其指歸矣！及夫世道之治忽，政事之得失，載令甲而如新，首利害登耗之數而無爽，即姱節遺烈，或隱而章，章而備，備而當。以至規晝有因革，人才有盛衰，時斷時續，若存若亡。今此無徵，已致咎于前此之闕略矣！若不早計，則後此之紕漏，不又致咎於今此之放佚乎！藉曰採錄，或遺睹聞，或誤其未備也，猶愈于存而無論也。正其誤，補其遺，況有待于後也耶！由是而上下古今，可以擅博雅之資；由是而登進風謠，可以觀大化之成。摘辭抶藻，作者斌斌，勿令探藝海者致憾于遺珠也。他日徵文考獻，則典冊具在，庶可傳信於千萬世云。康熙壬子春，雲杜徐同倫亹源序。

12

舊　跋

間嘗流觀山海輿圖所載，至婺之永康，得名賢如陳同甫、林和叔輩，文章風節，矯然自命，心嚮往之。兼得方巖、石城諸勝，咸稱僊靈窟宅。華溪一水，盈盈相望，勞我寤寐。至道士指庭松而化石，竊疑之矣。辛亥秋，布帆南來，旅寄華水之濱。每間步河梁，白鷺青鱗，浮翔上下，欣然樂之。甫越月，爲方巖遊，攀飛橋，凌絕巘，幾不知有身在塵世也。獨石城以稍近而失之。松化故蹟，在郭外里許，磊兀嶙皺，出地不盈尺，他山或有之，而佳者不可得，始信人間事有遠乎尋常意計之外者類如此。若先賢里墓所在，未遑展謁，茲爲良遊一憾。蓋名山大川，每多異人、藏異書，非足之所歷、目之所睹，其淪没於荒煙蔓草者不知凡幾矣！徐君蕚源，出宰是邑將六載，政成化洽，歌頌聲洋洋盈耳也，乃繕繹舊志，手爲釐定，俾百十年來往事遺行燦然大備。余浮鷗斷梗，品藻煙雲，獲從几研之間，共爲參校。梅破寒汀，柳繫春風，相與晨夕焉數閱月而書成，上以佐興朝文治之盛，下以發名邑潛德之光，乞靈山川，願愜禽魚，仿佛先賢如在丹峰碧嶂間，似可揖之而出也。還問化松，或別留片石，秘爲奇珍，終當怡然惠我，壓載歸舟，位置楚澤園亭，敬投袍笏之拜，庶不負山海流觀，搜巖剔壑，數千里目追足涉之近踪也。快睹永志刻竣，而跋其後。康熙壬子春，楚人尚登岸未菴氏跋。

舊　序

余承乏史館，預修《一統志》，嘗取寓内之志乘縱觀之，凡治忽醇漓、盛衰興廢，歷歷如指諸掌。竊嘆夫人物之光華、風俗之茂美，固地靈所鍾哉，其教與養，蓋實關人事焉。歲丁丑，奉命視學兩浙，山川風物，稱一大都會。校文之暇，於郡邑志咸得寓目。按行經婺郡，獨永康志闕勿備。詢諸邑令沈子，對曰："板燬于火，闕二十餘年矣！"余曰："是有司之責也。盍修諸？"沈子曰："久有意於兹矣，以邑務并營勿遑。及今稍暇，當竭蹶以從事。"閱數月書成，以其稿來。義例則謹以嚴，筆法則簡以潔，綱目則括而能通，編次則條而且覈。每篇冠以小序，補舊志所未及。疎朗質直，意主乎紀事而不主乎文；微顯闡幽，可以維風勸俗，如讀《南陽耆舊》之傳，應、劉《人物》之志、《風俗》之通，非第爲一邑米鹽籍記已也。沈子爲余齊年友，問學該博，品誼端方，其宰永邑，以蒲鞭爲治，民懷其惠，有長者之稱。以沈子之才，不得在蘭臺著作之列，而小試一斑於理縣之譜，惜矣！然今天子稽古右文，館局宏開，方將起枚、馬於泥塗之中，徵外史於山海之畔。沈子其橐筆以俟之。

康熙三十七年歲在戊寅冬十一月，楚黃張希良拜題。

舊　序

永康蕞爾邑也，地無城堞，田不常稔，户鮮宿糧，市缺百貨。民生其間，蓋亦難矣！然自宋、元以來，人豪人師，高名顯爵，與夫篤行姱修之士，里苞巷茁，接踵而起，豈非山水之靈所蓄歟！敬姜之言曰：“瘠土之民，莫不向義。”則是永多善類，轉因地瘠使然歟？然而非常之人，則又未可以凡情限之也。夫靈氣所鍾，蔚爲文獻，永邑之志，累代修續，文獻固足徵矣。顧自徐志燬于火，二十年來莫之問。及藻視事兹土，蘊懷已久。去年秋，紳士耆老昌言修復。予捐俸以倡，紳士踴躍佽助。始事于去秋，告成于今夏。藻以簿書餘晷，細加考訂，不以怠心乘之，不以易心忽之，訛則正之，遺則補之，冗則削之，亂則整齊之，其於舊本，或仍或革，大旨一歸自然。吳門雪鴻朱子語予曰：“天下之物，莫不有故。因而求之，是爲天則。孟子曰：‘禹之行水，行其所無事也。’豈惟治水，堯、舜之治民，夫子之删定贊修，俱不外此。即以文論，自經傳史集以及學士大夫撰述千百世相傳之故，具在也，其可鑿歟？”予與朱子，志尚不歧，迭相默喻，竊以爲志之所載，于地境之所有，適還其故而已矣，不必創列門類，綱復加綱，目又分目。義例既窮，勢必矯强，孰若本于自然之爲愜也？永志昉自宋嘉定縣令陳昌年，元延祐邑人陳安可、明成化訓導歐陽汶修續之。嘉靖壬午，縣令胡楷以爲歐陽每多失實，復據宋、元志修之，同時邑人應僉憲著有志稿，藏於家，至萬曆辛巳始刊布，然其條例參錯未定，蓋一家之書也。康熙十一年，縣令徐同倫一仍應本續之。今也，二陳之志已亡，惟胡志可以爲據，然甚簡略，而應氏體裁未敢附和，乃遵洪瞻府志，立標題四十有三，皆自然之條例，非意見創立者也。每題各有小序，亦遵府志例也。應志條例有分所不當分者，今則合之；合所不當合者，今則分之，一以本題爲準，仍于行末各注某志列某項某項，以俟後之君子鑒別裁定，不敢以此廢彼也。其各項編序，仍注照某志某志者，不没其舊也。是役也，時日甚促，遺書鮮少，猶有缺略未備者，亦望後之君子網羅蒐採，以次增補，庶可爲蕞爾之邑、瘠薄之土增其式廓也。昔楊子之書，本於閭邱鄭國之命，匪成一手。惟兹結集，敢云定本？亦聊以備後賢之考正云耳。雪鴻子曰："子之言，質而不泛，近而不枝，斯亦毋失其故者歟！"予謝不敏。書予兩人所見以爲之序。

賜進士出身、文林郎、知永康縣事華亭沈藻譔。

圖　説

永康全境圖

　　艮居西北，兌處東南。其本末源委，相爲聯絡，故曰坐澤通氣。
雖一邑中，渟峙之觀，何獨不然！永康山自三峰而下，蜿蜒磅薄，重巒
叠嶂，綿亘于東西南諸鄉，環繞於城南，以爲拱衛。首尾相應，雖紛糾
而條列井然。水則依山而行，爲澗，爲濾，爲渚，爲溝瀆，皆注于華溪，
入武義境，沿於金、蘭，達于錢江而入海。

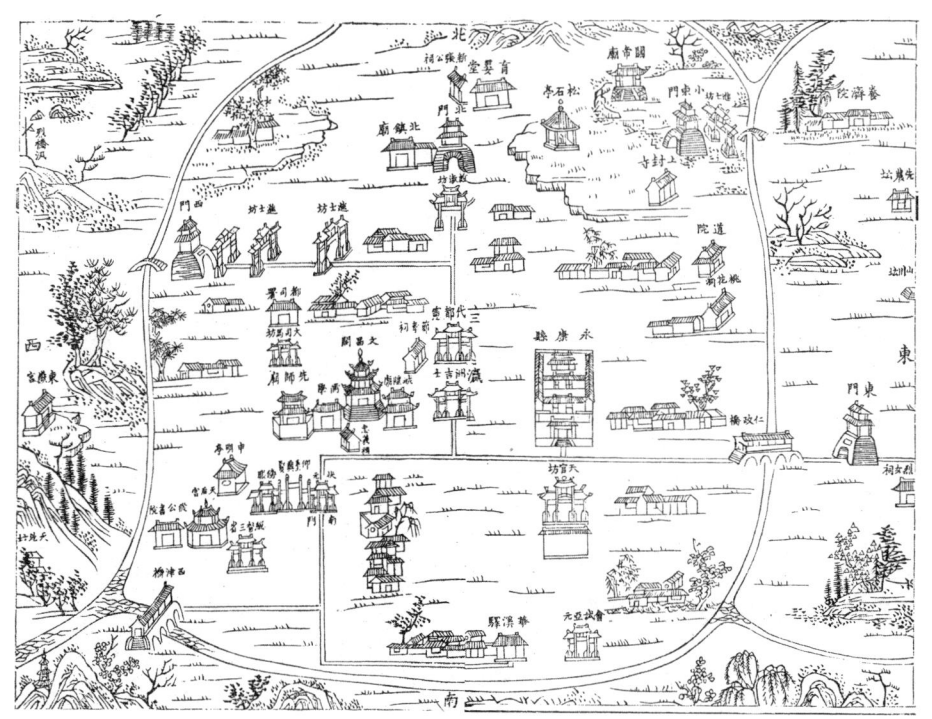

永康縣治圖

　　築城浚隍,設險以守國,古之制也。永邑置縣之初,有城僅一里餘。宋嘉定間拓之,周三里。元初傾圮。以後弗復修矣。說者謂永之地勢縱長衡縮,既不可南跨華水而築,又不能西踰山脊而垣,且附郭民廛,屋瓦鱗差,又不可毀棄以爲雉堞,此所以屢議修築而中止也。

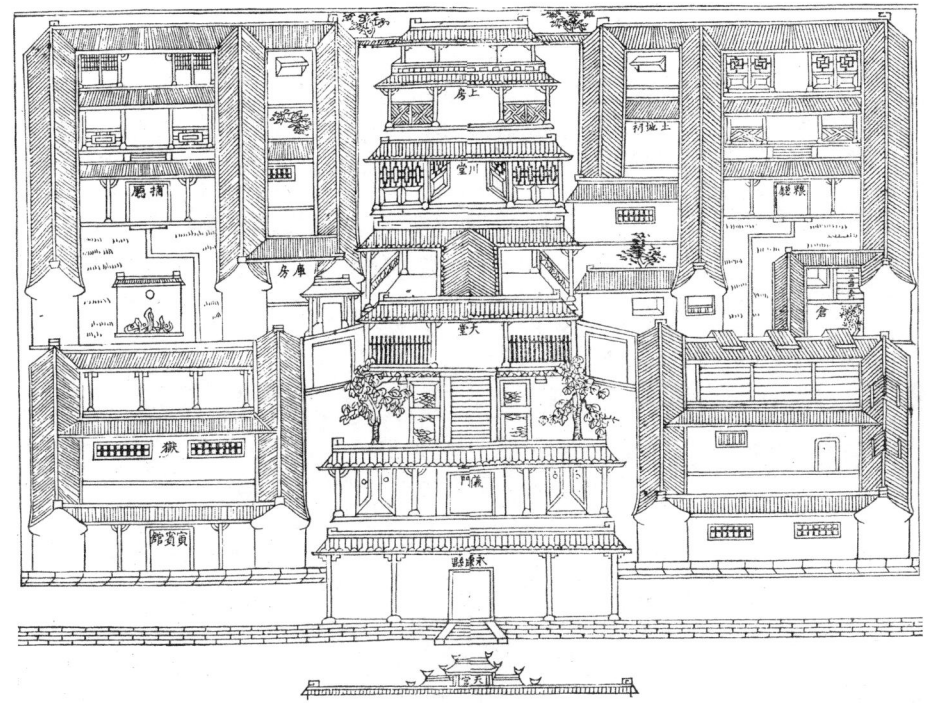

永康公署圖

　　古者牧令長子孫，期於久道而化成。"新宮"之三章曰"君子攸芋"，言君子所居，以爲尊且大也。四章曰"攸躋"，五章曰"攸寧"，則治事安身，胥于是乎在。一邑之長，統于所尊，居其中，以總庶政之成。丞居左以贊，尉居右以屬，而縣事畢舉矣。狴獄倉厫，各有其所。凡庶人在官者附焉。

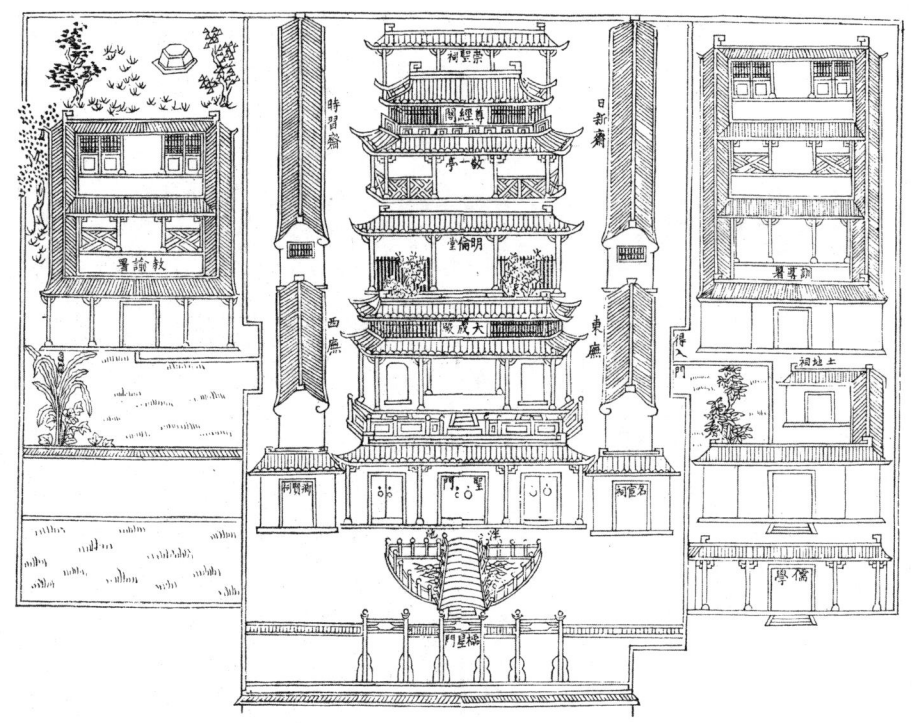

永康學宮圖

　　人之有道也，衣食既足，而後教以人倫。庠序之設，所以美風俗而責儒效者綦備。永康學校，自宮牆以至殿庭、門廡，邑著姓隨時繕葺，無不爭先恐後。師儒勤於訓課，諸生束身修行，益自淬磨。夫豈爲之華藻而繡其鞶帨哉！

歷代修志姓氏

宋嘉泰年

陳昌年縣令。始纂邑志。

元延祐年

陳安可邑人。

明成化年

歐陽汶本縣司訓。江西分宜人。

尹士達江西泰和人。

正德年

吳宣濟	胡　楷凡八卷。編修永嘉葉式序。	
李伯潤並縣令。	劉　楫學司教。	劉　珊
艾　瓊並學司訓。	章　懋蘭溪人。	趙懋功
徐　訪	俞　申	周　桐
曹　贊	陳　泗並邑人。	

嘉靖年

洪　垣縣令。

萬曆年

吳安國縣令。	胡以準學司教。	應廷育凡十卷。

國朝康熙十年

徐同倫縣令。十卷。	尚登岸楚人。	俞有斐邑人。
虞輔堯司訓。	徐光時	徐宗書

王世鈇　　　　程懋昭　　　　汪宏海俱邑人。

康熙三十七年

沈　藻縣令。　　余　瀍司教。　　余敬明司訓。

朱　謹　　　　陳　銑並縣丞。　　王同廳

徐　琮　　　　林徵徽　　　　應錦郁

俞王韜　　　　徐友范　　　　王同傑

徐　璣　　　　徐彥滋　　　　應本初

徐友閩　　　　程璘初　　　　金兆位俱邑人。

永康縣志卷首

新志姓氏

總修

前任永康縣現任溫州府平陽縣知縣　　　廖重機

前署永康縣現任湖州府德清縣知縣　　　陳希俊

知永康縣事丁酉科同考試官　　　　　　彭元海

校閱

前任永康縣儒學教諭　　　　　　　　　魏青巖

儒學教諭　　　　　　　　　　　　　　鍾鳴鸞

儒學訓導　　　　　　　　　　　　　　陸　坊

分校

永康縣縣丞　　　　　　　　　　　　　張　凱

前任永康縣典史　　　　　　　　　　　江治國

永康縣典史　　　　　　　　　　　　　陳　枚

纂修

原任甘肅秦州直隸州知州　　　　　　　應曙霞

前任直隸天津府滄州知州　　　　　　　潘國詔

分修

恩貢候選教諭　　　　　　　　　　　　徐紹開

舉人候選知縣　　　　　　　　　　　　呂東皋

舉人揀選知縣　　　　　　　　　　　　徐鍾英

舉人揀選知縣	程志籭
舉人	王鍾思
舉人揀選知縣	胡錫土
舉人揀選知縣	陳鳳圖
副榜候選教諭	倪夢魁
拔貢候選教諭	胡師尹

採訪

庠生	程鳳岡
歲貢	金希范
廩生	應鳳吹
廩生	徐御星
歲貢候選訓導	呂觀光
廩生	王大昌
增生	程尚霄
監生議叙職員	徐志錦
廩生	胡朝佐
廩生	姚躔奎
廩生	張化英
庠生議叙職員	王允修
增生	應崇程
庠生	林 丹
庠生	胡光第
庠生	周榮銓
州同	鄭 筠

董事

| 庠生議叙職員 | 周師賢 |
| 監生議叙職員 | 胡正登 |

監生議叙職員　　　　　　　　吕尚選
庠生議叙職員　　　　　　　　盧炳彪
監生議叙職員　　　　　　　　王逢春
監生議叙職員　　　　　　　　陳紹虞

永康縣志卷之一

地里志

夫以宇宙之寥廓，大章所步，豎亥所度，記其里以億萬計。一邑之境，不如罍空之在大澤乎，奚以志爲？雖然，撮土亦地也，卷石亦山也，一勺之多亦水也，況提封百里，政賦財用之所出，社稷民人之所寄，堂堂乎在土宇皈章之內者哉！《禹貢》、《職方》，皆地志所自昉，顧其小者弗及詳耳。至於土訓掌道地圖，誦訓掌道方志，則必統遐邇大小而悉詳之，第其書與《汩作》、《九共》九篇俱不傳，弗可考已。永康雖蕞爾邑，於唐爲望縣，亦稱雄緊。且石城或謂即《海內南經》之三天子鄣山。華溪雖不列於桑氏《水經》，而酈注載元緒、子明之異在永康溪，則自孫吳設縣之始而已著其地矣，烏可以不志！志地里。

分　野

保章氏以星土辨九州之地，所封封域，皆有分星，以觀妖祥，此分野之說所由始也。鄭康成以十二次分之。孔穎達疏以北斗及二十八宿主之。亦有以受封之日歲星所在之辰，亦有謂繫於五星，又有以山河之首尾與雲漢之升降相應。各抒所見，言人人殊。金華於《禹貢》屬揚州，於春秋爲越地，於十二次屬星紀，二十八宿則自斗十二度至女七度。隋平陳，置婺州，取其地於天文爲婺女之分野，故郡以名焉，而金華之分星始定。明宋文憲《寶婺觀記》云：以躔度細推之，郡之墟正上直於婺女。永邑在郡東南一百餘里，同在婺女之次明矣。又《内緯秘言》云：女四度，金華之永康入七分之二。則入婺女度之分數，又有所據矣。

沿　革

永康縣爲金華府屬邑。吳赤烏八年，分烏傷縣上浦鄉置永康縣，隸會稽郡。寶鼎元年，分會稽之西部，置東陽郡，縣屬焉。晉、宋、齊因之。梁改東陽郡爲婺州，陳因之，又爲金華郡。隋又改置婺州，縣仍屬焉。開皇九年，縣省，入吳寧，尋復置。唐武德中，即縣置麗州，以縣及縉雲縣屬之。八年，州廢，縣仍屬婺州金華郡，隸江南東道。天授二年，析縣之西境置武義縣。五代吳越屬武勝軍節度府。宋屬婺州保寧軍，隸兩浙東路。元屬婺州路。明洪武初改爲寧越府。壬寅，仍改寧越爲金華府，領金華、蘭谿、東陽、義烏、永康、武義、浦江七縣。成化七年，增置湯溪縣，隸浙江布政司。國朝因之。

疆　域

永康縣在金華府東南上游之地。縣境東西廣二百六十五里，南北衺一百里。自縣至府，陸路一百一十里，水程一百八十里。至本省，陸路五百三十里，水程六百二十里。至京師，陸路四千一百八十里，水程四千七百八十里。東至仙居縣治二百八十里，抵馬鬃嶺交界二百四十里，抵洪茂嶺縉雲縣界六十里。西至武義縣治五十里，抵楊公橋交界三十里。南至縉雲縣治八十里，抵黃碧封堠交界四十五里。北至義烏縣治一百五十二里，抵杳嶺及長塢坑交界五十里有奇。東南至縉雲縣界四十里，地名南崗嶺。西南至武義縣界二十五里，地名桐琴。西北至武義縣界三十里，地名駅塘。東北至東陽縣界六十里，地名四路口。

康熙三十六年，知縣沈藻奉督憲郭勘准縣境，界址：正東邊四十二都護臘橋,與處州府縉雲城闕桃交界。東邊帶北二十二都伍斗山,與東陽五十都交界。東邊帶北四十七都下連坑,與台州府仙居縣二十七都黃山頭寨門交界。東邊帶南二十三都包坑口,與處州府縉雲縣二十七都交界。正南三都永祥馬嶺,與縉雲縣交界。南邊帶東四十五都庄基,與縉雲二十九都交界。南邊帶西八都桐琴,與武義趙村交界。正西八都楊公橋,與武義倪村交界。西邊帶北十都董村,與武義茭道交界。正北二十都祉嶺尖分水,與義烏交界。北邊帶東長塢坑,與東陽交界。北邊帶東四十六都三石,與東陽安文交界。北邊帶西十一都楓坑嶺尖分水,與義烏交界。

以上共十三處,皆會勘立石爲界。

山　川

山勢由合而分,故共本而殊條;水勢由分而合,故異源而同委。兩山之間必有川,兩川之間必有山。脈絡源流,相爲比附。此山水之大勢也。永康環縣皆山,而三峰爲之祖。諸谿之水,以華溪爲之歸。條列派別,而詳記之,而經緯可見矣。

三峰山,距縣四十五里,高三百丈,周三十里。北方之望山,實縣治之祖山也。三峰鼎列蒙茸,峭絕特異。諸山其左爲挂紙嶺,右爲杳嶺。由三峰山而南,有山正方而高如坪,曰大安坪。坪之東麓南出,爲白窖峰。其西爲白眉山。

杳嶺,在三峰山右,一名豐嶺。山路高峻,通義烏縣。

白窖峰,員峰高聳,挺特妍麗,堪輿家謂之貴人峰。峰之下有嶺,因峰而名,曰白窖嶺。由嶺而南,爲石佛山。

石佛山,山腰有石,高二十丈,聳立如菩薩狀。其下舊有興福寺,俗呼曰石佛寺,今廢。

石牛山,在石佛山之南。山巔有石,狀若牛然,故名。

嵊山,俗呼爲橫山。分東、西二支。東支爲黃青、朱明二山,西支爲西崆山。自此支隴逶迤，起伏相因，南傅華溪而止，即縣治所在也。其東北隅爲松石山。

松石山，延真觀在焉。有石著地拔起，大合抱，高六七尺，狀鱗皴如松。相傳唐建中間仙人馬自然至觀，指庭前松曰：「此松已三千年，當化石。」已而大風雷，松震作數段，皆成石。此其震之餘與？然不可知矣。其西方有山橫遶之，曰西石山。

西石山，一名霞裏山，皆積石所成。逶迴東抱，南傅於華溪，爲縣治右衞之第一關。人以其巖石峻嶒，與水相激，又名水攻山。其上有故鄉祠，祀梁何炯，唐周某、王某三令尹，俗呼曰三長官祠。歲久傾圮，主遷祔於學宮之名宦祠。其南麓，兵部侍郎王麓泉崇書院在焉。由大安坪而西爲鷹觜巖。又西爲白眉巖。

白眉巖，山腰有石，狀如人之雙眉，故名。有石洞，穿窿如屋，僧人即以爲居。附近四山回合，蒼翠可挹。自此而西，乃接於武義縣界之八素山。其傍支由大安坪而西，爲烏石巖。又西，爲赤巖峰。

赤巖峰，在烏石巖西。下有烏石潭，清澈如鏡。挺秀爲皇尖山。又迢遞西行，轉而南，爲界嶺。嶺半石道，當雨過塵淨時，其文彩粲然如錦，相傳謂之花錦地。皇尖之麓，展爲兩支，逶迤而南，前迫大溪，乃轉而東，一聳起爲華山，其下舊有寺，曰永光，今廢。一盤旋爲火爐山，宋樞密林正惠大中墓在焉。

界嶺，距縣二十七里爲小界嶺，又三里爲大界嶺，在八都，俗謂花錦地即此。

白雲山，南方之望山也。距縣一十五里。員峰聳拔，上際雲表，正當縣治與學宮之前，端峙若賓，俗呼爲狀元峰。每朝有雲氣升騰其巔，則是日必澍雨，人常候之，以爲雨徵。相傳其上爲葛洪煉丹處，石鼎猶存，人因立葛仙翁祠。其相並，東爲石城山，西爲大廚山。又西爲歷山。其北麓爲金勝山，俗呼金豚。

石城山，距縣一十四里，高二百丈，周二十里。群峰巑岏駢列如城堞。舊志引張氏《土地記》云：昔黃帝嘗遊此山。按郭璞注《山海經》：石城山在新安歙縣東。則黃帝所遊，或未必其爲此石城也。《一統志》云：縉雲縣仙都巖，其上有鼎湖，人指爲黃帝上仙處。審爾，則其龍馭固當歷此矣。又按《史記·封禪書》云："黃帝采首山之銅，鑄鼎於荊山下。鼎成，有龍垂胡髯下迎黃帝升天。後世因名其處爲鼎湖。"《正義》曰："《括地志》云：湖水源出虢州湖城縣南夸父山，北流入河，即鼎湖。"則《一統志》所云，又未之敢質也。今堪輿家因其群峰羅列於學宮之前，配以佳名，中曰展誥，左曰天禄，右曰天馬，乃鄉俗俱稱爲天馬山，而石城之名，蓋莫有知之者。又東傅南溪而止，爲水崢巖。踰溪而東，爲牛金嶺，驛道經焉。巖嶺之間，山勢犬牙相錯，中開一罅，僅通溪流，類人工鑿成者。

大廚山，距縣二十五里。山高聳而方，形如立廚，故名。大廚山之東爲岡谷嶺，嶺上有泉水涓涓，四時不絕，其地亦寬平可居。正統十四年，括寇嘯刼，里人多砦此以避。谷口爲寓賢韓退齋循仁故居。

歷山，距縣二十五里，高二百丈，周四十里。其上員峰屹立，狀如覆釜，又名釜歷。山有池，廣畝餘，深五尺，曰歷山潭，歲旱於此迎龍禱雨者多驗。又有田，人謂曰舜田。有井，人謂曰舜井。因而立祠曰舜祠。按《一統志》，舜所耕歷山，在今山西蒲州。人因其名之偶同也，遂從而附會之，亦可見聖化入人之深，雖流俗類知尊慕如此。其東爲紫鳳嶺。西爲交嶺，乃西接武義縣之蔣富山。

金勝山，一名金豚山，距縣五里。橫列於縣治前，若几案然。舊志引《太平寰宇記》云：昔有人得金豚於此，故名金豚山。蓋傳録者偶訛勝爲豚，而好異者併訛著其事以實之也。山少竹木，惟産天門冬。其東麓曰白勘，工部侍郎徐復齋讚墓在焉。

絕塵山，俗呼爲東溪山，爲東南之望山。距縣三十五里，高五百丈，周十里。四面皆峭壁，拔地而起，石峰叢列，如插戟然，一徑縈紆，斜穿巖石間，以達於其巔。有兩石對峙如門，入其中，周圍如城郭，有田六十畝,地倍之。又有大井,常汲不竭。每有寇警,鄉人多依此以避焉,真絕塵之奧區、神仙之窟宅也。舊有寺,曰崇福,今廢。其諸名山相附近者,北五里而近為石室山,南十里而遙為斗潭山,東十里為靈巖。

石室山,高二百丈。四面皆石壁聳起,下東溪流經其下環繞之。緣巖而上,有石洞中通,若廈屋然,可容數百人居,中有一石柱,又有一巨石,其形如竈。傍有石井,水甚清洌,以烹茶,味極甘美,隨人多寡,汲飲無餘欠。舊即洞為寺,曰洪福,今廢。其傍近又有巖,曰西巖,飛瀑瀉出石壁間,當雨後水盛時,噴薄如轟雷。又有郭公巖、烏峰巖,皆峭拔奇詭。

靈巖,距縣四十里,高二百丈。皆峭壁拔地而起,略與絕塵同。其南面巖東西橫列,紫色斑錯,青蘚枯木嵌之,蒼藤倒挂,若畫屏然。緣巖架石為梁,曲折而升。有石洞,南北相通,軒廠如廣廈,廣五丈,深二十丈。其尤奇者,洞上下及左右壁皆砥平無宍突,有若神功斲削所成,所以謂之靈也。舊有寺,曰福善,今廢。其南麓為宋少師應孟明墓。

斗潭山,距縣五十里,高八十丈,周五里。其上有三石潭,皆天成不假掘鑿者,水咸清泚不塵,可鑑毛髮。又一名三石山。

芙蓉山,在斗潭山之西,其麓西出,曰石郭,宋侍郎章服墓在焉。舊有寺,曰饒益,今廢。其岡隴迢遞北行,傅南溪而止,為館頭嶺。踰嶺八里,入縉雲縣界。

方山,東方之望,距縣六十里,高千餘丈。山半有方山廟。西望縉雲、武義,東望東陽、義烏諸縣之境,山如縈蛇,川如曳線,瞭然在眼。俯視附近諸名山如方巖、壽山、石翁、石姥,以及橙尖、華釜之屬,纍纍然出於履舄之下,猶禾囷鹽囤也。山頂有寺,曰真寂,路峻而遙,遊人罕有至者。

方巖,距縣四十五里,高二百丈,周六里。巖皆平地拔起,四面如削,惟南通一道,至山腰而絕,疊石為磴,如樓梯而升,曰百步峻。磴上沿巖架石爲棧道,曰飛橋。將至頂,有兩石對峙,其上屋之,曰透關,俗呼爲峰門。入關,地更平曠,約數百畝,中有池,可畝餘。臨池有廟,曰赫靈,祀宋侍郎佑順侯胡則。侯少時讀書此巖,既仕,嘗奏免衢、婺二州身丁錢,人德之,遂因其地立廟祀焉。其後陰助王師殄巨寇,累著靈異。宣和中,敕封佑順侯。紹興中,加賜廟額曰"赫靈佑順"之號,後累加"嘉應福澤靈顯極于"八字。淳祐間,遂進爵爲公,更號"顯應",尋加"聖惠"。寶祐初,再加"忠佑"。詳見於黃文獻溍所撰《胡侍郎廟碑陰記》。而人多未之考,故但仍其舊號而稱之也。並廟有寺,曰廣慈,廟久而圮,侯像遷寺中,位於大雄氏之前。寺僧因攝廟祝以資衣食,廟遂無議葺之者。寺後巖高數仞,有洞,深二丈許。即洞爲樓,曰屏風閣。東偏有坑,深入如井,曰千人坑。相傳昔鄉人避寇巖上,寇至,援藤升,頓見有蛇,刃揮之,藤斷寇墜,死者若干人,遂潰去。此坑所由名也。由坑上西行百許步,下有石谷,泉出谷間,泠泠然如環珮聲。舊有樓,曰聽泉,里人胡濟源作,邑大夫士多爲之賦詩,集錄成編,題曰《聽泉樓集》,呂雙泉文燧序之。樓廢,詩集亦不傳,惟序見《雙泉集》中。又約百許步,巖腰有小石洞,人指爲胡侍郎讀書堂。好事者傍巖架飛甍,爲遊人臨眺之所,路圮,人迹罕至,亦廢久矣。由方巖而西三里,別有小石洞,曰石鼓寮,朱晦菴常遊而樂之,呂東萊欲屋之而未果。蓋時少章題壁云云。又由此而西,過石鼓嶺,不二里即靈巖。由方巖東五里,爲橙尖山。

橙尖山,高峰員聳,妍麗可愛,人以擬於金華之芙蓉峰。山之東爲獨松坑,侍郎程松溪文德居第在焉。

壽山,在方巖北三里,有五峰,皆石壁,平地拔起,周圍如城郭,曰固厚,曰瀑布,曰桃花,曰覆釜,曰雞鳴。固厚之下有大石洞,高廠軒豁,可容千人,其中爲佛刹,曰壽山寺,前爲重樓,樓上爲平臺,周以欄楯,皆即洞支木爲之,不施椽瓦,而雨雪霜露,自然莫及,最爲一方登覽之勝。巖上有朱書"兜率臺"三大字,人傳爲晦翁筆。寺今廢,臺亦

7

圮。西近瀑布,有石洞,舊爲羅漢堂,尚寶丞應石門典周視壁題有陳龍川書,識東萊、晦翁行迹,謂先賢過化之地,宜有表章,乃即堂東偏之隙建祠,以祀朱、呂及張南軒、陸象山,而龍川配焉,曰麗澤祠,時太守姚文炤爲之記。既而文炤來遊,又檄縣尹洪垣撤去阿羅漢像,直洞之正中建五峰書院,以處來學者。後洪垣升任,而嗣尹甘翔鵬繼成之。闢異教以崇正學,人莫不偉三人之功,與茲山相爲悠久也。程松溪待次祭酒家食時,與其友周峴峰桐、應晉菴廷育會聚講學,以祠隘弗稱揭虔,且張、陸未嘗至山,遂定祀朱、呂、陳三先生,即書院爲祠以妥焉。瀑布之上有龍湫,水四時不竭,直下數十丈如練。及霽久水絪,飄風颺之,濺洒四出,若霧雨然,可望而不可即,亦奇觀也。

石翁山,在壽山北,亦五峰相連。中一峰,有石柱,高出平巖,若人戴紗幞狀,山之得名以此。近西一峰如螺髻,相傳爲石翁婦,故鄉俗又呼爲公婆巖,其麓有石翁廟。由石翁而西爲虎跳關,爲大小鷹觜巖,爲老鼠梯,峭立如壁,僅通樵徑,其頂乃更寬平,可容數千人居。正統括寇之警,里人多依此立砦焉。又西爲峴峰嶺。

峴峰,衆山排列,其峰峭拔,亦一方之偉觀。其陽有將軍巖,兩巖夾道離立,若人捍門。倘海寇由台而來,此亦扼險之一隘也。又迤西,爲三寶峰,爲石姥巖,爲魁山,山下爲詩人李草閣曄故居。踰魁山而南,不十里,即絕塵山。

銅山,距縣五十五里。山故産銅,宋元祐中置場錢王、窠心二坑,課銅一十二萬八千觔。宣和中,以課不及額,廢。紹興中復置,課銅二千三百五十五觔。又以苗脈微渺,採亦無獲,廢。由銅山而北,不五里,爲華釜山。

華釜山,高百餘丈,周二十里。其上平曠,中窩而傍高,狀如仰釜。舊有寺,曰妙淨,今廢。其相近,左爲畫眉巖,右爲棲霞洞。當華釜、棲霞兩山夾處,曰金城坑,澗水出焉。朱參政方沿涯種菊,治之爲黃花澗。由棲霞而東,爲黃巖,爲青山。其相近,左爲蓮明山,右爲十二巖。山東南爲箬浦嶺。又南爲八盤嶺，嶺迤東，爲靈山。

靈山，距縣九十里。其上員峰聳翠，其下左右展兩隴，環抱一巨窟。窟之中爲翠峰寺。其南麓爲故孝義巡檢司廢址。又迢遞而東，爲柘嶺。嶺之下，爲金仙寺。

馬鬃嶺，距縣二百四十里，在四十七都，蓋縣之極東鄙也。踰嶺達於仙居縣。嘉靖三十三年，倭寇犯台城，縣於嶺上築砦屯兵以備焉。逼寇軼境，鄉之義勇陳百二先官兵之未至，率衆迎戰於破岡嶺，挫其前鋒。寇遂走東陽，而縣境賴以無擾。既而寇走紹興，典史吳成器以奇兵扼於柯橋而殲之，無一脫者，實由其鋒先挫於此也。夫自馬鬃至縣二百里，其所經由皆崇山峻嶺、深坑累塹，此兵家所謂重地，利禦寇不利爲寇者。但合孝義一鄉三都强壯之力，足以禦之有餘矣。喜事之徒，往往虛聲哄喝，驚動城市，彼因得以操爲奇貨，盜取兵餉。明智者愼毋爲所眩惑，輕易動衆，不惟耗廩粟，且搖民心也。由馬鬃嶺旋而西，爲黃干嶺。又西界縉雲，爲石霞嶺。

石霞嶺，距縣一百三十里。其上有池，曰日月潭。廣畝餘，水澄深莫測。潭上石壁有赤白痕相間，狀類日月，此其所由名也。俗又呼爲百丈潭。凡迎龍禱雨者，惟此潭極爲靈驗。

五指巖，爲東北之望山。遠望五峰插天，若人伸手探雲者。然山半巖石，赤白班布，狀類桃花，又一名桃巖。有洞可容數百人。宋儒呂雲溪皓晚年還自荊南，隱居於此。其頂有小洞，曰棲真。諸有名之山相附近者，南爲密浦山、鬭牛山，東爲龍窟山、九洩山，西爲鳳山。

密浦山，距縣五十里，高百丈，周十里，華溪之水發源於此。其上有仙人壇。唐中和五年，洪雅禪師嘗結菴於此棲焉。今爲鄉人禱祝之所。

鬭牛山，距縣四十里，高百餘丈，周十里。山背有兩石相觸，狀如牛鬭。又其勢上闊下開，如橋，俗呼爲仙人橋。其下爲趙侯祠，事詳載於《後漢書》。又南五里，爲石倉巖。

石倉巖，緣巖而上，石室玲瓏，澄真寺在焉。相傳爲洪雅禪師入寂處。舊志云：巖頂有小石穴如倉，日出米以餉衆僧，隨多寡，無餘欠。後有貪僧鑿大之，米遂不出。其説雖近怪，然存之亦足以省貪也。

龍窟山，距縣五十里。普明寺在焉。宋狀元陳龍川亮未第時，初進《中興》五篇，又上恢復五書，皆不報，退而藏修其中，與學者講論皇帝王霸之略，棲遲凡十餘年。其陽有小崆峒，亦其遊息所嘗及也。成化間，里人朱彦宗立龍川書院表之。寺與書院，今俱廢。然龍川之學，自以文傳，是區區者皆幻迹也。

九洩山，在龍窟山之北。自麓至頂，有潭凡九，相傳皆龍所常棲也。歲旱迎龍禱雨者，至第五潭則必驗。其上三潭皆峻險，人罕有探之者。

鳳山，距縣四十里，高一百三十丈，周五里。一峰拔地聳起，狀如偉人岸幘端坐。鄉俗呼爲尖山，又名箭山。又傍挾兩隴，有如鳳之展翼欲翀翬然。其麓故有净土寺，人皆呼爲鳳山寺，蓋鳳山本舊名也。

油樹嶺，距縣五十里，十八都。

畫眉巖，縣東五十里。

峽源坑，縣東北五十里，二十都。

漿坑，距縣五十里，三十四都。

峽裏坑，距縣五十里，三十五都。

柯陽坑，距縣五十里，三十半都。

南山，縣東四十里。峭拔而秀，高百餘丈，在游仙鄉。

青石山，縣東四十里。高百餘丈。山色蒼翠，故名。

方山，縣東四十里。高三十丈，周五里許。二十七都。

紀家源嶺，距縣四十里，四十三都。

五木嶺，縣東二十五里，在三十八都。

洪茂嶺，距縣五十里，俗呼黃茅嶺。

楊溪嶺，距縣四十里。

雞兒巖，距縣三十五里，在三十七都。

道士巖,縣東南三十里,在三十八都。

擇睦嶺,縣東南三十里,在三十九都。

滁坑,距縣三十五里,在三十九都。

永場源,距縣十五里,三都。

柏巖山,在縣西二十五里。下有善祥觀,今廢。

塔山,距縣三十里,在四都。

桂巖山,縣西四十五里,中有木樨,故名。

吳坑,距縣三十里,在六都。

華溪,源出縣東北境之密浦山,東流至太平鎮,合壽溪,其居人亦謂之雙溪。又東流,逕鳳凰山,出馬石峽,轉而南,至下朱,合樂塢口溪。又南流,過古陳橋,至龍明山,合烏江溪。又南,過仙遊橋,西合球溪,東合武陵源溪。又南,至諸杜山前,曰鶴鳴溪。相傳昔有望氣者鑿紫霄觀,山有雙鶴騰起,至此而鳴,至仙溪而止,此溪所由名也。又西南,至金山前,別而爲二:一過羅樹橋,一過下江橋,復合而爲一。又西,至塔海,合酥溪。又西,至縣城之東北隅,合北溪,滙於桃花洞。又西,行闤闠之中,兩涯飛甍,鱗次相對,方春花柳繽紛,景象妍麗,故曰華溪。又西,過仁政橋,歷縣治前,至儒學前,與南溪會,水始勝舟。又西,至於水攻山,合縣西門溪,滙爲三長官潭、鳳凰潭。又西,歷陽關,至雙錦,合仙溪。又西,至青龍埠,合三板橋、五錦橋、烈橋溪水。又西,至桐琴,合大桐溪。又西,至護國寺,入於武義縣界。又西,至縣北,合熟溪。至白羊山䯒,合白溪。又西,至焦巖,入於金華縣界,謂之永康港。下流至府城西南隅,會義烏港,爲雙溪。

南溪,源出縉雲縣土母山。上接麗水蜂窠嶺之水東流,歷貴溪、黃龍、石馬,至黃碧,入於縣境。循山而南,抵館頭嶺,轉而東,又轉而北,至於前倉花園山之麓,水石相激,滙爲仙延潭。又東北,至於水崢巖,合李溪,屈曲行巖石間,逆而西流,滙爲石龜潭,其涯爲林樞密別墅故址。轉而東北,滙爲天井潭。又轉而西北,至金勝山之麓,滙爲石鼉潭。又西北，至於儒學前，與華溪會，相挾而西。

酥溪，縣東八里，源出二十都峽源坑。西流出坑口，會後渠坑水，爲三渡溪。歷象珠，至清渭，合何溪，逕故净明寺之前，水出兩山間，滙爲龍山潭。南至下陽，合朱明溪。又南至童墩，合西溪。歷長田、曹園、下溪、紫柏，至下桐山，爲酥溪。過橋，至塔海，合於華溪。

李溪，縣南二十里，源出四十四都峽上。南流至碧湍，合下東溪，轉而北，逕苦竹橋，至可投，轉而西，至當渡。又西，至石室山周其麓；圍繞之。又西，抵官山，轉而北，曰李溪。又北，至水崢巖，入於南溪。

烏江溪，源出三十五都銅坑。西流出坑口，合獨松溪。又西北，流逕畫眉巖，歷胡庫，至故明梵寺之下，合方巖溪。又西北，經龍明山，入於華溪。

北溪，又名桃溪，源出石佛山。瀠迴出坑，逕穿童宅。南流轉石牛山下，東流過水碓頭。又南行天宫寺側，逕俞家橋，至松石山前，過東橋上封寺前，再過梁風橋，入於華溪。

西門溪，源出石和尚頭下盧柴坑。其山有石和尚，故名。南流逕賢良胡長孺祖址。又南流，過胡禄橋，穿橫山峽，因山平岡而並峙，橫列如屏，俗名東嵸、西嵸。東嵸乃縣治之少祖山也。逕流過沈家橋，轉而南曲，東過西門橋，貼縣龍，過和讓橋，今名金環橋，遶水攻山前，入於南溪。

大銅川溪、小銅川溪，縣西北十七里，八都。小銅川水入大銅川，合流，西南入武義界。

仙溪，縣西南七里，發源於縉雲馬嶺之北谷，會於華溪下流。

櫸溪，縣東二百四十七里，四十七都。其源出靈山，流入仙居縣。

俞公潭，縣東六十里。俗傳有龍蜃潛其中，歲旱迎以禱雨，或有驗焉。

蜃洞潭，縣東南四十里。

英山潭，縣南十五里，石龜潭上，其水清澈，潭上巖石嶄然。道出巖腰,有小祠。

水仙洞,縣西北四十里,與烏石潭通。水清澈不涸。

巖山潭,縣南四十五里。

仙延潭,縣南四十里。淵泉瀦聚,廣注田禾,自漁者填石淤塞,施毒壞堤,大妨水利。道光十六年春,境內衿耆約,自巖山潭至此永爲放生之所。邑侯廖出示勒石,嚴禁捕魚,蓄水以資灌溉,並禁前倉來龍水口鑿掘,以庇風水。

鄉 區

縣分十鄉,鄉轄四十七都。明初編户一百二十三里,其後定爲一百一十七里,每里設里長一人。其稅糧之分隸,則又參錯分爲十區,又設糧長三十人分督之,所以參合衆户,以蘇里甲之困者也。每里各爲一圖,即《周禮》版圖之謂,今之格眼紙彷彿其意爲之。限其地則曰里,按其籍則曰圖,以故圖之數如其里之數。以其徵稅之數分之,則爲區。蓋自洪武間議各都管催之法,有老人獻計,以紙摺之分爲區,遂用之。每區轄都圖若干,臂指相使,其法不可廢也。

國朝編里如舊,復設立鄉約長,宣講上諭十六條。鄉區之間,不惟知供賦稅,而禮教行焉。康熙間,知縣沈藻謹刻十六條敷言,使深山窮谷無不家諭户曉王道之易易,於斯見之矣。

附郭而南爲義豐鄉,其里上林。舊轄隅四:曰東隅一圖、南隅一圖、西隅一圖、北隅一圖。本朝按糧均平編里,析分爲一都八圖;二都三圖,今析爲四;三都四圖,今併爲三;四都三圖,今併爲二;五都五圖,原併爲四,今併爲三。

正西曰長安鄉,其里溫泉,轄都四:曰六都三圖,今併爲二;七都三圖,今併爲二;八都三圖;九都四圖。

西北曰承訓鄉,其里清明,轄都三:曰十都二圖;十一都三圖,今併爲二;十二都四圖,今併爲二。

正北曰昇平鄉,其里松山,轄都四:曰十三都二圖;十四都二圖,今析爲三;十五都三圖,今併爲一;十六都三圖。

東北曰太平鄉,其里宗仁,轄都四、半都一:十七都三圖,今併爲二;十八都三圖,今併爲二;十九都一圖,今析爲二;二十都二圖;二十半都二圖,今析爲三。

又東北曰義和鄉,其里新康,轄都七:曰二十一都二圖;二十二都二圖;二十三都三圖,今併爲一;二十四都三圖,今併爲一;二十五都一圖;二十六都一圖,今析爲二;二十七都三圖。

正東曰遊仙鄉,其里石門,轄都六、半都二:曰二十八都一圖;二十九都三圖;三十半都一圖;三十一都二圖;三十二都三圖,原併爲二;三十三半都二圖;三十四都二圖;三十五都二圖。

東南曰合德鄉,其里永泉,轄都二、半都二:曰三十三半都二圖,今析爲三;三十六半都一圖;三十七都二圖,今併爲一;三十八都二圖,今析爲三。

又東南曰武平鄉,其里碧湍,轄都六、半都一:曰三十六半都一圖;三十九都二圖,今析爲三;四十都三圖;四十一都二圖;四十二都二圖;四十三都二圖,今併爲一;四十四都二圖。

又極東曰孝義鄉,其里咸泰,轄都三:曰四十五都三圖,後併爲二;四十六都二圖;四十七都一圖。

第一正北區即一區,管催十七都、二十一都、二十二都、二十六都、三十五都稅糧。

東北區即二區,管催二十三都、二十四都、二十五都、四十五都、四十六都、四十七都稅糧。

西南區即三區,管催遊仙三十三半都、合德三十三半都、三十六半都、三十七都、三十八都、三十九都稅糧。

東南區即四區,管催四十都、四十一都、四十二都、四十三都、四十四都稅糧。

第二東北區即五區,管催二十七都、二十八都、二十九都、太平三十半都、遊仙三十半都、三十一都稅糧。

西北區即六區,管催十四都、十六都、十八都、十九都、二十都稅糧。

東南區即七區,管催一都、十五都、三十二都稅糧。

西南區即八區,管催坊隅二都、三都、四都稅糧。

第三東區即九區,管催五都、六都、七都、十二都、十三都稅糧。

西區即十區,管催八都、九都、十都、十一都稅糧。

塘　堰

塘堰,水利之所在也。塘以瀦水,堰以節出,遇旱則尤資其利。顧不利即有害。何也? 永之塘大者數十畝,小則僅一二畝耳。其法利用瀦。乃業主諉之佃戶,佃戶憚于興作,而淤者半矣。康熙間,知縣沈藻多方勸諭,令佃戶用工,業主給食,仍不時單騎親往,督令深瀦,而民之因循者尚多也。且一塘有數家管業者矣,旱則爭且訟,甚至格鬬而殞命,其害可勝道哉! 堰則高卑廣狹,舊有定制也。設閉塞之,則下流焉得沾溉;設決壞之,則上流立見匱涸。其法利用脩。舊制農月禁放木,良有深意。乃奸商射利,每當山水驟漲之時,輒購巨木厚板,乘流蔽溪而下,所過毀突。及覺而躡其後,則一瀉數里不可追矣! 彼此爭訟不休,不逞之徒且有越控榷部、拖累平民者,害與塘等也。欲去其害當若何? 曰瀦之深、脩之固,時輯而屢省之,毋使淤且損,則水利近矣!

義豐鄉塘堰

郭坦塘

新塘

亭塘

鯉魚塘

大塘

雙塘　並一都。

官塘

黄塘

車口塘

剳塘　並二都。

大路塘

仕貴塘　並三都。

皇塘

大塘　並四都。

杜溪塘

菱塘

道士塘

萬工塘　並五都。

回回塘堰

後清堰　順治壬辰，里人徐汪領砌石壩。

下馬堰

酥溪堰　並一都。

高堰　崇禎間，邑人周鳳岐重開。

石龜堰　康熙三十五年，高堰、石龜堰爲木商摧壞，訟於官。知縣沈藻脩治立禁。

江公堰　附董杲碑記節錄：先朝邑令江公，因天溪自長潭口引水作堰，分十三甲輪注，灌注二十里，民德之，稱爲江公堰。崇禎初，鄉先生旂銘徐可期疏濬之。康熙二十年，邑令謝公復加脩濬，自十三甲以至于霆下畈、葉店、龍上、黄畈等處，立議均平畫一，不少踰越，改稱曰謝公堰。

上林堰

沔沙堰　並二都。

水雄塘堰

巖塔塘堰

岑家堰

長峰堰

金堰

新湫堰　並四都。

仙溪堰　舊志作西溪。康熙三十三年，知縣沈藻勘脩立禁。

中堰

杜溪塘堰　並五都。

長安鄉塘堰

金大塘

鵲巢下塘

大青塘

上餘塘

爐塘　並六都。

童塘

東塘　並七都。

烏石橋塘

華山塘

鷺鷥塘

周木塘

學院塘

黄牯塘　並八都。

登塘

石臼塘

水閣塘

新塘　並九都。

嵊橋堰

大塘堰　並六都。

五錦堰　李家砌。

東清堰

大圫角堰　並七都。

陳大堰

章堰　並八都。

陳堰

六百堰　並九都。

承訓鄉塘堰

胡公塘

雙蓮塘　並十都。

章塘

南坑塘

龍宿塘

闊塘　並十一都。

龍門塘

烏色塘

長塘

樟塘　並十二都。

呂家邊堰　九都。

黃青堰

三百堰

施公堰　義民童允元重砌。並十二都。

昇平鄉塘堰

宅青塘

青塘　並十三都。

康胡塘

月塘

胡塘

丁塘　並十五都。

冬青塘　十六都。

西堰

柳墅堰　並十三都。

金婆堰　十四都。

華歷堰

紫陌堰

下邵堰

郭公堰　並十五都。

楊木堰

章公堰

桐郭堰

寺口堰　並十六都。

太平鄉塘堰

蔣塘

下園塘

東塘　並十七都。

太平塘

平安塘

中蓮塘　並十八都。

牌塘

墩塘　並十九都。

金松塘　三十半都。

金畈堰

下陳堰　並十七都。

華峰堰

石胡口堰

大橋下堰　並十八都。

上仁官堰　十九都。

義和鄉塘堰

尚書塘

橫路塘

馬古塘

高塘　並二十一都。

上桐塘

胡孫塘

蓮塘　並二十五都。

楊枝塘

五色塘　並二十六都。

前如塘

吞塘

桃嶺塘　並二十七都。

黃堰　二十一都。

烏石頭堰

寺口堰　並二十四都。

遊仙鄉塘堰

盧計塘

雪塘

大塘

李塘　並二十九都。

弓塘　三十半都。

崇塘

古塘　並三十一都。

游溪塘　有周泉光游溪八景詩，別載。

李塘

八口塘　並三十二都。

洪杜塘

川山塘　並三十三半都。

上大塘

孔大塘

寨坑塘　並三十四都。

橙塘　三十五都。

前金堰　二十八都。

車馬湖堰

赤溪堰　三十三半都。

苦竹堰　三十四都。

金竹堰　三十五都。

合德鄉塘堰

魁山塘

葛塘　三十三半都。

四大塘

龍眼塘

莊塘　並三十六半都。

凍塘

瓦窰塘

放生塘　並三十七都。

新大塘

姑塘

麻車塘　並三十八都。

李堰　三十六半都。

石宣堰　三十八都。

官堰　三十三半都。

白巖堰　三十七都。

武平鄉塘堰

吳塘　三十六半都。

石塘　三十九都。

川塘

西塘

葵塘

王塘　並四十都。

染塘

新塘

大迪塘　並四十一都。

雲青塘　四十二都。

石塘　四十三都。

石馬堰

上黃堰　並三十九都。

黃公墓堰

黃杜嶺堰　並四十都。

官堰

巖前山堰　並四十一都。

館頭堰　今廢。

渡基堰　三十九都。

孝義鄉塘堰

柘塘　四十五都。

古楓塘

金仙塘

金仙堰

盧村堰　並四十六都。

李村堰　四十七都。

附載塘堰

蘆塘

西郭塘　並四都。

五岡塘　十五都。

方口塘　二十一都。

菱塘　二十二都。

施公塘　二十四都。

石砌塘　二十四都。

朱義塘　二十五都。

南塘　三十三都。

蠏堰　二都十四都。

支陳堰　十五都。

桐郭堰　十六都。

下黄堰　三十九都。

西柘堰

坊　巷

坊有二類,名同而義不同。一是閭巷之表也,不惟其人,惟其地。一是崇德貴貴宅里之表也,不惟其地,惟其人。郡邑志混而一之,于義兩不相屬。今以表其地者歸之坊巷,旌其人者歸之坊表,庶各當厥指,莫容混也。巷即街衢之所由名,以之區別往來之道者也。二者可以類聚,故曰坊巷。坊與巷可比而同也,坊巷與坊表不可比而同也,故以坊巷列諸地里,而以坊表列諸建置,各從其類云。

狀元坊,縣東北一百五十步,因宋陳亮大魁故名。

北鎮坊,縣北一百七十步。

皇華坊,縣西北三十步。

大澤民坊,縣東北一百步。

小澤民坊,縣東北一百四十步。

訓化坊,縣西四十步。

永寧坊,縣東四十步。

古麗坊,縣東北四十步。

叢桂坊,縣西北四十步。

沿河坊,舊有大沿河、小沿河,今混稱沿河坊。

大由義坊,縣西北八十步,通武義縣,故俗呼武義巷。

小由義坊

迎恩坊,縣西北一百八十步。

儒效坊,縣東北六十步。

宣明坊,縣西三十步。

仁政坊,縣東,即今之大沿河。

河東坊

龍泉坊

柏山坊

東庫坊

舊志載有積慶坊,係屬沿訛。仁化坊,今屬狀元。福善坊,今屬小澤民。清節坊,今屬大由義。撫字坊,今屬沿河。均不載。第就其現在者志之。

馬坊巷,縣治南,通天溪。

沿城巷,自浙東道門左直通古麗坊内。

烏傷巷,縣東北一百五十步,中有趙侯祠。

黃泥巷,縣西北一百五十步。

龍鬚巷

太平巷

馬站巷

櫺星巷

善化巷

井　泉

井與泉並列者,亦從其類也。"山下出泉",《蒙》之象也,大《易》則之。"以果行育德","木上有水",《井》之象也,大《易》則之,以勞民勸相。是二者所以爲養也。聖人一以爲教,一以爲養,教養相濟,法象昭然矣。古之爲民者,鑿井而飲,耕田而食。古之立邑者,相其陰陽,觀其流泉。是經制之大端也。

龍泉井,縣東南三十步。居民數百家皆仰給之,歲旱不竭。

大寺井,興聖寺内,深十餘丈,半以下鑿石爲之。

永泉井,在永泉里,里人仰給者多。李草閣有銘。

石井,靈巖山側,鑿石爲之,深二十餘丈。

福元井,上封寺前。

堂前井,峴峰坑口。

大井,縣東北三十里,其地因名大井頭。

胡公井,縣東五十里,地名胡庫。

三眼井,清節坊外,近華溪,冬夏不竭。

蕭泉井,永寧橋東。

白龍井,延真觀内。

東澤井,縣東南三十里,地名厚仁。

金鼓泉,長安鄉,其泉混混,雖歲旱不竭,灌田千餘畝。

烏樓泉,縣南三里。

李家泉,縣東四十五里。

醴泉井,四十都後吳,徑圍三尺,深四丈餘,激之聲若洪鐘,泉甘而清,旱年不竭。

榮泉井,三十九都莘野,水從高山落,四時不竭,爲石城山東諸泉之最。

樓宅井,四十二都舟山下,深四五丈,下半生就石欄,泉甚清冽。

形　勝

古之相土度地、萃爲都邑者,首而京師,次省會,以至列郡州縣,無不上應星躔,下合地理,中孚人事,夫然後可以凝聚永久而不廢。凡輿地志俱載形勝,謂帶河阻山,地勢便利,能以勝人也。《易》曰:"王公設險,以守其國。"《孟子》曰:"固國不以山谿之險。"二説者,夫各有所當者乎!《傳》又有之曰:"在德不在險。"則是險亦未可專恃也。要之,天然之形勝不可無,人爲之形勝不可闕。宋、元、明之舊志,不載形勝,今仍沈志存之。

據崇山而三峰峙其北,襟清流而雙溪會其南,縣治特立其中,實四面山水之會。舊志。

當台括之要衝,爲婺州之藩衛。峰名天馬,居然山國之雄;巖號將軍,足扞海氛之熾。楊公橋毗連武義,障塞可防;洪茂嶺接壤縉雲,通衢宜飭。中間如界嶺、花街、烈橋、高堰、李溪、館頭,驛路攸經,聲勢聯絡,首尾相應,寓至險於大順,藏不測於至靜之中,亦慎固封守之要策也。

風　俗

凡民函五常之性,天下古今,靡有不同,而其剛柔緩急,繫水土之風氣,好惡取舍,動靜無常,與化移易,於是風俗殊焉。永康爲金華小鄒魯之地,鄉先生如林和叔、應仲實、陳同甫諸賢,正己率物,其芳澤沾丐後人。元、明以來,偉人繼起,彬彬儒者之風,至今未沫。士或有跅弛不由軌轍,第先之以父兄之教,使之潛心古訓,亦可變化氣質,養成德器。長民者章志貞教,旌別淑慝,使夫蒸黎之庶,各安生理而保其身家,安見禮俗教治康樂安平之書不復作於今哉!

節令:元旦,夙興,爆竹啟門,拜神祀祖。卑幼拜尊長,出門向喜神方。宗族親戚互相拜賀、設席相邀,曰傳座。上元,張燈,十三至十七日夜止,城中坊巷各有燈會,星橋火樹,導以鼓樂,或結綵爲臺閣,選童穉年十四以下者扮故事,曰闘巧。立春,迎土牛,飲春酒,具五辛盤。清明,上墳祭掃,挂紙錢,曰標青。四月八日,佛降生,名浴佛會,造青精飯相餉。端午,插艾葉、菖蒲,食角黍,飲雄黃酒,採藥繫香囊,五綵縷。六月六日,晒書籍、衣服。七夕,女子陳瓜菓於庭,祀織女星,曰乞巧。中元,薦祖考,祀孤。八月十五日,製油酥、月餅相饋遺,曰過中秋。九月九日,登高,採菊花,飲茱萸酒。冬至,具牲牢祭祖先於宗祠。十二月二十三日,祀竈,用黏糖。二十五日,謂之年頭,自此以節物送親眷,曰饋歲。除日,送年,桃符、春帖,蒸飯足新年數日之食,曰餕饐。是夜少年然燭圍爐,團圞而坐,曰守歲。

冠:入泮,儒服,戴頂帽,士冠禮之遺意也。古三加禮,不復行矣。

婚:男家通媒妁、達定啟,謂之拜求。送聘幣於女家,曰文定。迎娶前數月請期。既定期，男家饋送儀物，曰大禮、羹禮。女家備粧奩、筐箱、櫥櫃、椅棹等物，曰贈嫁，男家酬以牛羊豕肉、舒鴈、蒸食，曰回程。親迎之禮，則鮮行矣。始至，設香案拜堂合卺，三日廟見，新婦拜公姑及伯叔娣姒。間有因喪扶娶，弊俗所當革也。

喪：沐浴、含襲及大斂，士大夫家猶遵古禮。朝夕哭奠，訃告於親友，親友乃致奠賵，發引則助執紼。及窆，乃題主，遵制持服二十七月。

祭：舊家大族四時祭於祖廟，而冬至祭最重，用少牢。高曾祖以下生辰忌日，具粢盛牲醴於廳事，享祀畢，分胙散餕。

士：畏清議，厲廉隅。間有奔競浮華不自檢束者，人咸非之，恥與爲伍。

農：務耕耘，習爲勤苦。近山兼樵採，瀕溪則漁釣。無常業者傭於人，取直以自食其力。

工：土石竹木金銀銅鐵錫皆有匠，然樸拙不能爲精巧，邑皆瓦屋，故搏埴陶旊爲夥。織布、裁衣、鍜露，多鬻技於他鄉。

商：大者曰鹽、曰典，皆非土著之民。其餘菽粟、布縷、雞豚、酒蔬之屬，隨時貿易，以供朝夕。然市肆較昔時爲富侈矣。

“家人，利女貞”。從來家之不齊，由閫內之不整，其弊在好逸而不能勞，善哉敬姜之言曰：“勞則思，思則善心生。”永邑婦女，以紡織針黹中饋爲務。貧者操井臼、爲洴澼絖，終歲勤動，佚志無自而萌。然入廟燒香，趕場觀劇，及反唇掉舌以爲能者，亦或有之，是在家長之嚴爲約束矣。

物　産

穀屬：早稻、晚稻、早糯、晚糯、寒糯、大麥、小麥、蕎麥、仙粟、糯粟、蘆穄、珠穄，即蜀黍，亦名包穀。油麻、白荳、黑荳、虎斑荳、撒荳、綠荳、赤荳、羊眼、豇荳、刀荳、豌荳。即蠶荳。

蔬屬：白菜、芥菜、薑、葱、蒜、薤、萊菔，亦名蘿蔔。油菜、胡荽、薺菜、王瓜、苦蕒、苕蓬茄、亦名酪酥。絲瓜、亦名天羅。芋、山藥、莧菜。

果屬：棗、柿、橘、梅、杏、桃、李、林檎、亦名花紅。梨、栗、楊梅、枇杷、銀杏、櫻桃、蒲萄、蓮子、菱、芡實、芰、石榴、荸薺。

蓏屬：西瓜、甜瓜、瓠、南瓜、亦名金瓜。冬瓜。

木屬：杞、榆、桑、柘、松、栢、椿、杉、楓、樟、柏、檫、桐、有梧桐、油桐二種。檲、楮、亦名穀。檀、檡、槐、柳、楝、冬青、棕櫚。

草屬：吉祥、龍鬚、虎耳、萱、蘆、茅、蓬蒿、莎、蓼、艾、菖蒲、萬年青。

花屬：臘梅、迎春、望春、梅花、桃花、杏花、牡丹、芍藥、薔薇、玉蘭、辛夷、山茶、荼蘼、瑞香、茉莉、海棠、紫薇、郁李葵、木槿、繡毬、荷花、木芙蓉、木樨、蘭蕙、鳳仙、玉簪、梔子花。一名薝蔔。

藥屬：茯苓、白朮、香附、薄荷、紫蘇、荊芥、車前子、香薷、括樓、天花粉、金銀花、淡竹葉、夏枯草、天門冬、元胡、白芍。

竹屬：毛竹、斑竹、箄竹、筀竹、紫竹、桃絲竹。

鳥屬：鵲、鴉、雉、瓦雀、竹雞、斑鳩、鵓鴿、鷗鴣、鸛鶒、百舌、鷺鷥、鶺鴒、亦名雪姑。白鷳、鴛鴦、黃鶯、紫鸎、鶗鴂、布穀、畫眉、黃頭兒、百勞、白頭翁、烏食、蛇雀。

畜屬：牛、羊、犬、豕、猫、雞、鵞、鴨。

獸屬：虎、鹿、麂、麞、豪豬、野豬、貍、兔、貛、鼸鼠、松鼠、水獺。

魚屬：鯉、白魚、青魚、黑魚、鰻、鱔、鱖魚、鰱魚、鮎魚、鯽魚、鰍、鰕。

介屬：龜、鼈、蛤、螺、蟹。

蟲屬：蠶蜂、有密蜂、薑蜂、土蜂、木蜂數種。蟻、有黑蟻、白蟻、黃蟻、馬蟻數種。蟬、螳螂、蟋蟀、蚱蜢、蝦蟇、蝌斗、田雞、蜻蜓、蝴蝶、伏翼、即蝙蝠。蠅、蚊、蚋。蛇、有黃、白、黑、斑數種。蜈蚣、蝸牛、蜒蚰、螟蜓、蜥蜴、蜘蛛。有土蜘蛛、草蜘蛛數種。

貨屬：茶、棉花、棉布、麻布、蕨粉、柏油、黃蠟。

永康縣志卷之二

建置志

疆理既定，建置興焉。首城池，所以居民也。次公署，所以治民也，而倉庫之屬從焉。次學校，所以教民也，而書院之屬從焉。次壇廟，所以庇民也，而屬壇之屬從焉。次武備，所以衛民也，而營房、教場之屬從焉。此治、教、兵、刑所由出也，官政也，非民事也。若其在民者亦有之，津梁、市集之屬是也。抑《夏令》曰"十月成梁"，《考工記》曰"匠人營國，前朝後市"，民事也，無非官政也。昔有而今無者，存其名。昔無而今有者，詳其制。廢者修，墜者舉，是在後之君子爾。志建置。

縣 治

縣治，在華溪之陽，北枕墱壤，南抱白雲峰，東帶華溪，西襟霞裏山。地本在萬山中，至此衍爲平原，而群山四面環之，其形勝軒豁偉特，真一都會也。

城 池

縣城，按舊志，周一里一十九步，高一丈八尺，厚一丈五尺。吳赤烏八年築。宋嘉定壬戌拓之，周三里三十步。門七：東曰華溪、迎恩、迎曦，西曰西津、由義、望京，北曰永安。後漸湮廢。元至元十三年，環築以牆，又皆夷爲平壤，錯於民居，無復故跡矣。崇禎十二年，知縣朱露創建東、西二門，疊石爲樓，東曰迎曦，原名在德。西曰承恩。原名多助。國朝道光十一年，東街居民創建一門，知縣裘榮甲題其上，曰望升。

公　署

縣署，在城內南街，前爲大堂，後爲二堂，貫其中爲川堂。大堂前爲露臺。又前中道爲戒石亭。今遷于大堂右。又前爲儀門。又前爲大門，上爲譙樓，達於通衢。譙樓今廢。按舊志，成化十三年，知縣高鑑建譙樓。正德十六年，樓災。嘉靖五年，知縣李伯潤砌石爲臺，洞其中，以通出入。十年，知縣邵新始樓其上，遷興聖寺鐘懸焉。崇禎十五年，署縣馮撤去累石，止架平屋。國朝順治五年，知縣張祚先仍取前石爲臺。其後不知圮於何時，今止平屋三間。二堂東爲書房。乾隆己卯，知縣王乃昀建。顏曰天香樓。前爲客座。嘉慶廿五年，客座燬於火，今無復修之者。西爲幕房。後爲内宅。大堂前左右翼以廊，東西向爲諸吏曹。儀門外右偏爲寅賓館。西廊後爲獄。大門左右爲吏舍。吳赤烏八年始建縣，其署亦當建於此時，然皆不可考。宋宣和庚子，燬於寇。紹興十一年知縣强友諒、十九年知縣宋授、嘉泰元年知縣陳昌年相繼建修。元至元丁丑，又燬於寇，達魯花赤孟伯牙歹再建。延祐八年，達魯花赤沙班、縣尹范儀又拓其址而重新之。至正末，又燬於寇。明知縣呂兼明創建。正統己巳，又燬於寇，知縣何宗海重建。崇禎末，公廨吏廳皆圮。國朝順治八年，知縣張祚先重葺。康熙三十一年秋，大堂、川堂、儀門、寅賓館皆圮於風，知縣沈藻重建。乾隆三十九年，大堂將圮，知縣方瓚澤葺之。嘉慶二十五年，署内不戒於火，大堂、川堂、書房、架閣房皆燬。是年魚鱗册皆燬於火，一邑田地山塘皆無所稽考，刁民滑吏更易於舞弊矣。知縣劉垂緒捐建大堂、川堂。道光十二年，知縣裘榮甲捐建内署。

土地祠，在川堂之東。土地祠向在署内。嘉慶二十五年亦燬於火，署縣李世綏即架閣房遺址建祠。

永積庫,在川堂之西。

際留倉,在大堂東、西。東四所共三十六間,内五間爲倉神廳。西三所共十六間。

社倉,在訓化坊。乾隆十六年,知縣楊瑛創建,貯穀數千石。今廢。

東社倉,在芝英。南社倉,在李溪。北社倉,在太平。乾隆二十四年,知縣王乃畇創建,皆貯穀數百石有零。今皆廢。

税課局,在古麗坊北。今廢。

申明亭,在仁政橋東十餘步。洪武六年,縣丞黃紹欽奉勅創建,懸教民榜其中,差老人日直亭,剖理民間户婚田土爭競小訟,併書其過犯懸焉,過惡也。嘉慶十三年,知縣易鳳庭徙建於儒學前華溪之陽。

旌善亭,在申明亭右。明洪武八年,知縣宋顒奉勅創建。凡孝子、順孫、義夫、節婦,皆書其實行,揭於其中,勸善也。今廢。

接官亭,二,西在望京門外三里岡,東在華溪門外烏樓。皆嘉靖三十一年知縣杜廉建。在東者久廢,在西者,國朝順治初年圮,其址即今三里亭。

諸行署:行察院署,在儒學後街。布政分司署,在縣署西三十步城隍廟堂之東偏。按察分司署,在縣署東十許步。小分司,在行察院署左。府館,在儒學門左。行察院署,今改爲都司署。小分司今改爲汛防署。餘皆廢。

縣丞署,在縣署之東。前爲正廳,後爲堂。正廳前爲二門,又前爲頭門。堂左右爲書房,後爲内宅。康熙六年縣丞賈溥、其後縣丞沈晟、康熙三十年縣丞陳銑相繼建修。

典史署,在縣署之西,明主簿署也。崇禎二年,官裁,改爲典史署。前爲正廳,後爲堂。堂西爲書房,後爲内宅。正廳前爲二門,又前爲頭門。康熙八年典史陸承龍、其後典史張奇、三十一年典史楊廷立相繼建修。

宋尉司,縣西七十六步。元初燬於寇。至元二十三年,縣尉趙佐重建。今廢。

宋合德鄉巡檢司,縣東南一十八里,地名李溪寨,即温、處四州都巡檢司。今廢。

元義豐鄉巡檢司,縣南一十里,地名麻車頭。今廢。

元鎮守千户所,縣治北三十五步。今廢。

元鎮守百户所,一在縣東南四十五里,地名和樂宫;一在縣東九十里,地名靈山。今廢。

明孝義巡檢司,在孝義鄉靈山之麓,即元鎮守百户所故址。洪武十七年,知縣李顯建。巡檢一人,額領弓兵三十人,專司巡查私鹽、戢捕盜賊。歲久,司廢。官薄其冷也,常寓城中,營差自潤,鬻弓兵取月錢而已,司遂無議葺之者。嘉靖八年,例省冗員,官併廢。

明舊典史署,在譙樓内東偏。崇禎二年,裁主簿,改爲典史署,舊典史署遂廢。

陰陽學,明洪武十八年設,訓術一人,額領陰陽生五人,掌刻漏及雨晴之事,即其家爲署事之所。今裁。

醫學,明洪武二年置惠民藥局,以醫生領之。十七年,開設醫學,而局隸焉。訓科一人,額領醫生五人,掌和藥劑,以療民疾,驗鬭傷者,即局爲署事之所。國朝訓科一人,職未入流。局廢,即其家爲署事之所。

僧會司,明洪武十五年設,僧會一人,掌周知境内僧行之數。治上封寺。國朝僧會一人,職未入流。治同。

道會司,明洪武十五年設,道會一人,掌周知境内道童之數。治延真觀。國朝道會一人,職未入流,改治城隍廟。

學　校

學宫,在縣治西三十七步。中爲大成殿,翼以兩廡。前爲廟門,門南下爲三階，疊石爲磴而升。又南爲泮池，跨池爲橋。又南爲櫺星門。殿後爲明倫堂，翼以兩齋，東曰日新，西曰時習。堂後爲敬一亭，上爲尊經閣，東爲講堂，西爲祭器庫。亭後爲啟聖祠。從東齋之南，首折而東出，爲禮賢門。又折而南出，爲儒學門。又前爲儒學外門，以達於大街。其地本唐先聖廟故址，宋崇寧元年，詔凡縣即廟建學。越四年，有司始克如詔。政和四年知縣周虎臣、紹興十一年知縣强友諒、紹熙五年縣丞陳駿、寶祐四年攝縣事方夢玉相繼建修。元至元二十九年縣尹苗廷瑞、延祐五年達魯花赤沙班復續修焉。明洪武二年，詔天下建學，知縣魏處直、宋顥即元之故學而葺成之。正統十四年燬於寇。景泰間，知縣孫禮建議興復，邑中族姓各認建修。

崇聖祠，呂氏五族建修，且醵錢爲會，以歲收所入備歲時修葺之費。

大成殿，明景泰間鄉賢應仕濂建，爲殿五間，懸棟飛梁，規模最爲宏敞。弘治間，仕濂孫尚端以廟貌高大，基小弗稱，更拓基重建。其子天成繼成之。嗣後尚端後裔以時修葺。國朝康熙壬寅重修，知縣韓中煌記。雍正甲寅，欽奉諭旨修整，知縣劉起禧記。乾隆戊子大修。知縣清泰記。乙巳、庚戌，疊次重修，學使竇東臯光鼐記。乙丑復修。嘉慶庚午，尚端裔孫以歲時修飾難以經久也，遂銳意改造，柱易以石，棟梁榱桷檐楹悉易以堅木，上自椽瓦，下及礎磉牆堦，悉易以新而堅固者，聖座、神龕、几筵、祭器、樂器之屬，無一不更新焉，計費三千金有奇，知縣劉垂緒有記。

東西廡。東廡王世忠、王恂如建。西廡王通宗建。乾隆間，西廡王通宗承修，東廡北頭外一間汪氏建修。

明倫堂，明鄉賢應仕濂建，爲堂五間，中三間，高三十尺，傍兩間微殺之。成化中，仕濂孫尚道重加修葺。正德癸酉，堂圮，尚道子天澤重建，其兄天祥、弟天文佐之，禮部侍郎永嘉王贊記。萬曆間，尚道曾孫重修。嗣後尚道裔孫以時修葺。國朝順治間，尚道裔孫梧州府知府明修之。至康熙十二年歲癸丑，尚道後裔重葺，太學生徐鐕助修梁柱。次年，遭寇幾毀。康熙壬戌，尚道後裔復新之。辛卯，梁柱朽蠹，尚道後裔輸金大修，知縣姬肇燕記。雍正甲寅，欽奉諭旨，崇新學宫。應尚道後裔遵例修葺，徐鐕嗣孫商彩畫壹次，教諭劉顒記。乾隆戊子，尚道後裔重修。辛丑，尚道後裔銳意大修，徐鐕嗣孫仍修大梁貳根、東邊扛梁柱貳根，此外柱若干、梁若干、棟桁若干，榱桷、檐楹、門壁、椽瓦、礎磶、牆垏一切木石磚甓并朱碧丹黄俱係尚道後裔重修。乙卯，奉藩憲汪檄，尚道後裔復加修整。嘉慶己巳，尚道後裔重新，徐鐕孫因大梁朽壞仍自行修理。道光己丑，除徐姓大梁壹對、東邊扛梁柱貳根外，其餘損壞，尚道後裔重修，并添置闌干，以障內外，知縣裘榮甲記。

尊經閣，李氏三派宗祠建修。

講堂，王丙褒建。

東齋，林氏、樓氏、徐氏建修。長城林氏二間。溪北林氏、在城樓氏、花園徐氏各一間。

西齋，葛塘下王氏及馬氏、方氏建修。王氏三間，馬氏、方氏各一間。

聖門，三間，在城徐氏宗祠建修。

泮池登雲橋。向係教諭趙凝錫捐建，在城王氏助石完工。雍正十三年，林氏宗祠重修。道光七年，林和鳴又添置石欄杆。

祭器庫，二間，在明倫堂西。麻車莊陳松竹、常建修。

聖殿，垏下中陛、左右垏級，徐鐕建修。石地，程璘初、陳雄、施新常、施茂和鋪。程璘初九丈，陳雄、施新常各六丈，施茂和三丈。嘉慶十五年，陳、程、施三家又合建石欄杆。

明倫堂，垏下月臺，盧氏宗祠甃。

欞星門，皇渡橋金盛宗建。康熙癸丑，圮，其後裔重建踏道，桐琴金助葺。雍正乙卯、嘉慶己巳，依舊皇渡橋金氏宗祠獨修。

宫墻，嵯川潘氏宗祠、在城周氏宗祠修築。東邊，在城周氏，自名宦祠起至頭門止。西邊,嶁川潘氏,自鄉賢祠起至石柱止。長二十五丈八尺,高一丈二尺。

櫺星門,外牆正南,曹士元、徐葵修築。西邊,楊廷桂;東邊,鄭筠新築。

禮門,程氏宗祠建修。

儀門,周氏宗祠建修。

大門,古山胡瑛建。道光十三年,瑛裔孫重建,內自廟堂,外及牆垣,莫不各有主之者。子孫繩繩,視若世業。至今一椽之蠹、一牆之圮,學官以一刺召之,無不踴躍經營,亦他邑所無也。

櫺星門外有空地,南屬於溪,舊侵於民居,東逼而西衍。正德十四年,御史吳華檄張同知齊撤而復之未盡。嘉靖十四年,知縣洪垣又募東偏民徙居而西以均之。臨溪爲石埠,門埠之間,左建狀元坊,爲宋陳亮立;右建榜眼坊,爲明程文德立。嘉靖三十年,知府陳元珂捐俸,檄知縣杜廉建仰聖興賢坊於其中,後圮。國朝乾隆間,知縣任進颺於其址建申明亭。嘉慶十三年,知縣易鳳庭徙亭於溪滸,仍建仰聖興賢坊。係王宗裕、王之珣捐資合建。

教諭署,在儒學西齋之西。康熙十七年教諭盛元粹、二十一年教諭趙凝錫相繼建修。西書房兩間,應北溪修。

訓導署,在儒學東齋之東。康熙戊午訓導周鉞、壬戌訓導陳宏煥相繼建修,楊、曹、盧三姓建後進三間。乾隆庚子,訓導許玉衡建堂三間,顏曰樹人。

土地祠,庫川胡廷偉建。

附學田,以歲收所入積爲修崇學校資也。

一、田二千一百五十把,計四十三畝零,坐三十一都松塘莊。康熙五十年芝英莊生員應修助。

一、田五十把,計一畝,坐二十七都西坑莊。乾隆十六年夏殷之助。

一、田五百五十把,計一十一畝六分四厘八毫,坐十二都大園莊。

乾隆五十年民人童士達、士建助。

一、田一千秧,計二十畝四分八厘,坐三都大塘沿莊。嘉慶十年生員徐瑾助爲修祭、樂二器之資。

來學書院,在縣治西三十步,城隍廟堂之東偏,即故布政分司址也。康熙壬戌,知縣謝雲從創建,置田十二畝零,以充來學之資。書院今廢。邑人徐之駿有記。

鶴亭書院,在華溪西津渡之陽。康熙辛卯,知縣姬肇燕創建,刻有《鶴亭書院唱和詩集》。

從公書院,在鶴亭書院旁。乾隆九年知縣黃宏創建。内與鶴亭書院通,其基生員王旭如助,黃宏記。

松桃書院,乾隆四十年,知縣方瓚澤因鶴亭、從公二書院就圮,即舊址合建爲一。前爲講堂三間,左右翼以樓房,各四間。前爲大門,東西各有耳門。後爲廳樓三間,左右翼以樓房各四間,爲學者居業地。

育英書院,在觀音閣後。樓屋五間,西偏平屋七間,知縣任進颺捐建。西偏平屋將圮,周師煒修。附書院田,以歲收所入爲修儀膏火資也。

一、田七百四十把,計十二畝零,坐六都富貴坑下前山裏章墩墳前。康熙二十一年知縣謝雲從置。

一、田一千秧,計二十畝零,坐三十一都松塘莊。康熙五十年,芝英莊生員應修助入來學書院。

一、田二千八百四十把,計五十九畝零,嘉慶五年,被水沖坍田三畝五分八厘,實存田五十五畝四分二厘。坐三十二都銅山。乾隆三十年,明鄉賢應仕濂普利寺寺產撥助入從公書院。

一、田一百秧,計一畝六分零,坐五都王染店。乾隆間,沈宅莊民人沈正初助入從公書院。

一、田一千三百十把,計二十二畝零,坐十一、二、四、六等都。章塘莊貢生胡爾仁助入從公書院。

一、田四千零四十把，計五十四畝五分零，坐承訓鄉十都。嘉慶十九年，黃溪莊民人馬之喜助入松桃書院。

以上共田壹萬零三十把，約計一百六十五畝零，俱入松桃書院。

附童試卷資田，以歲收所入爲童試辦卷資也。

一、田六千一百四十把，計一百十五畝八分，坐廿九都西坑石溪寮前、三十八都郭山柳前等莊。道光十五年監生胡仁楷助。

附鄉試卷資田。

一、田一千一百五十把，計二十四畝三分零，坐十六都雅莊、二十九都下徐店、派塘山等莊。道光十五年州同雅莊李梅妻胡氏助。

龍川書院，在龍窟山小崆峒。明成化間里人朱彥宗建。今廢。

五峰書院，徐志：宋淳熙間，朱紫陽、呂東萊、陳龍川、呂子陽讀書講學處。明正德間，先達應石門、程松溪、李東溪、周峴峰、程方峰、盧一松共暢王陽明良知之學於此地，石門應子創麗澤祠，以祀朱、呂、陳、呂，後以程松溪祔。郡守陳受泉命呂瑗創正樓三楹，額曰五峰書院，祀王陽明，以應石門、程方峰、盧一松配。明季，後學周佑德復築學易齋於樓西，祀郡賢何、王、金、許、章，以後學李琪、杜子光、周瑩祔。每歲季秋，四方學者講學其中，先是應、程、盧創置會田，以資歲會。近陳、程、王、呂之後，亦稍捐以佐不給。周佑德子祖承復修學易齋於兵火之餘，亦道脈風化之一助也。

壇　廟

社稷壇，在縣西二里西石山。其壇制：東西二丈五尺，南北二丈五尺，高三尺四出。階各三級。壇下空地，前十二丈，後與東、西各五丈，繚以周垣，四門，從北門入。石主長二尺五寸，方一尺，埋於壇南正中，去壇一尺五寸，止露員尖，餘埋土中。壇內建神厨、神庫及宰牲亭。明洪武十一年，知縣李均建。後門垣亭庫皆圮，國朝仍舊址建壇。社右，稷左，異位同壇。道光十六年，知縣陳希俊於壇北建殿三間，壇南建廳三間，中爲大門，東西爲滌牲及更衣之所，其外繚以周垣，規制始復其舊焉。

神祇壇，即雲雨風雷山川壇。在縣東二百步迎曦門外。《周禮》：以槱燎祀風雨，以沈霾祀山川。歷代因之，各爲壇以望焉。至唐，加雷。明，又加雲，合諸山川，附以城隍。其壇制與社稷同，不立主。其域：東西相距三十六步，沈志二十八步。南北相距二十五步。明洪武十一年，知縣李均建。嘉靖三十一年，知縣杜廉於壇之南、東、西各建一亭，以爲滌牲及更衣之所。後門垣及亭皆圮。國朝仍舊址建神祇壇，道光十六年，知縣陳希俊於壇北建殿三間，壇西建廳二間，爲滌牲及更衣之所。外建大門，繚以周垣，規制一新焉。

先農壇，在東門外東郊。壇高二尺一寸，東西相距二丈一尺，南北相距二丈一尺。壇北正祠三間，奉先農炎帝神農氏之神、先農厲山氏之神、先農后稷氏之神，外繚以周垣，耤田在壇前，計四畝九分。雍正六年，知縣烏銓奉文建。嘉慶五年，圮於水。二十三年，邑紳士捐資重建。

關帝廟，在永安門外松石山上。明萬曆戊午，知縣陳秉厚、典史靳奎光建。有碑。國朝雍正六年，知縣烏銓奉檄建修。正殿三間，左右翼以廊，前爲前軒三間，中爲大門，外爲臺階，翼以闌干，正殿後爲後殿。後殿爲古文昌廟故址。

文昌廟，在儒學儀門之東，爲閣三層。乾隆乙亥，邑紳士捐建。前爲廳事三間，可投應靖常建。嘉慶六年，以文昌帝君主持文運，奉詔列入祀典，知縣王斯颺即其地以祀，中層爲前殿，下層爲後殿。

文昌閣五。一在唐先，一在山西，一在古山，一在庫川，一在洪州。

城隍廟，在縣治西三十許步。明洪武三年，知縣何宏道建。二十年，封爲監察司民城隍顯佑伯，且令置公案筆硯，與縣官視事同，此神道設教之意也。正統十四年，燬於寇。景泰三年知縣何宗海、嘉靖三十一年知縣杜廉相繼建修,國朝康熙間修葺。道光三年,邑紳士以歲久將圮,捐資重建。其制:中爲正殿,殿前左右翼以廊,東西向前爲臺門,廳北向,南有門樓,又南爲二門。閩商修。又南爲廟門,臨大街。正殿後爲後殿。殿東偏爲前後房。

李溪城隍廟,道光乙未,紳士捐修。

厲壇,在縣北一里,延真觀後。明洪武三年,知縣魏處直建。其域東西相距一十四步,南北相距一十一步。

武 備

都司署,在儒學後街,即行察院故址也。雍正八年,總制李衛以永康與處縉雲、台仙居接壤,地當衝要,距郡一百餘里,而駐防兩營並列,郡城聲援較遠,議以右營都司移駐永康。疏奏,報可。即於是春,檄郡守馬日煥就行察院故址創建留守都司署,廳事三楹,左右翼以廊,東西向各三楹,前爲二門三楹,又前爲大門三楹。廳事後爲內署。

營房,六處:一在署旁,五十二間;一在東門,八間;一在南門,十二間;一在大西門,八間;一在北門,六間;一在小西門,三十有六間。外設馬廠十間。

炮房,在大西門內。紅衣將軍一座。

教場,在縣東二里黃金墳。正德七年,主簿黃雅明奉部檄邀練民壯,始建焉。其制:中爲將臺,東西相距一百六十步,南北相距九十步,植木四周藩之。今將臺、植木皆廢。

塘汛,六:縣西十里,曰烈橋;又十里,曰花街;又十里,曰楊公;縣東五里,曰高鎮;又十五里,曰李溪;又二十里,曰館頭;縣北五十里,曰四路口。皆有營房三間、煙墩三座、瞭臺一座。高鎮汛營房一間半,餘同。

汛防署,在都司署之左,即舊小分司署故址。汛防弁一員,千總、把總,輪年易換。

小汛，在四十六都。額設馬、步、戰、守各技兵一百十五名，內除分撥六塘兵二十四名、四十六都小汛兵十五名、四路口隘口兵五名，實存縣汛兵七十一名，內字識四名、馬兵六名、戰兵十二名、守兵四十九名。

華溪驛，在縣西。按應志，宋驛二：一曰行春，在縣東南李溪；一曰拱辰，在縣東北尚書堂。元驛一，曰延賓，其址即今驛所在也。洪武三年，魏處直因而改建焉。其設官丞一人，職掌站馬五匹、站騾三頭、站驢五頭、運夫三十五人、館夫三人、馬枋一所。舊在縣治南馬枋巷。歲久廢。嘉靖十四年，知縣洪垣徙其址於城西南隅，距儒學外垣三十步。國朝康熙元年，官裁，衙舍亦圮。

急遞鋪，凡十：附縣曰總鋪，在縣前西偏。由總鋪而西十里，曰烈橋；又十里，曰華蓋；即花街。又十里，曰界嶺，即楊公橋。達於武義之內白，以達於府山總鋪。而東十里，曰黃塘；又十里，曰李溪；又十里，曰檞木；又十里，曰館頭，達於縉雲之黃碧，以達於處州。由李溪之東十里，曰麻車；又十里，曰新亭，達於縉雲之壺陳，以達於台州。今十鋪皆圮。

育嬰堂，在縣治北教場背赤烏塘側。康熙間捐建。乾隆十一年，金華府知府鄭遠、永康縣知縣黃宏捐廉重建，後圮。道光五年，邑紳士奉程撫憲檄重建，好義者爭先勸輸，至九年落成，屋二十二間，置田七頃有奇，以為久遠保赤計。

養濟院，在縣東二里龍虎頭，土名東庫。洪武三年，知縣吳貫建。正屋三間，正屋前五間，中為大門，正屋後三間，東西翼以廊各七間。其所收養無恒數。每人月給米三斗，歲給布衣木柴銀六錢。國朝收養孤貧四十名，每名歲給布花柴木銀六錢、口糧銀三兩六錢。

漏澤園，明正德九年，令每里一所，附郭一所，在黃坑嶺。又官山一所，在六都倪官隴，計地二畝四分七厘。國朝康熙七年，知縣徐同倫奉憲檄，置廣孝阡一處，在一都七里經堂前。康熙二十三年，知縣謝雲從契買七都大塘下山場一區擴之。

古　蹟

古蹟有成於天者，有成於人者。沿革廢興，不可考者多矣。有名存而未泯者附志之，以爲考古者稽焉。

仙人壇　縣西二里，有石高八尺，周百步，俗傳昔有仙車環佩遊憩於此。按仙人壇有二，一在密浦山上，爲鄉人禱祝之所。

仙人橋　鬪牛山北有二石，上闔下開，在山之腰，故名。

銅牛人蹟　縣西十七里，有石高一丈五尺，上有牛、人二蹟，各長八寸。

石鼎　白雲山上。相傳爲葛洪煉丹之鼎，至今猶存。

石琴　壽山固厚峰峭壁間。石紋如琴，徽絃悉具，有若人功繪成者。

松化石　縣東北隅延真觀前，有石著地拔起，高六七尺，鱗皴如松。相傳唐建中間，道士馬自然至觀，指庭前松曰：“此松已三千年，當化爲石。”已而大風雷，松震作數段，皆成石。唐陸龜蒙有《二遺詩》。

桃花洞　在縣治東溪旁，有洞浮出花瓣，故名。後人因建浮花亭。

小崆洞　在龍窟山之陽，四面如削，中有澄潭，其東有石洞，可半畝許。宋陳龍川未第時游息地也。

龜潭莊　縣東三里。宋林樞密大中爲韓侂胄黨許及之所劾，罷官歸，作園龜潭之上，客至，擷杞菊，取溪魚，觴酒賦詩，不談時事。五雲葉通有記，載藝文。

兜率臺　在壽山固厚峰下。巖上朱書“兜率臺”三大字，相傳朱晦翁書。臺圮，字猶在壁間。

讀書堂　去聽泉樓百許步，巖腰有小石洞，即胡侍郎讀書處。好事者架飛甍爲游人臨眺之所。

石鼓寮　去方巖三里，別有小石洞，曰石鼓寮，即朱晦翁欲屋、呂東萊讀書處也。

抱膝亭　縣東五十里，宋陳龍川亮築。後爲燕坐亭，東爲小憩亭，接以秋香海棠，圍以竹，襯以梅，前植兩檜、兩柏，臨一小池。葉侍郎適作《抱膝吟》。三亭皆朱晦翁書額。

聽泉樓　在方巖千人坑。元邑人胡濟源築，邑大夫士多爲之賦詩，集録成編，郎中呂雙泉序之。李草閣有詩。

臥雲樓　在梅隴，元陳伯恭建，鹿皮子陳樵有記，李草閣有賦。

菊軒　在大厨山之東岡谷嶺口，寓賢韓進齋循仁築，宋潛溪濂銘。

風月臺　在儒學門左舊府館署内。明金華潘司馬珏有詩，見藝文。

黃花澗　在金城坑，當華釜、棲霞兩山夾處，澗水出焉。朱參政方致仕歸，沿涯種菊，治之爲黃花澗，應僉事廷育有詩。

橋　梁

附郭者六：

東南曰仁政橋。距縣三十步。舊建木梁，名大花橋。至元中，改建以石，爲屋覆之，始易今名。明初，屋災。建文四年，知縣張聰葺焉。正統末，橋圮于水。景泰七年，知縣劉珂重建，李侍郎棠有記。正德十六年，屋災，縣丞李景軒重葺。其後屋圮。萬曆二十八年，知縣戴啟鳳檄施孟安裔孫及呂斌重修。國朝道光丙申，唐先施大常及茂禄常與河東呂大常及呂冬常合修。

東北曰梁風橋。在上封寺前。永樂十四年建，後圮。景泰間，鄉賢應仕濂重建。以後仕濂裔孫建修。

曰東橋。在延真觀前。嘉靖間，民人趙廷懷建。

西南曰西津橋。在學前西偏。初爲浮橋，曰下浮橋。久廢。明弘治間，知縣王秩造舟及簽夫以濟，曰西津渡。康熙間，邑人陳疇助田爲修辦渡船之資。五十七年，僧知和募建木橋，尋圮。雍正初，邑人曹元明倡議捐建石橋，爲屋覆之。乾隆四十年間，橋圮，閩商呂逢時捐資修之。嘉慶五年，圮於水，徐宗常爲渡船，以濟往來者。十年，邑人王儒璋、徐召棠、王宗裕、王鳳東、徐啟璋、樓煜等，始衰衆營建，期年而成。長七十丈，闊一丈五尺，覆之以屋，計六十有五間，視前尤爲堅固云。

舉人周景灝曰：邑有西津橋，自前明始萌芽，成毀者數矣。曳輪濡尾，往來病之，邑人始爲略彴以濟。然春夏雨興，濁水浡至，或怒而與石激，則波白如山，鯨呿鼇擲，雖有扁舟，鼓栧失色，而舟中人竟有化爲蟲沙者。彼略彴之溺人又不知凡幾矣！太學生元明曹君私憂久之，始倡義舉，集同志數人，請命於邑侯張公朱梅。侯始有難色，既而見曹君輩之毅然任事也，悉聽便宜行事。自方鳩屚功以及落成，費不下二千餘緡，皆多方醵錢，一一如石出水而清之。既成，而鴈齒黿梁，彩虹掩映，車徒任輦，如履平地，其有功於利涉者甚大。程子曰：學者苟存心於愛物，於人必有所濟。豈不諒哉！

按：乾隆十一年知縣黃宏碑記云：西津橋之建，前郡憲葉撤張令經營而創造之。蓋指張朱梅而言也。知縣王斯颺碑記誤以爲順治初張桐城。試思順治初已改木爲石，何以徐、沈二志不言橋而言渡乎！況《浙江通志》明言康熙間陳疇助田爲修辦渡船資，是康熙初尚無橋，明矣。至任進颺碑記謂陳姓實爲創首，則又因陳疇助田而誤也。茲讀周景灝文，以當時人言當時事，足以證傳聞之誤，故詳錄之。

西曰和讓橋。在由義門外。一名小西橋。永樂年間，縣丞歐陽齊建，後圮。相傳有人拾遺金于水次，守而還之。失金者願以半相酬，不受，相讓久之。衆見其讓之堅也，曰："何不以此建橋?"皆曰："諾。"橋成，因名和讓。前志作和尚，非。

西北曰西橋。在望京門外。康熙二十二年，徐于祥重建。

當驛道者，由西橋而西，達於府，其所經由曰烈橋，去縣十里。永樂二年蔡伯仁建。曰三板橋，去縣十五里。曰楊公橋。去縣三十里。嘉慶五年知縣張吉安倡修。

由仁政橋而東南，達於縉雲，其所經由曰永寧橋，在華溪門外。舊以木，名小花橋。元至順初，改建以石，始易今名。明弘治間，市民徐得銘重建。正德間圮，其子璋復建。曰望春橋，乾隆間，庠生盧報捐建。後圮。道光初，監生姚成壁重修。曰李溪橋，去縣二十里。明景泰初，僉事馮城橄同知趙賢督耆民李思傑、施孟達建。成化末，圮於水。正德中，章德昭哀衆營建，久弗就。嘉靖二十三年，僉事歐陽清捐俸爲倡，橄僧德顯募緣，合金、衢、溫、處四府官民之力成之，永嘉郡知府洪垣記。後圮，路亦旋徙。邑紳士相度水勢，別建一橋於上游，曰康濟橋。曰康濟橋。縣二十里。道光六年，邑人李鶴庚、王儒璋、徐啟璋、應道種、樓煜、徐行、王惟精、馬聖簾、呂尚選、王鍾佩、王鳳坦、王松年捐建。

其非驛道而津要者，由東橋而東北，達於東陽，其所經由曰永安橋，去縣一里。曰杉板橋，去縣十八里。曰新河橋，去縣二十里。康熙二年呂季義重建。曰中澤橋，曰上澤橋。並去縣二十餘里。康熙間，樓有星等捐建。後圮。嘉慶丙辰，僧覺性募建。

由和讓橋而西，達於武義，其所經由曰五錦橋，去縣十里。武義尤高七建。後圮。康熙八年，武義趙理第重建。其後理第子孫修葺。曰蛙蟇橋。去縣十餘里。

溫、處捷徑所經由，曰崇興橋，去縣三十里。曰三星橋，去縣三十五里，地名當渡。嘉慶丁卯捐建。曰華溪橋，去縣四十里，地名丁埠頭。曰烏江橋，曰古陳橋，俱去縣四十餘里。曰龍窟橋。去縣五十里。

其諸利涉不可廢者，南鄉曰櫸居橋，沈志作櫸木。去縣六里。金盛宗建。曰東錦橋，去縣十里。陳景文建。曰西溪橋，去縣十里。嘉慶戊寅，陳昌堯等捐建。曰普濟橋，去縣十里。嘉慶庚申圮，俞有荒倡捐二百五十兩重建，又捐田二畝六分以資修葺。道光、辛卯又圮，王逢春倡捐三百兩，俞廷學倡捐百二十五兩重建。曰永濟橋，曰太濟橋，並去縣十五里。曰護臘橋。去縣四十里。篁源章姓建。

西南曰皇渡橋，去縣十三里。金盛宗建。曰倉口橋，去縣十四里。曰仙井橋。去縣二十里。金兆開建。

東南曰萬春橋，去縣五里，在高堰。乾隆間，王應訓等捐造。道光三年圮，周士珣、樓守許、周師賢、王履貞等捐修。曰太平橋，距縣十里。曰欄樹橋，去縣二十里。曰下江橋，去縣二十餘里。曰萬安橋，去縣三十里。郎丙有捐建。曰望西橋，去縣三十里。道光十年楊洛穹、應道種等倡首捐建。曰永濟橋，去縣三十五里。周文興等募建。曰羅橋。去縣四十五里。

東鄉曰後曹橋，去縣五里。乾隆四年，林炳章、林徵久、徐仲光、徐得鴈、應景郁同造。後東岸決，林肇沛修。嘉慶五年圮，里人仍依前分建。曰酥溪橋，去縣八里。弘治間，陳良七哀衆營建。曰鶴鳴橋，去縣二十里。應徐常重造。後圮。乾隆五十七年，僧普淨募建。曰從安橋，去縣三十里，在桑園下。康熙間捐建。後圮。應禹錫等哀衆重造。曰仙遊橋，去縣三十五里，柿后。應天成建。曰外關橋，去縣三十里。陳鳳德造，又助田爲修葺費。曰雙溪口橋，去縣三十五里。曰既濟橋，去縣四十五里。胡庫闔族建。曰苦竹橋，去縣五十里。曰千秋橋，道光三年應開嬌、應道種等捐建。曰下溪橋，去縣四十五里。曰古峰橋，去縣二十里，在堰川。嘉慶庚辰，里人胡有楨募建。曰東川橋，去縣十五里，在藍街。道光十二年，王正浩、李馥、李兆美募建。曰西河橋，去縣十五里。曰瑞龍橋，去縣四十里。古山胡闔族建。曰衍慶橋，金城川朱合族建。曰永思橋，太平呂鑷建。曰世昌橋，太平呂如堯建。俱去縣五十里。曰吹溪橋，在深潭。曰巖柄橋，曰承志橋，陳衡和捐建。俱去縣一百二十里。曰永安橋。去縣一百餘里。陳啟時建。

東北曰平安橋，曰普渡橋，鍾希孟重建。俱去縣三十五里。曰千秧橋,去縣二十五里。乾隆七年,胡承瑞倡捐重造。曰巖前橋,去縣四十里。施季康建。後圮,施姓捐造,易名永濟橋。曰水東橋。呂子珍建。曰水西橋,曰清河橋,曰南新橋,俱去縣四十餘里。曰三家橋,去縣三十里。王師臨建。後圮。捐造,改名鳳江橋。曰水仙橋,去縣三十里。象珠王姓建。曰萬緣橋。去縣三十五里。夏一標等捐建。

北鄉曰沈家橋,去縣四里。曰俞家橋,去縣六里。曰新橋,去縣十三里。曰章村橋,童德盛造。曰東濟橋,俱去縣二十餘里。曰珠明橋,十四都。曰三星橋,十四都下楊。曰雙濟橋,十四都水碓頭。俱去縣二十里。曰新河橋。十四都。去縣二十里。康熙二年,呂季義建。乾隆甲辰,呂順元修造。嘉慶丙寅,呂廷標、呂起鳳、呂士超捐修。

西北曰永安橋,乾隆丁酉,尚仁潘七峰建。曰嶸橋,嶸川本族建修。俱去縣十里。曰大中橋,去縣十五里。童引元建。曰大依橋,曰奉聖橋,俱去縣二十里。曰王墳橋,去縣二十里。曰夏呂橋,王良政、王汾建。道光乙未,闔族捐修。曰九里橋。呂一美建。乾隆己亥,王琢、徐光文、呂炳光各倡捐二百餘金重修。俱去縣三十里。

西鄉曰永濟橋,去縣三十五里。曰橫溪橋。去縣四十里。

曰青龍渡,去縣十里。曰李店渡,去縣十三里。曰楊渡,去縣十五里。曰桐琴渡。去縣二十里。

昌後橋、螽斯橋,俞公坑舊有二橋。嘉慶庚申,圮於蛟水。道光丁亥,徐正時出貲三百餘金重建。

市　集

大者五,曰縣市,每逢一、六開市,在迎曦門外。曰桐琴市、二、七開市,縣西十五里。曰芝英市,縣東三十里,每逢三、八開市,肩販雲集。其地係鄉賢應仕濂常產,每歲收地租銀十二兩。康熙三十四年,因牙行苛斂,盡罷所徵稅,爲義市,一時商賈皆感應氏世義云。曰象珠市,四、九開市,縣西北三十里。曰古山市。五、十開市,縣東四十里。其餘曰長田市,去縣十五里。曰巖下市,去縣四十五里。曰派溪市。去縣五十里。東南曰高堰市,去縣八里。曰黃塘市,去縣十里。曰李溪市,曰石柱市,曰胡堰街市,俱去縣二十里。曰前倉市,去縣四十里。曰可投市。去縣五十里。東北曰派溪市,去縣二十里。曰平安橋市,去縣三十五里。曰唐先市,去縣四十里。曰太平市,曰四路口市。去縣俱五十里。西曰楊公橋市,去縣三十里。曰八字牆市。去縣四十五里。北曰清渭街市,去縣二十里。曰龍山市。去縣三十里。東曰凈心市,去縣五十里。曰新屋市,去縣百二十里。

寺觀附

僧會統領寺二十有四,曰上封寺,舊名光義,在縣東北隅。晉天福二年建。元至元初,火於兵,僧景傳重建。萬曆十年,奉文廢。花園徐宗祠輸價,仍捨爲寺。仙遊寺,在二十九都石門,縣東北三十里。梁大同二年建。安覺寺,舊名龍明。縣東四十里。晉天福二年建。化成寺,舊名香城。縣東北二十五里,石塘下。晉天福七年建。宋祥符元年重建,易今名。壽山寺,在縣東五十里,地名桃巖。梁普通元年建。廣慈寺,舊名大悲。縣東五十里,方巖山上。唐大中四年建。宋治平二年改今名。護法寺,舊名護國。縣東六十里,地名黃巖。晉開運二年建。無垢寺,舊名乾安。縣東六十五里,峽上。晉天福八年建。普利寺,縣東六十里,武平鄉銅山上。宋開寶九年建。後圮。明景泰間,鄉賢應仕濂徙建於翠微環繞中,並捐貲贖回寺產二百一十七畝零,以贍寺僧,黃御史卷有記。翠峰寺,縣東一百五十里,靈山。唐廣明二年建。金仙寺,舊名仙山寺。縣東一百十里,地名鹿蒽。唐咸通二年建。明智寺,舊名馬驟寺。縣東一百十里,地名黃彈。唐咸通三年建。法蓮寺,縣南五十里,地名芙蓉。晉天福十年建。清修寺,縣西南四十五里,地名首嶺裏。後唐長興二年建。光慧寺,縣東南三十里,三十九都,地名上安。周廣順四年建。延福寺,縣南四十里,地名歷山。周廣順二年建。延慶寺,舊名仙峰寺。縣北四十五里,地名九里坑。唐天祐元年建。慈化寺,舊名天官寺。縣北十五里,地名樟塘。晉天福二年建。惠日寺,縣東北四十里,十九都。宋乾德二年建。長壽寺,舊名壽溪寺。縣北六十里,地名太平。晉天福七年建。法輪寺,縣西二十里,地名慶安。晉開運六年建。勝福寺,舊名西興。縣西二十五里,地名火爐山。晉天福三年建。普濟寺,舊名清泉。縣西四十五里,地名柳村。錢氏寶大元年建。東不二寺。縣東北二十二里。晉天福元年建。明洪武十四年,因寺僧犯法,問罪抄沒其田,爲廢寺,官田地曰廢寺地,今六則官田之一也,寺額除。

明嘉靖十五年,奉例清查廢寺官賣除額二十有一,其田造册名廢寺官田:興聖寺,在儒學後街。齊永明二年建。明嘉靖十五年改建行察院署。國朝雍正八年,改爲都司署。布金寺,原名香城尼院。縣東十里,地名長城。晉天福八年建。興梵寺,縣東十八里,地名欙樹橋。晉天福二年建。安覺寺,縣南十里,地名山後。定慧寺,縣東四十五里,地名靖心。後唐天成元年建。聖安寺,舊名乾安。縣東六十里。晉天福七年建。明福寺,原名清福。在縣東七十里。晉天福七年建。淨勝寺,在縣東北二百四十里,地名欙溪。唐咸通二年建。普澤寺,在義豐,地名泉口。勝福寺,東勝福,在縣南二十里;西勝福,在縣南十五里。淨嚴寺,縣西七里,五都。晉天福七年建。雍正六年,改爲普淨菴。天清寺,縣西十五里,地名青龍。晉天福二年建。乾隆庚子,李繼鑠即故址建鼇峰書院。永壽寺,縣西二十三里。宋景定二年建。東覺明寺,縣東北十八里,地名朱明。晉天福八年建。西覺明寺,縣西北二十里。宋咸淳間建。興福寺,縣東北二十五里,地名清渭。梁大同二年建。淨明寺,縣東北三十里,地名龍山。唐光啟三年建。淨土寺,縣東北三十里,地名箭山下。晉天福七年建。明性寺,縣東北四十五里,地名柯楊坑。周廣順元年建。福善寺,縣東南五十里,地名靈巖。後唐長興四年建。齊雲寺。地名龍山。續奉清查官賣以助餉,除額者十有四:明梵寺,縣東四十五里,地名胡庫。唐清泰二年建。妙净寺,縣東北五十里,地名柯楊。晉天福七年建。法華寺,縣南二十里,地名李溪。晉天福中建。崇法寺,縣南二十里,地名官山。宋乾德中建。崇福寺,在東山。後唐長興四年建。洪福寺,在石室山。唐會昌五年建。饒益寺,縣東南四十里,地名石郭。周廣順元年建。普明寺,縣東北五十里,地名龍窟。唐咸寧二年建。宋淳熙間,陳文毅亮授徒於此,有記。永光寺,縣西十五里,地名華山。晉天福二年建。大通寺,縣東北六十里,地名青山口。梁大同四年建,李草閣有詩。西不二寺,縣西二十三里。晉天福元年建。澄心寺,舊名九洩。縣東北五十里,地名太平。唐光啓三年建。真寂寺,舊名方山。縣東六十里,地名峽上。晉天福元年建。澄真寺。舊名保安。縣東北五十里,地名滄巖。周顯德二年建。

道會統領觀四、道院三、宮二:延真觀,舊名寶林。縣北六十步,地名松石山。梁大同元年建。元黃潛有記。崇道觀,縣南七里,地名仙溪。梁大同二年建。紫霄觀,舊名招仙。在縣東三十里,地名芝英。梁大同二年建。陳文毅亮嘗讀書於此,有記。菩祥觀。縣西二十五里,地名柏山下。宋咸淳十年,里人方亨建。正一道院,在縣治東北百步桃花洞上。明知縣吳安國爲地方弭火災建,舊係黃姓鶴鳴、柏巖、前金三派祖基。修真道院,縣東北三十里,地名龍山。元延祐四年建。今廢。會真道院。縣北五十里。元至大三年施孟正建。今廢。東嶽行宮,縣西一里,西石山之麓。宋淳熙二年建。婺宿宮。縣西隅二百二十步。宋咸淳三年建。

龍虎塔在縣治西水口山。邑人徐光時有碑記。康熙十九年,四都民陳子一捐置莫字號民田六畝五分零、民塘七分五厘,助人塔菴施茶,永爲利濟。今菴、塔俱廢。

鳳凰塔在縣治水口南下。爲普高菴僧智和主席多所建置,次第益田若干,勒碑爲此山恒籍。道光辛巳,改名寶嚴寺,設方丈說戒僧元美。

坊　表

仰聖興賢坊　儒學前。

狀元坊　爲陳亮立。

榜眼坊　爲程文德立。並儒學前。

正學名臣坊　爲應孟明立。在可投。

天官坊　在縣治前。

學士尚書坊　並爲程文德立。在獨松。

開國元恩坊　爲呂撫立。在太平。

父子進士坊　爲程銈、程文德立。

太史坊　爲王禮立。

登科坊　爲孫明立。在驛門右。

擢桂坊　一爲呂鋭立，一爲李溪章安立，一爲十三都胡良立。

鵬搏坊　爲李鴻立。

會試亞元坊

總督三省坊

大司馬坊　俱爲王崇立。

藩伯坊　爲徐時立。

繡衣坊　爲周奇立。

三代都憲坊

奕世郡侯坊　俱爲徐朗、徐文壁立。

侍郎坊　爲徐讚立。

雲衢坊　在中市。

繡衣坊　在上市。俱爲謝忱立。

清修吉士坊　爲李滄立。

京闈進士坊

彩鳳先鳴坊　俱爲童信立。

大諫議坊　爲王楷立。

瀛州吉士坊　爲童燧立。

橋梓秋官坊　爲徐文燦、徐師張立。

鶴谿祠坊　爲徐昭立。

三世青雲坊　爲童珪立。

四牌坊

都諫坊　俱爲趙畟立。

進士坊　一爲徐讚立，一爲徐沂立，一爲徐昭立，一爲徐文通立，一爲應廷育立，一爲樓澤立，一爲胡瑛立，一爲趙鑾立，一爲俞敬立。

傳芳坊　爲應恩、應奎、應照立。

世美坊　爲李恃、李宏道、李滋、李寧、李釗立。在館頭。

進士坊　在缸窰，爲胡大經立。在後吳，爲吳寧立。在麻車，爲周秀立。在油溪塘，爲周聚星立。

科第傳芳坊　爲童信、童燧、童如淹、童如衍立。

孝義坊　爲倪大海立。在九都。

旌義坊，凡六　爲王孟俊、徐伯良、陳公署、陳積安、金盛宗、施茂盛立。

科甲傳芳坊　爲王存、王洙、王楷、王世德、王世鈁、王世衡立。

鳴岐坊　爲王沄立。

鳴鳳坊　爲胡傑立。

奎璧坊　爲汪吉立。縣西十五里。

世科坊　爲章安立。

內臺秉憲坊

柱史坊　俱爲黃卷立。

大中丞坊　爲王世德立。

大京兆坊　爲程正誼立。

丹桂坊　爲吳潭立。

選元坊　爲吳璘立。

百歲坊,男凡八　爲徐伯敦、徐時、油溪周琮、古山胡宗護、唐先施嘉錫、松川胡宗端、潛村胡兆鵬、李溪章賢初立。

百歲坊,女凡三　爲古山胡瑛母應氏、庫川胡廷偉妻應氏、唐先施義逢妻吳氏立。

旌淑坊　爲節婦胡氏孝子應綱立。

貞烈坊,凡十　一爲貞女章蘊奴立,在六都馬宗祠前。一爲烈女呂主奴立。一爲貞女方福妵立。一爲周貞女陳兆槐聘妻立,在麻車。一爲楊貞女陳法奇聘妻立,在魚櫃。一爲徐貞女金象禹聘妻立,在皇渡橋。一爲烈婦程浪妻朱氏立。一爲程德福妻陳氏立。一爲徐聖鳳妻童氏立,在西門。一爲程家浦妻施氏立。

旌節坊　一爲樓偉妻朱氏立,一爲王珏妻童氏立,一爲陳嘉謨妻朱氏立。

二虞雙節坊　爲生員徐士霨妻虞氏名登、儒童徐璜妻虞氏名枝淑立。

三節坊　爲應鼎鰲妻周氏、應洪瑄妻徐氏、洪珣妻徐氏立。在芝英。

雙節坊　一爲陳氏、應氏立。一爲徐彥深妻應氏、兆楷妻應氏立。一爲吳鳴心妻楊氏、鳴龍妻呂氏立。

好善樂施坊　爲王惟精母陳氏立。

義豐鄉節孝坊,凡二十七　爲盧國釗妻周氏、李茂峰妻胡氏、徐廣妻林氏、呂兆昌妻胡氏、姚大悅妻董氏、黃介瑞妻鮑氏、周御楷妻王氏、徐錫耘妻應氏、徐明瀚妻王氏、呂岳松妻應氏、李如位妻徐氏、徐發妻呂氏、周景濬妻李氏、顏宗榮妻李氏、姚兆科妻李氏、徐宏賽妻林氏、周廷吉妻葉氏、金景歸妻陳氏、金象叙妻徐氏、金景郎妻陳氏、陳懋全妻徐氏、鄧奇旌妻應氏、徐萬青妻王氏、徐英吳妻姚氏、樓啟榮妻章氏、呂東曙妻胡氏、趙允升妻朱氏立。

長安鄉節孝坊,凡十　爲倪瑄妻陳氏、應世志妻牟氏、李正池妻陳氏、樓元日妻方氏、方士高妻孫氏、樓景東妻章氏、金希顔妻盧氏、倪廷柱妻潘氏、李祖紹妻徐氏、華景南妻樓氏立。

承訓鄉節孝坊,凡七　爲胡嘉元妻吕氏、陳孟誠妻吕氏、陳之謙妻顔氏、吕律妻徐氏、吕鳳儀妻陳氏、黄懋巍妻陳氏、陳世鴻妻方氏立。

昇平鄉節孝坊,凡十一　爲李仲明妻蔣氏、林守官妻應氏、王世謨妻俞氏、胡祖訓妻吕氏、沈爾賢妻李氏、林伯雲妻盧氏、王載苕妻倪氏、王鍾祥妻應氏、王集薇妻胡氏、陳有明妻吕氏、王載合妻沈氏立。

太平鄉節孝坊,凡八　爲施仁楨妻胡氏、吕儀妻朱氏、胡儒卿妻李氏、胡毓匡妻應氏、施國昭妻俞氏、施益三妻徐氏、胡正瓏妻吴氏、施仁哲妻徐氏立。

義和鄉節孝坊,凡七　爲胡啟璋妻徐氏、朱魯珍妻俞氏、朱廷桓妻陳氏、陳修齊妻陶氏、朱美如妻厲氏、胡安玉妻程氏、周日梯妻顔氏立。

遊仙鄉節孝坊,凡十一　爲吕杉妻丁氏、應友美妻包氏、應友炳妻蕭氏、盧嘉學妻程氏、程開澳妻吴氏、胡懋達妻李氏、池天德妻吕氏、池天叙妻吴氏、吴學起妻施氏、應洪沂妻馮氏、胡能汲妻吕氏立。

合德鄉節孝坊,凡七　爲章鈴妻陳氏、周鳴鳳妻應氏、章爾鏴妻應氏、孫兆楷妻李氏、王鴻盛妻李氏、郎仕官妻陳氏、章安杏妻周氏立。

武平鄉節孝坊,凡十七　爲李天培妻吕氏、李雲剛妻池氏、李天錫妻池氏、李經詁妻池氏、陳貞猷妻楊氏、李作賓妻應氏、李祖芳妻章氏、吴彩祖妻池氏、褚隨元妻俞氏、李徵仲妻胡氏、池振善妻俞氏、樓望海妻陳氏、黄彩成妻樓氏、周國天妻李氏、張有明妻李氏、陳儒占妻金氏、陳相神妻章氏立。

孝義鄉節孝坊,凡四　爲鄭繼鋕妻盧氏、鄭伯志妻陳氏、鄭祖泙妻陳氏、陳修琅妻楊氏、陳振禄妻吕氏、陳天璋妻曹氏立。

祠　堂

麗澤祠　在壽山。見祀典。

赫靈祠　在方巖。見祀典。

三長官祠　在霞裏山。見祀典。

烏傷侯祠　在城。祀趙炳。

孝忠祠　敕建，在可投，祀應孟明。

忠義祠　敕建，在可投，祀應純之。

鄉賢程文恭祠　在郡城。

鄉賢程方峰祠　在方巖。

鄉賢吕雲溪祠　在太平。

在城徐宗祠　邑西門内。始祀徐通，一祀經十六，一祀震二，一祀蒙六。

芝英應宗祠　一在古麓山側，始祀九二。一在方塘北，始祀仕濂。

象珠王宗祠　祀始遷祖，以下立宗法。

三十五都程宗祠　始祀閏三。

在城林宗祠

花園徐宗祠　始祀德廉。

在城樓宗祠　始祀永貞。

在城盧宗祠　始祀子安。

青龍李宗祠　始祀克賢。

黄霧翁宗祠　始祀應龍。

遊仙盧宗祠　始祀盧曉。

山西胡宗祠　始祀胡廉。

葉花塘姚宗祠　始祀開二。

球溪徐宗祠　始祀昆。

壺山倪宗祠　始祀棠。

六都馬宗祠　始祀文翁。

黃塘下峽源李宗祠　始祀景龍。

桐墩李宗祠　始祀景光。

館頭李宗祠　始祀李信。

新店小宗祠　特祀萬五、李恃、李怙。

雅莊長恬李宗祠　始祀景祥。

厚仁李宗祠　始祀端履。

派溪呂宗祠　始祀禧七。

五崗徐宗祠

黃棠姚宗祠　始祀謙鳴。

塘墩張宗祠

厚莘孫宗祠

雲溪范宗祠

胡塘下胡宗祠

八都謝宗祠

篁源章宗祠

清渭何宗祠　始祀中立。

世雅夏宗祠　始祀開。

崧川潘宗祠　始祀迪民。

龍川朱宗祠

官塘下胡宗祠　在十六都。始祀德緩。

花街方宗祠　始祀方瑛。其一分祠建四路口，祀方三讓。

柿後陳宗祠　始祀景定。

魁山胡宗祠　始祀志寧。

胡庫胡宗祠　始祀彭，一名紹衣祠，始祀浩。一名鳴峰祠，始祀生二。

古山胡宗祠　始祀胡泳。

雅恬園曹宗祠　始祀曹豫。

巖後應宗祠　始祀應材。

棲田陳宗祠　始祀子理。

桐琴金宗祠　始祀榮七。

青山吕宗祠　二十二都吕南宅。始祀吕閏。

龍川朱宗祠　始祀生二。

山厚周宗祠

曰埕董宗祠　始祀廿二。

金城川朱宗祠　始祀乾八。

杜溪陳宗祠

童宅童宗祠

尚黃橋黃宗祠　始祀黃琰、黃舉、景賢。

眉山陳宗祠　始祀寶七。

高厚馮宗祠

長川施宗祠　始祀文宗。

四十都陳宗祠　始祀陳旺。

游溪周宗祠

後杜應宗祠　始祀文臣。

道堂黃宗祠　始祀文簡。

上楊楊宗祠　始祀禮七。

十都董宗祠

高川周宗祠

適遊胡宗祠　在十二都。始祀文質。

鍾山胡宗祠　在十八都。始祀雲龍。

青山俞宗祠

太平高宗祠

六都應宗祠

衍蕃丁宗祠

葉宗祠

夏呂呂宗祠　祀富十二崇九。

衙後顏宗祠　始祀顏復。

青溪顏宗祠　始祀琇八。

已上照前志。

鄉賢朱參政祠　在金城川。

在城趙宗祠　始祀從式。

在城呂五宗祠　祀太平、青山、河東、夏呂、派川始祖。

河東呂宗祠　始祀詠十二元欽。

在城截角　徐宗祠

在城王宗祠　始祀修吉。

東庫趙宗祠　始祀世將、仲全、叔牙。

高川樓宗祠　始祀珆。

茂林楊宗祠　三都。

白雁舒宗祠

小害朱宗祠　始祀宗昂。

義陽朱宗祠　三都。

永祥舒宗祠　三都。

栗里陳宗祠

皇渡金宗祠　始祀盛宗。

南園朱宗祠

西山頭黃宗祠

五都梅宗祠

訓化王宗祠

在城周宗祠　始祀華三。

在城曹宗祠

應宅應宗祠

墩頭李宗祠

華村華宗祠

尚仁潘宗祠

瀆川顔宗祠

上方潘宗祠　　始祀用文。

瀾塘陳宗祠

椒川陳宗祠

王樣王宗祠

峴川胡宗祠

着塘黃宗祠　　始祀錦盛。

赤川胡宗祠

象珠徐宗祠

清渭樓宗祠　　始祀韶。

清渭馬宗祠

澤塘樓宗祠　　始祀福生。

杏里陳宗祠

下溪胡宗祠

溪碧山林宗祠

荆山陳宗祠　　始祀愉一。

江川邵宗祠

下山黃宗祠

太平呂宗祠　　始祀玖、琴鑄、書鑰、孟鉉、右鎮。

唐先施宗祠　　始祀成五。一祀茂盛。

金店金宗祠　　始祀昻聰一。

上考徐宗祠　　始祀君房、玉。

橫洋童宗祠　始祀智五。

龍山街詹宗祠

賈宅賈宗祠　始祀都監。

柏巖黃宗祠　始祀宜十七。

棠川陳宗祠　始祀寧九。

湯店湯宗祠

橋頭周宗祠

大川鄭宗祠　始祀希四。

青厚葉宗祠　始祀萬九。

西川應宗祠　始祀德珏。

寺下胡宗祠　始祀仕賢。

寮前駱宗祠　始祀昇進。

柏石陳宗祠　始祀厚三。

厚塘吳宗祠　始祀威。

峴川呂宗祠

峴川周宗祠

練澗章宗祠　始祀翔。

杜山頭杜宗祠　始祀彥安。

陳園陳宗祠

洪州俞宗祠　始祀萬二。

郭段厲宗祠　始祀子安。

堰川胡宗祠

溪岸胡宗祠　始祀賑。

松川胡宗祠　始祀家益。

仙陵蔣宗祠　始祀模。

兩頭門徐宗祠　始祀無黨。

上湖李宗祠

林源陳宗祠

李溪章宗祠　始祀安、孟寅。

當渡周宗祠　始祀濂溪。

西季季宗祠　始祀廣深。

石柱李宗祠　始祀石川。

池宅池宗祠

石塘張宗祠

大陳陳宗祠

後吳吳宗祠

前倉張宗祠　始祀鼎二十。

世彰李宗祠　始祀文積。

溪坦李宗祠　始祀紹一。

光瑤褚宗祠　始祀思愈。

光瑤徐宗祠　始祀綬。

朝川章宗祠

陬山黃宗祠　始祀寄。

舟山樓宗祠　始祀仲和。

前川高宗祠

道坦厲宗祠

麻車周宗祠

方山徐宗祠

石下陳宗祠

西湖雙溪陳宗祠　始祀文四。

宅口陳宗祠

上嘉呂宗祠　始祀泰七百七十。

芳田黃宗祠　始祀文四。

永嘉堂鄭宗祠　始祀銘。

新屋陳宗祠

黃塘黃宗祠　始祀文二。

竹園黃宗祠　始祀賢十。

深澤陳宗祠　始祀榮一。

歷山陳宗祠　始祀顏。

禄源馬宗祠　始祀承五。

源潭厲宗祠　始祀恒二。

小盆孔宗祠　以上照鄉區刊載。以下開到隨編。

南山徐宗祠　始祀無黨。

魚父裏胡宗祠

田橋田宗祠

觀音堂下盧宗祠　始祀洪三。

後遷錢宗祠

水碓頭王宗祠

裏溪王宗祠

前南桑宗祠　始祀明富。

可投應宗祠　始祀謙之。

當渡應宗祠　始祀茂之。

清塘葉宗祠　始祀衡。

後閣孔宗祠　始祀端躬。

胡堰胡宗祠

柘川胡宗祠　始祀邦翰。

古山孫宗祠　始祖元一。

名　墓

宋

贈朝散大夫吏部郎中胡師承墓　則父。在縣治北鎮殿后。碣曰：達人之墓。

兵部侍郎忠佑公胡則墓　在錢塘履泰鄉龍井源。范文正公銘。

資政殿學士襄靖公樓炤墓　在武義太平鄉。

封州知州胡邦直墓　在縣東三十五里，地名倉口塘。

贈朝散大夫章俣墓　服父。在縣東四十里，朱坑。

吏部侍郎章服墓　在芙蓉山。

資政殿學士正惠公林大中墓　在縣西火爐山南。

安國公應材墓　在靈巖山北。

少師應孟明墓　在縣東二十七里。

狀元文毅公陳亮墓　在縣北五十里龍窟臥龍山。

鄉賢呂皓墓　在縣東北五十里密浦山。

寺丞徐木墓　在縣西三里霞嶺。

京東經略使應純之墓　在縣南李溪普光山。

袁州教授應雄飛墓　距縣四十里獨墳園。

郡教授應淡墓　在縣東四十里鳳凰坡。

秘書監李恃墓　在縣南前倉安濟橋后山。

知婺州章堉、通判衢州章墾墓　在縣南官山。

通判胡穹墓　在太平鄉後瀝坑沱塘菴。

文孝子應均父墓　在縣東二十七里。

朝議大夫胡能墓　在太平鄉汪牆路郭塘裏。

程、郭二將軍墓　在縣東北，地名東庫。

胡文質墓　在縣北三十里黃岡裏石山。

陳昌朝墓　在縣西北十五里，地名千牛車。

元

本縣尹徐德廉墓　在縣東三里大菴山。

寓賢聞人夢吉墓　郭公巖下。

明

廣東參議徐沂墓　在縣東六里澆塘山。

工部侍郎徐讚墓　在縣南五里金豚山。

禮部尚書文恭公程文德墓　在縣東北二十五里清渭。

尚寶丞應典墓　在縣南四十里前倉安濟橋父塋側。

福建按察司僉事應廷育墓　在縣東二十里大安山。

工部主事李滄墓　在縣西五里端頭。

兵部侍郎王崇墓　在縣西二十三里。

贈四川左布政使程梓墓　正誼父，在三十五都方巖。

順天府尹程正誼墓　在三十五都文樓山。

河南道御史黃卷墓　在縣西五里霞裏山長塘裏。

雲南右參政朱方墓　在二十一都後葛山。

湖廣參議王楷墓　在十三都阿羅。

兵部右侍郎王世德墓　在九都金鼓源。

刑部員外郎徐可期墓　在縣西二十八里界嶺，地名秋塘。

吉安知府朱仲智墓　在二十五都金鈎山大項下。

大理評事李琪墓　在縣東北二十里陳塘。

唐府伴讀汪宏墓　在七都飛鳳山。

敕旌孝子應綱墓　在縣北五里郭坦山。

福建副使徐師張墓　在縣西五里大山。

延平同知黃一鶚墓　在三十四都厚兆。

都察院右副都御史忠烈公周鳳岐墓　在金華東十五里，地名后鄭。

按察使僉事忠愍公徐學顏墓　在四十三都倉凸山。

星子知縣曹成模墓　在縣北十里下田園。

福州推官徐明勳墓　在四都青塘。

南和侯方瑛祖墓　在縣西顯恩寺側。

已上前志。

政和殿學士鄉賢徐無黨墓

鄉賢吳思齊墓

鄉賢胡長孺墓

四川按察司僉事鄉賢謝忱墓

嘉興知府鄉賢呂文燧墓　在東陽興賢鄉西垢。

鄉賢應曇墓　在縣東三十里芝英古麓山。

鄉賢應杰墓　在縣東三十里芝英古麓山下延長山。

贈兵部主事鄉賢應枌墓　在縣南四十里前倉安濟橋東。

江西廣信府教授鄉賢應奎墓　在縣北六十里二十二都東陽界陽
屏山。

鄉賢應勳墓　在縣南四十里前倉安濟橋父塋側。

鄉賢盧可久墓　在縣東二十五里化成寺鶴鳴山。

贈屯田司主事鄉賢周勳墓　在二都山龍花枝園。

鄉賢徐士儀墓　在六都黃塘龍山。

以上鄉賢補載。

國　朝

誥贈中憲大夫程懋銓墓　在三十五都后黃。

誥贈中憲大夫程衍初墓　在三十五都獨松。

榆社知縣應清芬墓　在縣東二十里鶴鳴橋西邊棗園山。

誥封中憲大夫山東兗沂曹道程開業墓　在三十五都方巖。

贈文林郎應清墓　在縣東三十五里二十九都漾塘山。

贈文林郎應椿墓　在縣東三十五里二十九都漾塘。

廣東懷集知縣應煒墓　在縣東三十五里二十九都漾塘。

碭山知縣程兆選墓　在三十五都后黃。

襄陵知縣徐之駿墓　在二都郭坦塘。

新津知縣徐薱墓　在四十二都巖塔山。

温州教授應芝暉墓　在縣東石板坂。

寧波教授周咨詢墓　在縣南楊木塘。

贈大通知縣應國良墓　在縣東二十五里南塘。

誥贈朝議大夫應成秀墓　在縣東三十三里三十四都應鏡塘上培坑。

貤贈奉直大夫潘景韶墓　在九都仙茅。

誥贈奉直大夫潘開旺墓　在八都林前山。

誥贈奉直大夫陳俠墓　在武義宅口陳杜店山。

誥贈奉直大夫陳士穎墓　在後山應馬駕隴。

貤贈文林郎陳士清墓　在四都栗里後山七提。

誥贈武義都尉程立就墓　在六都大邱田背。

誥贈武義都尉程宜祥墓　在二十八都北鎮嶺裏。

永康縣志卷之三

田賦志

　　自井田廢而爲阡陌，民無恒産者多。取於民者，非復徹助之舊制，而猶存古之遺意焉。地有肥磽，賦之輕重隨之。昔所稱山林九度、藪澤八鳩，而當衍沃之一井，即今田地、山塘各異其則者，名殊而實同也。永康廣輪百餘里，山川居田數之半。然山無柟梓千章之材，水無千頃魚陂若蓮茭、菱芰、果陏、蠃蛤之屬。通舟楫者，僅華溪一衣帶水耳。天久不雨，則石稜鋒出，膠淺且不勝一筏，以是外鄉珍異之物亦罕得至者。蓋婺屬土瘠，莫永若也。賦税之則籍有定制，迨催科不須臾緩。秉耒之甿，能知急公奉上，雖囊橐無餘，亦以早完國課爲樂。瘠土之民向義，其信然乎！志田賦。

戶　口

　　宋主客户貳萬壹千叄百伍拾貳，丁肆萬肆千柒百陸拾陸。

　　元南北户壹萬壹千貳百玖拾貳，丁伍萬肆千柒百貳拾貳。

　　明原額户壹萬玖千伍拾伍，丁肆萬肆千貳百伍拾貳，口壹萬玖千柒百壹拾伍。

　　明末户丁口共捌萬叄千貳拾貳。

　　國朝原額户口人丁共貳萬伍千肆百陸拾捌，丁口内市民伍百貳拾口。　乾隆四年爲請申勸墾等事案内，添建營房基址，免徵市民叄絲玖忽肆微陸塵。

實該市民伍百壹拾玖口玖分玖釐玖毫陸絲伍微肆塵。　每口徵銀貳分貳釐陸毫,該銀壹拾壹兩柒錢伍分壹釐玖毫玖絲壹忽捌塵貳渺肆埃。嘉慶五年爲彙報等事案內,題准水沖無徵市民貳拾肆口捌分貳釐,除銀伍錢陸分玖毫叁絲貳忽。內嘉慶九年,升墾市民壹拾壹口陸分叁釐柒毫。

實存市民伍百陸口捌分壹釐陸毫陸絲伍微肆塵。　實徵銀壹拾壹兩肆錢伍分肆釐伍絲伍忽貳微捌塵貳渺肆埃。

鄉民壹萬陸千捌拾陸口。　乾隆四年爲請申勸墾等事案內,添建營房基址,免徵鄉民壹釐貳毫貳絲陸微陸塵。

實該鄉民壹萬陸千捌拾伍口玖分捌釐柒毫柒絲玖忽叁微肆塵。　每口徵銀肆分玖釐壹毫。該銀柒百捌拾玖兩捌錢貳分貳釐陸微伍塵伍渺玖漠肆埃。嘉慶五年,爲彙報等事案內,題准水沖無徵鄉民柒百陸拾捌口壹分柒釐,除銀叁拾柒兩柒錢壹分柒釐壹毫肆絲柒忽。內嘉慶九年,升墾鄉民叁百陸拾口叁分伍毫。

實存鄉民壹萬伍千陸百柒拾捌口壹分貳釐貳毫柒絲玖忽叁微肆塵。　實徵銀柒百陸拾玖兩柒錢玖分伍釐捌毫貳絲玖忽壹微伍塵伍渺玖漠肆埃。

市鄉民成丁肆千叁百捌拾壹口。　乾隆四年,爲申請勸墾等事案內,添建營房基址,免徵成丁銀叁毫叁絲貳忽壹微伍塵伍渺玖漠肆埃。

實該成丁肆千叁百捌拾口玖分玖釐陸毫陸絲柒忽伍微陸塵。每口徵銀貳錢陸分叁釐。該銀壹千壹百伍拾貳兩貳錢貳釐壹毫貳絲伍忽陸微捌塵貳渺捌漠。嘉慶五年,爲彙報等事案內,題准水沖無徵市鄉民成丁貳百玖口貳分玖毫,除銀伍拾伍兩貳分壹釐玖毫陸絲柒忽。內嘉慶九年,升墾市鄉民成丁玖拾捌口壹分貳釐玖毫。

實存市鄉民成丁肆千貳百陸拾玖口玖分壹釐陸毫陸絲柒忽伍微

陸塵。　實徵銀壹千壹百貳拾貳兩玖錢捌分捌釐捌絲伍忽陸微捌塵貳渺捌漠。

　　食鹽鈔丁肆千肆百捌拾壹口。　乾隆四年，爲請申勸墾等事案內，添建營房基址，免徵鈔丁叁毫肆絲叁塵。

　　實該鈔丁肆千肆百捌拾口玖分玖釐陸毫伍絲玖忽玖微柒塵。每口徵銀壹錢叁分壹釐。該銀伍百捌拾柒兩壹分伍毫伍絲肆忽伍微陸塵柒漠。嘉慶五年，爲彙報等事案內，題准水沖無徵食鹽鈔丁貳百壹拾叁口玖分捌釐肆毫，除銀貳拾捌兩叁分壹釐玖毫肆忽。內嘉慶九年，升墾食鹽鈔丁壹百口叁分柒釐肆毫。

　　實存食鹽鈔丁肆千叁百陸拾柒口叁分捌釐陸毫伍絲玖忽玖微柒塵。　實徵銀伍百柒拾貳兩壹錢貳分柒釐陸毫肆絲肆忽伍微陸塵柒漠。

　　每銀陸拾陸兩柒錢玖分貳釐派市民壹口。

　　每銀貳兩壹錢伍分玖釐派鄉民壹口。

　　每銀柒兩玖錢貳分捌釐派市鄉民成丁壹口。

　　每銀柒兩柒錢伍分壹釐派食鹽鈔丁壹口。

　　康熙五十二年，奉上諭，嗣後各省遇編審之期，察出增益人丁，止將實數另造清册奏聞。其徵收錢糧，但據康熙五十年丁册，定爲常額，續生丁永不加賦。欽此。

田 土

　　明洪武二十四年黄册：官民田土共陸千捌百貳拾頃柒畝叁分玖釐貳毫貳絲肆忽。　田肆千叁百陸拾伍頃陸拾肆畝玖分叁釐貳毫貳絲肆忽。

　　永樂十年黄册：官民田土共陸千捌百貳拾伍頃壹畝伍分肆釐玖毫貳絲肆忽。　田肆千叁百陸拾伍頃陸拾肆畝玖分叁釐貳毫貳絲貳忽。地陸百壹拾陸頃壹拾壹畝叁釐。山壹千肆百壹拾頃陸拾貳畝伍分叁釐柒毫。塘肆百叁拾貳頃陸拾叁畝伍釐。官房屋壹千叁間。

成化八年黃册：官民田土共陸千捌百陸拾叁頃肆拾捌畝肆分陸釐陸毫。　田肆千叁百柒拾壹頃壹拾陸畝伍分柒釐。地陸百貳拾玖頃柒拾畝叁分貳釐陸毫。山壹千肆百玖頃陸拾陸畝叁分。塘肆百伍拾貳頃玖拾伍畝貳分柒釐。官房屋柒百間。

弘治十伍年黃册：官民田土共陸千柒百捌拾伍頃捌拾柒畝壹分柒釐肆毫叁絲。　田肆千叁百壹拾貳頃陸拾壹畝柒釐陸毫叁絲。地陸百叁拾頃玖拾畝捌分肆釐伍毫。山壹千叁百玖拾頃玖拾叁畝壹分陸釐柒毫。塘肆百伍拾壹頃肆拾貳畝捌釐陸毫。官房屋柒百間。

嘉靖四十一年黃册：官民田土共陸千捌百伍拾玖頃肆畝肆分玖釐叁毫叁絲。　田肆千叁百柒拾壹頃貳畝肆分壹釐叁絲。地陸百貳拾玖頃玖拾畝叁分伍釐壹毫。山壹千肆百五頃壹拾陸畝肆分柒毫。塘肆百伍拾貳頃玖拾伍畝叁分貳釐伍毫。官房屋柒百間。

隆慶六年黃册：官民田土共陸千捌百伍拾玖頃肆拾叁畝玖分伍釐伍毫貳絲肆忽。　官田壹百捌拾玖頃叁拾貳畝壹分貳釐叁毫貳絲肆忽。地貳拾貳頃壹拾壹畝伍分伍釐肆毫。山叁拾頃伍拾玖畝壹釐。塘壹拾柒頃柒拾肆畝叁分柒釐。民田肆千壹百捌拾貳頃壹拾肆畝肆分叁釐。地陸百柒頃柒拾捌畝柒分伍釐陸毫。山壹千叁百柒拾肆頃伍拾柒畝叁分玖釐柒毫。塘肆百叁拾伍頃貳拾畝玖分伍釐伍毫。官房屋柒百間。

萬曆以後黃册田土之數俱無可考。

國朝原設版圖四十七都一百一十八里。

原額田肆千叁百柒拾壹頃伍拾畝肆分陸釐壹毫柒絲肆忽。

内：官職田，叁拾陸頃壹拾壹畝壹分叁釐伍毫貳絲。　嘉慶五年彙報題准水沖田壹頃壹拾捌畝柒釐伍毫貳絲。嘉慶九年升墾田貳拾壹畝伍分柒釐伍絲捌忽。

實存田叁拾伍頃壹拾肆畝陸分叁釐伍絲捌忽。

歸附田貳拾肆頃捌拾捌畝壹分肆釐陸毫伍絲。　嘉慶伍年彙報題准水沖田捌拾陸畝壹分玖釐伍毫肆絲。嘉慶玖年升墾田貳拾捌畝伍分柒釐陸毫壹絲伍忽壹微。

實存田貳拾肆頃叁拾畝伍分貳釐柒毫貳絲伍忽壹微。

義莊田，捌拾頃捌畝伍分柒釐玖毫。　嘉慶五年彙報題准水沖田貳頃壹拾捌畝肆釐捌毫。嘉慶九年升墾田壹頃叁畝陸分壹釐陸毫伍絲。

實存田柒拾捌頃玖拾肆畝壹分肆釐柒毫伍絲。

學院田，玖頃玖拾貳畝壹分肆釐肆毫肆忽。　嘉慶五年彙報題准水沖田壹拾畝貳釐肆絲。

實存田玖頃捌拾貳畝壹分貳釐叁毫陸絲肆忽。

新沒田，叁拾陸頃陸拾玖畝玖分肆釐肆毫。　嘉慶五年彙報題准水沖田壹頃貳拾畝伍分伍釐肆毫。嘉慶九年升墾田貳拾壹畝捌分玖釐壹毫貳絲壹忽。

實存田叁拾伍頃柒拾壹畝貳分捌釐壹毫貳絲壹忽。

廢寺田，壹頃陸拾伍畝叁分叁釐。

僧道田，伍拾玖頃柒拾叁畝陸分柒釐。　嘉慶五年彙報題准水沖田叁頃伍拾叁畝壹分柒毫。嘉慶九年升墾田叁拾陸畝玖分伍釐貳毫玖絲。

實存田伍拾陸頃伍拾柒畝肆分伍釐貳毫玖絲。

民田，肆千壹百貳拾貳頃肆拾壹畝伍分柒釐陸毫。　康熙六年清查丈缺田壹頃壹拾貳畝叁分玖釐叁毫。雍正七年置買藉田壇基共田伍畝柒分叁釐。乾隆四年添建營房基址田叁分柒釐叁毫貳絲。

實該田肆千壹百貳拾壹頃貳拾叁畝柒釐玖毫捌絲。　嘉慶五年彙報題准水沖田貳百頃柒拾陸畝。嘉慶九年升墾田玖拾陸頃玖拾捌畝壹分玖釐壹毫柒絲柒忽陸微。

實存田肆千壹拾柒頃肆拾伍畝貳分柒釐壹毫伍絲柒忽陸微。

　　原額地，陸百叁拾頃叁拾伍畝叁分柒釐伍毫。

　　內：白地壹畝伍分伍釐。

　　秋租地玖頃肆拾畝壹分叁釐。　嘉慶伍年彙報題准水沖地陸拾壹畝陸釐。

　　實存地捌頃捌拾陸畝伍分肆釐貳絲玖忽叁微。　嘉慶九年升墾地柒畝肆分柒釐貳絲玖忽叁微。

　　新沒地，柒頃柒畝捌分貳釐叁毫。　嘉慶五年彙報題准水沖地壹拾捌畝捌分叁釐叁毫。嘉慶九年升墾地玖畝伍分伍釐捌毫。

　　實存地陸頃玖拾捌畝伍分肆釐捌毫。

　　學院地，叁頃陸畝叁分肆釐伍毫。　嘉慶五年彙報題准水沖地玖畝壹分壹釐伍毫。嘉慶玖年陸墾地玖畝壹分壹釐伍毫。

　　實存地叁頃陸畝叁分肆釐伍毫。

　　沙基地，貳頃貳拾叁畝伍分柒釐壹毫。　嘉慶五年彙報題准水沖地伍畝捌分陸釐捌毫。嘉慶九年升墾地伍畝貳分柒釐壹毫。

　　實存地貳頃貳拾貳畝玖分柒釐肆毫。

　　廢寺地，柒拾柒畝貳分。　嘉慶五年彙報題准水沖地柒分玖釐。嘉慶九年升墾地柒分玖釐。

　　實存地柒拾柒畝貳分。

　　民地，陸百柒頃柒拾捌畝柒分伍釐陸毫。　康熙六年丈出地叁頃捌拾貳畝捌分壹釐。

　　實該地陸百壹拾壹頃陸拾壹畝伍分陸釐陸毫。　嘉慶五年彙報題准水沖地肆拾柒頃叁拾貳畝叁分叁釐肆毫。嘉慶九年升墾地貳拾柒頃玖拾貳畝柒分伍釐壹毫叁絲玖忽。

　　實存地伍百玖拾貳頃貳拾壹畝玖分捌釐叁毫叁絲玖忽。

　　原額山，壹千肆百伍頃壹拾陸畝肆分壹釐柒毫。

　　內：新沒山，壹拾陸頃柒拾伍畝貳分叁釐叁毫。

　　秋租山，壹拾叁頃捌拾叁畝柒分捌釐柒毫。

民山，壹千叁百柒拾肆頃伍拾柒畝叁分玖釐柒毫。

原額塘，肆百伍拾叁頃壹拾肆畝玖分肆釐伍毫捌絲。

內：歸新塘，伍頃玖拾陸畝陸分。

學院塘，陸頃叁拾叁畝陸分壹釐伍毫。

秋租塘，伍頃肆拾肆畝伍釐伍毫。

民塘，肆百叁拾伍頃肆拾畝陸分柒釐伍毫捌絲。

賦　役

國朝因明制，分田、地、山、塘四等。於其中又各分爲官、民二等。田在官者六則，在民者二則。地在官者六則，在民者一則。山在官者二則，在民者一則。塘在官者三則，在民者一則。官職田，每畝徵銀貳錢肆分柒毫米玖合。歸附田，每畝徵銀壹錢肆分壹釐玖毫米伍合叁勺。義莊田，每畝徵銀壹錢陸釐肆毫米肆合。學院田，每畝徵銀捌分玖釐肆毫米叁合叁勺。新沒田，每畝徵銀捌分柒釐壹毫米叁合貳勺。廢寺田，每畝徵銀伍分陸釐捌毫米貳合。以上六則爲官田。僧道田，每畝徵銀壹錢叁分肆釐伍毫米伍合。民田，每畝徵銀柒分陸毫米貳合陸勺貳秒。以上二則爲民田。白地，每畝徵銀壹錢捌分貳釐貳毫米陸合捌勺。秋租地，每畝徵銀貳分壹釐玖毫米柒勺柒秒。新沒地，每畝徵銀壹分陸釐叁毫米陸勺伍秒。學院地，每畝徵銀壹分叁釐柒毫米伍勺。沙基地，每畝徵銀壹分貳釐壹毫米肆勺。廢寺地，每畝徵銀壹分肆釐捌毫米伍勺。以上六則爲官地。民地一則，每畝徵銀貳分玖毫米柒勺柒秒。新沒山，每畝徵銀壹分壹釐肆毫米肆勺。秋租山，每畝徵銀捌釐米貳勺陸秒。已上二則爲官山。民山一則，每畝徵銀伍釐柒毫米貳勺陸秒。歸新塘，每畝徵銀玖釐玖毫米肆勺。學院塘，每畝徵銀捌釐伍毫米貳勺陸秒。秋租塘，每畝徵銀陸釐陸毫米貳勺陸秒。以上三則爲官塘。民塘一則，每畝徵銀肆釐貳毫米壹勺叁秒。

按邑舊例，照田、地、山、塘科徵銀數起丁，每銀陸拾陸兩柒錢玖分貳釐派市民一口徵銀貳分貳釐陸毫。每銀貳兩壹錢伍分玖釐派鄉民一口徵銀肆分玖釐壹毫。每銀柒兩玖錢貳分捌釐派市鄉民成丁一口徵銀貳錢陸分叁釐。每銀柒兩柒錢伍分壹釐派食鹽鈔丁一口徵銀壹錢叁分壹釐。

以上田、地、山、塘丁口共徵銀叁萬柒千貳百陸拾貳兩肆錢陸釐捌毫捌忽叁微捌塵柒渺肆漠捌埃。　除彙報水沖無徵銀玖百叁拾肆兩伍錢伍分陸釐叁絲玖忽伍微叁塵貳渺捌漠。

實徵銀叁萬陸千叁百貳拾柒兩捌錢伍分柒毫陸絲捌忽捌微伍塵肆渺陸漠捌埃。　一、加蠟茶新加銀玖兩貳錢肆分貳釐伍毫陸絲捌忽捌微叁塵貳渺伍漠。除添建營房基址銀柒忽壹塵，除水沖無徵銀貳錢叁分貳釐，實徵銀玖兩壹分伍毫陸絲壹忽捌微貳塵貳渺伍漠。一、加顏料新加銀叁拾叁兩肆錢肆分玖釐捌毫柒絲伍忽，除添建營房基址銀貳絲伍忽叁微捌塵，除水沖無徵銀捌錢叁分柒釐，實徵銀叁拾貳兩陸錢壹分貳釐捌毫肆絲玖忽陸微貳塵。一、加蠟茶時價銀壹兩柒錢捌分叁絲壹微貳塵伍渺。一、加顏料時價銀柒兩玖錢陸分伍釐玖毫肆絲壹忽肆微陸渺貳漠伍埃。一、加藥材時價銀貳兩捌錢叁分肆釐貳毫貳絲捌忽玖微叁塵叁渺柒漠伍埃。一、加匠班銀伍拾叁兩陸錢肆分，除添建營房基址銀肆絲柒微，除水沖無徵銀壹兩叁錢肆分伍釐，實徵銀伍拾貳兩貳錢玖分肆釐玖毫伍絲玖忽叁微。以上六款，每年于地丁項下帶徵。一、加收零積餘米壹拾石伍斗壹升伍勺貳秒陸圭陸粟陸粒。今每石改徵銀壹兩，該銀壹拾兩伍錢壹分伍毫貳絲陸微陸塵陸渺。

實徵銀叁萬陸千肆百肆拾肆兩捌錢伍分玖釐捌毫陸絲柒微貳塵捌渺壹漠捌埃。又外賦薦新芽茶貳觔捌兩。　每觔價銀壹錢陸分，共銀肆錢。

以上地丁并外賦共實徵銀叁萬陸千肆百肆拾伍兩貳錢伍分玖釐捌毫陸絲柒微貳塵捌渺壹漠捌埃。每兩隨正徵收耗羨銀捌分，共徵銀貳千捌百肆拾貳兩伍分壹釐壹毫玖絲貳微伍塵玖漠柒埃貳纖陸沙。　每兩餉餘銀伍釐、解費伍釐在內。其遇閏之年，加徵銀伍百玖拾貳兩壹錢柒分叁釐柒毫柒絲陸微玖塵捌渺陸漠貳埃捌纖肆沙。又驛站新加銀叁拾捌兩壹錢壹分肆釐壹毫伍絲柒忽肆微貳渺柒漠，共徵銀陸百叁拾兩貳錢捌分柒釐玖毫貳絲捌忽壹微壹渺叁漠貳埃捌纖肆沙。　每兩隨正加徵耗羨銀捌分，該耗羨銀肆拾肆兩壹錢貳分壹毫伍絲肆忽玖微陸塵柒渺玖埃叁纖。

額徵地丁并外賦銀叁萬陸千肆百肆拾伍兩貳錢伍分玖釐捌毫。遇閏加徵銀陸百叁拾兩貳錢捌分捌釐。

一、起運解司銀叁萬貳千伍百拾壹兩壹錢貳分伍釐。遇閏加銀肆百叁拾叁兩陸錢陸分陸釐。

戶部本折色顏料、蠟茶共銀壹百肆拾貳兩貳分壹釐。

禮部本色藥材料價、路費叁兩叁錢陸分玖釐。

藥材加增時價銀貳兩捌錢叁分肆釐。

薦新芽茶折價并路費銀貳兩玖錢。

漕項銀玖百拾玖兩陸錢貳分肆釐。遇閏加徵米貳拾叁石肆升陸合。　折銀貳拾柒兩陸錢伍分陸釐。前項與運丁月糧給軍米折銀叁百叁拾壹兩玖錢叁分肆釐捌毫，并加閏銀拾陸兩壹錢貳分壹釐，解糧道。

一、存留銀貳千捌百陸拾叁兩捌分柒釐。內解司存留銀壹百貳兩肆錢壹分壹釐。　內布政司解戶役銀伍拾壹兩壹錢壹分壹釐，戰船民六銀伍拾壹兩叁錢。

府縣存留銀貳千柒百陸拾兩陸錢柒分陸釐。　奏銷冊報存留銀壹千玖百肆拾壹兩玖錢捌分外，在地丁撥補存留。被水豁缺銀肆拾玖兩陸分柒釐，又在地丁項下動支。關帝廟祭品銀陸拾兩。文昌廟祭品銀貳拾兩。厲祭米折銀陸兩。儒學添俸銀肆拾捌兩肆錢捌分。另加驛站銀陸百肆拾伍兩玖錢壹分肆釐，內除奉文併入地丁批解驛站,餘剩銀拾兩柒錢陸分伍釐。核與《全書》所載總數相符。遇閏加存留銀壹百捌拾兩伍錢貳釐。

實支各款

本縣祭祀銀壹百叁拾捌兩捌錢壹分貳釐。　文廟二祭共銀伍拾壹兩伍錢。崇聖祠二祭銀壹拾貳兩。社稷山川壇叁拾貳兩。邑厲壇三祭銀共貳拾肆兩。鄉賢、名宦祠各二祭共銀拾伍兩陸錢壹分貳釐。烈女呂主奴祠二祭共銀叁兩柒錢。

文廟香燭銀壹兩陸錢。

迎春芒神、土牛、春酒銀貳兩。

本縣習儀香燭銀肆錢捌分。

本府通判俸銀陸拾兩。

皂隸工食銀柒拾貳兩,遇閏加銀陸兩。

杭防同知皂隸工食銀柒拾貳兩,遇閏加銀陸兩。

本縣知縣俸銀肆拾伍兩。

門子工食銀拾貳兩,遇閏加銀壹兩。

皂隸工食銀柒拾捌兩,遇閏加銀陸兩伍錢。

仵作工食銀拾捌兩,遇閏加銀壹兩伍錢。

馬快工食銀肆拾捌兩,遇閏加銀肆兩。

馬快製械銀捌拾陸兩肆錢,遇閏加銀柒兩貳錢。

民壯工食銀壹百叁拾貳兩,遇閏加銀拾壹兩。

禁卒工食銀肆拾捌兩,遇閏加銀肆兩。

轎傘扇夫工食銀肆拾貳兩,遇閏加銀叁兩伍錢。

庫子工食銀貳拾肆兩,遇閏加銀貳兩。

斗級工食銀貳拾肆兩,遇閏加銀貳兩。

縣丞俸銀肆拾兩。

門子工食銀陸兩,遇閏加銀伍錢。

皂隸工食銀貳拾肆兩,遇閏加銀貳兩。

馬夫工食銀陸兩，遇閏加銀伍錢。

典史俸銀叁拾壹兩伍錢貳分。

門子工食銀陸兩，遇閏加銀伍錢。

皂隸工食銀貳拾肆兩，遇閏加銀貳兩。

馬夫工食銀陸兩，遇閏加銀伍錢。

儒學俸銀叁拾壹兩伍錢貳分，又奉文動支地丁添給銀肆拾捌兩肆錢捌分。

齋夫工食銀叁拾陸兩，遇閏加銀叁兩。

門斗工食銀拾肆兩肆錢，遇閏加銀壹兩貳錢。

廩生餼糧銀陸拾肆兩。

膳夫工食銀肆拾兩，遇閏加銀叁兩叁錢叁分叁釐。

巡鹽捕役工食銀拾肆兩肆錢，遇閏加銀壹兩貳錢。

桐琴渡夫工食銀壹兩，遇閏加銀捌分肆釐。

十鋪司兵工食銀伍百兩肆錢，遇閏加銀肆拾壹兩柒錢。

鄉飲酒禮銀柒兩叁錢肆釐。

縣歲貢旗匾銀叁兩肆錢玖釐。

看守公署門子工食銀拾柒兩伍錢叁分貳釐，遇閏加銀壹兩肆錢陸分。

協濟湯溪縣經費不敷銀拾壹兩叁錢捌分壹釐。

縣獄囚糧銀叁拾伍兩陸分貳釐。

孤貧口糧柴布銀壹百陸拾捌兩，遇閏加銀拾肆兩。

額徵耗羨銀貳千捌百肆拾貳兩伍分壹釐。內本縣養廉捌百兩。

支留縣伍釐解費銀壹百柒拾柒兩陸錢貳分捌釐。

支解伍釐餉餘銀壹百柒拾柒兩陸錢貳分玖釐。

解司耗羨銀壹千陸百捌拾陸兩柒錢玖分肆釐，遇閏加耗銀肆拾肆兩壹錢貳分。

額徵米壹千貳百伍拾壹石肆斗肆升貳合貳勺。

運丁月糧給軍米貳百柒拾陸石陸斗壹升貳合肆勺。　　每石改折銀壹兩貳錢,共銀叁百叁拾壹兩玖錢叁分肆釐捌毫,遇閏加徵銀拾陸兩壹錢貳分壹釐。前項與隨漕折色銀玖百拾玖兩陸錢貳分肆釐,加耗銀壹百兩壹錢貳分伍釐,併解糧道。

南米玖百柒拾肆石捌斗叁升壹勺,撥金華城守營兵米肆百陸拾石貳斗,實該解省折徵米伍百拾肆石陸斗叁升壹勺。每石折徵正價銀壹兩伍錢,共銀柒百柒拾壹兩玖錢肆分伍釐,加耗銀壹錢,共銀伍拾壹兩肆錢陸分叁釐,批解藩庫。

課稅商辦額鹽壹千柒百拾捌引,台所杜漬場掣運,責成縣令驗引督銷。

當稅銀叁拾兩。　當商六名,每名伍兩。另款解司充餉,仍于每年春季查明增除,造冊報部。

牙稅銀陸兩貳錢。　上則牙户叁名,每名徵銀捌錢;中則牙户壹名,徵銀陸錢;下則牙户捌名,每名徵銀肆錢。共該前數,另款解司充餉。

契稅　每買産銀壹兩徵稅銀叁分。

牛稅　每兩徵稅銀叁分。

雜稅　徵稅不等。以上契、牛、雜稅三款歲無定額,每年儘收儘解,造報題銷,另款解司充餉。

徭　役 附

成周役法

《周禮》:小司徒之職:"乃均土地以稽其人民而周知其數:上地家七人,可任也者家三人;可任力役者每家三人。中地家六人,可任也者二家五人;二家共五人。下地家五人,可任也者家二人。""凡起徒役,毋過家一人,以其餘爲羨,正卒之外皆爲羨卒。唯田與追胥,竭作。"田獵與逐捕,則正卒、羨卒皆作。

漢役法

漢初,設三老、嗇夫、游徼,各有職役。役民,歲不過三日。景帝時,令男二十而始傳,以給公家徭役。武帝天漢時,敷役發七科之責。孝昭元鳳時,顧役有三更之法。

唐役法

唐初,置租庸調之法,至建中元年春,楊炎改立兩稅之法。

宋役法

宋初,差役法。熙寧中,保甲法、助役法。寶慶中,義役法。

元役法

元州設坊正,鄉設里正,都設主首,專辦稅事。後改爲季役,其次有貼役、雜役。後浙右病于徭役,民充坊里正者率破其家。朝廷令郡守集議便宜之法。杭州路總管趙璉議以屬縣坊正爲催役,里正用田賦以均之,民咸以爲便。

明役法

明制:凡府、縣、都、里,每十年一造賦役黃册,以百有十户爲里,推丁多者十人爲長,餘百户爲十甲,甲凡十人,以一長統之,先後各以丁數多寡爲次,共編一册,册首有圖,故每里謂之一圖。其鰥寡孤獨不任役者,帶管于百有十户之外而列于圖後,名曰畸零。籍成,凡役皆按籍而定,其計丁田輸銀以給公費者謂之丁田,亦謂之均平。凡解京料價、祭祀鄉飲、催覓夫馬、船匠,公私諸宴會,胥自此出。此三辦之議所自來也。既定丁田,後五年仍計丁田爲徭,謂之均徭。凡用人力者,名力差。入銀者,名銀差。亦以十年各周一編。此外供驛傳者,有糧僉、丁僉、水夫、馬夫之名,視田地爲科。此定制也。

國朝初,循明舊制。里編十甲,輪役十年,主催收二稅,名曰見年糧長。尋奉革除。

　　康熙十年，督撫盡革見年糧長之名，酌定均里、均甲之法。各甲悉照自己户下應徵銀米依限完納，官收官兑，兆民便之。其良法有四：一、革糧見，則值卯之銀省；一、分限期，則預徵之擾絕；一、設易知小單，則飛灑之奸杜；一、自運官兑，則軍役之累除。善政行而宿弊盡滌。是誠催科中之撫字也。外如皂隸、弓兵、門子、馬夫之屬，即昔之銀、力二差，具詳《賦役全書》，兹不贅列。又康熙二十年大造。布政司李士楨議稱：十年編役，上關國賦之徵輸，下係民生之休戚，誠不可不慎也。抑思賦役一事，用則合一，而民有攸分。蓋賦者出于田畝，任土之貢也。役者出于丁口，力役之征也。考明條鞭之法，合地丁而科算總額，謂之條銀，俾民輸納到官，官則按款分派，較之唐之租庸調法、宋之兩税、催役等法，尤爲便民。皇清鼎興，循行無改，是以《全書》開載均平徭役等銀，皆里民納銀而官爲催役者也。奈有貪官衙蠹，橫斂誅求，于是賦役之外復有雜派之役矣。雜役既繁，而併逋及正賦矣。今日所編者，役也，即所謂雜派差徭之役，里長見年之役也。私徵橫派，久奉嚴旨，憲行禁革。果能實心遵守，凡遇軍需地方公務應官備者，官自備辦。應里下者，均匀承值。則是雜派既杜，徭役亦均，而民力自寬矣！至于里役，除漕糧官收官兑、白糧、南糧官收官運，本色物料官買官解，俱無干涉里民，外惟徵收條銀，現議均田均里分甲催輸之法，永杜偏枯，嚴剔隱漏，摘追欠户，不立見年。如此力行，永久無弊，而里役自寬矣。具詳總督李之芳、巡撫李本晟，如議批行。于是便民良法始得久行，而不致爲吏胥所摇奪矣，其功豈淺鮮哉！

永康縣志卷之四

祀典志

祀，國家之大典也。我朝五禮修明，而於禋祀，尤加敬慎。壇而先農、社稷、山川，廟而先師、武帝、文昌，莫不祗崇秩祀，令有司虔恪將事。外此，則良司牧有功於民，鄉先生可祭於社，亦尸而祝焉。凡所以達幽明、昭誠敬、為斯民祈福，而維風飭紀之道亦於是乎在。至於里社報祈，割牲釃酒，亦有合於神道設教之意，歲時各隨其俗。而非奉有歷朝封號者，則不書志祀典。

社稷壇

祀

社稷之神，歲以春秋仲月上戊日致祭，以長官主之。長官有故，則佐貳以次攝，在城文武官皆與祭。眡割牲，省齍盛，以丞若史各一人。糾儀，以教諭、訓導二人。執事均用掾史。贊相禮儀，於學弟子員內選充。前期主祭官暨陪祭執事官，各於公廨致齋三日。埽除壇壝內外。祭之前夕，掌饌潔備品物，置案於神廚，設香燭，眡割牲，官公服，詣案前上香，行三叩禮畢，宰人牽牲，告腯，遂割牲，以豆取毛血，瘞於坎。及祭之日，雞初鳴，執事人入，設案一於壇上正中北向，陳鉶二，實和羹。簠二，實黍稷。簋二，實稻粱。籩四，實形鹽、棗、栗、鹿脯。豆四，實菁菹、鹿醢、芹菹、兔醢。若不能備，各就土所有，以其類充。案前設俎,陳羊一、豕一。又前設香案一,陳祝文香盤鑪鐙。左設一案,東向,陳籩一,實帛二,尊一,爵六。又設福胙於尊爵之次。司祝一人,司香帛二人,司爵二人,位案西東面。階下之東設洗。當階爲主祭官拜位。其後爲陪祭官拜位,文東武西。班與外朝賀禮同。通贊二人,位階下左右。糾儀官二人,分位陪祭官左右,均東西面。漏未盡,主祭官及陪祭官朝服,畢集壇外,引贊二人引省齍官入壇,徧視牲器酒齊,饌者告潔,退。左右引班二人,引陪祭官入東西序立,東班西面,西班東面。引贊二人,引主祭官入,至階下盥手。通贊贊執事者各司其事。贊就位,引贊引主祭官,引班引陪祭官,咸就拜位立。贊迎神,引主祭官升,詣香案前跪。司香跪奉香。主祭官三上香,興。贊復位,引主祭官降階復位立,贊跪叩,興。主祭官暨陪祭官行三跪九叩禮。贊初獻,引主祭官升,詣神位前跪。司帛跪奉籩,主祭官受籩恭獻,仍授司帛,興,奠於案。司爵跪奉爵。主祭官受籩恭獻,仍授司爵,興,分詣社稷位前,各奠正中,皆退。贊讀祝,引主祭官詣香案前跪,陪祭官皆跪,司祝三叩,興,奉祝文,跪於右,讀曰:維某年月日,某官某致祭於社稷之神,曰:"惟神奠安九土,粒食萬邦。分五色以表封圻,育三農而蕃稼穡。恭承守土,肅展明禋。時屆仲春、秋,敬修祀典。庶丸丸松柏,鞏磐石於無疆;翼翼黍苗,佐神倉於不匱。尚饗。"讀畢,三叩,興,以祝文復於案,退。贊叩,興。主祭官暨陪祭官三叩,興,贊復位,引主祭官降階復位立。贊亞獻,引主祭官升,詣神位前,獻爵於左。贊終獻,獻爵於右,均如初獻儀。贊賜福胙,引主祭官升,詣香案前跪。司爵跪進福酒於右。主祭官受爵拱舉,司爵接爵,興。司饌跪進豆肉於左,主祭官受豆拱舉,司饌接豆,興,各退。贊叩,興。主祭官三叩,興。贊復位,引主祭官復位立。贊送神。贊跪叩,興。主祭官暨陪祭官行三跪九叩禮。贊徹饌,執事徹饌。贊瘞祝帛,執事奉祝,次香,次帛,次饌。詣瘞所。禮畢,各退。

神祇壇 即雲雨風雷山川壇。

祀雲雨風雷、境内山川、城隍之神。歲春秋仲月諏吉致祭,設案一於壇正中,南向,雲雨風雷神位居中,境内山川神位左,城隍神位右。陳設儀節,祀官及執事序位,並如社稷壇,祝辭曰:"惟神贊襄天澤,福佑蒼黎。佐靈化以流形,生成永賴;乘氣機而鼓蕩,温肅攸宜。磅礴高深,長保安貞之吉;憑依鞏固,實資捍禦之功。幸民俗之殷盈,仰神明之庇護。恭修歲祀,正值良辰。敬潔豆籩,祇陳牲幣。尚饗"。

附雩祭祈報禮

歲孟夏後,諏吉雩祭,陳設儀注同前。若間不雨及潦,諏宜祀之辰,具祝文,隨時撰擬。備牲牢、籩豆、香帛、尊爵、鑪鐙,守土官吏率屬素服虔禱,爲民請命。行禮儀節與常祀同。既應而報,陳設供具,朝服行報祀,禮儀節均與祈祀同。

先農壇

祀先農炎帝神農氏、先農厲山氏、先農后稷氏之神。歲以仲春亥日致祭。主祭官暨陪祭執事官及牲幣器數、行禮儀節,均與祭社稷同。祝辭曰:"惟神肇興稼穡,立我烝民。頌思文之德,克配彼天;念率育之功,常存時夏。茲當東作,咸服先疇。洪惟九五之尊,歲舉三推之典。恭膺守土,敢忘勞民。謹奉彝章,聿修祀事。惟願五風十雨,嘉祥恒沐神庥;庶幾九穗雙歧,上瑞頻書大有。尚饗。"祭畢,行耕耤禮。

附耕耤禮

致祭先農之日,禮畢,各官易蟒服,詣耤田行耕耤禮。正官以下就耕所,執事者授耒耜與鞭。正官右秉耒,左執鞭。進耕耆老三人,一人執箱,一人播種,一人牽牛。農夫二人,扶犁九推九返。畢,釋鞭耒,以次序立田首西,面北上。農夫遂終畝。告事畢,各官補服,望闕立,重行,北面。耆老農夫稍遠列行,北面隨立。行三跪九叩禮,各退。

文 廟

大成殿,至聖先師孔子正位,南鄉。

復聖顏子、述聖子思子,東位,西鄉。

宗聖曾子、亞聖孟子,西位,東鄉。

先賢　東序:

閔子損、冉子雍、端木子賜、仲子由、卜子商、有子若,皆西鄉。

西序:

冉子耕、宰子予、冉子求、言子偃、顓孫子師、朱子熹,皆東鄉。

先賢　東廡:

蓬子瑗、澹臺子滅明、原子憲、南宮子适、商子瞿、漆雕子開、司馬子耕、梁子鱣、冉子孺、伯子虔、冉子季、漆雕子徒父、漆雕子哆、公西子赤、任子不齊、公良子孺、公肩子定、鄡子單、罕父子黑、榮子旂、左人子郢、鄭子國、原子亢、廉子潔、叔仲子會、公西子輿、邽子巽、陳子亢、琴子張、步叔子乘、秦子非、顏子噲、顏子何、縣子亶、樂正子克、萬子章、周子敦頤、程子顥、邵子雍。

西廡:

林子放、宓子不齊、公冶子長、公晳子哀、高子柴、樊子須、商子澤、巫馬子施、顏子辛、曹子卹、公孫子龍、秦子商、顏子高、壤駟子赤、石作子蜀、公夏子首、后子處、奚容子蒧、顏子祖、句子井疆、秦子祖、縣子成、公祖子句茲、燕子伋、樂子欬、狄子黑、孔子忠、公西子蒧、顏子之僕、施子之常、申子棖、左子邱明、秦子冉、牧子皮、公都子、公孫子丑、張子載、程子頤。

先儒　東廡:

公羊子高、伏子勝、董子仲舒、后子蒼、杜子子春、諸葛子亮、王子通、陸子贄、范子仲淹、歐陽子修、楊子時、羅子從彥、李子侗、呂子祖謙、蔡子沈、陳子淳、魏子了翁、王子柏、趙子復、許子謙、吳子澄、胡子居仁、王子守仁、羅子欽順、黃子道周、湯子斌。

西廡：穀梁子赤、高堂子生、孔子安國、毛子萇、鄭子康成、范子甯、韓子愈、胡子瑗、司馬子光、尹子焞、胡子安國、張子栻、陸子九淵、黃子幹、真子德秀、何子基、陳子澔、金子履祥、許子衡、薛子瑄、陳子獻章、蔡子清、呂子坤、劉子宗周、陸子隴其、孫子逢奇。均北上東西向。

致祭先師孔子，以歲春秋仲月上丁，行釋奠禮。正獻以長官，其貳及所屬兩序分獻。兩廡以食餼弟子員各一人分獻。眡割牲，省齍盛，以丞若史各一人執事。贊相禮儀於學弟子員選充。在城文武官皆與祭。前期主祭官、陪祀官各於公廨致齋二日。祭前一日，有司飭廟戶潔掃殿廡內外，宰人豫鑿坎於宰牲亭之西，執事設香案一於宰牲亭外，眡割牲。官公服，詣案前上香，行三叩禮，畢，宰人牽牲告脯，遂割牲，以豆取毛血，瘞於坎。正獻官率執事入學習儀，教官率樂舞諸生入學習舞，習吹。夜分，執事入，具器陳：

先師位前，牛一，羊一，豕一，登一，鉶二，簠二，簋二，籩十，豆十，鑪一，鐙二。

四配位前，各羊一，豕一，鉶二，簠二，簋二，籩八，豆八，鑪一，鐙二。

十二哲位前，鉶一，簠一，簋一，籩四，豆四。東西各羊一，豕一，鑪一，鐙二。殿中設一案，少西北向，供祝版。其東南設一案，西向，陳禮神制帛九，香盤四，尊三，爵二十有七。西設一案，東向，陳禮神制帛八，香盤三，尊二，爵二十有四。凡牲陳於俎，凡帛正位，四配異筐，十二哲東西共筐，凡尊實酒，承以舟，疏布冪勺具。東廡二位同案。每位爵一，實酒。每案簠一，簋一，籩四，豆四。

先賢案前，羊二，豕二，香案一，鑪一，鐙二。

　　先儒案前，羊一，豕一，香案一，鑪一，鐙二。設案一於南北向，陳禮神制帛二，香盤二，尊三，虛爵六，俎筐冪勺具。西廡陳設同。設福胙於殿內東案尊爵之旁。加爵一。設洗於東階之東。

　　當階爲主祭官拜位，其後爲陪祭官拜位。文東武西。鷄初鳴，主祭官、分獻官均朝服豫集於廟門外。引贊二人引省齍官入廟，恭詣大成殿，周省齍盛及籩豆登鉶之實，次詣兩廡。省畢，告退。贊二人引主祭官自左側門入，又四人引兩序分獻官，又八人引兩廡分獻官，隨入至階東，盥手畢，詣拜位前立。又二人引陪祀官，咸詣拜位序立。贊樂舞生登歌。執事各共迺職。文舞六佾，進贊就位，引主祭官、分獻官就位立。贊迎神，舉迎神樂，奏《昭平》之章。樂作，贊就上香位，引主祭官升東階，入殿左門。贊詣先師香案前，贊跪，主祭官跪，俯伏。贊上香，司香跪奉香，主祭官三上香。畢，俯伏。興，以次詣四配位前跪，上香，儀同。贊復位，引主祭官退及殿左門，北面揖出降階，復位初。迎神時，贊分引東西序分獻官各一人升東西階，入殿左右門，詣十二哲位前跪，上香。退及門，北面揖出，降階復位。引兩廡分獻官東西各二人分詣先賢、先儒位前，跪，上香，揖出，復位，均如前儀。贊跪叩，興。主祭官、分獻官暨陪祀官行三跪九叩禮，興，樂止。贊奠帛爵，行初獻禮，奏《宣平》之章，舞羽籥之舞。樂作，贊引主祭官升階。贊詣先師位前，贊跪。主祭官跪，俯伏。司帛跪，奉筐。主祭官受筐，拱舉，以授司帛，興，奠於案。司爵跪奉爵。主祭官受爵拱舉，以授司爵。興，奠於墊中，退。主祭官俯伏，興。贊就讀祝位，引主祭官至殿中拜位立。贊跪，主祭官、分獻官暨陪祀官皆跪。贊讀祝，司祝跪讀，祝如儀。主祭官、分獻官暨陪祀官均行三叩禮，興。贊引主祭官以次詣四配位前跪，奠帛獻爵，儀同。退及殿左門，北面揖，出，降階復位。贊分引兩序分獻官升東西階入殿左右門，詣十二哲位前跪，俯伏，奠帛獻爵，俯伏，興。退及門，北面揖，出，降階復位，均如儀。引兩廡分獻官分詣先賢、先儒位前，奠帛獻爵，揖出，復位，儀同。

樂止,亞獻奏《秩平》之章。舞同初獻。樂作,贊引主祭官升階。贊詣先師暨四配位前,奠爵於左如初。兩序、兩廡隨分獻。畢,均復位,樂止。終獻,奏《叙平》之章。舞同亞獻。樂作,引主祭官升階,奠爵於右,如亞獻儀。兩序、兩廡隨分獻。畢,均復位,樂止。文德之舞。退,贊飲福受胙,詣受福胙位,引主祭官至殿中拜位立,奉福胙二人自東案奉福胙至先師位前拱舉,退立於主祭官之右。接福胙二人自西案進立於左。贊跪,主祭官跪。贊飲福酒。右一人跪遞福酒,主祭官受爵拱舉,以授於左,接以興。次受胙,如飲福之儀。贊叩,興。主祭官三叩,興。贊復位,引主祭官退及殿左門,北面揖,出,降階復位。贊跪叩,興。主祭官、分獻官暨陪祀官均行三跪九叩禮,興。贊徹饌,奏《懿平》之章。樂作,徹畢,樂止。贊送神,奏《德平》之章。樂作,贊跪叩,興。主祭官、分獻官暨陪祀官行三跪九叩禮,興。樂止,典儀贊奉祝帛饌送燎。有司各奉祝帛香饌恭送燎所如儀。主祭官避立拜位西旁,俟過復位,樂作。贊引主祭官詣燎所,視燎,畢,仍引由左側門出。樂止,陪祀各官皆退。

祝辭曰:"維某年月日,某官某致祭於至聖先師孔子:曰惟先師,德隆千聖,道冠百王。揭日月以常行,自生民所未有。屬文教昌明之會,正禮和樂節之時。辟雍鐘鼓,咸恪薦於馨香;泮水膠庠,益致嚴於籩豆。兹當仲春、秋,祇率彝章,肅展微忱,聿將祀典。以復聖顏子、宗聖曾子、述聖子思子、亞聖孟子配。尚饗!"

迎神樂,奏《昭平》之章。辭曰:"大哉孔子,先覺先知。與天地參,萬世之師。祥徵麟綏,韻答金絲。日月既揭,乾坤清夷。"

初獻樂,奏《宣平》之章。辭曰:"予懷明德,玉振金聲。生民未有,展也大成。俎豆千古,春秋上丁。清酒既載,其香始升。"舞羽籥之舞。

亞獻樂,奏《秩平》之章。辭曰:"式禮莫愆,升堂再獻。響協鼗鏞,誠乎罍甒。肅肅雍雍,譽髦斯彥。禮陶樂淑,相觀而善。"

三獻樂,奏《叙平》之章。辭曰:"自古在昔,先民有作。皮弁祭菜,於論思樂。惟天牖民,惟聖時若。彝倫攸叙,至今木鐸。"舞均如初。

徹饌樂,奏《懿平》之章。辭曰:"先師有言,祭則受福。四海黌宮,疇敢不肅。禮成告徹,毋疏毋瀆。樂所自生,中原有菽。"

送神樂,奏《德平》之章。辭曰:"髦縿峩峩,洙泗洋洋。景行行止,流澤無疆。聿昭祀事,祀事孔明。化我烝民,育我膠庠。"

崇聖祠同時致祭,正獻以教諭,兩廡以食餼學弟子員各一人分獻。陳設:正位前各羊一、豕一,東、西羊豕各一,兩廡如配位之數。行禮儀節同前。

祝辭曰:"惟某年月日,某官某致祭於肇聖王、裕聖王、詒聖王、昌聖王、啟聖王曰:惟王奕葉鍾祥,光開聖緒。盛德之後,積久彌昌。凡聲教所覃敷,率循源而溯本。宜肅明禋之典,用申守土之忱。茲屆仲春、秋,聿修祀事。配以先賢顏氏、先賢曾氏、先賢孔氏、先賢孟孫氏。尚饗!"

關帝廟

歲以春秋仲月諏吉及五月旬有三日致祭。前殿主祭,以地方官一人。後殿以丞史,執事,以禮生。祭日昧爽,廟祝潔埽殿宇內外,執事具祝版備器,陳神位前:牛一,羊一,豕一,登一,鉶二,簠、簋各二,籩豆各十,鑪一,鐙二。殿中設一案,少西北向,供祝版。東設一案,陳禮神制帛一,色白。香盤一,尊一,爵三。牲陳於俎,帛實於篚,尊實酒,勺冪具,設洗於東階上。以上陳設。承祭官拜位在階上正中。司祝、司香、司帛、司爵、典儀、掌燎,各以其職爲位。以上辨位。質明,主祭官朝服詣廟,贊二人引主祭官由廟左門入,至東階上,盥手;畢,引詣拜位前立。贊就位,引主祭官就位立。贊迎神,詣上香位,引主祭官入殿左門,就香案前立。贊上香,司香跪奉香,主祭官上炷香,三上瓣香,畢。贊復位,引主祭官復位立。贊跪叩,興。主祭官行三跪九叩禮,興。以上迎神。贊奠帛爵,行初獻禮。有司揭尊冪勺挹酒實爵,司帛奉篚，司爵奉爵，各進至神位前。司帛跪，奠篚於案，三叩，興。司爵立，獻爵於案正中，各退。以上初獻。司祝詣祝案前跪，三叩，興。奉祝版跪案左。贊跪，主祭官跪。贊讀祝，司祝讀祝如儀畢，以祝版跪，安於篚內，叩如初，興，退。贊叩，興。主祭官行三叩禮，興。以上讀祝。贊行亞獻禮。司爵獻爵於左。贊行終獻禮，司爵獻爵於右。均如初儀。贊徹饌，有司徹畢。贊送神。贊跪，興。主祭官行三跪九叩禮，興。贊奉祝帛，饌送燎。執事奉祝帛，饌以次送燎如儀。贊望燎，引主祭官詣燎位視燎。禮畢，主祭官及執事官皆退。

同日祭後殿，以丞史一人將事。每案陳羊一、豕一，行二跪六叩禮，儀節均與前殿同。

前殿祝辭曰："惟帝浩氣凌霄，丹心貫日。扶正統而彰信義，威震九州；完大節以篤忠貞，名高三國。神明如在，徧祠宇於寰區；靈應丕昭，薦馨香於歷代。屢徵異蹟，顯佑群生。恭值仲春、秋嘉辰，遵行祀典。筵陳籩豆，几奠牲醪。尚饗！"

後殿祝辭曰："維某年月日，某官某致祭於關帝之曾祖光昭公、祖裕昌公、父成忠公曰：惟公世澤貽麻，靈源積慶。德能昌後，篤生神武之英；善則歸親，宜享尊崇之報。列上公之封爵，錫命優隆；合三世之肇禋，典章明備。恭逢仲春、秋諏吉，祗事薦馨。尚饗！"

歲五月旬有三日，祝辭曰："惟神純心取義，亮節成仁。允文允武，乃聖乃神。功高當世，德被生民。兩儀正氣，歷代明禋。英靈丕著，封號聿新。敬修歲事，顯佑干春。尚饗！"

後殿祝辭曰："禮隆報祀，誼重推恩。當崧生嶽降之期，溯木本水源之始。輝煌棟宇，憑依已妥於上公；修潔豆籩，將饗告虔於仲夏。惟神照鑒，尚其歆格。"

文昌廟，歲以二月初三日及仲秋月諏吉致祭。前殿奉文昌帝君神位，後殿奉文昌帝君先代神位。致祭，前殿與祭關帝儀同，後殿與祭關帝後殿儀同。欽遵《欽定禮部則例》修。

名宦祠,在文廟門東。創建無考。康熙二十八年,教諭趙凝錫修葺。道光乙未,知縣廖重機重修。祀梁縣令何焵,唐縣令周公、王公、顧德藩,宋縣尉孫伯虎,明知縣魏處直、劉珂、王秩、張鳴鳳、毛衢、金洲、張淳,縣丞王紹欽,教諭劉楫,國朝范忠貞,總督李之芳、王騭,提督塞白理,監督馬如龍,知縣吳元襄、沈藻、張吉安。

鄉賢祠,在文廟門西。宋寶祐四年,知縣方夢玉創建。以後各賢裔修葺。宋寶祐間,祀樓炤、林大中、陳亮。明成化間,增祀胡則、徐無黨。正德間,增祀應孟明、呂皓、吳思齊。嘉靖間,增祀徐木、應純之、胡長孺、李滄、謝忱、徐讚。萬曆間,增祀應典、程文德、應廷育、程梓、程正誼、周勳、朱方。崇禎間,增祀呂文燨、徐可期、徐學顔、周鳳岐。我朝康熙間,增祀王世德、朱仲智、曹成模。雍正間,增祀樓澤、應曇、應杰、應奎、盧可久、徐士儀。嘉慶間,增祀應枌、應勳。

右二祠,每歲春秋釋奠。禮畢,教諭一人公服詣祠致祭。祭用少牢,行一跪三叩禮。

忠義祠,在儒學儀門外西向。雍正甲辰,詔天下郡縣建忠孝祠。於學宮立碑一座,書忠臣孝子之名於其上,此祠所由建也。春秋致祭,與名宦、鄉賢祠同。祀胡則、陳亮、章服、章徠、呂皓、呂源、章墾、章埍、應純之、徐德廉、胡嘉祐、呂文燨、謝忱、徐寶、胡瑛、徐沂、徐讚、王崇、徐師張、倪大海、應綱、王孟俊、金盛宗、李叔安、陳積安、陳公署、徐伯良、施茂盛、施孟達、徐德美、徐懋簡、徐士洪、徐學顔、周鳳岐、黃一鵰、王丙簡。

節孝祠,在中街皇華坊。春秋致祭,與忠孝祠同。

故鄉祠,在水攻山上。祀梁縣令何公焵,唐縣令周公、王公。志舊逸其名。俗呼曰三長官祠。歲久傾圮。主遷祔於學宮之名宦祠。

張公祠,在三里亭。明嘉靖間,士民建。祀知縣希古張公諱淳,且置產爲春秋祭祀、歲時修葺之資。道光十七年,知縣陳希俊重修。

附祠産：

一、買徐光遠田五十把，土名三里亭長塘邊。

一、買陳光升田六百蕹，土坐十一都郎下莊。

以上共田拾壹畝壹分。節年給僧人，到田收租，以爲看守祠宇香火工食之需。

一、續買章爾登民田壹百拾把，土坐五都章店。每年額租貳百觔，照時價繳錢。

一、續買顔克昌民田肆百蕹，土坐十二都橋亭下等處。每年額租陸百觔，照時價繳錢。

以上租穀爲春秋祭祀頒胙并完糧米外，餘作修理祠宇之需。

新張公祠，在縣治北赤烏塘脊。道光十五年，士民建。祀知縣蔣塘張公諱吉安。周榮封助田伍百肆拾把，計拾陸坵，土坐長安鄉六都，共捌畝肆分貳釐柒毫肆絲叁忽。塘伍分伍釐。爲春秋祭祀之資。

方巖赫靈廟，祀宋胡侍郎佑順侯。黃晉卿《胡侍郎廟碑陰記》：郡志言，公嘗奏免衢、婺身丁錢，民被其賜，爲之立廟。傳與墓志皆無登載，姑俟博雅君子而考質焉。

按：公四世從孫廷直《方巖廟記》云：始公被天子知，遇奏免衢、婺民身丁錢，至今皆受其賜。自公之薨，謀報無從，即絃誦之所，廟而食之。據此，則郡志所云奏免衢、婺民身丁錢者固有所本矣。夫廷直以公之從孫，去公不遠，不至自誣其祖。至傳與墓志不登載者，傳與志言公之惠在天下，故略之。廟記言公之惠在鄉國，故詳之。立言各有體也。

壽山鄉賢祠，祀宋胡侍郎佑順侯。康熙二十二年，其族孫惟聖等重建。

北鎮殿，在縣治北。祀宋侍郎佑順侯。

壽山麗澤祠，明尚寶丞應典建。祀宋朱晦翁、呂東萊、陳龍川三先生。

呂烈女祠，在山川壇側。明萬曆四十年，知縣陸懷贊奉文爲李汀妻呂氏建。歲久傾圮。國朝康熙六年,生員呂一美重建。

　　厲壇,歲三月寒食節、七月望日、十月朔日,祭厲壇於城北郊。前期,守土官飭所司詣神祇壇以祭厲,告本境城隍之神。至日,所司陳羊豕酒米楮帛於祭所。禮生奉請城隍神位入壇,設於正中。守土官公服,行一跪三叩禮。執事者焚楮帛。守土官詣燎爐前祭酒三爵。禮生仍奉城隍神位還神祇壇。

永康縣志卷之五

職官志 <small>治官　教官</small>

志乘例志職官，其體臚列世代姓氏，書其籍貫、出身，不過一題名碑耳。然桐鄉之遺愛、蘇湖之餘韻，聞其名者且悚然起敬，況身沐其治教者乎！職是者，使民之聞其名亦如桐鄉、蘇湖焉，則所謂所居無赫赫名、去後嘗見思者，閱是編而益動遐思矣！其有聲績者，別爲列傳。志職官。

治官姓氏

吳，按建縣始於吳，設官亦當自吳始，然世遠無稽矣。晉縣大者置令，小者置長，有主簿、錄事等員。見《晉書·職官志》。宋亦置令、長，令千石至六百石，長五百石。見《宋書·百官志》。齊縣置令，爲國者爲内史相。見《齊書·百官志》。梁多同宋、齊，大縣爲令，小縣爲長，皆置丞、尉。陳承梁，皆循其官制。隋縣置令、丞、尉。見《隋書·百官志》。此六朝官制之大略也。應志其嘗職是者不可得，而詳舊志所録，蓋因其錯見他書，哀而掇之，亦存什一於千百云爾。

晉置令、主簿、錄事等員。

令

張彥卿　舊志載武義人，見附録。

宋置令一人。職是者無考。

齊置令一人。

令

蕭　清　宗室。

庾仲容　字子仲。鄢陵人。

梁置令、丞、尉各一人。

令

何　炯　見列傳。

陳置令、丞、尉各一人。職是者無考。

隋置令、丞、尉各一人。職是者無考。

唐置令、丞、尉各一人。《唐書·百官志》：“縣令掌導風化，察寃滯，聽獄訟。凡民田收授，縣令給之。籍帳、傳驛、倉庫、盜賊、隄道，雖有專官，皆通知。縣丞爲之貳。縣尉分判衆曹，收率課調。”應志：其嘗令是而可考者，得七人焉，其二人且忘其名矣。雖然，名亡而蹟存，猶爲弗亡也。下此而丞、尉，則併亡之矣！

唐縣令

顧德藩　見列傳。

李士先　東陽人。

竇知節　洛陽人。

張師老

顧思謙

周　某　見列傳。

王　某　見列傳。

五代無考。

宋設知縣一人，丞、簿、尉各一人。《宋史·職官志》：知縣，掌總治民政，勸課農桑，平決獄訟，有德澤禁令，則宣布於治境。凡户口、賦役、錢穀、賑濟、給納之事皆掌之。"有成兵則兼兵馬都監或監押。丞，修水土之政，行市易之法，興山澤之利。簿，掌出納官物、銷注簿書。"尉，"掌閱習弓兵，戢姦禁暴。"應志：舊志所録知縣七十九人，亡其名者二人；丞六人；簿二人；尉五人。由知縣嘗立石題名，而丞、簿、尉未之與也。然孫尉之名，今猶耿耿焉，又豈以石之有無爲加損哉！

宋知縣

姚　遂　天聖間任。

何嗣衡

田　載　武義人。

耿　璜

雍元之

陳德琰

王有象　東陽人。

閔餘慶

張成新

賀溫其　建德人。

王　崟

顏　復　曲阜人。

姚　勔　嵊縣人。

許　源

張　祖

孟　繹

張　常

胡志寧

吕　袞

劉進卿

俞　最

杜　植

元　發

王　腴

王　澤

徐嘉言　字味道。

張　著

周虎臣　政和間任。

李　愚

李處靖

李好古　本縣人。

王　從

王良孺　建炎間任。

姚　渙

張　沆

趙公珣

强友諒　毘陵人。見列傳。

陳　鼎

黃　謨

王日接

趙日杲

穆　平

宋　綬　青土人。

張　介　並紹興間任。

胡　方　隆興間任。

謝　做

劉　嶷

沈正路

陳許國　　並乾道間任。

徐　峴

王　渝

趙伯彬　　字德全。

林秀穎　　見列傳。

范質直

張　咸

翁孟麒　　並淳熙間任。

余　槕

王　恬

韓莘叟

任仲志

柴國光

陳昌年　　見列傳。嘉泰間任。

周駿升

趙文彬

徐榮叟　　浦城人。

陳夢弼

陳　勻

尹　煥

史華之　　明州人。

安溫恭

方夢玉　　溫州人。寶祐間任。

周　于　　處州人。

周　晟　　溫州人。景定間任。

魏　某

徐　某

趙良健　徽州人。

呂躍龍

陳文印　山陰人。並咸淳間任。

戚繼祖　宣城人。

宋縣丞

徐　壽　宣和間任。

洪清臣　長樂人。紹興間任。

杜　冰　乾道間任。

陳　駿　紹熙間任。

劉仲光　永嘉人。

吳　垍　仙居人。

宋主簿

姚　松　乾道間任。

胡坦元　本縣人。

宋　尉

張　文

孫伯虎　見列傳。

謝景安　字達可。長溪人。

吳　竿　字允成。升東陽知縣。

徐　滌

元置達魯花赤、縣尹及簿、尉各一員，典史二員。《元史·百官志》：至元二十年定爲上、中、下縣。上縣，達魯花赤一員，尹一員，丞、簿、尉各一員，典史二員。中縣，不置丞，餘悉如上縣之制。尉主捕盜事。應志：達魯花赤，凡縣事皆掌，其銜謂之監縣，復兼勸農事。縣尹號爲司判正官，職同達魯花赤，掌縣事，亦兼勸農，印則達魯花赤收之，尹封署其上。《續文獻通考》：達魯花赤，掌印信，以總一府一縣之治。判署則用正官，在府則總管，在縣則縣尹。達魯花，猶漢言荷也。赤，壓口棕子也，亦猶古言總轄之比。簿、尉，凡縣事皆同簽署。典史係行省差，蓋郡吏之長也，其職專主公牘。舊志所志達魯花赤二十一人；縣尹三十人；主簿一十六人，亡其名者一人；尉一十八人。典史非朝除，故弗錄云。

元達魯花赤

毆　興

傅　興

劉忽里罕　按：達魯花赤二十一人，縣舊志有兩沙不丁，而無劉忽里罕。兹本府志更正。

孟伯牙歹

別捨別　並至元間任。

阿合馬　大德間任。

朵魯不歹　至大間任。

禿干帖木兒　皇慶間任。

伯　顔

沙　班　並延祐間任。

不　朵

答木丁

張明安答兒

伯也歹

馬合謀

沙不丁

乞答歹

伯顔帖木兒

孛　朵　並至治間任。

野仕宏

也速達兒

元縣尹

徐德廉　見列傳。

呂　鑰

李　敬

王　恩

王　仁

張　澄

高光祖

孫梓材

竇文禮　並至元間任。

苗廷瑞

王　炎

吳從龍

李　榮

房　浩　並大德間任。

黏合完者都　皇慶間任。

范　儀　延祐間任。

鄭　炳　柘坑人。

李德元

劉　隆

時治安

胡正己

俞希魯　字用中。京口人。能文，有惠政。

丁從正　字彥端。至正間任。

周　濬　字深伯。栝蒼人。

馬　誠

劉完者都

霍正卿

趙師貞

王廷玉　字子固。

劉　逢

按：應志、徐志、沈志皆稱縣尹三十人。今查沈志、徐志，多士宏、王元輔、申佑，爲三十三人。府志多士宏、王元輔、申佑，而無黏合完者都，爲三十二人。又沈志載申佑，嘉泰間任。嘉泰，係宋寧宗年號，恐有錯誤。今仍應志。

元主簿

田　仔

赤　瑧　字榮祖。

胡崖孫

馬合謀　按：達魯花赤有馬合謀，主簿亦有馬合謀。恐誤。

王秀實　並至元間任。

彭　聚　元貞間任。

慈　鼎

孛　維　並大德間任。

張　某

馬德秀　並至大間任。

　　王惟一

　　樊世顯

　　王立義

　　丁景恭　　並延祐間任。

　　陳　淵

　　潑　剌　　並至正間任。

元縣尉

　　胡愈謙

　　趙　佐

　　楊　泰

　　徐　立　　並至元間任。

　　田　進

　　周　均

　　周伯清

　　趙賢良　　並大德間任。

　　程良能

　　成　賢　　並至大間任。

　　元也先　　延祐間任。

　　陳　顏　　本縣人。照府志增入。沈志："顏"作"預"，別入典史。

按：既云典史，非朝除不錄，不得另設一門。又舊志：尉十八人，今止
十二人，又亡其六矣。

　　明，設知縣一人，縣丞、主簿、典史各一人，皆朝除。《明史·職官
志》：知縣掌一縣之政，凡賦役，歲會實徵，視天時休咎、地利豐耗、人
力貧富，調劑而均節之。養老、祀神、貢士、讀法、表善良、恤窮乏、稽
保甲、嚴緝捕、聽訟獄，皆躬親厥職而勤恤焉。丞、簿分掌糧馬、巡捕

之事。典史典文移出納。應志：典史秩與元同，未入流，既由朝除，則亦在所録矣。

明知縣

呂文燧　本縣人。見辟薦。

呂兼明　文燧弟。奉公守職，民信服之。

吳　貫　吉水人。

宋　垒　字耕夫。長於詩，有惠政。

魏處直　見列傳。

宋　顒　清介有爲。

李　均

紀　齊

傅元信

張　貞

官德名

彭子安

洪孟剛

吳　圯　監生。

梁天祐　廣州人。監生。胡志、府志作天佐。

徐　叟

劉　瑜　南昌人。進士。有惠政。並洪武間任。

張　聰　閩縣人。進士。平易近民，建仁政橋，時稱賢令。

魏　廉　江浦人。監生。

韓　貞　河南人。進士。

翁　哲　海豐人。監生。

李　選　河南人。監生。

劉　吉　真定人。監生。

李　敬　江西人。監生。

計　澄　浮梁人。進士。有惠政。

閻　充　河南人。監生。以廉謹稱。

文　生　建安人。監生。

葉應誠　大寧人。監生。廉慎得民。

陳　昱　無錫人。監生。

何宗海　吳江人。吏員。

孫　禮　宿遷人。監生。

楊　軾　湖廣人。監生。成化初年任。

劉　珂　見列傳。

高　誼　字時中。裕州人。舉人。

高　鑑　字克明。山陽人。舉人。有治才。

李　參　江陰人。進士。博學能詩。

袁　珍　暘谷人。舉人。並成化間任。

王　秩　見列傳。

張鳴鳳　見列傳。並弘治間任。

上官崇　字達卿。吉水人。進士。

申　綸　字廷言。永平人。進士。

黎　鐸　字文明。陽朔人。舉人。蒞官清慎。

吳宣濟　字汝霖。廬陵人。舉人。

胡　楷　望江人。舉人。善聽訟。並正德間任。

李伯潤　字文澤。山海衞人。舉人。

毛　衢　見列傳。

金　洲　見列傳。

邵　新　堂邑人。

洪　垣　見列傳。

甘翔鵬　豐城人。

陳　交　見列傳。

龔挺霄　清江人。

梁　睿　廣東人。

杜　廉　長沙人。有治才。

史朝富　晉江人。

陳夢雷　長樂人。並嘉靖間任。

萬士禎　宜興人。

張　淳　見列傳。

楊　德　武進人。進士。涖官清謹，士民愛戴。並隆慶間任。

黃道年　合肥人。進士。以嚴明爲政。甫三月，諸務鼇舉。尋以憂去。

朱信亮　南昌人。舉人。

吳安國　見列傳。

涂文煥　南昌人。進士。

王希夔　福建人。進士。

周崇惠　麻城人。進士。

伍可願　南直人。貢士。

戴啟鳳　姑蘇人。

熊思孝

方鶴齡　上元人。舉人。

陸懷贄　見列傳。

李愈楠　舉人。

陳治道　廣西人。舉人。

趙立賢　舉人。

陳秉厚　麻城人。

魯應泰　見列傳。並萬曆間任。

池祥麟　舉人。

谷中秀　見列傳。並天啟間任。

馮思京　南京人。舉人。

謝啟翰　廣西人。舉人。

蔣嘉禎　桂林人。舉人。

吳道善　孝感人。舉人。

朱　露　弋陽人。宗室貢士。

文王臣　全州人。舉人。

單世德　巢縣人。進士。

朱名世　海門人。舉人。弟名卿，生員，接任。民感其德，立祠祀之。並崇禎間任。

明縣丞

趙存誠　本縣人。

黃紹欽　見列傳。

周召南　南昌人。人才。

鐵　定　丹徒人。並洪武間任。

歐陽齊　臨川人。

徐　勉　河南人。

譚　敏　大庾人。舉人。

朱　俊　廣東人。吏員。

鄧永恭　江西人。府志：鄧誤鄭。

余士溫　撫州人。人才。府志：余誤金。

姜得豪　玉山人。監生。並永樂間任。

栗　恕　潞州人。監生。

何　淵　胡廣人。監生。並宣德間任。

成　秩　無錫人。監生。

孫　某　並正統間任。

陳　宣　鳳陽人。景泰間任。

劉　肇　字季本。甌寧人。

張　貴　深澤人。監生。

田　寬　海康人。監生。

盧　洪　高安人。監生。並成化間任。

于　青　虹縣人。監生。

王　祐　高苑人。監生。

程　溫　上饒人。監生。

陳　聰　泰州人。監生。並弘治間任。

林　吉　廣東人。監生。

黃　臻　豐城人。吏員。

李景軒　侯官人。吏員。有治才。並正德間任。

楊　戴　湖廣人。

王　聰　浮梁人。

張志義

李　興

張應乾　華亭人。

謝守榮　連城人。

梁　滔　德慶州人。愛民有守。

周　元　宜城人。

陸　鑾　吳縣人。

吳仕萼　安定人。歲貢。並嘉靖間任。

徐　錫

李　楫

邱　嵒

夏廷爵　並隆慶間任。

蘇　綱

俞宏澤　上元人。例貢。

汪　衣　廬江人。監生。

許　相

方　岱

火　銑

吳世忠

郭九式

劉體元　舉人。

呂懋徵

李祖康

鄧　汶

蘄奎光　並萬曆間任。

蔡明惕　天啟間任。

梁思尹　廣西人。

陳　愫　湖廣人。

尹良琦　湖廣人。

李　清　江西人。

周　美

方士衡　歙縣人。

潘震亨　南直人。並崇禎間任。

明主簿

陳　忠　淮安人。人才。

何啟明　饒州人。人才。

陳永寧　湖廣人。監生。

陳　斌　廣平人。

賈　正　汶上人。吏員。並洪武間任。

金叔夜　見列傳。

陳　璧　南昌人。吏員。

周顯章　貴溪人。吏員。

王　禮　吳江人。並永樂間任。

丁復道　九江人。宣德間任。

薛　瑤　北直隸人。

荆　熙　並正統間任。

劉　瑾　魚臺人。府志誤入縣丞。

邱　源　孝感人。吏員。並景泰間任。

李　傑　樂亭人。監生。

莊　端　潮陽人。吏員。並成化間任。

施　璲　福州人。吏員。

王　忠　清江人。監生。

趙恩濟　巴縣人。吏員。

李　增　曹縣人。監生。並弘治間任。

黃雅明　清江人。吏員。

曹　健　陽江人。監生。

徐　洪　貴溪人。監生。並正德間任。

盧　忭　廣西人。性朴實，不苟取。

易　智　南漳人。監生。

方孟鳳　安慶人。

張文中　遼東人。性廉直。卒於官。

白思問　南宮人。

章　宸

李陽培

秦　琚　桂林人。

丁　倌　《府志》作信。並嘉靖間任。

蔡　魁

胡　淶　並隆慶間任。

周文瑞　玉山人。

劉　烱　金溪人。

張　浙　徐州人。約己愛民。

楊　轍　上海人。監生。

徐武恩

蕭應棟

陶守忠

文學麟

張克諫

戴世用

王親賢

李存耕

李宏毅

劉正卯

黃用中　並萬曆間任。

張應秋　將樂人。

劉文成

顧豫禎

丁士昌　並天啟間任。此後缺裁。

明典史

郭　興

傅　維　南安人。

蘇　祥　南陽人。生員。

方友賢　漳州人。

章正源　晉江人。進士。並洪武間任。

房　蘭　博羅人。

汪仲仁　山東人。

劉　澄　山東人。

劉　清

王　暹　潁上人。

顧　忠　崑山人。並永樂間任。

向　鑑　揚州人。宣德間任。

羅　信　清流人。

江　浩　湖廣人。並正統間任。

田　制　涿州人。景泰間任。

紀　能　蓬萊人。吏員。以廉稱。

曹　恭　都昌人。吏員。並成化間任。

洪　浩　貴池人。

陳　珪　華亭人。並弘治間任。

艾　虎　安仁人。吏員。

王　訓　鉛山人。吏員。

張　霽　宿州人。吏員。

華　祥　懷寧人。吏員。並正德間任。

胡　標　江西人。

鄧　儀　柳州人。

陳　寶　莆田人。

唐　福　淮陽人。

陳　疇　莆田人。

吳　徵　進賢人。

趙仲英

林大全　莆田人。

桂　漸

陳　禄　合肥人。並嘉靖間任。

劉　薙

徐廷久

李　祁

楊繼文　福州中衞右所人。吏員。

沈　　名缺。

陳萬憲　巴陵人。

吳廷佩

曹邦器

熊　爌

劉承祖

姚應堯

彭一椿

王慶祖

程懋忠

馮興國

周世勳

程宗哲

翁民章

劉可宗　並萬曆間任。

陳紹員

陳　德　並天啟間任。

張明弼

單恩勸

孟　信　沅陵人。

黃德章　吉水人。

吳明淑

程逢旦　江夏人。吏員。

林欲柱　晉江人。

譚學竣　南京人。並崇禎間任。

國朝置正官知縣一人,佐貳官縣丞一人,首領官典史一人,皆朝除。知縣總治縣事,秩正七品。丞秩正八品。典史未入流。

知　縣

劉嘉禎　見列傳。

張祚先　桐城人。進士。

吳元襄　見列傳。

李　灝　直隸元氏人。進士。並順治間任。

徐同倫　華亭人。進士。重修縣志。

謝雲從　見列傳。建來學書院。

沈　藻　見列傳。

陳　瀛

趙　恒

佟學翰　監生。

姬肇燕　見列傳。建鶴亭書院。

彭　銘

張祖謨　陝西人。舉人。

張　昉　直隸人。進士。並康熙間任。

韓中煌　北直人。舉人。

張啟禹　湖廣人。舉人。

陳　桂　江南人。舉人。

彭子將　河南人。貢生。

鄔　銓　江南人。監生。平權衡，示民無欺。

劉起禧　陝西人。監生。並雍正間任。

何樹萼　江南人。進士。

張朱梅　松江人。孝廉方正。三任永康。

黃　宏　龍川人。進士。建從公書院。

楊　瑛　見列傳。

左維憲

王乃昀　見列傳。

陳令儀

方瓚澤　衡山人。舉人。建松桃書院。

任進颺　長壽人。舉人。

李見心　臨川人。舉人。

邢　澍　見列傳。並乾隆間任。

游朝佐　見列傳。

秦　湘　金匱人。舉人。

張吉安　見列傳。

王斯颺　衡陽人。進士。

崔之煒　安徽人。舉人。

易鳳庭　見列傳。

李崇盛　四川人。舉人。

劉垂緒　山西人。進士。並嘉慶間任。

李玉中　浦城人。舉人。嘉慶十八年署。

陸　模　鎮洋人。舉人。道光九年署。

裘榮甲　新建人。舉人。道光十年任。

黃揚鑣　金匱人。進士。道光十二年任。

李汝霖　山東人。進士。道光十三年署。

廖重機　桂林人。進士。道光十四年任。

陳希俊　湖北人。舉人。道光十六年署。

彭元海　湖北人。進士。現任。

縣　丞

郭有墅　固原州人。貢生。

閔應魁　黃州人。吏員。

陳中蘊　陝西人。歲貢。

金　巽　宛平人。貢生。並順治間任。

賈　溥　蒲州人。貢生。

沈　晟　遼東人。監生。

陳　銑　大興人。監生。

任世泰　並康熙間任。

馬世騏　雍正間任。

黃　禧

郝　宴　榆次人。貢生。

曾夢熊　宛平人。監生。

潘世綸　吳縣人。蔭生。並乾隆間任。

陳　嶹　雲南人。舉人。

何維新　江夏人。吏員。

沈　泰　太倉州人。監生。

姜　鎔　常州人。監生。並嘉慶間任。

許元仲　江蘇人。監生。

張　凱　餘干人。貢生。道光六年任。

典　史

宗支蕙

胡其英　蘇州人。

竇公弼　渭南人。

林邦棟　泉州人。並順治間任。

李元賓　陝西人。

陸承龍　吳江人。吏員。

張　奇　涿州人。

劉　德

楊廷立　易州人。吏員。並康熙間任。

李祖鉅　雍正間任。

沈必達

張我弓　朝邑人。監生。工畫。

袁　基　南昌人。典史。並乾隆間任。

伍　鑑　大興人。監生。

楊嗣曾　丹陽人。典史。

陳成寶　餘干人。監生。

程大矩　桐城人。吏員。並嘉慶間任。

盛振元　江蘇人。典史。道光四年任。

江治國　大興人。監生。道光十年任。

陳　枚　太倉州人。監生。現任。

教官姓氏

隋以上，世遠不可得而詳矣。《唐書·百官志》：凡縣皆有經學博士、助教各一人。《宋史·職官志》：慶曆四年，詔諸路州、軍、監各令立學，許更置縣學。自是州郡無不有學，始置教授，以經術行誼訓導諸生，而縣學未始置官也。應志：景定三年，始置主學一人。咸淳元年，漕司行下，選請學正、學錄、直學各一人，學諭四人，長諭八人。然其嘗職是者，皆無得而稽焉。元設教諭一人，選請訓導二人，謂之選請，則非朝除也。明置教諭一人、訓導一人。《明史·職官志》：教諭，

掌教誨所屬生員，訓導佐之，月課士子之藝業而獎勵焉。國朝置教諭
一人、訓導一人。康熙四年裁教諭，十五年復設。

元教諭

陳僧佑　本縣人。

陳幾先　本縣人。

薛居仁　本縣人。並至元間任。

李庚孫

周菊存

李繼孫　本縣人。並至正間任。

元訓導

陳　璪　本縣人。

胡仲勉　本縣人。淹貫經籍，學者尊之。所著有《石屏集》。

黃元善　並至正間任。

明教諭

孔仕安　本縣人。

唐以仁　金華人。

胡均澤　石首人。舉人。並洪武間任。

齊　瑄　見列傳。

梅仲昭　建昌人。舉人。

鄭　瑛　閩縣人。儒士。

鄭　源　進士。

馬　某　應天人。舉人。並永樂間任。

宋　芹　崑山人。舉人。

趙孔蔓　吉水人。儒士。並宣德間任。

吳　清　吳縣人。監生。

顏　昱　蘇州人。舉人。並正統間任。

陳　奎　九江人。舉人。

劉　敏　泰和人。舉人。並天順間任。

盧　皥　東莞人。舉人。

劉　冠　永豐人。舉人。並成化間任。

李　璡　南昌人。舉人。

馮　琨　崑山人。舉人。

成天章　無錫人。監生。並弘治間任。

藍　貴　荔浦人。舉人。

鄭元吉　懷安人。舉人。

劉　楫　見列傳。

李　聰　南城人。監生。

李　綽　番禺人。舉人。

王　冕　邵武人。監生。

劉　燁　懷安人。舉人。

徐　鑑　見列傳。

左懋勳　桂林人。舉人。

何應圖　河南人。

張　潮　見列傳。

胡　榮　光山人。並嘉靖間任。

盛于唐　華亭人。隆慶間任。

陳虞引　番禺人。

胡以準　豐城人。舉人。興修縣志。

章志良　新昌人。

吳炳正　仙居人。

黎天祚　舉人。

李承寀　鄞縣人。貢生。

秦尚質　慈谿人。貢生。

翁恒吉　見列傳。

曹志忠

周紹芳　大興人。舉人。

楊時芳　平和人。

包世杰　舉人。秀水人。正性慈腸，勤於課士，修學宫，造祭器，建鳳凰塔，建文昌樓，疊西津石垛，刻仙葉軒會課。並萬曆間任。

彭夢期　黄巖人。

王應椿　廣西人。舉人。

陳調元　見列傳。

束　玉

金元聲　太平人。貢生。

金許增　仁和人。舉人。

劉洪鑛　海鹽人。

鄭玉和　會稽人。

李之杜　關中人。貢生。有文行，明義理，識時勢，具濟變才，通邑咸賴之。並崇禎間任。

明訓導

吕文熒　本縣人。見辟薦。

胡　復　本縣人。儒士。

姚彦仁　本縣人。儒士。並洪武間任。

吕文熠　本縣人。

楊應甫　長泰人。舉人。

姜　誠　丹徒人。舉人。

金　法　休寧人。監生。

楊　瑾　應天人。監生。並永樂間任。

吳　繪　吳縣人。舉人。宣德間任。

鄭　珊　莆田人。舉人。

宋　賢

鄧　建　閩縣人。舉人。並正統間任。

蕭　彪　廬陵人。儒士。

楊　清　延平人。儒士。

鄧　佐　新會人。舉人。並天順間任。

歐陽汶　分宜人。儒士。嘗修縣志。

田　麟　建安人。監生。

蒲　雄　晉江人。監生。

林　申　莆田人。監生。

羅　徽　福清人。監生。並成化間任。

張　璽　滁州人。監生。

蔣　源　壽昌人。監生。

蘇　璉　滁州人。監生。

張廷槐　莆田人。舉人。

林　岫　監生。並弘治間任。

盧　潭　南平人。監生。

張　麒　新淦人。監生。

艾　瓊　郴州人。監生。

劉　珊　丹徒人。監生。並正德間任。

張　銳　甌寧人。監生。

施大經　長洲人。監生。

陳　富　龍溪人。監生。

陳大朔　海陽人。監生。講學實踐，作人不倦。

李　鼎　桂陽人。監生。

黄　旦　番禺人。監生。

吴　鏘　南陵人。監生。

杜廷瑞　五臺人。

熊東周　長樂人。

鄭　璠　潮陽人。

黄日煦　晉江人。

張　慈　上海人。

趙鴻儒　儀封人。

張　棟　萬載人。

丁鶴齡　新建人。

羅　岳　奉新人。並嘉靖間任。

林守經　萊州人。

梅調鼎　寧國人。並隆慶間任。

吴大楊　莆田人。

沈曾唯　崑山人。

徐朝陽　建德人。

夏景星　高淳人。

葉良剛　雲和人。

錢學禮　並萬曆間任。

毛一蘭　泰順人。

楊安忠　廣德人。

方慶之　開化人。

蕭樂韶　新建人。

鄭王政　嵊縣人。貢生。

譚大有　陽江人。貢生。

揭　炫　開化人。貢生。

周　蓮　萬安人。貢生。

俞　察　建德人。貢生。

應大宸　西安人。貢生。

朱文炫　海寧人。

任思敬　貢生。

周　官　新城人。貢生。

胡尚卿　永嘉人。

王嘉政　江山人。貢生。

鄭思恭　平陽人。貢生。

淦汝璧　江西人。貢生。

雷一震　襄陽人。貢生。

王之寶　漢陽人。貢生。

蔣如鼎　宜興人。貢生。

趙　祥

葉文華

王御極　雲南人。

周從政　龍泉人。

趙崇訓　貴州人。貢生。

姜志宏　昌化人。貢生。

江有章　樂清人。貢生。

洪公述

崔養勳　海門人。並崇禎間任。

國朝教諭

沈珙瑞　仁和人。貢生。

江臯佩　仁和人。貢生。

邵　琳　餘姚人。舉人。培植士類，品行粹然。並順治間任。

盛元粹　嘉興人。貢生。

董　杲　石門人。舉人。
趙凝錫　諸暨人。貢生。創修學志。
余　瀍　山陰人。舉人。
徐　瀾　並康熙間任。
胡樹薇
任爲煒
劉　顒　章安人。並雍正間任。
姚希範
王永祥
方卓然　淳安人。拔貢。能詩，尤工書法。
俞永思　會稽人。副榜。工詩，勤課士。
梁　璉　海寧州人。拔貢。並乾隆間任。
王登堦　上虞人。舉人。嘉慶間任。
黄運亨　海鹽人。副榜。道光元年任。
沈　庚　見列傳。
王爲霖　仁和人。副榜。道光七年任。
魏青巖　慈溪人。舉人。道光八年任。
鍾鳴鸞　長興人。拔貢。現任。

國朝訓導

勞圖麟　石門人。貢生。
邊國泰　麗水人。貢生。
張文星　新城人。貢生。
徐光凝　常山人。貢生。
傅列軫　山陰人。貢生。並順治間任。
張　翼　上虞人。貢生。
虞輔堯　秀水人。

周　鉞　　嵊縣人。貢生。

陳宏煥　　新昌人。貢士。

余敬明　　龍游人。貢士。

張文耀　　並康熙間任。

成世烜

張穎荀　　並雍正間任。

詹肇熺

章价人

許玉衡　　嘉興人。舉人。

吳守信　　蕭山人。舉人。並乾隆間任。

潘　蕙　　山陰人。舉人。

吳廷鑾　　嘉興人。歲貢。

周嘉棣　　定海人。舉人。並嘉慶間任。

陸　坊　　平湖人。舉人。道光六年任。

治官列傳

梁

何焗,字士光。廬江灊人。爲縣令,臨民寬厚,處事有條,當時以和理稱。民不能忘,立祠於霞裏山祀之,曰故鄉祠。

唐

顧德藩,大中間爲縣令,雅志愛民,嘗作三堰,以防旱潦,高堰其一也。

周公、王公,舊逸其名。鄉民懷之,附祀於霞裏山故鄉祠,呼爲三長官祠,謂併何焗爲三也。祠前有潭,亦呼爲三長官潭。

宋

強友諒,毗陵人。紹興間知縣事。承兵燹後,建縣治,修學宫,葺庫廩,新館舍。工役並作,而民不知勞。甫及期年,庭無留訟,獄無繫囚,縣人宜之。

林秀穎,淳熙間差知縣事。強敏有幹略,邑人咸以爲三十年所未有。

陳昌年,嘉泰元年來任知縣,政績無考。應志止傳其修葺縣治一事。然自吳赤烏八年置縣以後,歷晉及宋,中更八朝,其間因革廢興,皆無徵焉。自公創爲邑志,而後乃班班可考,則公之有造於邑多矣。

孫伯虎,乾道間爲縣尉。臨機明敏,蒞政公方,化頑猾而有條,處煩劇而不亂。民有訟者,皆請於州,願決諸尉。及攝邑篆,民相戒毋以曲事至庭。陳亮嘗薦之於參知政事周葵焉。

元

徐德廉,字清夫,安善人。謀略過人。同伯顏渡江。至元十二年,賊殺永康達魯花赤歐興。百戶邵興軍士敗北。德廉收兵,從唆都宣撫討之,以興等兵先設犄角,繼以己所起義兵,直攻之,賊無遺類。聞於朝,賜"報國忠心"四字,授永康縣尹。未幾,總管高孟德征武義寇葉萬戶等,德廉率兵數千,與高兵夾攻。寇聞風降附,德廉悉宥之。縉雲賊章炎、洪平一等搆本邑黃隆一等賊據靈山之八盤嶺,聲勢相援。德廉募壯士,會招討李從善率兵東西夾攻,擒平一等於龜溪。尋會攻方巖,乘勝進兵青山,夜破靈山營寨,獲渠魁陳巽四等,本邑肅清。時縣治新創,黎民無幾,乃招撫千百餘戶,處以室廬,且興學校,以養賢材,教樹畜以裕民生,建橋梁以通往來,修驛遞以舍賓旅。凡有關治理者,井然畢舉。已而章炎遺黨與處寇結寨李溪山,德廉起兵至牛筋嶺,奮力擊破之。勅知婺州路事。未之任,賊合餘燼侵伐縣治,德廉以兵躪之,追至李溪寨下,被執,死之,浹旬面如生。朝命招討李從善等親往祭奠,即葬於永康大庵山,立祠上封寺。

明

魏處直,字公平,益都人。洪武十年來知縣事,廉以處己,勤以蒞事,緩徵科,葺學宮,不煩民力。且善剖決,奸欺莫能蔽。民歌之曰:"父母何在在我庭,華溪之水如公清。下民不欺無隱情,我公摘伏如神明。"又歌曰:"我邑大夫賢且仁,惠養生息熙如春。魯恭卓茂炳青史,誰謂昭代無其人。"

黃紹欽,交州吳川人。洪武十六年,由明經授縣丞。愷悌寬厚,愛民如子,不爲貨利所動。民有賦役於官而所輸不足,輒代以己俸,勿責其償。事苟可以利民,必委曲善處之。至法令之輕重,銖兩不少假借。義烏朱廉曰:"若紹欽者,真廉且惠,其古循吏之徒與!"

金叔夜,休寧人。永樂間由人材辟,授主簿。廉潔無私,淡泊自奉,布衣蔬食,有其門如水之稱。馭下不事鞭朴,民敬重之。

劉珂,安福人。成化間由進士知縣事。廉介無私,勤恤民隱。加意學校,時課諸生而振作之。理煩治劇,綽有餘裕。徵賦不假鞭朴。嘗建仁政橋,工鉅費煩,而民不知勞。有妻妾謀殺其夫者,事秘,獨得其情。又有豪右誣平民爲盜者,輒廉其枉,釋焉。後以風憲徵。

王秩,字循伯,崑山人。弘治初以進士來任知縣。抑強扶弱,作興士類,選民間俊秀子弟以教育之。覈土田,清賦稅。歲侵,多方賑濟,士民懷之。

張鳴鳳,字世祥,上海人。弘治十年由進士來任知縣。廉以律己,勤以蒞政,士民懷之。尋以治最,升監察御史。沒後,崇祀名宦祠。

毛衢,字大亨。嘉靖五年,由太平知縣更賢來任。廉公有威,抑豪右,懲市猾,剔蠹弊。縣當孔道,里用費煩,加意裁省,率自身先。值歲旱,不待陳告,預使人檢踏被災分數,申報奏豁。其催科,視民力之贏縮爲追征之次第,不假鞭朴而事自集。接士大夫恭而有禮,然不爲苟狗。或懷請託進者,接其德容,談竟不敢發一言而退。朱同知女寡居,強宗擁兵奪之,格殺三人。其人來陳詞,衢覽已,笑曰:"此附罪人拒捕律，格殺勿論。聚衆有明例，不汝貸也。"竟坐其人編置焉。其英斷如此。至今人稱賢令尹者，必曰劉公、王公，并公而三云。

金洲，字士瀛，嘉定人。嘉靖七年，由進士來任知縣。天性淳實，約己愛民，不務赫赫以博聲譽。後改國子助教而去。

洪垣，字覺山，婺源人。嘉靖間由進士來知縣事。廉慎有才，清稅糧，興水利，嚴溺女及火葬之禁。民至今思之。

陳交，字汝同。由舉人來任知縣。縣舊稱舞智難治，交一以誠待之，不事鉤距。士民相孚，不忍欺。道通五省，冠蓋相屬，驛傳供億，往往告匱。交一切裁抑，縮費十四五。有以毀言告，交不爲動，曰："吾寧解吾職耳，何忍趣合以悅人。"俗產女，多溺不舉，嚴爲之禁。湯民範烏合爲亂，挺身往諭，立散其黨。疑獄淹久，悉爲剖決，多所平反。有干請者，一不阿狥。調知湖廣之興寧。去官日，行李蕭然，惟圖書數卷而已。

張淳，字希古，桐城人。隆慶二年，由進士來任知縣。淳至，訟者數千人，剖決如流，吏民大駭服，訟浸減。凡赴控者即示審期，兩造如期至，片晷分析無留滯，鄉民裹飯一包，即可畢訟，因呼爲"張一包"。巨盜盧十八剽庫金，十餘年不獲，淳以計擒之。民有睚眥嫌，輒以人命訟，淳驗無實，即坐之，自是無誣訟者。邑人貧，生女多不舉，淳勸誡備至，貧無力者捐俸量給，全活無數。久之，以治行第一，赴召去。甫就車，顧其下曰："某盜已來，去此數里，可爲我縛來。"如言跡之，盜正濯足於河，繫至，盜服辜。人駭其事，謂有神告。淳曰："此盜捕之急，即遁。今聞吾去，乃歸耳。以理卜，何神之有！"擢禮部主事，歷遷陝西布政使。

吳安國，字文仲，長洲人。萬曆庚辰，由進士來任知縣。約己慎施，修縣志，繕學宮，丈量清畝，立社學以育人材，建社倉以備荒歉，治行最著。尋以治最，歷升溫處道。

陸懷贄，江陵人。萬曆庚戌，由舉人來任知縣。革弊鋤奸，培養士類，捐廉爲新進請益額，士民戴之。

曾應泰，字弼于，汀州人。萬曆辛酉，由舉人來任知縣。勤於政治，作興學校，清查田畝，以溢額補攤荒，民甚賴之。

谷中秀，北平人。天啟間，由貢士來任知縣，率一子、一女、一僕至，清操如水，政簡訟稀。徵糧八限，便云足解，餘止不徵，民卒全納。

陳調元，常熟人。崇禎初，由舉人來任教諭。善作人。升武義知縣，來攝邑篆。以驛站多困，請留貼解武林驛歲額，民甚德之。

國　朝

劉嘉禎，字錫之，山東安定舉人。順治丙戌，以隨征來任知縣。時郡城未順，百姓奔竄山谷。公疾驅蒞事，極意撫循，藹若慈母。一時疑畏之民，似不知有革命者。操守廉介，罷諸陋規。及去之日，行李蕭然，至嚴陵已無資斧，從戚友假貸而歸。任中刻有《詠史詩》一册。

吳元襄，字冰持，江南休寧人。順治十三年，由貢來任知縣。時海氛未靖，兵馬繹騷，荒亂頻仍，逋賦稠疊。元襄征調有方，民以不困。東陽、義烏山賊屢寇境內，元襄殫力守禦。事平之日，區處脅從，多所全活。先是里總爲奸，包藏飛洒，元襄悉爲釐剔，又盡革會計陋規。至若修文廟，賑飢民，善政不一。去之日，士民童叟，送者載道。

謝雲從，字蘭麓，湖廣黃陂人。康熙十七年，由貢生來任知縣。雅志愛民，尤加意學校，嘗創建來學書院，以處城鄉弟子，聘邑中名宿爲師，又爲之置腴田十餘畝，歲取租息，貯作修儀，俾百年如一日焉。後以治最，升户部主事。

沈藻，字琳峰，華亭人。進士。治民以寬，修預備倉以贍荒政。禁鑿黃青、朱明二山以培氣脈。重修縣志，叙各前令宦蹟，有"小民一時之利害，官吏得操其生殺；官吏千載之是非，小民得擅其褒譏"之語，其畏清議而克慎厥職可知。時學使者張希良謂其"以蒲鞭爲治，民懷其惠，有長者之稱"云。

姬肇燕，字鶴亭，金臺人。康熙間，由進士來任知縣。爲政惠而無私，清而不刻，不立異，不干譽，不市恩，有隱入於人心而不覺者。居十年，政修人和。將解組歸，攀轅者日千百計，不得已，勉留四年。去之日，士民載酒賦詩遮道泣下者數千人，而公亦惓惓不能捨，如慈母之眷赤子云。

楊瑛，字國瑞，昆明人。乾隆己巳，奉檄來任知縣。勤於吏職，事皆殫心。辛未大旱，不避酷暑，按畝履勘災分，據實詳請轉奏。見飢民嗸嗸待哺，捐廉爲倡，勸設粥廠，以食餓者，凡三閱月。尋得旨賑恤，將應賑戶口傳集，親自散給，不假手吏胥，災民均沾實惠，賴以全活者甚衆。明年秋大熟，公以水旱無備，建設社倉，剴切勸輸，得穀數千石，以備荒歉，民甚德之。

王乃昀，字維甸，金壇人。乾隆間，由舉人來任知縣。廉公有威，奸宄斂跡，而軫恤民瘼，籌運有方。歲己卯，以城中社穀，每當歉歲，東、南、北三鄉去城較遠，轉輸爲難，乃於三鄉各建社倉一，竭力勸輸，得穀或千餘石，或數百石，以備旱潦，鄉民皆便之。尋以廉能，調烏程縣。

邢澍，字自軒，甘肅階州人。乾隆癸丑，由進士知縣事。博學工詩，尤勤於課士，有就正者，雖案牘紛綸，先評文藝，所賞識多成名士。爲政尚嚴肅，遇盜賊必寘重典，鼠竊屏跡，幾於道不拾遺。市井無賴，具有名籍，有犯必痛懲之不少貸。承累任闒冗後，得此肅清，風氣爲之一變。尋以考最，遷長興。

游朝佐，樂安人。嘉慶二年，以舉人任縣事。勤敏廉幹，每聽訟，是非曲直，務得其情。未及一年，案無留牘。至今輿人誦之曰：“慈惠張，忠信游。”蓋與蒔塘張吉安同爲賢令云。

張吉安，字迪民，號蒔塘，吳縣舉人。嘉慶五年四月來任。視民如子，甫二月，四境蛟水驟發，漂沒禾稼田廬。公惻然，不憚險阻，沿莊履勘被災分數，見有不能舉火者，分俸與之，溫語撫循如家人，婦子百姓歡呼若不知有災者。隨請於當道轉奏，得旨賑恤，即將應賑戶口銀米數目揭諸通衢，俾胥役無侵欺弊，災民賴以全活者億萬計。是年冬，瓜代者至，百姓號泣，如嬰兒之失慈母焉。道光十三年，崇祀名宦祠。

易鳳庭，字梧岡，廣西桂林人。嘉慶十二年，以進士任縣事。清介有吏才。至則捐廉倡修西津橋，徙申明亭於華溪之陽，率紳士更建仰聖興賢坊，以寄景仰。涖任年餘，百廢具舉，而尤重振興文教，雖案牘紛綸，與諸生講學不倦，多所陶成。以秩滿調繁去，後嘗見思云。

教官列傳

明

齊瑄，字永叔，鄱陽人。永樂間，來主教事。訓誨諸生，常先德行而後文藝，夙夜砥礪，多所成就。善知人，卜諸生當柄用者，後無不驗。秩滿，升溫州教授。

劉楫，字濟之，新淦人。正德十五年，由乙榜來任教諭。慷慨質直，敦尚古道，不與世俗浮沈。每課試嘗於文章中觀人器識以第高下，其訓誘亦如之，士習爲變。性介潔，有操持，視勢利泊如也。居官六載，始終如一。嘉靖丙戌會試，還，卒於官。崇祀名宦祠。

徐鑑，字明中，福建惠安人。嘉靖庚戌來任教諭。端恪循禮，辭色不假，教人以義利之辨爲先。凡應事，敦大體。人或干以私，則嚴詞以拒之。課藝之暇，教諸生習禮射，肄雅歌，風彬彬乎仁讓之俗焉。居七年，遷湖廣榮府教授。

張潮，江西安仁人。嘉靖間由貢生來任教諭。充養淳篤，敷教有條。諸生有貧而贄餽者，固拒之，不已，加以封識，貯之別笥。去之日，悉出以還之。其介節如此，至今學校中猶傳爲美談云。

翁恒吉，壽昌人。萬曆癸卯，由平原司訓來任教諭。嚴氣正性，有古遺直風。定章程，申約束，要在敦實行以維風氣，待門徒情如父子。凡所親洽，皆以文章道義，非筐篋之交。秩滿將遷，諸生爲伐石以志教思云。

國　朝

沈庚，原名毓英，會稽人。嘉慶甲子鄉薦第一。道光四年來任教諭。性廉介，與諸生講論，常以倫行爲諄諄。邑有試規，幾爲成例，庚笑曰："豈有讀書人而屑屑于此乎！"不問。門徒有因事受累者，爲別白之，餽遺以謝，卻弗受，聞者莫不欽其節操云。

永康縣志卷之六

選舉志

古者育人才於庠序，考其德行、道藝，三年大比，而興賢能，由鄉升於司徒，由大樂正升諸司馬，觀其所長而定其論，故取士必得，任官惟賢，此治道所由隆也。後代舉孝廉，試進士及賢良、文學、茂才、異等諸科，其亦論秀書升、辨論官材之遺意乎！永康自唐以前，科名罕有聞者。至宋端拱年間，胡子正開八婺科名之先，自是珠貫絲聯，後先輝映。且理學名臣，比肩接踵，其昭史策而爲邦家光者，雖不徒以巍科顯仕焜耀一時而已，要其始進，皆制舉之所得，故足尚也。今國家崇化，屬賢多士，和聲鳴盛，因是以追蹤前喆，思所以榮當時而傳後世者，各由其道，務期克紹夫浙學之宗傳，以仰承朝廷壽考作人、化民成俗之至意，則儒效之隆，將恢之彌廣矣。志選舉。

進　士

宋

<small>端拱二年己丑陳堯叟榜</small>

胡　則　見名臣。

<small>咸平三年庚子陳堯咨榜</small>

胡　賑　字淑仁，則弟。官登仕郎，贈光禄大夫、禮部郎中、太常寺卿。

慶曆二年壬午楊寘榜

樓　閌　閩縣令。

慶曆六年丙戌賈黯榜

樓定國　職方員外郎。贈少保。

皇祐元年己丑馮京榜

樓　觀　漳州判官。

徐　綱　見名臣。

徐　紀　見徐綱傳。

皇祐五年癸巳鄭獬榜

徐無黨　初名光，五崗塘人。見文苑。

嘉祐二年丁酉章衡榜

徐無欲　無黨弟，幼名明。郡博士。

治平四年丁未許安世榜

陳　愷　江西提刑。

熙寧三年庚戌葉祖洽榜

徐思安　郡博士。

章　甫　壽春令。

元豐五年壬戌黃裳榜

陳治中

元豐八年乙丑焦蹈榜

陳汝功　縣令。

紹聖四年丁丑何昌言榜

張具中　通判處州。照省志補入。

元符三年庚辰李釜榜

陳次中　愷子。通判。

崇寧二年癸未霍端友榜

陳樂天　侍御史。

嚴挺民　縣令。省志作嚴挺。

政和五年乙未何㮚榜

樓　炤　見名臣。

重和元年戊戌王昂榜

何　同　郡博士。

建炎二年戊申李易榜

胡邦直　龍山人。見名臣。

紹興二年壬子張九成榜

章　服　見名臣。

施　偶　縣令。

徐若納　吉水縣令。屢斷疑獄，人稱神明。

陳良臣　吉川助教。

紹興五年乙卯汪應辰榜

盧　燦　縣丞。

紹興十二年壬戌陳誠之榜

應汝礪　揚州、饒州知府。胡志作仕礪。

何　紳　縣令。胡志作縣丞。

紹興十五年乙丑劉章榜

陳良能　照省、府志補入。

紹興十八年戊辰王佐榜

周　邵　碧湍里人。樂清縣尉。

紹興二十一年辛未趙逵榜

劉大辨　知興化軍，仕寺丞。

紹興二十七年丁丑王十朋榜

周　懋　邵武教授。諸生不嚴而勸。王十朋稱其溫厚長者。

應　材　靈巖山北人。見名臣。

趙公丑　宗室魏王後。縣丞。

紹興三十年庚辰梁克家榜

林大中　見名臣。

章　渭　字孟容。服子。從政郎。贈通奉大夫，加贈少傅。

葉秀實　字廷宗。縣令。

陳公亮　治中從子。右司郎中。

隆興元年癸未木待問榜

應孟明　見名臣。

乾道二年丙戌蕭國梁榜

胡達可　字行仲。黃州錄事。

徐　木　見儒林。

方　晟　國子祭酒。

徐若睦　寺丞。

乾道五年己丑鄭僑榜

徐　總　字必用，無黨子。郡守。

淳熙二年乙未詹騤榜

陳志同　澄江倅。

章　程　郡博士。

俞　厚　知州。

應子和　見文苑。

淳熙八年辛丑黃由榜

陳之純　治中曾孫。臨安縣令。

范九疇　郡博士。

李　翶　通判。

李　㝎　縣丞。

陳之綱　治中曾孫。臨安府錄事。

淳熙十一年甲辰衛涇榜

章　徠　渭子。見名臣。

應雄飛　材子。袁州教授。從學東萊先生。

劉景修　大辨子。總戎儲屬。

紹熙元年庚戌余復榜

應謙之　孟明子。廣西提刑。

胡　窠　字德載。邦直子。吏部郎中。

王　碩　主簿。

紹熙四年癸丑陳亮榜

陳　亮　見儒林。

慶元元年乙卯鄒應龍榜

應　淡　材子。郡教授,忤韓、史,致仕。

方　璿　禮部郎中。

慶元五年己未曾從龍榜

胡　儼　字子溫。邦直從孫。金谿縣令。

林　愷　字仲顧。羅源主簿。

潘有開　字幾叔。官承事郎,調本郡博士,除兩浙提刑司。著有《易經通旨》。

潘子高　字伯遠。秘書,擢郡守。

趙傅霖　字澤民。德清主簿。

應茂之　孟明子。四川都大茶馬。

嘉泰二年壬戌傅行簡榜

陳　殊　無爲軍教授。

陳　振　樂清縣主簿。

應純之　見忠臣。

章時可　服子。鄱陽縣令,升提舉。

陳　登　字幼度。湖南轉運使。

嘉定元年戊辰鄭自誠榜

呂　殊　字愚叔。皓子。通判。

嘉定七年甲戌袁甫榜

胡巖起　見武功。

李　衛　朝奉郎,嘉定縣令。

胡　似　字子有。邦直孫。隆興軍通判,仕至國子通典軍事。

嘉定十年丁丑吳潛榜

胡鳴鳳　字仲儀。華亭縣令。

李　采　字伯清。縉雲縣令。

寶慶二年丙戌王會龍榜

胡　伋　見名臣。

章大醇　字景孟。服孫。集英殿脩撰。

應松鑑　見文苑。

盧子安　德州判官。

紹定二年己丑黄樸榜

應文霽　純之子。知和州。前志載科分無考,今照省志
更正。

端平二年乙未吳叔告榜

潘　墀　見儒林。前志載年分無考,今照省、府志更正。

嘉熙二年戊戌周坦榜

趙時範　字西用。魏王後。湖南運幹。胡志作湖州。

方嘉錫　將仕郎。

洪　毅　字立之。桂陽軍教授。

邵　忱　字君實。沿江制置司參議。

呂　撫　資政殿大學士。封永康縣開國男。

淳祐元年辛丑徐儼夫榜

陳謙亨　字謹獨。江西提刑。胡志作浙江。

趙亮夫　太宗後。知常州府,仕至司徒寺丞。胡志作良夫。必
遴從子。

淳祐七年丁未張淵微榜

胡居仁　字孟博。邦直曾孫，巖起子，仕朝散郎。

何子舉　號寬居，清渭人。朝散大夫倫子。樞密院都承旨，知贛州。謚文直。

盧時中

李　恃　字敦慈，莘野人。累官秘書監，歸而講學，從遊者甚衆。

王　璪　通判泰州。照省志補入。

寶祐元年癸丑姚勉榜

胡雲龍　字若遇。邦直曾孫。臨安推官，人稱梅心先生。

趙時嘉　時範弟。魏王後。福州安撫司參議。

黄燦文　授福建羅源主簿。

吕　圭　字禹錫。撫從子。仕至侍班。

寶祐四年丙辰文天祥榜

趙必僩　太宗後。宗正寺丞。

盧深夫　子安子。翰林院孔目。

趙酉泰　太宗後。

開慶元年己未周震炎榜

章　埜　字文甫。徠孫。信州教授。

景定三年壬戌方山京榜

章光謙　字君實。服孫。信州教授。

李應符　古田縣丞。

方　權　翰林脩撰。

咸淳元年乙丑阮登炳榜

陳文杰　登姪。處州司理。

何逢年　清渭人。泰州刺史。

章天昇　字晉卿。服玄孫。臨安司理。

趙孟墩　字孟虎。與鍏從子，太祖後。江州司户。胡志作瑕。

章　桂　字元卿。服玄孫。安吉縣尉。

咸淳四年戊辰陳文龍榜

趙孟瓊　字孟善。與鍏子,太祖後。秦州司户。

胡　能　國史院檢書,贈朝議大夫。

咸淳七年辛未張鎮孫榜

章如玉　字子溫。大有子。建德縣尉。

趙若淼　字逢源,西街人。魏王後。新喻縣尉。

趙孟璪　字孟玉。與鍏子,太祖後。全州教授。

陳松龍　照省、府志補入。

咸淳十年甲戌王龍澤榜

吕榮孫　字志父。松陽縣尉。

胡與權　字正仲。邦直玄孫。著有《性理指南》五十卷。省志作
吴與權。

胡之純　字穆仲。邦直玄孫。附見胡長孺傳。

方三讓　河南府通判。

周夢桂　縣尉。

陳　合　除教授,不赴。

科分無考

黄　琰

萬世顯　廣東提舉。府志作葛世顯。

趙必逅　太宗後。融州知州。

趙若襡　號田牧。時範從子。主簿。著有《雲外集》。

章大有　服玄孫。太平州教授。

徐仲景

陳彦脩　治中子。

陳大猷　國子司業。

徐一龍

章之邵　郡博士。見附錄。

元

至正八年戊子王宗哲榜

俞　拱　生而穎異，年二十，博洽群書，魁省試，及廷試高等。仕至翰林院國史脩撰。

明

永樂十年壬辰馬鐸榜

謝　忱　見名臣。

正統十年乙丑商輅榜

樓　澤　見忠臣。

景泰五年甲戌孫賢榜

周　琦　字宗玉。監察御史，福建按察司僉事。

天順元年丁丑黎淳榜

吳　寧　字文靖，四十都人。刑部觀政。未授官，卒。

天順四年庚辰王一夔榜

童　燧　字思振。信子。翰林庶吉士。

成化五年己丑張昇榜

趙　艮　見名臣。

成化二十年甲辰李旻榜

胡　瑛　見政績。二十七都人。

弘治六年癸丑毛澄榜

徐　沂　見名臣。

弘治十二年己未倫文叙榜

程　銈　見名臣。

弘治十八年乙丑顧鼎臣榜

俞　敬　見名臣。

徐　讚　見名臣。

正德三年戊辰呂柟榜

李　滄　見儒林。

正德九年甲戌唐皋榜

周文光　字寔夫，城東人。監察御史，升江西參議。值宸濠亂後，撫綏有勞，以御史時巡按貴州，紀功失實，謫漳州推官，再起兵部主事，升思州知府。

應　典　芝英人。見儒林。

朱　方　金城人。見政績。

正德十六年辛巳楊維聰榜

徐　昭　見政績。

嘉靖二年癸未姚淶榜

應廷育　芝英人。見儒林。

嘉靖五年丙戌龔用卿榜

胡大經　字德庸。初授合肥知縣，有惠政，善聽訟，民至今思之。在任六年，召至京。會有忌者，出爲太平府同知，再補汝寧，卒於官，不究厥施，人咸惜之。前令黃道年表其墓。

嘉靖八年己丑羅洪先榜

程文德　鈺子。見名臣。

趙　鑾　順慶知府。

王　崇　見名臣。

嘉靖十四年乙未韓應龍榜

吳九經　工部主事。

嘉靖二十三年甲辰秦鳴雷榜

徐文通　見政績。

嘉靖二十九年庚戌唐汝楫榜

周　秀　臨安府同知。

嘉靖三十五年丙辰諸大綬榜

王　楷　見政績。

姚汝循　見文苑。

嘉靖三十八年己未丁士美榜

周聚星　字文卿。貴州布政司右參議。慮刑江北，獄成羅織者率與開釋。居鄉以孝友稱。

隆慶五年辛未張元忭榜

程正誼　見名臣。

萬曆二年甲戌孫繼皋榜

徐師張　花園人。福建副使。

萬曆五年丁丑沈懋學榜

黃　卷　見名臣。

萬曆十一年癸未朱國祚榜

周九臯　真定推官。

萬曆二十三年乙未朱之蕃榜

倪承課　桐城知縣，升刑部郎中。

萬曆二十九年辛丑張以誠榜

王世德　見名臣。

萬曆三十五年丁未黃士俊榜

周光燮　江西右參政，湖西道。

萬曆四十七年己未莊際昌榜

周鳳岐　見忠臣。

天啓五年乙丑余煌榜

周光夏　江西巡撫。

崇禎元年戊辰劉若宰榜

徐可期　見名臣。

崇禎七年甲戌劉理順榜

王世鈁　無爲州知州。居官廉慎。時流氛猖獗，增城濬濠，州人至今思之。

國　朝

順治十八年辛丑馬世俊榜

俞有斐　瑞金縣令。

雍正二年甲辰陳悳華榜

程開業　見政績。

雍正八年庚戌周澍榜

應　煒　見政績。

嘉慶十六年辛未蔣立墉榜

李載懋　字維修。

舉　人

宋鄉舉存疑者

天禧五年辛酉科

胡　楷　則子。祥符七年登服勤詞學科，知睦州，進都官員外郎。乞近地以便養親，改杭州通判。范仲淹稱其政能有先君風度。

淳熙十三年丙午科

夏師尹　泉州教授，通判開孫。

端平元年甲午科

呂　黯　剛父。太平人。掌機宜文字。

淳祐三年癸卯科

陳　攀　字從龍。提刑。

呂　烈　光父。黯從弟。鹽官主簿。

淳祐九年己酉科

呂　檋　字及甫。渭次子。國子編修。

淳祐十二年壬子科

陳僧祐　字有大。江西漕試,仕元本縣教諭,獨峰書院山長。

寶祐三年乙卯科

趙與鍏　西街人。處州司户。

寶祐六年戊午科

呂坤叟　梁縣主簿。

景定五年甲子科

呂　在　字識之,太平人。

咸淳三年丁卯科

呂之邵　謂孫。

呂　鑰　字景開,舊名戀。仕元,本縣尹。

胡　能　照學志補入。見進士。

咸淳六年庚午科

呂　潭　太平人。見文苑。前志載科分無考,今照府志更正。

咸淳十年甲戌科

陳幾先　字初皁。仕元,本縣學録,升教諭。

年分無考

周　蘭　大理評事。胡志作副使。

應仕珪　副使。胡志作大理評事。

元

至正十一年辛卯科

潘湛然　字伯泉。十六都人。温州教授。歸隱松石山。

至正十四年甲午科

李宏道　染塘人。見隱逸。

年分無考

周　灝　縉雲縣尉。

胡一龍　字國華。睦州知府。

明

洪武二十三年庚午科

徐　琅　字仲琅。花園人。應天中式。前志載洪武十七年甲子科，今照省志更正。

洪武二十六年癸酉科

杜　友　字仕文。河南道監察御史。仕至兵部尚書。著有政績。

徐　堂　監察御史。

洪武二十九年丙子科

胡　康　字克寧。山西胡人。黟縣訓導。

劉　春　昌平訓導。照省志補入。

洪武三十二年己卯科即建文元年。

牟　倫　字彥政。六都人。荊、福、柳三府知府。

應顯中　六都人。授宣課使司大使。前志載元至正癸卯科。今照省志更正。

建文四年壬午科

田　洞　湖州通判。

永樂元年癸未科

李　寧　字文靖，染塘人。泗州知州。悃愊恬靜，士民信愛。秩滿保留，復任九載。升福建市舶提舉。正統丙辰致仕。

永樂三年乙酉科

徐　彬　見《登科考》。

胡　傑　十三都人。

永樂六年戊子科

馬　亨　字光濟，清渭人。建平教諭。

盧　甫　字周佐。鑑子。河南中護衛經歷。

永樂九年辛卯科

章　安　字季靜，李溪人。歷任魚臺、金山、崑山縣丞。

謝　忱　應天鄉試。見進士。

林性安　見《登科考》。

永樂十五年丁酉科

黃　焕　字彥章。

項　義　字子宣，金環橋人。

顏　濰　字永清，二十一都人。柏鄉教諭。

陳　成　字伯振，前黃人。溧水知縣。

曹　豫　十二都人。江西布政司照磨。

朱　勝　南園人。由湯溪學中式。歷任江西左布政。

永樂十八年庚子科

潘　田　字天與。湛然孫。前志載甲午科，今照省志更正。

汪　吉　字文昌，六都人。除和州學正。

王　存　字性善，上市人。鄭府伴讀。

薛　堅　十四都人。尤溪訓導。

李　永　光祿署丞。照省志補入。

永樂二十一年癸卯科

葉　玹　字世隆，中市人。

胡　偉　字大奇，下溪人。長楊教授，升宣城知縣。

王　沄　字子淵，睦坦人。

黃　均　照省志補入。

正統六年辛酉科

樓　澤　見進士。

正統九年甲子科

童　信　字以誠，十二都人。順天鄉試。漳州知府。

正統十二年丁卯科

周　琦　見進士。

景泰元年庚午科

吳　寧　厚吳人。見進士。

李　悅　見《登科考》。

景泰四年癸酉科

童　燧　信子。見進士。

胡　良　字原善，十三都人。上津知縣。

周　亮　字廷相，十八都人。應天鄉試。寧陵訓導。

胡　廉　西溪人。

天順六年壬午科

趙　艮　見進士。

成化元年乙酉科

吳　潭　字文淵。寧從弟。厚吳人。

成化四年戊子科

章　嵩　字豫山。安孫。順天鄉試。仕光祿署丞。蒞官清謹，催江浙派辦物料，饋遺一無所取。升署正。

成化七年辛卯科

童　珪　字邦瑞。信孫。

成化十年甲午科

孫　明　字誠之。厚莘人。邵武推官。

成化十三年丁酉科

胡　瑛　見進士。

吳　璘　字崇節。寧從子。衛輝同知。

弘治二年己酉科

程　鉒　見進士。

弘治五年壬子科

徐　沂　見進士。

弘治八年乙卯科

應　恩　芝英人。見武功。

弘治十一年戊午科

李　滄　見進士。

周　正　字直夫。琦孫。楚府審理正。

弘治十四年辛酉科

徐　讚　見進士。

應　康　字克濟，二十八都人。衡府紀善。

應　奎　見政績。

弘治十七年甲子科

俞　敬　見進士。

正德二年丁卯科

周文光　見進士。

李　釗　字侯度，染塘人。

徐文卿　見附錄。

朱　方　見進士。

趙懋德　字孟立。艮子。辰州通判。雅志崇古，留心文學，士林稱之。

正德五年庚午科

應　照　見政績。

范　震　字時亨。江溪人。兗州通判。胡志作廣宗教諭。

正德八年癸酉科

周　雍　見政績。

應　典　芝英人。見進士。

李　鴻　字于磐，厚仁人。順昌知縣，升南昌同知。兩任清慎如一日。致仕歸，民有餘思。居鄉益謹厚，士論雅重焉。

正德十一年丙子科

徐　昭　見進士。

曹　贊　見政績。

俞　玘　字養中。敬從弟。應天鄉試。濱州知州。雅好吟詠，所著有《仕學編》《雲窩近稿》。

正德十四年己卯科

程文德　見進士。

胡大經　相從子。見進士。胡志作胡經。

朱　腆　鳳陽知府。照省志補入。

嘉靖元年壬午科

應廷育　見進士。

金　銈　字瑞夫，桐琴人。順天鄉試。黃州、濟南通判，河池知州。

嘉靖四年乙酉科

王　崇　見進士。

嘉靖七年戊子科

趙　鑾　見進士。

呂　鑾　字廷和。鎮江通判。

嘉靖十三年甲午科

徐文通　見進士。

呂　銳　見政績。

吳九經　順天鄉試。見進士。

嘉靖十九年庚子科

周　秀　見進士。

周　徵　文光子。

童如衍　信曾孫。應天鄉試。蒙城知縣。府志作巴陵知縣。

王　錚　見《登科考》。

嘉靖二十二年癸卯科

呂　欽　應天鄉試。昌樂知縣。有政聲,民懷之。累官思恩府知府。

童如淹　如衍弟。應天鄉試。膠州知府。府志作武崗知州。

嘉靖二十五年丙午科

應　熙　順天鄉試。與程文德、王崇、姪廷育文藝相頡頏,稱四先生。

嘉靖二十八年己酉科

王　洙　見政績。

嘉靖三十一年壬子科

樓文林　唐縣教諭,升完縣知縣。

周聚星　見進士。

嘉靖三十四年乙卯科

葉　祥　字仲吉。

姚汝循　見進士。錦衣衛籍。

王　楷　順天鄉試。見進士。

嘉靖三十七年戊午科

徐師張　見進士。

林宗教　見《登科考》。

隆慶元年丁卯科

徐顯臣　字惟孝。讚孫,文璣子。初名師陳。沙縣知縣,有惠政,民思之。歷任廣州同知。府志作延平同知。

程正誼　見進士。

隆慶四年庚午科

黃　卷　見進士。

應成賢　廷育孫。

朱大章　南園人。由湯溪學中式。

萬曆元年癸酉科

徐啟昌　字元文。讚曾孫，師夔子。

應廷良　熙子。見政績。

萬曆十年壬午科

周九臯　河南中式，解元。見進士。

萬曆十九年辛卯科

倪承課　見進士。

萬曆二十八年庚子科

王世德　見進士。

萬曆三十一年癸卯科

周光燮　九臯子。河南中式。見進士。前志載庚子科，今照省志更正。

萬曆四十年壬子科

程榮名

萬曆四十三年乙卯科

徐可期　見進士。

萬曆四十六年戊午科

周鳳岐　見進士。

天啟四年甲子科

楊惟中　初名繼聖。鹽城知縣。有惠政。

周光夏　九臯子。見進士。

天啟七年丁卯科

曹成模　見政績。

崇禎三年庚午科

王世鈁　見進士。前志載天啟丁卯科，今照省志更正。

崇禎十二年己卯科

王世衡　應天中式。楷曾孫。

國　朝

順治八年辛卯科

徐之駿　見政績。

俞有斐　順天中式。見進士。

康熙十一年壬子科

林徵徽　字君慎。鎮海教諭，升台州教授。

俞玉韜　字六如。望江縣知縣。

康熙十七年戊午科

徐　琮　見文苑。

徐友基　字麗長。明勳子。博聞強識，下筆數千言立就。倡建嫡祖特祠。著有《盤北詩草》、《書經衍注》。有志未竟而卒，士論惜之。

康熙二十年辛酉科

周永錫　字鼎臣。

康熙四十一年壬午科

徐士雄　字同飛。博學工書，慷慨有大節，居家以孝稱。

康熙五十二年癸巳科

樓秉詡　見儒林。

康熙五十三年甲午科

曾銳翀　字苞九。

康熙五十六年丁酉科

徐沛然　字豐人。

王　會　授湖北知縣。

雍正元年癸卯科

程開業　見進士。

雍正二年甲辰科

鮑友銓　字天章。順天中式。

雍正四年丙午科

應　煒　見進士。

乾隆元年丙辰　恩科

周景灝　字聖瀾。臨海教諭。博覽群書，爲文雄肆。汪大司寇纂修《三禮》，延請校讎，多所訂正。

應洪怡　字懌侯。山西潞城知縣。

乾隆九年甲子科

應國華　見儒林。

乾隆十二年丁卯科

程兆選　乾隆甲戌明通進士。見文苑。

乾隆十七年壬申科

李作瞻　見政績。

乾隆三十五年庚寅　恩科

程兆鏗　見文苑。

乾隆三十六年辛卯科

應芝暉　字友蘭。江山教諭，升溫州府教授。

應正禄　見儒林。

乾隆三十九年甲午科

程尚濂　字敦夫。補四川青神知縣，調犍爲。公餘讀書賦詩，著有《心吾子詩鈔》若干卷，吳大司成錫麒爲之序。

吕鳳儀　字南成。

乾隆四十五年庚子科

徐覲光　字宜成。新城教諭。

王　環　字子佩。己酉挑選知縣。好學能文，尤工詩，所著有《月洲詩稿》。

嘉慶三年戊午科

應曙霞　字東一。甘肅大通知縣。以軍功升固原州知州,簡放秦州直隸州知州。

嘉慶六年辛酉科

潘國徵　字保臣。秀水訓導。

嘉慶十三年戊辰　恩科

李載懋　見進士。

嘉慶十五年庚午科

陳應藩　字屏侯。署直隸順義知縣,現任定興知縣。

樓啟通　字濬思。居家孝友,砥礪廉隅,爲士林推重。

嘉慶十八年癸酉科

應鍾毓　字湘之。少穎異,博學能文。

董長庚　字鑑西。現任分水訓導。

嘉慶二十一年丙子科

潘國燿　見政績。

嘉慶二十四年己卯科

應中安　字純心。好學有文行,未仕,卒,士論惜之。

道光二年壬午科

吕東皋　字克舒。

道光八年戊子科

胡錫土　字禹敷。

道光十一年辛卯　恩科

徐鍾英　字與三。見旌獎。

道光十二年壬辰科

陳鳳圖　字聖瑞。

程志簠　字周器。

道光十五年乙未　恩科

王鍾思　字維九。

辟　薦

宋

呂　皓　文學,見孝友。前志載例頁。

李　束　四川都事。省志作李來。

徐文德　字居厚。對策切直,仕至觀察使。

徐　誼　郎中,進國子祭酒。以上賢良。

應孟堅　仕至提宮。

樓　演　山陰知縣。以上明經。

章　埔　見忠臣。

章　墾　埔弟。前志作章塈,見章埔傳。

呂　然　懷遠通判。

陳廷俊　永平縣丞。以上軍功。

呂　杰　字俊甫。平江監務。

呂　燃　字和甫。定遠知縣。

呂志學　梁縣主簿。

呂志道　將仕郎。

呂之才　督運。

厲　廈　仕廸功郎。自東陽遷居永康,係宋寶祐進士文翁派,明洪武甲子舉人宗義後裔,嘉靖戊戌進士汝進孫。

黃大圭　閣門宣贊,建邊功,拜武經郎,諡武翼。

徐　德　國子教諭,遷崇文殿直講。

呂　樵

陳　逮　字新班。

陳仕筠　高安主簿。

徐　仁　宣議郎。

徐　璪　新恩令。

胡廷直　信州通判。

葛昌時　中散大夫。

何　綸　子舉父。朝散大夫。

吳明弼　登仕郎。

呂　袾　監南岳廟。

夏會龍　登仕郎。

何師道　修職郎。

王太初　撫州司户參軍。

陳　還　監臨安排岸。

林子勳　福安知縣。

樓子晏　監酒。

劉　森　承節郎。

胡光祖　處州監酒。

周　廉　保定知縣。

林　恢　撫州教授。

樓　泳　松陽縣丞。

方　琮　鎮江知府。

徐　盛　建寧判官,遷侍御史。

方　坤

方　庫　運幹。

方　淼　史院檢校。

方　羡　嵊縣縣丞。

方　序　編修官。

吳　邃　安撫參議。

林子顯　文林郎。

呂　羔　機宜文字。

呂　元　教諭。

周貴義　岑縣知縣。

徐　輔　平陽知縣。

胡日嚴　兩浙兵馬都監。

胡日順　太學學錄。

胡　培　將仕郎。

徐　素　柳州知府。

李　璋　鹽課司大使。

胡垣元　本縣主簿。

陳　黼　從仕郎。

呂　沂　西安主簿。

陳良能　劍浦主簿。見進士。

呂鼎亨　字器遠。乞恩補文林郎。

呂　渭　贈通直大夫。

呂疇叟　登仕郎。前志作坤叟。

丁茂實　南昌府同知。

徐　琨　汴梁副使。

元

胡長孺　見儒林。

胡　俞　徽州同知。以上賢良。

吳守道　松陽教諭。

孔克英　丹陽書院山長。

徐　咸　潁州判官。

陳　璪　杜溪人。見文苑。

胡仲勉　本縣訓導。

胡　鈞　袁州教授。

徐德泓　建德教諭。

李繼孫　本縣教諭。

甘　霖　翰林講書。

吳雲川　贛州教授。

胡崖孫　瑞昌縣尹。

童養蒙

徐　忠　總轄。

胡　義　饒州知府。前志載進途無考,今照省志更正。以上明經。

呂叔茂　軍功。武義縣尉。

呂紹遲　石洞書院山長。

胡應辰　義烏監。

胡應申　平準庫使。

胡應庚　常州路平準庫使。

徐　鵬　興安縣丞。

呂　濟　西安教諭。

呂宗道　婺州學錄。

方　撫　永嘉縣尹。

胡　祐　稅課副使。

陳　崖　鹽運使。

方　鍾　福建廉訪副使。

方　逢　岑溪縣尹。

馬文翁　資縣尹。

戚象祖　道一書院山長。

戚崇仁　龍門巡檢。

薛居仁　本縣教諭。

曹順睦　東陽教諭。

周時文　市舶提舉。

陳安可　龍門巡檢。同修本縣志書。

胡宗忠　上林縣尹。

明

李　曄　賢良。見文苑。

呂文熒　前志作呂熒。見儒林。

盧　鑑　永豐知縣。

李　滋　弋陽知縣，有惠政。

李　轅　見李曄傳。

孔仕安　本縣教諭。

池　祸　溫州教授。

胡　僖　理定知縣。

陳從善　江西贛州府信豐縣知縣。以上明經。

王　嶽　戶部主事。

盧惟善　修武知縣。

盧　琦　荏平教諭。

胡　復　本縣訓導。

姚彥仁　本縣訓導。

胡　輝　貴州經歷。以上儒士。

陳茂和　文學。

應用忠　仙遊巡檢。

呂　津　金川巡檢。

呂　懺　龍游教諭。以上秀才。

呂　基　臨洮同知。

胡善寶　授衛經歷。以上孝弟力田。

朱思堯　南安廣信知府。

朱仲智　世遠孫。見政績。

楊德仁　字澤民。御史，湖廣巡按。

張希昌　淮安知府。

金秉修　字補孫。瑞州知府。

徐　桂　太醫院官。

胡　增　霍州知州。

王　興　東莞知縣。

徐　和　岳州同知。

應子高　廣德同知。

樓仲和　武昌知府。

呂文彬　字南澤。陽穀知縣。

王　善　黟縣主簿。有詩名。

胡伯宏　見政績。

柴義方　浮梁縣丞。

趙履泰　泰州知州。

夏思維　內鄉知縣。

趙彥威　寧德主簿。

朱思全　見文苑。

呂　璧　永寧縣丞。

呂　祈　新建典史。

徐　廣　訓術。

葉　然　陝西鹽運使。

吳思義　巡檢。

吳德欽　主簿。

徐　遷　吉安知府。

陳　儀　經歷。

徐天賜　吉安推官。

董景祐　河泊所官。
吕自明　滎陽知縣。
顔思誠　餘姚典史。
黄伯洪　沅陵知縣。
應思立　户部主事。
周均實　營膳所丞。
傅彦威　句容縣丞。
曹　彰　江浦知縣。
吕　廉　監察御史。以上人才。
吕文燧　見武功。
吕兼明　見吕文燧傳。
盧　得　初,從方國珍得紹興同知,歸附後授安陸鎮撫。
胡天輔　松江守備。
胡之清　泉州守備。以上軍功。
陳積安　都察院都事。
王遜英　衡州知府。
胡思得　滋州知州。
周友忠　雷州知府。
何守志　東平吏目。
朱伯基　華亭知縣。以上老人。
吕　宏　雷州知府。
吕文熩　本縣訓導。
周　潑　太醫院官。
吕成宗　蘄水典史。
甘　陵　廣信同知。
任景輝　華亭縣丞。
吕　補　典史。

呂佛致　高安知縣。

王名臣　淮府典寶。

黃　敏

國　朝

應　明　字遠公。順治初,由諸生拔授福建惠安教諭,升湖廣零陵知縣。巡撫陳維新以人材薦,簡放廣西梧州知府。尋分巡蒼梧兵備道。嘗捐俸修文廟及宗祠。前志載歲貢並各途入仕。

貢　生

明

洪武年

徐　堂　字允中。見舉人。

朱　良　饒州同知。

陳　顏　御史。

邵　嵩　同安知縣。

呂　堅　字德美。高唐州學正。

朱　濟　邠州知州。

李　安　江西理問正。

徐　禮　字伯儀。

王仕榮　松江照磨。

陳　定　字叔靜。交州知州。

王道崇　武昌同知。

章　良　字履善。御史。

楊　倫　字宏道。吉安同知。

項　愈　御史。

邵　端　字俊德。仁和知縣。

王　禮　字子會。春坊贊善,調雲南府學教授。

葉　琥　字存敬。郎中。

陳德中　荊州通判。

建文年

楊　安　揚州鹽運司吏目。

周　安　新建典史。

潘　立　泰寧主簿。

牟　倫　見舉人。

永樂年

盧　逵　古田主簿。府志作盧達。

孫　羅　字克文。建寧同知。

李天祐　湖口縣丞。

呂　鍾　字德器。宜興縣丞。

應　碧　字仕澄。

陳　吉　定襄知縣。

李　芳　字子芳。安慶經歷。

王　愷　原武知縣。

徐　光　字輝宗。南河縣丞。

施　信　字尚文。工部主事。

謝　忱　見舉人。

陳　恭

錢　葵　順德同知。

葉　恭　字敬忠。鉛山知縣。

韓　勸　字茂脩。晉江知縣。

程　洋　字孟洪。黟縣知縣。

葉　懋　饒陽知縣。

褚　宗　泰州判官。

胡　　旺

陳　　蕃　字懋德。教諭。

陳　　祥　主簿。

孫　　泰　閩縣主簿。

陳　　良　字鎮疇。順天治中。府志作陳艮。

洪熙年

陳　　勉　曹縣知縣。

宣德年

高　　源　字伯淵。德州衛經歷。

胡　　舜　信陽訓導。

施　　良　字上賢。營膳所正。

陳　　勝　字克仁。樂安主簿。

王　　渭　字子明。

汪　　宏　見武功。

高　　行　興化同知。

胡　　澤

應　　通　字克達。濱州同知。

趙　　塤　字時和。經歷。

何　　汾　字士源。四川都司經歷。

正統年

何　　珦　閩縣主簿。胡志作胡珦。

徐　　福　字天祥。

柴　　育　字致和。

孫　　福　字景祥。常州通判。

胡　　坡　字希賢。泰寧知縣。

馬　　乾　字光清。雲南檢校。

童　　信　見舉人。

胡　玉　字廷珪。光禄署丞。

吕　鏘　字文和。

周　亮　見舉人。

徐　善　字原性。矛韜衞經歷。

潘　貴　寧清縣丞。

景泰年

姚　盛　字景茂。鹽運司判官。

徐以仁　以字行。石埭知縣。

郭　綱　字廷紀。福安知縣。

李　啟　字自明。孝感教諭。

錢　勝　字大昌。桐城主簿。

天順年

應　興　字時起。

何　澄　字士清。

楊　洪　字克寬。寧府奉祀。

徐　祐　字天錫。

黄　彰　字世顯。河泊所官。

胡　鎮　字以時。錦衣衞經歷。

趙　彰　字文明。思明府經歷。

楊　廉　字惟正。永明知縣。

徐　璞　字琢之。邵武推官。

徐　葵　字德陽。太平照磨。

李　悌　字順之。衡州推官。

章　忠　無爲州判官。

徐　通　字時亨。晉江知縣。有愛民父母碑。

胡　銘　字日新。通道知縣。

章　嵩　見舉人。

陳　廉　運司經歷。

潘　惠　字克順。鳳陽主簿。

陳　志　字有成。武昌衛經歷。

成化年

陳　善　字嘉祥。鄱陽縣丞。

方　崇　字宗岳。建寧知縣。

施　能　字廷才。

顏　洪　原名宏。經歷。

李　俊　字廷傑。龍巖知縣。

王　吉　字元吉。建平知縣。

陳　震　字思德。文登縣丞。

呂　聰　字伯敏。廣安州知州。

王　佐　字汝弼。典史。

陳　禮　字天秩。龍巖教諭。

馬　佐　字良弼。德安教諭。

應　宸　字時亨。星子訓導。府志作應震。

林　鏻　字世和。陽江主簿。

弘治年

陳　瓊　字廷器。河陽衛經歷。

徐　麟　字天祥。

朱　楷　字克正。

呂　淵　字原本。

應　綱　見孝友。

徐　琛　字良玉。徐州訓導。

周　玹　字師舜。貴溪訓導。

曹　勝　字天申。金山衛訓導。

胡　沂　字崇魯。長汀主簿。

童　珍　字君聘。淮府審理。

孫　滔　字東之。寧陽訓導。

章　茂　字德盛。

徐　銳　字柳夫。

馬　鑾　字大用。善化教諭。

王　琳　字舜卿。徐州判官。

正德年

葉　鑾　字時英。杞縣訓導。

趙　思　字希魯。

朱　善　字良進。應天訓導。

俞　玘　見舉人。

胡　相　字秉均。松江訓導。有文行，士林重之。

陳良謨　字用嘉。汶上訓導。

林　釧　字利之。霍邱訓導。

徐　檜　字廷用。浮梁教諭。

陳嘉靖　字景寧。贛榆訓導。府志作同安教諭。

童　鎮　字邦寧。湘鄉知縣。

嘉靖年

李　琪　見儒林。

應　麟　字天祥。典史。

郭　惠　字天與。和平知縣。

陳　泗　見政績。

周　桐　見儒林。

馬廷弼　撫州訓導。府志作廷鼐。

應　璋　見儒林。

朱邦弼　孝感知縣。

俞希聲　梓潼知縣。讀書談道，家貧自樂。

吕　銳　見舉人。

童如淹　見舉人。

吴九經　見舉人。

俞　申　南安訓導。

王　玉　長沙訓導。

王　鑑　雩縣訓導。

李　星

周　昇

應　戡

朱天啟　黄陂訓導,升周府教授。

胡大韶　長樂訓導。

應　熙　見舉人。

金　端　字正夫。袁州訓導。

章　溥　永新訓導。

應　珏

童　鐔　江西瑞昌教諭。

章　堂　晉江教諭。

應　鍾　吴縣訓導。課諸生,極賞申文定,人服藻鑑。

童　格　泉州訓導。照府志補入。

李天錫　訓導。照府志補入。

周　光

周　勳　見政績。

周良翰　河陽教諭。

倪　桂　教諭。

吕　輝　江西淮府教授。

樓希誠　字自明。湖廣麻陽縣訓導,升漢陽府教授。

童　采

隆慶年

呂　誠　湖口縣教諭。

應一治　星子知縣。

曹文儒　嵊縣訓導，升荊府教授。

呂端性　山東平度州學正。著有《雲池吟稿》。

萬曆年

郎思義　甲午副貢。照府志補入。

朱時敏　常州訓導。

徐文玉　滎陽訓導。

應綏來　趙州判官。

應世道

呂可久　太平通判。同修郡志。

李　培　副貢。德化訓導，署安溪知縣。

胡子熙　湖州訓導。

應綏福

黃　華　博極群書，割股救母，晚歲歸隱龍泉。

王　恩　訓導。

應　兼　見補遺。

應明德　嘉興教授。

王廷望　閩清知縣。有廉名。

陳希騰　拔貢。維摩知州。

盧應試

金希曾　歲貢。

朱天嗣　博興知縣。

周應參

應明毅　惠安教諭。

馬應圖　知縣。

王用賓　南雄通判。有惠政。

馬應羲　福建上杭教諭。

李國珍　拔貢。授訓導。

應逢原　處州教授。

應明時　臨江教授。

朱天繼　桂東知縣。

李思聖　淳安訓導。

呂師皐　副貢。前志載例貢。

泰昌年

童文元

天啟年

李子實　歲貢。

吳希皐　溫州教授。

應嗣美　有文行。

黃一鶚　見政績。

徐昇騰　江津訓導,升福州經歷。

王宗海

崇禎年

應嗣功　蘇州府經歷。

應　祥

徐學顏　見忠臣。

周于德　號厚峰。從王陽明先生遊。

應樹功　松溪縣丞,升鄖陽經歷。

王之幹

胡用賓　太平訓導。初名用名。

施守官　處州府學訓導,升馬平知縣。

吳士騏　嵊縣教諭。

應綏寧　武岡州學正。

應綏邦　潯州教授。

郎　益

潘崇仁　副貢。

王世衡　乙亥拔貢。見舉人。

王世鈇　乙亥拔貢。見文苑。

李天成

林之翰　訓導。

朱允治　山陰訓導。

朱　黻　遂安教諭。

應公允　仙居教諭。

徐懋問　事繼母以孝聞，年登上壽。

李應錫　字若敷。善屬文。

李芳春

徐明勳　福州推官。見孝友。

徐士濬　恩例。秉質剛方，持身廉介。

徐　浩　恩例。見文苑。

徐懋文　義烏訓導。著有《性理答問》二卷。

盧元參　恩例。見義行。

盧元始　恩例。食貧好古。福建延平推官。

朱光遠

盧一鵬　字翔南。恩例。博學敦行，有聲藝林。

李祥華　秉性淳厚，推重士林。

國　朝

順治年

徐光時　見文苑。

俞有斐　見舉人。

倪德遠

徐化時　桐鄉訓導。

徐得寵　靖州州判。

童士秀　台州府訓導。

黃延濬　初任慈谿訓導,嘗潽闞湖,調常山,輯修典禮,士類德之。

李爲梁　拔貢。

呂崇簡　拔貢。定邊知縣。

田一泰　開化訓導,學行爲士所式。

呂惟瑞　仁和教諭。

程懋修　歲貢。

朱家棟

金俊聲　拔貢。

徐得宙　訓導。

俞調爕　武康訓導。

陳啟章　縣丞。

吳康先　訓導。

康熙年

王世鑪　見政績。

胡永祚

盧恒春

楊光斗　松陽訓導。

程懋昭　壽昌訓導,升桐鄉教諭,三護縣篆,同修郡邑志。

徐　悅　定海訓導。

陳雲鍾　拔貢。授州同。

樓惟駉　拔貢。見文苑。

程晟初　壬子副貢。正白旗教習。

徐紹源　歲貢。

林鍾鼇

李先甲　歲貢。

李士奇　恩貢。

徐若瓊　歲貢。

徐紹鍾　訓導。

王同召　恩例。雲和訓導。

徐士宗　恩例。訓導。

李　休　訓導。

顏聞義

童　璵　恩例。

朱紹麐

徐之驥　恩例。訓導。

應始偉　訓導。

徐　位　拔貢。雲和教諭。

胡　鈺　訓導。

徐煥然　訓導。

徐　偉　恩例。

王同廱　授訓導。見補遺。

王同傑　授訓導。力學不倦，質朴有古人風。

王同曾

應芝斑　訓導。

王風淳

徐友范　訓導。同修郡邑志。

曹際熙　訓導。

徐　瑄　恩例。

盧　瀾　訓導。

盧　泮　恩貢。

李日升　拔貢。

徐喜銘　拔貢。以上前志載歲貢。

林爾瓊　歲貢。

盧一虬　恩貢。廷試第六。

李如晡　歲貢。

朱宏儀　字隅抑。歲貢。

李志侃　字右如。歲貢。

楊文球　歲貢。

周　官　歲貢。

徐景炎　字漢升。乙酉副貢。

鮑友銓　辛卯副貢。見舉人。

林佳椿　歲貢。宣平訓導。

舒士振　字起陳。歲貢。江山訓導，升常山教諭。

程　琦　歲貢。

徐　霍　字漢陸。歲貢。

王化渾　歲貢。

程開業　庚子副貢。見舉人。

朱韶善　字若虞。歲貢。

程璘初　字嗣玉。歲貢。

程夔初　恩貢。見文苑。

雍正年

徐　璐　字如珍。歲貢。仙居訓導。

施鳴九　癸卯拔貢。孝豐教諭。

呂光瑛　字卜臣。歲貢。

盧　崔　字又崔。歲貢。

應鼎球　字聲徹。歲貢。

呂　俊　字唐英。歲貢。

王　翊　歲貢。

徐廷僖　字于泮。歲貢。

徐　薿　己酉拔貢。見政績。

呂　純　字宜一。歲貢。奉化教諭。著有《治心録》、《則古要語》。

馬逢聖　歲貢。縉雲教諭。

趙光來　字利濟。歲貢。

應洪沂　字紹曾。乙卯拔貢。江西永豐縣丞。

李顯升　歲貢。樂清訓導。

周景灝　乙卯副貢。見舉人。

章日新　字盛德。歲貢。

乾隆年

王丙瞵　歲貢。麗水訓導。

徐宏桓　字彥威。恩貢。見文苑。

王逢昌　字景韓。歲貢。嵊縣訓導。

王丙昕　歲貢。

李雲耀　字蘊中。辛酉拔貢。歷任瑞安、於潛教諭。

盧　槃　字永初。歲貢。於潛訓導。著有《學庸集成》、《詩文雜記》。

朱日知　字若行。歲貢。著有《楚辭指歸》、《禹貢三江辨》。

胡宗璧　歲貢。武康訓導。博學敦行，爲時矜式。著有《奎山詩稿》。

徐爲琪　字相英。恩貢。江山教諭。雍正初，詔舉賢良方正，郡守馬以其名聞於朝，力辭不赴，人景其高致云。

金兆郁　歲貢。

盧懋昭　字建如。恩貢。溫州府教授。

朱友美　字君穀。歲貢。著有《萬卷山房詩集》。

程兆鏗　癸酉拔貢。見舉人。

黃鴻飛　字有謨。癸酉拔貢。遂昌訓導。

盧　剛　字又塞。歲貢。

應鼎聰　字標友。歲貢。

徐兆彭　字商賢。歲貢。

樓光淮　字安若。歲貢。

胡廣銘　字彩芳。歲貢。

王慕敬　字舜德。歲貢。誘掖後進,多所成就。

朱志伊　字莘夫。恩貢。

應志標　字漢彩。乙酉拔貢。

應洪恬　字智侯。歲貢。

徐鎮元　字建侯。歲貢。

盧普照　字光天。歲貢。桐廬訓導。

胡　璨　字璀九。歲貢。

應恒暨　字仰垣。歲貢。

王載瑄　歲貢。

應世榮　字翼儒。恩貢。著有《詩學輯要》。

胡毓哲　字聖明。歲貢。

王丙熊　歲貢。

盧秉睦　字聖和。歲貢。

朱振銘　郡歲貢。

周咨詢　丁酉拔貢。見政績。

李雲志　歲貢。植品端方,善誘後學。

王丙搏　字鵬萬。歲貢。

楊志潮　字希韓。恩貢。

樓光翀　字漢儒。歲貢。

方作霖　歲貢。

程德漢　字章侯。歲貢。

應渚封　字希三。歲貢。

周熙敬　恩貢。

應恒坦　字履旋。歲貢。

徐華國　字光朝。歲貢。

程尚曾　字省三。己酉拔貢。

徐　祝　字華在。恩貢。

胡正多　字孟華。歲貢。

胡正軒　字孟轅。歲貢。

應大綵　字素文。歲貢。

應泰華　字雪藹。甲寅恩科副貢。博學有文名，兼工書法。爲寶東皋都堂、朱石君學士所賞識。以教習期滿，歷署福建羅源、將樂、大田知縣。

嘉慶年

陳文綱　字植三。恩貢。

徐翰英　字鎮藩。歲貢。慈谿訓導。耄而好學，誘掖後人，惟恐不至，士論歸之。

王紹槐　字洪九。歲貢。

程鳳山　字鳴岐。恩貢。見欽賜。

童大英　字象文。歲貢。

潘國詔　辛酉拔貢。朝考以知縣用，歷任直隸慶雲、宣化、交河縣，兼署南皮，升滄州知州，兼署天津府河捕通判。

應梯雲　字漸逵。辛酉副貢。候補州判。

程尚履　字允端。歲貢。

王元埈　字高士。歲貢。

盧繼韶　字合如。歲貢。

177

樓式禮　字履中。郡歲貢。著有詩集。

李志灝　字希梁。歲貢。

應振先　字希哲。恩貢。

王　純　字岐周。歲貢。

鄭開正　郡歲貢。見欽賜。

方　端　字以正。癸酉副貢。

應兆金　字聲始。歲貢。

應鍾毓　癸酉拔貢。見舉人。

徐開蓮　字益清。歲貢。

徐純粹　字善元。歲貢。

應煥然　字文林。歲貢。

呂　松　字鶴林。歲貢。

道光年

項陳謨　字承典。恩貢。

倪夢魁　字象輅。壬午副貢。

徐紹開　字基儒。恩貢。

應鹿芩　字雅鳴。歲貢。著有《持敬編》。

陳開桂　字秀林。恩貢。

徐慕陶　字次亮。歲貢。

胡師尹　字聘三。乙酉拔貢。

應泰和　字昌期。郡歲貢。

潘國望　字載遠。歲貢。

陳心廣　字克胖。歲貢。

施國誠　字純一。歲貢。

金希范　字克任。歲貢。

呂觀光　字尚賓。歲貢。

應　韓　字紹文。恩貢。

王錫享　字歆之。歲貢。

徐溶波　字澹心。丁酉拔貢。

俞　芬　字煥奇。丁酉拔貢。

欽　賜

徐由湘　字聖登。乾隆己酉副榜，壬子舉人，癸丑翰林院檢討。

程騰鳳　嘉慶丁卯舉人，戊辰翰林院檢討，己巳翰林院編修。

徐　驆　字龍儒。嘉慶甲子副榜，丁卯舉人，戊辰國子監學正。

胡　坦　嘉慶甲子副榜，丁卯舉人，戊辰國子監學正。事親孝，居喪哭泣，盡哀三年，不入內室。

程鳳山　字鳴岐。嘉慶癸酉舉人。秉資敏捷，讀書目數行下。性率直，不事緣飾，人以長者稱之。

鄭開正　字光先。道光甲午舉人。

王九儀　字韶鳳。嘉慶甲子副榜。

王載嵋　字定章。嘉慶癸酉副榜。

呂汝享　字文通。道光辛卯副榜。

掾　吏

宋舊志無載。

元舊志亦略。

俞翼之　應志作巽之。市舶提舉。

徐養賢　安城巡檢。

陳　顔　字景淵。本縣尉。

柴　興　樂清主簿。

明

馬文韶　韶州通判。見義行。

陳　格　字致方。新泰典史。

戚廷玉　百順巡檢。

朱彦本　伯基。中堂巡檢。

朱　暉　倉大使。

胡宗朗　蘄水典史。

金世昌　河泊所官。

胡　著　經歷。

王希賢　典史。胡志作顏。

胡叔寶　見政績。

應　華　伯先。典史。

吳　瓊　茂玉。巡檢。

應萬春　松江知事。

應希忠　巡檢。

應仕政　知事。

施　忠　驛丞。

魏仲成　主簿。

胡　清　知事。

應　紀　同安倉官。

陳　寧　仲志。巡檢。

章　洪　驛丞。

王子直　倉大使。

項孟善　典史。

項文鑑　倉官。

項　田　無錫縣丞。

項思敬　倉大使。

胡　艮　倉大使。

趙文忠　局官。

呂　林　倉大使。

薛　旺　主簿。

薛文玉　倉大使。

薛孟造　典史。胡志作遠。

胡　雙　主簿。

陳　鎰　縣丞。

樓文賢　倉大使。

胡　魁　倉大使。

朱　彰　經歷。

盧　泉　巡檢。

徐　達　孟周。主簿。

應　開　巡檢。

胡　華　廷華。巡檢。

呂　義　草場副使。

施　奇　巡檢。

葉　升　永高倉大使。

周存勛　縣丞。

林茂盛　主簿。

王　寶　典史。

胡　海　伯川。巡檢。

葉　泰　倉大使。

馬　興　南平主簿。

李廷相　主簿。

林　讚　巡檢。

應　權　倉大使。

牟德正　巡檢。

林　完　經歷。

樓鳴鳳　湖廣黃梅主簿。

王　賢　典史。

陳忠厚　巡檢。

李世良　倉大使。

陳良用　局官。

徐　顯　典史。

呂鳳翔　縣丞，升益王府工正。

應本泉　見政績。

葉良佐　巡檢。

應惟德　典史。

呂大成　南雄稅使。

王仕龍　巡檢。

陳克明　永寧典史。

呂德立　獄官。

呂思齊　南京萬壽巡檢。

周邦惠　典史。

黃伯隆　廣東巡檢。

呂希明　巡檢。

呂考祥　巡檢。

章子榮　常熟知縣。

陳思明　巡檢。

王伯潤　婺源典史。

林邦文　巡檢。

林邦彩　欽獎吏目，督瀋有功，升主簿。

童國敦　巡檢。

章汝科　巡檢。

林樹德　巡檢。

應用明　倉大使。

童國任　巡檢。

徐文學　倉副使。

徐文棣　驛丞。

徐一本　沂州吏目。

徐一憲　巡檢。

徐應奇　巡檢。

應聯芳　巡檢。

王　榛　丹徒主簿。

王　桁　成安主簿。

蔡廷寬　吏目。

葉惟新　庫官。

呂文欽　典吏。

倪光輝　典史。

章福紹　主簿。

胡鳳翔　主簿。

胡鳳成　番禺典史，升江南壽州經歷。

應懷德　兩淮批驗所大使。

應　禧　倉大使。

黃景賢

應　琦　淮府引禮。

童勳　吏目。

葉文標

鄭顯之　縣丞。

徐德英　省祭。

鄭文佐　倉大使。

應文寧　倉大使。

徐文遠　樂平典史。

鄭充之　主簿。

趙文遠　巡檢。

張仲和　主簿。

曹文瓊　巡檢。

章一清　岷府工正。

章宏德　倉大使。

吕　忠　倉大使。

童　滋　邵陽主簿。

程光祥　巡檢。

池　渟　巡檢。

池　瓚　巡檢。

田文用　州吏目。

俞用光　主簿。

應聯璋　西安衛經歷。

趙汝誠　巡檢。

林文悌　大同衛經歷。

湯應龍　沛縣縣丞。

應志通　太醫院吏目。

朱文炤　永川主簿。

王　師　章平巡檢。

樓文正　金壇主簿。

王宗文　歙縣主簿。

應明用　開縣主簿。

孫世儀　沔池主簿。

周汝康　通州巡檢。

陳廷玉　延平桃源巡檢。

周廷讓　典儀。

應舜宷　太醫院吏目。

徐文遠　四川大竹典史。

徐一鏜　嘉定典史。

徐一夔　吏目。

徐士姬　巡檢。

周一鳳　主簿。

周一鸞　吏目。

章文煥　太倉衛經歷。

應時習　興化巡檢。

應承洙　韶州巡檢。

章邦周　巴陵典史。

樓時叙　漢口巡檢。

徐應元　隆灣巡檢。

應重祥　丹陽巡檢。

施應魁　淶水典史。

王師曾　沔陽吏目。

王師經　東筦吏目。

林國賓　草市巡檢。

徐應堂　懷集巡檢。

葉宗江　太原吏目。

葉宗夏　福寧巡檢。

盧仲奇　寧國知事。

盧應誥　桃樹巡檢。

周士華　白椒巡檢。

吳鳴雷　俄嶺巡檢。

盧朝忠　惠州倉官。

汪應龍　潞府典簿。

呂文珍　龍門巡檢。

呂師堯　寧羌經歷。

呂應龍　寧府照磨。

呂一榮　揭陽主簿。

呂應遇　南陽主簿。

單必瑞　長沙府典儀。

單希皋　吳江巡司。

呂應兆　繞平縣丞。

應和中　南昌巡檢。

應志和　長沙典史。

應雲悌　永平司獄。

應鳴岐　興化巡檢。

周戀良　山海經歷。

周汝仁　銅梁典史。

周　材　四川巡司。

周應隆　金沙大使。

周聚奎　韶州巡司。

周聚精　鉛山典史。

周思敬　平涼經歷。

周思信　翼城典史。

胡國卿　桂林典史。

王文賢　沈邱典史。

曹一躍　鳧尾巡檢。

牟惟忠　淥口巡檢。

牟瑞奇　驗封令使。

馬仲理　浦城巡司。

馬宗謙　馬兜巡司。

朱尚質　濟河主簿。

朱　璋　安撫經歷。

朱廷澄　河泊所官。

朱大堯　河間府知事。

朱廷瀾　谷水巡司。

朱守遜　羅源典史。

朱守正　廣豐大使。

朱潤身　河泊所官。

曹夢麒　崇府典儀。

陳用中　漳州照磨。

陳日升　胡樂巡檢。

楊大恭　東流典史。

陳良修　孝感典史。

王文贊　溧水主簿。

周德順　蕭縣典史。

周大益　高平丞,升經歷。

章大默　宜陽主簿。

章德安　烏潯巡檢。

呂宣齡　東筦主簿。

朱大校　閬中主簿。

朱家英　廬陵巡司。

朱家棟　三水巡司。

邵仲升　滕縣典史。

章廷桂　苑馬監正。

陳國華　楚府典儀。

陳天相　上猶典史。

陳應懃　稅課大使。

應世永　南陵主簿。

應時聘　武進主簿。

應明聘　臨清經歷。

應曰元　重慶府經歷。

王師旦　黟縣主簿。

王世紀　睢寧主簿。

陳惟勤　吳縣巡司。

陳端中　潞安贊政。

陳三材　平定倉大使。

李應霈　平海經歷。

李　星　淮安司獄。

吳從周　永嘉大使。

徐一鳳　監利典史。

程引孝　岳陽主簿。

姚天禄　唐邑典史。

樓文通　廣東藥逕巡檢。

樓文臯　左屯湖廣都司經歷。

陳應時　福清典史。

陳應祥　河南大使。

施守璽　安仁典史。

徐一桂　武陽典史。

徐大紳　新會主簿。

徐大經　泉州司獄。

徐大綸　仙鄉巡司。

徐大有　平河巡司。

徐鳳珪　河間知事。

徐一璋　廣東巡司。

呂應梅　龍潭巡檢。

王文祐　寧鄉巡檢。

王大德　建寧照磨。

徐廷玉　嘉山巡檢。

章文勝　長墩巡檢。

徐士成　大冶縣丞。

胡子傑　揚州經歷。

林茂春　刑部司獄。

程大禮　石門巡檢。

方　鈗　鰲山衛經歷。

李允遷　牛肚巡檢。

汪若海　陳墓巡檢。

應明達　萵口巡檢。

章士奇　縣丞。

應明敬　岑縣巡檢。

應俞賢　漳縣典史。

應　紹　海門典史。

應明修　石門巡檢。

曹汝美　福州經歷。

汪守臣　南津巡檢。

程國寶　清澗縣丞。

黃一誥　仁化主簿。

黃應春　池河驛丞。

顏文淳　三水巡檢。

童祖昂　臨湘縣丞。

胡應化　主簿。

俞應綬　潭口司巡檢。

童明時　清溝巡檢。

李可久　經歷。

童汝稑　廣德所吏目。

李汝元　楚府典儀。

汪宏海　富州吏目。校梓縣志。

陳應高　吳州巡檢。

汪宜孝　大倉嶺巡檢。

黃應文　墦坪巡檢。

呂應元　縣丞。

徐逢熙　主簿。

樓文曙　主簿。

陳皋謨　濟陽典史。

應三選　主簿。

徐應豪　應天衛經歷。

胡鳴鳳　經歷。

胡鳴鸞　經歷。

國　朝

胡承訓　衛經歷。

金昌越　字仕超。石門司巡檢。

呂如灝　涇江巡檢。

徐聚井　江蘇昭文典史。

周永微　歷任直隸肥鄉、元氏典史。

呂如瀨　廣東沙瑯巡檢，歷署電白、茂名縣知縣。

胡國文　彰德府涉縣巡檢。

徐仕琦　雲南江川典史。

應　華　南康府屬巡檢。

徐　熙　字光化。遂寧典史。

胡宗涵　字澤先。山西靈石縣驛丞。

盧兆瑞　歷任福建浦城、江西南昌縣丞。

周永新　湖南武陵巡檢。

呂紹泌　山西靜樂典史。

朱永年　山東蒙陰典史。

丁開攀　歷任廣東仁化、四川南江典史。

丁星煥　漢中鳳縣典史。

呂益清　監生。考授清軍州吏目。

丁若浩　歷任河南偃師、林縣典史。

黃兆基　考授府經歷，署龍川知縣，補授和平知縣。

丁若光　山西岳陽典史。

周化龍　山東恩縣典史，升歷城主簿，署陵縣知縣。

陳嘉昺　分發順天典史。

盧兆麟　廣西新寧州吏目

徐　炳　字虎文。鑄印局大使。

應　筠　字集鸞。河南湯陰典史。

國朝各途入仕

杜　廣　黃平知州。

李鐘課　永定衛經歷。

陳文學　儒士。閩縣縣丞。

林先春　大名府經歷。

李國纓　鎮安典史。

林芝輪　建寧教諭。

徐士行　由貢監，龍巖丞。

周士貴　生員。福清典史。

徐大統　生員。三水縣訓導。

楊光龍　海陽縣丞。

王同禧　高平驛丞。

葉日藍　廣東布政司經歷。

朱吉人　生員。松陽教諭。

趙循毅　廣東布政司照磨。

周啟商　邱縣典史。

王同玉　玉田典史。

王公翃　江南司獄。

王起鴻　新喻典史。

金　元　綏德州吏目。

金守起　新化典史。

林正台　興安州吏目。

周立志　安遠典史。

林士文　贛榆典史。

李邦樞　浮梁縣丞。

杜子延　平定倉官。

李邦旃　如皋典史。

李正曉　長洲主簿。

金　貴　台州水師僉事。

徐　晟　漢中鳳縣巡檢。

陳良椿　泌陽典史。

徐觀垣　山東沂水典史。

翁遇榮　江西鉛山典史。

王自昌　山東海豐典史。

李應儀　含山典史。

李　昊　太和典史。

李　策　陽春巡檢。

李邦模　河西典史。

應　庚　江西新淦巡檢。

周爾屏　廣東曲江典史。

李振升　湘潭縣丞。

呂文超　進賢縣巡檢。

周立應　江寧府司獄，調陝西澄城典史。

汪時沛　典史。

胡宗銘　考授經歷。

周若英　山西和順縣巡檢。

胡　琮　考授經歷。

徐蕙昌　青浦縣巡檢。

徐宗襠　經歷。

呂起化　縣丞，署泉州同安知縣。

既入仕矣，必有職銜任所。前志三十餘人，祇載姓名，豈修志者偶有失載與？抑不能核實，姑載之以存疑者與？均不可知。今仍其舊存之：

李初騰、周立恩、胡宗銓、陳鴻道、胡嘉謨、陳兆珂、徐戀咸、潘呂賢、夏正中、方聖起、徐恂、李應疇、馬永錫、陳名世、俞士㳺、王文炎、鄧珪、邵道齡、應毓蘭、徐鼎、徐錦、丁耀、牟聯璧、呂惟楠、陳岳、王文焯、馮啟宗、呂戀寬、陳有高、俞天全、夏蕙、俞秉謙、夏霈、周永明、呂文奎、張元。

武科

國家設科以求勇略，非強有力已也。聞鼓鼙之聲，則思將帥之臣。雖太平無事，武備可一日弛乎？祭弟孫雅歌投壺，羊叔子輕裘緩帶,儒將風流,折衝樽俎,於是取之。雖曰韜鈐安在,非詩書之澤哉!

進　士

宋

科分無考

呂　登　太尉。

呂　渭　翰林幹辦。

呂鼎亨

國　朝

嘉慶十四年己巳　恩科

朱錫齡　貴州普安營守備。

道光三年癸未科

林瑞枝　字祥發。補浙閩提塘。

舉　人

宋

嘉熙四年庚子科

呂　櫄　字儀父。渭子。

明

崇禎九年丙子科

單時敏　廣東中式。

國　朝

康熙二十三年甲子科

朱友善

康熙五十年辛卯科

陳啟心　字晉卿。

康熙五十三年甲午科

金兆桂

康熙五十九年庚子科

應芝珣　字友佩。山東濟寧衛千總。

雍正十年壬子科

盧文標　字薦英。

乾隆元年丙辰　恩科

樓元關　字次儀。

樓文略　字彙升。

乾隆九年甲子科

周乾德　字乾初。

金龍光　字爾田

乾隆十八年癸酉科

董大成　提標泉州左營守備。

乾隆二十七年壬午科

董大經　安慶衛守備。

乾隆三十六年辛卯科

章崇邦　字靜瀾。歷任江南徐州衛、山東臨清衛守備。

乾隆四十五年庚子科

林　嵩

乾隆五十一年丙午科

顏廷輝

乾隆五十三年戊申　恩科

程尚蛟　字起鳳。浙江提標右營水師。嘉慶辛未,海寇蔡逆猖
獗,隨浙江提督邱、福建提督玉,在漁山外洋,自八月十五,歷三晝夜,

併力攻擊,身帶重傷,獲黨匪陳昤芍等三十九人,進兵勦之,巨寇遂平。以軍功恩賞搬指,升乍浦營參將,署瑞安協副將,補廣東龍門協副將,歷署黃巖鎮、定海鎮總兵。

乾隆五十九年甲寅　恩科

倪大魁　字占鰲。

嘉慶三年戊午科

朱錫齡　見進士。

嘉慶五年庚申　恩科

周師昕　字子明。

嘉慶六年辛酉科

周師潮　字信明。

池煥清　字景珠。現任江南宿州衛千總。

嘉慶十三年戊辰　恩科

林一枝　字丹桂。現任廬州衛千總。

陳守清　字以華。

嘉慶十五年庚午科

金望清

胡望勳　溫州府守營千總。

嘉慶二十一年丙子科

應世英　字國清。溫州大荊營把總。

程思忠　字合之。

應其昌　現任壽昌把總。

池鳳林　字廷績。

嘉慶二十三年戊寅　恩科

林瑞枝　見進士。

吳斯高

程斯昌　任溫州左營把總,署右營千總。

胡殿揚

嘉慶二十四年己卯科

呂肇修

呂景坊

道光元年辛巳　恩科

林連枝

道光二年壬午科

林聚奎　衢州江山千總。

施殿名　字百泉。

道光五年乙酉科

胡秀林　字桂一。

胡望潮　字澄江。現任安吉梅溪汛把總。

夏　霖

道光八年戊子科

胡蕙蘭　字公馥。

李鳳岐

道光十一年辛卯　恩科

厲點魁

應騰蛟

錢鳳鳴

道光十二年壬辰科

吳蔚文

道光十四年甲午科

池鳳洲　字廷翺。

馬步雲　字志梯。

王國興

道光十五年乙未　恩科

吳　湘

李雲飛

道光十七年丁酉科

王廷標　解元。

應　江

胡鳳儀　字聯飛。

吳大邦

朱清標

周掌英

武途入仕

姚守虞　廩貢。改杭衛指揮僉事，轉正巡揮使。

胡之亮　福州水師營都司。

李懷唐　見忠臣。

周一麟　南錦衣衛指揮。

王世愷　鎮撫。

牟士龍　見忠臣。

黃　舉

王安邦　溫州都司，升福建漳泉興總兵。

國　朝

潘　呆　杭州撫標把總。

潘　潮　撫標把總，升台州左營守備。

吳明裕　青田把總。

徐兆文　台州中營千總。

華正邦　處州鎮標中營外委千總。

金朝升　處州麗水外委。

金盛長　湖北龍山縣外委。

徐廷瑞　浙江撫標左營中軍守備。

程鶴齡　現任乍浦左營把總。

程萬星　字大經。現任乍浦水師協防廳。

援　例

宋

陳良能　見辟薦。

呂　沂　見辟薦。

呂　約　判司。

明

徐　隆　見政績。

施　澄　餘干縣丞。

施　源　清平主簿。

童存禮　古田縣丞。

朱　俊　宜黃縣丞。

朱　傑　都昌主簿。

朱　格　彝陵州判官。

李　暕　光澤主簿。

李　澡

周　賢　甌寧縣丞。

章　端　寧德縣丞。

童　欽　甌寧主簿。

賈伯壎　江浦縣丞。

趙懋功　華亭縣丞。

金　銈　見舉人。

徐　訪　福州府通判。築連江縣城，民建祠祀之。

徐　暕　連城縣丞。

吕　録　旌德主簿。

盧　爕　曲江縣丞。照府志融縣主簿。

應　賢　雲南按察司知事。照府志寶山縣丞。

應　琮　裕州判官。

陳　全　瀏陽主簿。

徐　時　商邱縣丞。見封贈。

馬一龍

董文鏊　泗州判官。

徐　稻　鎮遠衞經歷。

童　鍩

周文奎　縣丞。

葉　祚　普安州判官。照府志大理府經歷。

吕　欽　見舉人。

周　徽　宛平縣丞。

童如衍　見舉人。

應　昇　瀘州吏目。

應　鑌　見政績。

應　琪　南安主簿。

應　臺

應　珩

周　亮

應景陽

馬國本　楚府典寶。

周　微　汀州照磨。巡撫疏其績，欲大用之，不果。

徐　暉　利津主簿。

應秋暘

呂瑞卿

童　汸

徐文璽　福州府檢校。

徐文璿

朱　銓　府志：鉛山主簿。

章光宙　吉安府經歷。

徐應賢

童　淑　兩淮鹽運司經歷。

徐文璣　有文行，以子顯臣貴，贈文林郎。

趙　潤　古田主簿。

徐師稷　忠州通判。

徐文訓　徐州判。河堤孔棘，乃教土人用江南畚插，堤成獨固。有“徐堤”之稱。

趙　淵　廣東按察司經歷。

李　琛　福建按察司經歷。

徐文安　漢陽府照磨。

徐文亮　江西布政司理問。

曹文燦　南昌府經歷。

曹文玠

葉元吉　文水縣丞。

徐　暎　延平府經歷。

章光宗　縣丞。

應　介　號竹泉，芝英人。少有抱負，事親孝。

徐一心

盧　周

應朝陽

王應潮

應　桂

王　彬

陳　彬

金應用

金應巽

俞　汎

程文謨

程文訓

曹　相

王　洪

周　俊　四川行都司經歷。

王　洙　見舉人。

王　楷　見舉人。

李　明　撫州府照磨。

徐文科

俞良德　照府志主簿。

徐師夔　貴州布政司經歷，先倅臨川，判沔陽，以政聞，亦能詩，著有《仕學編》。

陳　球　吳江主簿。

王秉綱　布政司照磨。

童如泌

童　朴　主簿。

黃仕鴻　主簿。

王一鳳

董惟溍　神武衛經歷。

章光寀　縣丞。

朱　恩　淮王府紀善。

朱　誥　主簿。

應元吉　湖口主簿。

林　奇　西華主簿。

童　桓　遂溪縣丞。

童　冲　州吏目。

呂應乾

呂　坦　按察司知事，升桃源知縣。

趙　濂　懷寧主簿。

趙　滋　阜城縣丞。

程章冕

徐啟陽

呂應祥

朱天德

周應辰　京衛經歷。

童汝耨

童汝耕

徐文炤　句容主簿，升黃岡縣丞。

池　俊

章宗仁

呂　鶴

呂惟和

呂恒德　兵馬司。捐田二十餘畝爲義塾。

林　高

周　涓　福建順昌縣丞。

周應乾

周應朝

程章服

程章紳

程光祖

應志臣　見政績。

徐文議　光禄寺丞。照府志，廉幹著稱。

徐文述　敦行古道。

徐文珠

李大韶　蘭州判官。

徐文珪

徐文瑛

徐文熊　兵馬司。

徐文薦　東昌通判。

徐一陽

徐文耀

徐文炳

徐一桂　中城正兵馬司。

徐一蘭　江西都事，升蜀府長史。

徐一謙

徐世芳　北城副兵馬司，升西城正兵馬司。擒巨盜，敕褒紀録。時廠衛羅織冤獄，多所平反，爲忌者所排，都人惜之。趙相國、李臨淮並有贈行文述其事。

徐啟成　歸州二守。

徐應寧

王邦模　主簿。

王宗勳　鴻臚寺序班。

王宗燿　見封贈。

王宗華

徐一楷　長淮經歷。

徐一楠　陝西都司經歷。以清勤著,居鄉以孝友聞。見封贈。

應昌煥　安寧州同。

朱尚醇

姚　湘

徐學曾　潮州衛經歷。

李國贊　保定府照磨。

徐啟芳　彭縣縣丞。

林明理　貴池縣丞。

徐應熙

徐希正　開平衛經歷。

程明允　廣州同知。

徐守綸

程明試　見文苑。

徐守經

呂師岐　湘潭縣丞。居家捐資贖祀田,明約衛閭里。

徐廷相

呂宗仁　廣東鹽法提舉。

陳德新　福建都司經歷。

呂　斌

應孝思　慶陽衛經歷。

應忠思　沛縣主簿。

朱應睿　瞿塘經歷。

朱應徵　南京西城兵馬司。

陳應典

徐一鯉

徐一龍　都事。

徐萬遂

徐萬愛

徐守緯　大庾主簿，升南海衛經歷。

徐一相

徐一椿　泉州經歷。

徐衛時　山陽主簿。

徐際時

徐一倫　鎮撫。

胡　維　宜興縣丞，總理五司稅務。

陳士進

周思敬

陳士遠

朱世盛　博興主簿。

應守謙　汝寧府經歷。

王宗炤

王宗默　潞府工正。

應守訥

王宗煥　瀏陽主簿。

王師召

徐宗禮

陳鴻典

王師賢

葉宗亮

徐宗銓

吳一勳　上海縣丞。

王世錫

王世悌

徐宗頤

徐宗順

徐九華　光州吏目。

胡友泉　建康教授。

黃一鷗　見忠臣。

胡　椿　光禄署丞。

胡士性

郎思仁　照府志補入。

郎承恩　照府志補入。

郎承德　照府志補入。

童有容　曲靖江經歷。

童　淳　簡州吏目。

童　策　鷹揚衛經歷。

黃兆麟

李國聘

呂良時　湖廣景陵縣丞。禦寇有功,升本縣知縣。

朱爲綏

李長春　見孝友。

李正璨

倪汝揚　開平經歷,升知灤州。

周　銓　考授推官。國朝義寧訓導。

倪光復

國　朝

徐懋韶　考授縣丞。

應雲從　考授州同。

徐　鐺　考授州同。見義行。

應居敬　考授州同。照府志補入。

王希曾

應康先　照府志考授縣丞。

翁繼忭　考授州同。

應景皓

王同友

呂宣夑　考授州同。

徐之騋　廩貢。

胡克備

徐　銓

徐　珪

李惟選

陳元士　州同。

周君彝　州同。

呂　吉　考授州判。

李明峰　州同。見孝友。

胡宜疇

周之成

王所程

黃日隆

陳　旭　考授州同。

應鼎鰲

陳　疇　州同。康熙甲午，武邑賑飢一月。

呂　旌　庠生。授州同。

呂啟升　庠生。授州判。

李　球

徐洪夏　考授州同。

應景儀

呂　熙　考授州同。

王端立

金　琘

潘文達　郡庠。考授縣丞。

林昌熹

金兆位

徐大鰲

王　侯

陳應兆

高　仕

陳應光

楊光初　考授州同。

賈永銘

陳　昺

李兆元

施爾文　清軍廳。

陳伯彝　考授州同。

應　聞

施顯謨

徐　瑄

呂啟泰

徐　璞

陳秉義　考授州同。

陳希益

以上前志載例貢。

應鼎和　字介宜。附貢。見旌獎。

應鼎維　字新宜。例貢。見旌獎。

鮑友錫　字旗章。庠生。授州同。

陳　璉　庠生。授州同。

陳　曇　府經歷。

翁仕珪　字如璧。州同。

胡啟岳　字南先。附貢。

林爾章　淮安通判。

胡克修　字憲教。例貢。

胡明徵　字獻如。州同。

施爾昌　字瑞宗，原名仁標。州同。

倪會龍　字位天。例貢。

盧　榔　州同。

胡宗岳　字大升。附貢。

周奕仲　州同。

俞　誠　字洪川。例貢。

陳　雄　庠生。授州同。

胡爾仁　字亦純。例貢。

徐錫璠　字煥章。州同。

林志誠　州同。

華守雲　字邦龍。例貢。

應　魁　例貢。

季肇基　例貢。

徐漢昭　字升衢。例貢。

林志孟　附貢。

陳騰蛟　字如廷。例貢。

胡光照　字懋容。州同。見旌獎。

應道先　字以登。例貢。

林昌惠　字迪彰。附貢。

陳泰宜　例貢。

應恒墀　字鳴玉。附貢。

呂永福　例貢。

金煥文　例貢。

金　鵬　字册儒。監生。江寧縣丞。

陳宗卿　州同。

方　際　例貢。

胡如殷　字商宅。附貢。

童士毅　字宏初。例貢。

胡元謹　字信先。例貢。

李紹鰲　例貢。

周　鍇　字正成。衞千總。

徐　珏　字南渠。例貢。

應友政　字正治。例貢。

應芝琬　字友咸。例貢。

胡承瑞　字祥章。例貢。見旌獎。

金載熊　例貢。

陳兆儀　字正夫。附貢。

倪會蛟　例貢。

應　珮　字玉侯。例貢。

應芳桂　字林一。例貢。

徐廷元　字獻朝。附貢。

胡承先　例貢。

倪會虯　例貢。

董　儀　附貢。

朱廷枚　例貢。

倪廷標　字春臺。附貢。

施丙甲　例貢。

胡守功　例貢。

倪廷相　字鎔章。武生。授衛千總。

金文疇　例貢。

呂祖鑣　例貢。

徐　圭　字信侯。例貢。

陳　衡　附貢。

胡啟相　字相先。例貢。

陳　俠　字上升。附貢。見封贈。

金仕森　例貢。

倪廷楷　字鑑章。武生。授衛千總。

徐　商　字商中。附貢。

應　梁　字克任。廩貢。篤學能文，兼工書法。

黃時三　字君乾。例貢。

徐友萃　字占聚。例貢。

朱思敬　例貢。

應清芬　字濟久。廩貢。鎮海訓導，升山西澤州府經歷，攝榆社縣事。

施寵梅　例貢。

吳明貴　例貢。

徐澍生　字聖疇。附貢。

程秉坤　例貢。

徐成一　字理先。州判。

徐　匡　字天允。例貢。

徐振瀟　字聖森。附貢。

程振運　例貢。

樓　敬　例貢。知縣陳薦孝廉方正。見封贈。

徐鴻英　例貢。

王永言　附貢。

程振潘　例貢。

胡廷偉　字魁臣。例貢。樂善好施，嘗捐田二十餘畝，倡設族中
崇文會。

呂涵喆　字再明。附貢。

駱光宗　例貢。

方昌泰　附貢。

呂涵兢　字載嚴。廩貢。

林兆鏗　例貢。

陳啟瑋　例貢。

胡日高　字公獻。例貢。

林兆沛　布政司理問。秉性孝友，好善樂施，撫養遺姪如子，修
造學宮泮池。

陳韞德　字國珍。府經歷。

潘啟慎　例貢。

陳崇級　例貢。

金玉振　例貢。

潘啟榮　例貢。

章元圭　州同。

呂　儀　例貢。

徐聖元　例貢。

李兆志　例貢。

林兆勳　例貢。

李慶生　州同。

黃學拱　例貢。

呂　煒　例貢。見旌獎。

朱之亮　字聖彩。監生。遵江振例，授都水司大使，署四川漢州典史，補江西崇義縣巡檢。

呂盛朝　例貢。

李尚仁　例貢。

呂盛典　例貢。見旌獎。

吳翰祖　例貢。

王象賢　字敬承。例貢。

潘開第　附貢。

呂承鑑　例貢。

應　僑　字秀祥。附貢。授府經歷。

高　峻　例貢。

李若晏　附貢。

徐召棠　字美思。廩貢。

盧雲洛　字河之。例貢。

周召南　例貢。候選刑部司獄。

盧雲時　字汝芳。府經歷。

胡紹堂　字明章。附貢。

樓漸雲　字文科。例貢。

樓克明　字峻德。例貢。

胡紹堦　字華章。附貢。

胡文靖　字邦之。州同。嘉慶庚辰，歲歉，捐銀三百兩，又出廩米以濟族人。捨棺數十年不倦。

施仁詩　例貢。

樓望仙　字滌凡。庠生。授州同。勅授儒林郎。嘗割腴田二十畝以崇祀。嘉慶辛未，歲旱，出金數百，買穀賑飢。

章應魁　字連元。州同。

應世朝　字正夫。州同。嘉慶庚辰，歲歉，捐銀四百兩。壬辰，輸穀二百石以濟族中貧乏者，又捐田二十餘畝倡立族中培文會。

王宗裕　州同。敕授儒林郎。

潘國祥　字亦發。州同。

應道種　字蘭畹。州同。急公尚義，倡捐千秋、康濟、望西等橋及鷲山、芝英道路，所費共千餘金。

方茂傑　例貢。見封贈。

應錫价　庠生。分發四川經歷。

潘國賓　字亦嘉。廩貢。

金　鋥　州同。

馬宏篆　字鑾書。例貢。

呂茂泗　例貢。

應　釗　庠生。分發安徽典史。

徐獻廷　字聖恩。州同。

胡南枝　附貢。

應　鴻　字克宗。附貢。

朱光道　字岸登。增貢。

胡　基　字文開。附貢。

應有典　例貢。

陳世謙　字德光。例貢。

胡繼新　字化之。附貢。

朱天士　例貢。

李雲灝　字貯源。附貢。

孔廣燃　按察司知事。

方國華　字豹文。附貢。授州同，加二級。

李蔚文　字輝炳。附貢。授州同。

陳修法　例貢。嘉慶甲戌，同里失火，延燒數十家，出貲三百餘金以賙恤之。

謝星茂　例貢。

朱　璉　字爾商。例貢。嘉慶庚辰，歲歉，出粟賑鄉閭。

樓望江　字若瀾。由武生。授衛守備。嘉慶辛未、庚辰，歲歉，
出粟賑鄉閭，又製棉衣百餘領以衣寒者。

成光時　例貢。

潘國昌　字階平。附貢。廣西武宣縣典史。

盧恒山　字朝卿。布政司理問。

董元瑛　例貢。

周秉天　例貢。

應鍾全　州同。

任佳然　例貢。

程　蘭　遵豫東例，候銓縣丞。

施懋德　例貢。

呂廷標　字珪璋。州同。

呂伯槃　例貢。

鄭　筠　字性逸。州同。見旌獎。

樓　楹　由監生授都司。

朱廷機　字君謨。州同。

呂士超　字慕賢。州同。

徐啟瓊　字開英。州同。

吳文武　字偃修。由例貢授州同。

馬宏簾　州同。敕授儒林郎。

金玉意　例貢。

李載章　例貢。

任成高　例貢。見旌獎。

黃雙鯉　例貢。

陳昌灝　例貢。

方登第　武生。授衛千總。

黃忠日　字永升。例貢。

厲期華　字協之。附貢。

施夢三　字筆枝。附貢。

俞洪貴　字廷先。例貢。

陸其祥　例貢。

李佩賢　署江西瑞昌縣典史。

李　梅　字占春。州同。

范立侯　例貢。

徐慕庚　字景良。附貢。

胡爾譜　字普之。例貢。

樓仕祥　字美意。例貢。

樓孟和　字靜一。例貢。

徐慕謙　字景之。由監生授衛千總。見旌獎。

王惟精　字心傳。州同，加二級。見旌獎。

胡仁謨　附貢。

應壽椿　字邦達。大興廩膳生。遵籌備事宜例，改本籍候選訓導。

章安哲　字旭成。布政司理問。

胡師望　字丹箴。附貢。

陳鳳書　字文瑞。附貢。

陳昌意　字誠謂。例貢。

胡兆駒　字仲昂。例貢。

恩廕

宋

胡　湘

胡　湅

胡　淮　俱則子。都指揮使。

胡　穆　則孫。雍州推官。

樓　垍　金紫光禄大夫。

樓　城　俱焜子。湖南參議。

林　篪　大中從子。迪功郎。

林　楷　迪功郎。

林　樅　江南運司，主管文事。

林　栻　歸安主簿。俱大中孫。

林子熙　將仕郎。

林子點　監鼓院。俱大中曾孫。

應巽之　機宜。

應服之　丹徒知縣。俱孟明孫。

應文鼎　純之子。從事郎。

章　涣　服子。官通直郎、分宜宰。

應紹祖　松鑑子。江陰縣尉。

章大任　廣東提刑。

章大忠　沿海制置内機。俱服孫。

吳思齊　見忠臣。

李文鎮　衛子。安撫僉事。

吕　燾　澤父。節制軍馬，以外祖厲仲方廕。

胡　桌　之綱子。欽州司法參軍。

樓　珆　官運屬。焜弟。

樓　塤　淳安令。

明

徐師皋　讚孫。太平知府，進階中憲大夫致仕。

王秉銓　崇子。上林苑監丞。

王秉鑑　崇子。金華所指揮使。

王秉鑰　崇子。淮府長史。

程光裕　文德孫。南京前府都事。

徐宗書　學顏子。由增廣生。見耆壽。

方　瑛　天順間累功，封南和侯，謚忠襄。

盧　瓊　鎮撫得子。襲安陸衛鎮撫，調蘭州衛。

盧　本　得孫。升甘州左指揮僉事，調肅州衛。

盧　貴　本子。

盧　政　本孫。繼襲。

封　贈

宋

胡承師　則父。贈吏部郎中。

應　氏　則母。贈永寧郡太君。

陳　氏　則妻。封潁川郡君。

林　祿　大中曾祖。贈太子少保。

陳　氏　大中曾祖母。贈咸寧郡夫人。

林　邦　大中祖。贈太子少傅。

姚　氏　大中祖母。贈高平郡夫人。

林茂臣　大中父。贈太子少師。

李　氏　大中母。贈信安郡夫人。

趙　氏　大中妻。贈永嘉郡夫人。

樓　洙　焀父。贈太師。

姚　氏　焀母。贈越國太君。

章　氏　焀妻。贈安國夫人。

章　俁　服父。贈朝散大夫。

陳、應氏　服母。並贈太宜人。

陳、鄭氏　服妻。並贈宜人。

應　立　孟明祖。贈正奉大夫。

陸、邵氏　孟明祖母。並贈碩人。

應　濤　孟明父。贈朝請大夫。

周　氏　孟明母。贈令人。

林　氏　孟明妻。贈衛國夫人。

胡　惇　邦直父。贈中散大夫。

明

謝仲德　忱父。贈御史。

應、方氏　忱母。一贈太孺人，一封太孺人。

王　氏　忱妻。封孺人。

施孟善　信父。贈評事。

王　氏　信母。贈孺人。

邵　氏　信妻。封孺人。

施永縉　良父。贈署正。

呂　氏　良母。贈孺人。

胡　氏　良妻。封孺人。

童宗盛　信父。封主事。

詹　氏　信母。封太安人。

陳　氏　信妻。封安人。

章　仁　嵩父。封署正。

盧　氏　嵩母。封太孺人。

徐　氏　嵩妻。封孺人。

趙存祐　艮父。贈給事中。

徐　氏　艮母。贈太孺人。

應　　氏　　艮妻。封孺人。

胡永明　　鎮父。贈經歷。

趙　　氏　　鎮母。封太孺人。

趙　　氏　　鎮妻。贈孺人。

胡叔盛　　瑛父。封評事。

應　　氏　　瑛母。封太孺人。

呂　　氏　　瑛妻。封孺人。

徐仕家　　沂父。封給事中。

樓　　氏　　沂母。封太孺人。

應、蔣氏　　沂妻。一贈孺人，一封孺人。

程　　堅　　銈父，文德祖。封評事，贈吏部侍郎。

方　　氏　　銈母，文德祖母。贈太孺人，加太淑人。

程　　銈　　見進士。以子文德貴，加贈吏部侍郎。

趙　　氏　　銈妻，文德母。封孺人，加贈太淑人。

潘　　氏　　文德妻。封淑人。

徐　　朗　　讚祖。贈都察院右副都御史。

顏　　氏　　讚祖母。贈太淑人。

徐　　憲　　讚父。贈都察院右副都御史。

程　　氏　　讚母。封太淑人。

黃　　氏　　讚妻。封淑人。

俞文治　　敬父。贈主事。

楊　　氏　　敬母。贈太安人。

楊　　氏　　敬妻。封安人。

周　　儔　　文光父。封御史。

陳　　氏　　文光母。封太孺人。

孫　　氏　　文光妻。封孺人。

朱　　隆　　方父。贈郎中。

胡　氏　方母。贈太宜人。

王　氏　方妻。封宜人。

應尚德　照父。贈文林郎。

呂、王氏　照母。並贈太孺人。

程、虞氏　照妻。一贈孺人，一封孺人。

應　曙　廷育父。贈主事。

樓　氏　廷育母。封太安人。

池　氏　廷育妻。封安人。

俞　洪　玘父。贈文林郎。

張　氏　玘母。贈太孺人。

周　氏　玘妻。封孺人。

曹　勝　贊父。贈文林郎。

樓　氏　贊母。贈太孺人。

董　氏　贊妻。封孺人。

王　福　崇祖。贈兵部左侍郎。

方　氏　崇祖母。贈太淑人。

王　科　崇父。封吏科給事中，贈兵部左侍郎。

李　氏　崇母。封太孺人，贈太淑人。

謝　氏　崇妻。封孺人，贈淑人。

程　氏　崇妻。封淑人。

趙　機　鑾父。封郎中。

孫　氏　鑾母。封太宜人。

朱、童氏　鑾妻。一贈宜人，一封宜人。

胡　機　大經父。贈文林郎。

張　氏　大經母。贈太孺人。

程　氏　大經妻。封孺人。

李　棖　鴻父。贈文林郎。

楊　氏　鴻母。贈太孺人。

朱　氏　鴻妻。封孺人。

吳　海　九經父。贈主事。

李　氏　九經母。贈太安人。

王　氏　九經妻。封安人。

徐　時　文通父。封參議。

孫　氏　文通母。封安人，贈恭人。

趙　氏　文通妻。封安人，晉封恭人。

呂　瓚　欽父。封員外郎。

周　氏　欽母。封太安人。

朱、朱氏　欽妻。並贈安人。

李　氏　欽妻。封安人。

周　鍾　聚星父。封郎中。

王　氏　聚星母。封太宜人。

王　氏　聚星妻。封宜人。

徐文璧　師皐、師稷、師夔父。有文行，嘗著《師古訓言》。以師皐貴，贈太平知府。

應　氏　師皐母。贈恭人。

俞　氏　師稷母。贈孺人。

葉、盧氏　師皐妻。一贈恭人，一封恭人。

曹　氏　師稷妻。封孺人。

程　麟　正誼祖。贈四川左布政。

楊　氏　正誼祖母。贈太夫人。

程　梓　正誼父。贈四川左布政。

孫　氏　正誼母。贈太夫人。

吳　氏　正誼妻。封夫人。

徐文燦　師張父。封文林郎。

陳　　氏　師張母。贈孺人。

呂　　氏　師張妻。贈孺人。

黃　　珪　卷父。封中書舍人。見耆壽。

胡　　氏　卷母。封太孺人。

孫　　氏　卷妻。封孺人。

郝　　氏　卷妻。以子一鶚貴，封太孺人。

徐　　氏　一鶚妻。封孺人。撫庶子，克有容德。

徐文沛　世芳父。贈文林郎。多善行。

俞　　氏　世芳母。贈太孺人。

潘　　氏　世芳妻。贈孺人。

王　　氏　世芳妻。封孺人。

李　　氏　贈僉事徐學顏妻。贈宜人。

應尚端　典父。贈兵部主事。

李　　氏　典母。封太安人。

朱　　氏　典妻。封安人。

周　　氏　王秉銓妻。贈孺人。

朱　　氏　王秉鏗妻。封宜人。

黃　　氏　王秉鑰妻。封安人。

程章袞　光裕父。封南京太常寺典簿。

徐　　氏　光裕母。封太孺人。

趙、盧氏　光裕妻。並封孺人。

徐文郁　一本父。貤封南京石城門千戶所吏目。

應　　昱　本泉父。封南京兵部典牧所提領。

朱思道　仲智父。贈中憲大夫。

陳　　氏　仲智母。贈太恭人。

胡　　氏　仲智妻。贈恭人。

周　　勳　鳳岐父。贈屯田司主事。

徐、孫氏　鳳岐母。並贈太安人。

徐、楊氏　鳳岐妻。並贈恭人。

徐一楠　可期父。贈徵仕郎行人司行人。

應　氏　可期母。贈太孺人。

施　氏　可期妻。封孺人，晉宜人。

王宗燿　世德祖。贈湖廣右布政。

應　氏　世德祖母。贈太夫人。

王師周　世德父。贈湖廣右布政。

杜　氏　世德母。贈太夫人。

周、邵氏　世德妻。並贈夫人。

汪　氏　世德妻。贈夫人。

周　濚　九皋父。贈江西參政。

吳　氏　九皋母。封太安人。

孫　氏　九皋妻。封孺人。

邊　氏　光燮妻。封安人。

侯　氏　光夏妻。封安人。

徐文訓　一桂父。贈文林郎。

王　氏　一桂母。贈太孺人。

周　淑　懋良父。贈徵仕郎。

呂　氏　懋良母。贈太孺人。

應　氏　懋良妻。封孺人。

呂九疇　應兆父。贈將仕郎。

薛　氏　應兆母。贈孺人。

周廷奇　思敬父。贈徵仕郎。

應　氏　思敬母。贈太孺人。

應　氏　思敬妻。封孺人。

盧仲傅　元始父。贈文林郎。

王　氏　元始母。封太孺人。

周　氏　元始妻。封孺人。

徐懋學　明勳父。贈文林郎。

李　氏　明勳母。封太孺人。

朱　氏　明勳妻。封孺人。

周　氏　汪宏海妻。封孺人。

徐德泰　隆父。封文林郎。

胡　氏　隆母。封孺人。

馬　氏　隆妻。封孺人。

國　朝

俞應貫　有斐父。敕贈文林郎。照府志補入。

呂、徐氏　有斐母。並敕封太孺人。

程懋銓　開業祖。郡庠生。貤贈中憲大夫。

徐氏、王氏、呂氏　開業祖母。並貤贈恭人。

程衍初　開業父。增廣生。誥贈中憲大夫。

王　氏　開業母。誥封太恭人。

陳　氏　開業妻。誥封恭人。

王　氏　兆選妻。敕封孺人。尚濂母敕贈太孺人。

應、鮑氏　尚濂妻。一贈孺人，一封孺人。

樓惟馴　秉詡父。貤贈修職郎。

陳　氏　秉詡母。貤贈孺人。

應　清　煒祖。貤贈文林郎。

朱　氏　煒祖母。貤贈孺人。

應　椿　煒父。敕贈文林郎。

徐　氏　煒母。敕贈太孺人。

施恩光　鳴九父。貤贈修職郎。

馬氏、江氏、陸氏　鳴九母。並貤贈孺人。

徐　位　蕘父。貤贈修職郎。

俞、張氏　蕘母。並貤贈孺人。

李　氏　蕘母。貤封孺人。

李若宜　雲耀父。貤贈修職郎。

呂、郎氏　雲耀母。並貤贈孺人。

盧　湛　槃父。增廣生。貤贈修職郎。

胡　氏　槃母。貤贈孺人。

李　雕　作瞻父。貤贈修職郎。

金　氏　作瞻母。貤贈孺人。

俞九晨　玉韜父。贈文林郎。

周、胡氏　玉韜母。並贈太孺人。

應鼎維　清芬父。貤贈修職郎。

呂　氏　清芬母。貤贈孺人。

徐士儀　璐父。貤贈登仕郎。

李、許氏　璐母。並貤贈孺人。

呂家祚　如瀨父。貤贈登仕郎。

胡　氏　如瀨母。貤贈孺人。

應紹恪　芝暉父。貤贈修職郎。

程　氏　芝暉母。貤贈孺人。

應六諭　正禄父。貤贈修職郎。

胡氏、黃氏、鄒氏　正禄母。並貤贈孺人。

周大年　咨詢父。貤贈修職郎。

徐　氏　咨詢母。貤封孺人。

黃尚燦　兆基父。貤贈修職郎。

胡　氏　兆基母。貤贈孺人。

應國良　曙霞祖。貤贈文林郎。

吕　　氏　曙霞祖母。貤贈孺人。

應成秀　曙霞父。敕贈文林郎，晉贈朝議大夫。

曹　　氏　曙霞母。敕贈太孺人，晉贈太恭人。

倪　　氏　曙霞妻。誥封恭人。

潘景韶　國詔祖。庠生。貤贈文林郎，晉贈奉直大夫。

樓、姚氏　國詔祖母。並貤贈孺人，晉贈宜人。

潘開旺　國詔父。廩膳生。敕贈文林郎，晉贈奉直大夫。

徐　　氏　國詔母。敕封太孺人，晉封太宜人。

李　　氏　國詔妻。敕封孺人，誥封宜人。

潘開甲　國徵父。郡庠生。貤贈修職郎。

樓　　氏　國徵母。貤贈孺人。

陳　　俠　應藩祖。貤贈奉直大夫。

陳士清　應藩胞叔父。貤贈文林郎。

吕、金氏　應藩祖母。並貤贈宜人。

徐、王氏　應藩胞叔母。貤贈孺人。

陳士穎　應藩父。庠生。敕封文林郎，晉封奉直大夫。

王　　氏　應藩母。敕贈太孺人，晉贈太宜人。

王　　氏　應藩妻。敕封孺人。

徐榮祖　炳父。貤贈登仕佐郎。

應　　氏　炳母。貤封孺人。

董士羲　大成父。誥封武德騎尉。

徐、金氏　大成母。並贈太宜人。

胡　　氏　大成母。誥封太宜人。

李　　氏　大成妻。誥封宜人。

程立就　尚蛟祖。誥贈武義都尉。

黃　　氏　尚蛟祖母。誥贈太淑人。

程宜祥　尚蛟父。誥贈武義都尉。

厲　　氏　尚蛟母。誥贈太淑人。

王、陸氏　尚蛟妻。一贈淑人，一封淑人。

徐明德　廷瑞祖。貤贈武德騎尉。

胡　　氏　廷瑞祖母。貤贈宜人。

徐琜先　廷瑞父。誥贈武德騎尉。

胡　　氏　廷瑞母。誥贈太宜人。

朱、唐氏　廷瑞妻。一贈宜人，一封宜人。

朱文龍　錫齡祖。貤贈武德騎尉。

傅　　氏　錫齡祖母。貤贈宜人。

朱廷魁　錫齡父。武生。誥封武信騎尉。

應　　氏　錫齡母。誥贈太宜人。

胡茂榮　望勳祖。貤贈武略騎尉。

夏　　氏　望勳祖母。貤贈安人。

胡錫鸞　望勳父。敕贈武略騎尉。

林　　氏　望勳母。敕贈太安人。

華士德　正邦父。貤贈奮武校尉。

李　　氏　正邦母。貤封孺人。

池彩文　煥清祖。貤贈武略佐騎尉。

應　　氏　煥清祖母。貤贈安人。

池正榮　煥清父。勅贈武略佐騎尉。

陳、魏氏　煥清母。勅贈太安人。

胡　　氏　煥清妻。勅封安人。

應銘先　世英祖。貤贈武信騎尉。

李　　氏　世英祖母。貤贈孺人。

應齊玉　世英父。勅封武信騎尉。

顏　　氏　世英母。勅贈太孺人。

胡兆志　望潮祖。貤贈武信騎尉。

王、應氏　望潮祖母。並貤贈孺人。

胡洪印　望潮父。勅贈武信騎尉。

王　氏　望潮母。勅贈太孺人。

程尚虹　鶴齡父。貤封奮武校尉。

胡氏　鶴齡母。貤封孺人。

遵例請封

樓　敬　望仙父。勅贈儒林郎。

黃　氏　望仙母。勅贈太安人。

應　氏　望仙妻。勅封安人。

王廷章　宗裕父。勅贈儒林郎。

呂　氏　宗裕母。勅贈太安人。

呂　氏　宗裕妻。勅封安人。

方爾雄　國華祖。貤贈奉直大夫。

唐　氏　國華祖母。貤贈宜人。

方茂傑　國華父。誥贈奉直大夫。

倪　氏　國華母。誥贈太宜人。

馬廷芳　宏簾父。勅贈儒林郎。

陳　氏　宏簾母。勅封太安人。

王、李氏　宏簾妻。一贈安人，一封安人。

旌　獎

明

正統四年，出粟一千石助賑者，勅旌為義民，給帑建坊，凡六人：

王孟俊　見義行。

陳公署

陳積安　見辟薦。

徐伯良

金盛宗　見義行。

施茂盛　以上乾隆間並祀忠義祠。

正統十四年，處寇猖獗，兵部尚書孫原貞奉勅勸諭出粟三百石者，賜冠帶，凡一十三人：

樓永達　周養中　施坦然　方大成　施孟高　吕仲玉　陳　琦　黃季龍　黃養浩　胡伯中　朱仲南　朱叔文　陳孟昇

成化元年，奉勅勸民出粟二百五十石者，授七品散官，凡七人：

王良政　李希俊　朱以禮　朱孟積　徐孟達　施仲華　吕仲通

王思退　家裕，急於濟人，所周急不可勝紀。嘗輸粟於官，朝廷璽書褒焉。

徐德美　捐資築後清堰併郭坦塘壩，院司獎焉。乾隆二年，崇祀忠義祠。

倪　禧　有尚義坊。

以上前志載義民。

國　朝

康熙四十年

王　沃　輸粟四百石助賑。詔入監肄業。

乾隆十六年

旱，知縣楊瑛捐賑，巡撫覺羅雅題請分別議叙：

倪會龍　輸粟一千石。授化州吏目。

胡光照　輸金千兩。由州同職議叙縣丞。

王國本　輸金八百兩。以吏目銓選。

吕盛典　輸金五百兩。由例貢議叙主簿。又捐數百金，建方巖飛橋石欄，且置田儲粟，令子孫世修焉。

華守佑　輸金二百兩。授八品銜。乾隆辛巳飢，又捐三百金，買粟賑濟。郡守楊表曰"惠及桑梓"。

胡廷桂　由邑庠恩授貢生。

徐友栻　授九品衙。

是年助賑，照戶部具題册內，尚有胡瑞倬、朱茂櫒、鄭淩雲、施飛鴻、呂煒、應開璋六人，其捐數、職銜無考，姑附錄其名。

乾隆十七年知縣楊瑛捐建社倉：

鄧登雲　字昭龍。先捐倉基並建倉銀三百三十兩。倉成，捐穀一千餘石爲倡。當道題請議敘，以吏目銓選。

乾隆二十三年：

王載琦　輸粟三百石助賑。議敘吏目。是年並前康熙四十年助賑者，多不可考。今據採訪簿載之。

道光十二年，紳士捐資建復育嬰堂。撫院富奏請分別議敘：

王鍾佩　捐銀一千四百餘兩。授鹽知事職。

王儒璋　急公尚義，嘗倡修西津、康濟等橋並道路、寺觀，捐資不下二千餘金。

周兆禮　性端方，不妄言語。道光庚寅，出貲一百二十餘金，製衣以衣寒者。

俞廷學

徐　行

呂尚選

馬宏箴

王逢春

華成謨

金倬雲

馬宏籌

翁佩環　以上十一人，捐銀七百餘兩至五百餘兩。並授八品衙。王儒璋、周兆禮、俞廷學、徐行、呂尚選、馬宏籌六人，並以董事，加紀錄二次。

徐慕謙　捐銀五百餘兩,紀録二次,董事加紀録二次。

張有星

任成高

徐振德

徐雙貴

徐正開

胡正科

林鎮藩

沈如鈺

徐望瀛

陳紹虞

李載林

王允修

鄭咸林　以上十三人,捐銀四百餘兩至三百餘兩,並授八品銜。
陳紹虞、王允修並以董事加紀録二次。

鄭　筠

徐鍾英

王惟精　以上三人董事,紀録二次。

胡永載

周師賢

沈錫瑤

胡正登

徐振揚

倪爲鴻

盧炳彪

徐志錦

謝之恩

盧景施　以上十人董事，並授九品銜。

旌區附

康熙六十年饑，出粟助賑，布政司傅澤淵獎以"義可型方"額，凡七人：

應鼎和　見孝友。

陳明懷　家故貧，行傭以供母，鄰里稱孝。晚以勤儉起家，好行其德。嘗建涼亭，以息行旅。

應鼎維　見封贈。

應宗壽　乾隆丙寅，又捐社穀五百石。丁丑歲祲，設廠宗祠，請示平糶，族中德之。布政司表曰"施惠枌榆"。

胡繼蘊　以上五人，各捐粟三百石。

徐養松　捐米二百八十石。

徐於敏　捐粟二百石。

夏安仲　捐粟三百石。巡撫獎曰"惠施鴻雁"。

陳守默　庠生。雍正十一年，其鄉鄰有積逋者，代輸百餘兩。學使者表曰"德冠膠庠"。

乾隆十六年：

黃芳球

陳啟時　各捐銀二百兩。司道給區獎焉。

鄧如度　設廠為粥以食餓者，凡三閱月。

胡承瑞　設粥廠於家祠，以濟飢民，歷四十日。

徐洪德　捐粟一百四十石。以上三人，知縣楊瑛給區獎勵。

呂海壽　嘉慶十八年，捐銀七百兩，助修金華試院。郡守吳廷琛獎曰"義心拔俗"。

捐職州同王惟精母陳氏　捐助育嬰堂銀一千餘兩。道光十二年，賜帑建好善樂施坊。

捐職州同胡文靖妻王氏　捐助育嬰堂銀五百餘兩。巡撫富給"推慈保赤"區。

選　尚

宋

翁慶龍　尚理宗景陽公主，贈金紫光禄大夫、正治卿。葬邑南黃霧山。

翁應麒　尚理宗永嘉郡王郡主，贈樞密都督。墓在三都大夫山。

邵　賜　宋駙馬。崇寧元年，勅贈吏部尚書，立廟下邵。墓在土名石馬山。

陳　瑾　金紫光禄大夫、上柱國。尚滕王第二女金堂郡主。

明

徐共學　儀賓。尚遼王府泉陵郡主。

永康縣志卷之七

人物志

天之生才，豈擇地哉？眾庶馮生，而有豪傑者起，則地之靈見焉。古人論三不朽，夐乎遠矣！孔門四科，各有專長。孟子謂善士自一鄉一國以至於天下，善量固不同與。厥後班史《古今人表》，列其等爲九，夫亦以百行所存、趣捨難壹，而後之論者，又往往以差違紛錯訾之。然則銓評人物，亦未易事哉！吾永先民，可得而聞者，載在史牒，章矣！然亦有德業文章，顯名當時，而史氏失書。儗於漢，吳公、張相如輩，孟堅不爲立傳，尚論者不無遺憾焉。至若婍修於家，潛光隱耀，以彼其人不求聞達，遂使終於湮没，甚非所以微顯而闡幽也。司馬子長云："古者富貴而名磨滅不可勝記，惟倜儻非常之人稱焉。"夫以什伯庸眾之材，其所表見皆不虛，雖不用於世，要其自樹立不可掩也。今採其軼事信而有徵者，咸著於篇，後之觀者亦可以勸矣。志人物。

名 臣

委贄爲臣，而無可稱述，旅進旅退，國家奚賴焉！有猷、有爲、有守，勳名垂於竹帛，廉法著於官常，斯爲安社稷臣乎！自宋以來，得若干人，紀之，爲人物冠。

宋

胡則,字子正。少倜儻,負氣格。方五代吳越以戈鋋立國,獨奮志劬學於方巖蘭若。登端拱己丑進士。宋婺士登進士者,自則始。釋褐許田尉,以幹辦聞,轉憲州錄事參軍。時靈夏用兵,轉運使索湘遣入奏兵備。召對,稱旨。太宗顧左右曰:"州郡有如此人!"命記姓名中書。大將李繼隆出塞,十旬弗返,移文轉運司云:"兵將深入,糧可繼乎?"則謂湘曰:"兵老矣。矯問我糧,爲班師之名耳。請以有備報之。"未幾,繼隆師遂還。遷著作郎,簽書貝州觀察判官。會遣使省冗役,檄則行河北道,所省凡十餘萬,民用休息。升著作丞,知潯州。時有虎患,則齋戒禱城隍神。翼日,得死虎廟中。改太常博士,提舉兩浙榷茶事,兼知睦州。丁母憂,廬墓終喪。以本官知永嘉郡,遷屯田員外郎,提舉江南路銀銅場鑄錢監。得吏所匿銅數萬斤,咸懼且死,則曰:"吾豈重貨而輕殺數人之命乎!"籍爲羨餘,不之罪。擢江淮制置發運使。會真宗奉祀景亳,則主供億,至於禮成,無纖毫缺。帝才之,面加獎勞。轉戶部員外郎,入爲三司度支副使,賜金紫,除禮部郎中、兩浙轉運使,移廣南西路。有番舶遭風不能去,且告食乏。命瓊州出公帑錢三百萬貸之。吏曰:"彝無信。"則曰:"遠人之來,不恤其窮,豈天朝綏懷意耶!"已而竟償錢如期,視所貸且三倍,朝廷覽奏嘉焉。按宜州大辟十九人,爲辨活者九人。改戶部郎中,充江淮制置發運使,遷太常少卿。尋坐丁謂累,責知信州,又徙福州。有官田數百頃,已佃爲民業久矣,計臣上言請鬻之,責其估二十萬貫,民不勝弊。則奏之,章三上,且曰:"百姓疾苦,刺史當言之。言而弗從,刺史可廢矣。"竟得減其直之半,而民賴以安。遷諫議大夫,知杭州。入判流內銓,坐舉官累,責授太常少卿,知池州。未行,復諫議大夫,知永興軍,領河北都轉運使,進給事中,入權三司使。寬於財利,不以剋下爲功。時朝廷方以兩京、陝西榷鹽病民,議改通商。有司憚於改作,則首請如詔,事遂行,民皆便之。進工部侍郎、集賢院學士,出知陳州,遷刑部侍郎,移知杭州,得請加兵部侍郎致仕。卒。在福州時,有前守陳絳所延客龍昌期爲人講《易》,絳遺以官錢十萬。絳得罪,並械昌期至。則館以賓禮,出俸錢爲償所遺。則嘗奏免衢、婺二州身丁錢,民懷其德,户立像祀之,在方巖者,賜額曰"赫靈祠"。其後陰助王師,殄巨寇,累著靈異,宣和及紹興、淳祐、寶祐中屢敕加賜爵號,更祠號曰"顯應"云。

徐綱,字邦常。少從范仲淹遊。登皇祐己丑進士。累遷御史中丞。不避權勢,常劾吕惠卿、韓絳阿附王安石之非,風節凛然。弟紀,字邦振,同科進士,亦拜侍御史。有司旌其里曰"雙錦"。

樓炤,字仲暉。登政和五年進士,調大名府户曹參軍,進尚書考功員外郎。高宗在建康,移蹕臨安,擢右司郎中。時銓曹患員多缺少,自倅貳以下,多添差,炤言:"光武併省吏員。今縱未能損其所素有,又安可置其所本無乎?"紹興二年,召朱勝非爲侍讀,罷給事中胡安國。炤與程瑀等言勝非不可用,安國不當罷,皆落職。六年,召爲左司員外郎,尋遷殿中侍御史。明年,遷起居郎,言:"今暴師日久,財用匱乏。考唐故事,以宰相領鹽鐵轉運使,或判户部,或兼度支。今宰相之事難行,若參做唐制,令户部長貳兼領諸路漕權,何不可之有?内則可以總大計之出入,外則可以知諸道之盈虚。"詔下三省,措置施行。又言:"監司郡守,係民甚切。乞令侍從官各舉通判資序,或嘗任監察御史以上可任監司郡守者一二人。"詔從之,命中書門下置籍。七年,宰相張浚兄滉賜出身與郡,中書舍人張燾封還。以命炤,又封還。乃命權起居舍人何淪書行。於是炤與燾皆請外,以直秘閣知溫州。未幾,除中書舍人,尋遷給事中,兼直學士院。九年,進侍讀,除端明殿學士,簽書樞密院事。繼命往陝西,宣諭德意。炤奏:"統制吳革死於范瓊,知環州田敢成、中郎盧大受死於劉豫,乞賜褒恤,以表忠義。"又奏陝西諸路不從僞命之人所籍田産,並勘驗給還。炤至東京,檢視宮室,尋詣永安軍謁陵寢,遂至長安。會李世輔自夏欲歸朝,炤以書招之。世輔以二千人赴行在，賜名顯忠，後卒爲名將。又至鳳翔，以便宜命郭浩帥鄜延、楊政帥熙河蘭鞏、吳璘帥鳳翔。還朝，以親老求歸省，命給假迎侍，仍賜金帶。十四年，以資政殿學士知紹興府，過闕入見，除簽書樞密院事兼參知政事。尋爲李文會等劾罷，與祠，除知宣州，徙廣州，未行而卒，年七十三。謚襄靖。

胡邦直，字忠佐。建炎二年，登丙科。建議復讎雪耻，忤秦檜意，坐廢十餘年。檜死，乃起爲監司，累遷知封州。所著有《雲谷集》。

章服，字德文。幼穎悟，窮經旨，至廢寢食。登紹興二年進士。授青田尉，累遷朝奉郎。用魏良臣薦，除兩浙提舉市舶公事。常俸外，例所可得者一弗取，對人亦不輒非前例。除朝請郎，差知建州。軍糧久不給，軍情洶洶，服至，爭走訴馬前。時庫錢不能三萬，服徐諭之曰：“第歸營。得一月，當次第給矣。”立案稅籍，得豪民奸胥要領，及期，軍用以足。於是省教條，寬科索，安於法守，而事大治。連遭父母喪，服闋，除知鄂州。鄂當水陸之衝，敵分兵扼上流，朝廷出軍戍鄂，一日或需船千艘、馬五千疋。服度不可辦者奏聞，餘悉給無留難。此時朝廷置武事不問者餘三十年，敵卒棄好，民不識兵革，往往流徙更居迭去。服區處不遺餘力，民得不以兵事爲恐。州額租纏五千，上供至萬斛，他須稱是。服視稅籍，得贏錢立辦，人以爲神，而服乃戚焉若不自得也。改提舉兩浙常平。先是漕司貸常平錢二萬，久置不問。服曰：“此非法意也。民不知賴矣。”立移文督之。既而户部復請貸三萬，服難之。銜命小校耻不即得，出不遜語。服叱之曰：“此聖旨耶！常平，民命也。當以法奏覆。奴何敢爾！”户部尋覺其不可而止。召除吏部員外郎，再遷侍御史。上疏言：“祖宗之大讎未報，中原之故地未復，嘗膽之志，可少忘乎！歡好常敗於變詐，師旅或興於無名，歃血之盟，可久恃乎？淮堧瘡痏，江淮饑饉，邦財未裕，軍政久隳，士風或壞於奔競，朝綱或撓於私曲。此皆當今急務，不宜以偃兵而置度外也。”又上言：“願以財賦、邊備二事專委大臣，集群臣之説，參訂其可行者，置局措畫，假之歲月，責以成功。不然，因循苟簡，臣恐後日不可悔也。"又請博求武勇以備將帥。三十年來，將帥以事廢罪不至誤國者，願一切與之自新。知池州魯詧以竹生穗實，圖之求獻，且言飢民實賴以食。服言："物反常則爲妖。竹非穗實之物，是反常也。竹生實則林必枯，是爲妖也。以妖爲瑞，是罔上也。況飢民有食糟糠者，有食草木實者，有食土粉者，豈以是爲珍於五穀哉，猶愈於死而已。詧牧民，顧使其民至此，猶以爲瑞乎！邪佞成風，漸不可長。"初，朝廷揀諸路廂禁土軍，就閱行在所，約以防秋遣。久留未遣，軍人不堪，相率詣臺自言。服爲移牒樞密院，不報，即上言："足食、足兵，爲政之先務。聖人以爲必不得已，則去兵、去食，而信終不可去。今因兵而去信，無乃不可。"仍於上前反覆固爭，上頷之。時虞允文兼知樞密院事，召戚方議之，竟復寢，一軍竄逸無留者，又相與拒鬭，不可捕。將校以下皆貶官，而方獨放罪。服遂併劾允文挾私任情，連章不已，允文竟罷去。中官梁彥俊幹辦皇城司，轉官不行臺謝，服劾其廢法，彥俊坐論贖。會服除吏部侍郎，彥俊摘其章有不遜言，上大怒，責罷汀州居住。在汀七年，杜門觀書，世念泊如也。得旨放還，提舉太平興國宮。著有《論語》、《孟子解》、《易解》若干卷。

　　林大中，字和叔。登紹興庚辰進士。調湖州烏程縣主簿，遷知撫州金谿縣。郡督賦急，大中請寬其期，不從，取告身納之，求劾而去，守愧謝，許焉。丁父憂，服除，知湖州長興縣。訟牒必究曲直，不許私和。或謂恐滋多事，大中曰："此乃所以省事也。"由是訴訟日稀。用侍郎詹義之薦，得幹辦行在諸司糧料院。求補外，同擬者四人，孝宗指大中與計衡姓名，曰："此二人佳，可除職事官。"遂除太常寺主簿。光宗受禪，詔舉察官，用尚書葉翥等薦，除監察御史。論事無所迴避。遷殿中侍御史，兼侍講。紹熙二年春，雷電交作，有旨訪時政缺失，大中言："孟春雷電，則陰勝陽之義。蓋君子爲陽，小人爲陰，其邪正在所當辨。趨向果正，雖一節可議，不害爲君子。趨向不正，雖小節可喜,不害爲小人。正者當益厚其養,無責其一節之過以消沮其正大之氣;不正者當深絕其漸,無以小節之可喜而長其奸僞之萌。"知潭州趙善俊得旨奏事,大中劾其憸邪,罷之。帝問今日群臣孰賢,大中以知福州趙汝愚對,汝愚由是被召。浙江西路民苦折帛和買重輸,大中抗疏論之,有旨減其輸者三歲。時馬大同爲戶部,大中劾其用法過峻,又論大理少卿宋之瑞,皆不報。大中以言不行,求去,除直寶謨閣,不拜,力求補外。出知寧國府。朱熹遺書朝士曰:"林和叔入臺,無一事不中的。去國一節,風誼凜然,當於古人中求之。"尋移知贛州。贛爲劇郡,大中一以平心處之,文移期會,動有成規,裁斷曲直,不可動搖,猾吏豪民,爲之束手。寧宗即位,召還,試中書舍人,遷給事中,兼侍講,知閤門事。韓侂胄來見,大中接之,無他語。使人通問,陰請納交,又笑卻之。會彭龜年抗疏劾侂胄,有旨侂胄與內祠,龜年與郡。大中請留龜年經筵,而斥侂胄外任,不聽。侂胄愈恨。御史汪義端以論趙汝愚去,侂胄引爲右史,大中駁之。改吏部侍郎,不拜,遂以煥章閣待制,出知慶元府。舊傳府有鬼祟,大中謂此必黠賊,亟捕治,既而果然,并前後所失物皆得之,由是奸人屏息。丐祠,得請,未行,給事中許及之侂胄黨也,承風繳駁,遂削職歸,與趙汝愚、朱熹等俱入僞籍。歸凡二十年,優游別墅,時事一不挂口。或勸通書侂胄以免禍,大中曰:"福不可求而得,禍可懼而免乎?"及侂胄誅,召見,試吏部尚書,擢端明殿學士,簽書樞密院事。大中世居在城縣治左側,有別業在八都,後徙居縣東十里,以龜潭爲遊息之所。嘉定元年六月卒,年七十一。贈正奉大夫、資政殿學士,諡正惠。寶祐間,崇祀鄉賢。

應材,字伯良。幼穎悟,讀書過目不忘。弱冠沈潛理學,造詣益純。爲文雄贍,思如泉湧。登紹興丁丑進士,授衢州教授。隆興改元,詔訪才堪大用者,除兵部架閣文字。時朝臣多主和議,材力排之,爲當事所嫉,久不遷。以太子長,擇老成端謹之臣,除太子春坊,與太子侍讀楊萬里同心輔導。淳熙初,疏請恢復,乃命參謀荊襄軍事。設奇據險,預爲戰守之策。數年間,邊境晏然,得捍禦力。七年,以疾卒於軍。同郡吕東萊輓章有"請纓雖拜疏,投筆未封侯"之句。尋論安邊功,封安國公。子雄飛、雄淡。飛,淳熙甲辰進士。淡,慶元丙辰進士。

　　應孟明,字仲實。登隆興癸未進士,調臨安府教授,繼爲浙東安撫司幹辦官,樂平縣丞。時郡守酷甚,孟明以書諫。事聞於朝,朝令守、丞兩易其任。以侍御史葛邲、監察御史王藺薦,爲詳定一司敕令所删定官。輪對,首論:南北通好,疆埸無虞,當選將練兵,常如大敵之在境,而可以一日忽乎!貪殘苛酷之吏未去,吾民得無有不安其生者乎!賢士匿於下僚,忠言壅於上聞,無乃衆正之門未盡闢、而兼聽之意未盡孚乎!君臣之間,戒懼而不自恃,勤勞而不自寧,進君子,退小人,以民隱爲憂,邊陲爲警,則政治自修,綱紀自張矣!次乞申嚴監司庇貪吏、薦舉狥私情之禁。帝嘉奬久之。他日宰相進擬,帝出片紙,書二人姓名,曰:"卿何不及此?"其一人則孟明也。乃拜大理寺丞。故大將李顯忠之子家僮溺死,有司誣以殺人,逮繫幾三百家。孟明察其無辜,白於長官,釋之。出爲福建提舉常平,陛辭,帝諭之曰:"朕知卿愛百姓,惡贓吏。事有不便於民,宜悉以聞。"因問當世人才。孟明曰:"有才而不學,則流於刻薄。惟上之人教化明,取舍正,使回心向道,則成就必倍於人。"帝曰:"誠爲人上者之責。"孟明至任,具以臨遣之意咨訪之。帝一日御經筵,因論監司按察,謂講讀官曰:"朕近得數人,應孟明其最也。"尋除浙東提點刑獄,以鄉郡引嫌,改使江東。會廣西謀帥,帝謂輔臣曰:"朕熟思之,無易應孟明者。"即以手筆賜孟明曰:"朕聞廣西鹽法利害相半,卿到任,可自詳究事宜。"進直秘閣,知靜江府,兼廣西經略安撫使。初,廣西官鹽,易爲客鈔,客户因多折閲逃避,遂抑配於民。行之六年,公私交病。孟明驛奏除之。禁卒朱興,結黨弄兵雷、化間,聲勢漸長。孟明遣將縛至轅門,斬之以狥。光宗即位,遷浙西提點刑獄。尋召爲吏部員外郎,改左司,遷右司,再遷中書門下省檢正諸房公事。寧宗即位,拜太府卿,兼户部侍郎。慶元初,擢吏部侍郎。卒,贈少師。孟明以儒學奮身,受知人主,官職未嘗倖遷。韓侂胄嘗遣客密誘以諫官,俾誣趙汝愚,固卻不從,士論以此重之。正德間,崇祀鄉賢。

章徠,字敬則。淳熙甲辰進士,歷官右文殿修撰。時陳、賈議貶道學,徠與劉光祖極言道學之正,光宗嘉納。及趙汝愚罷相,又與章穎抗疏劾韓侂胄專擅。坐罷官歸。寶慶間,召爲宗正少卿,兼侍講。卒。所著有《凝塵集》。

胡侁,字子先。邦直孫。登寶慶丙戌進士,累官監察御史。内侍董宋臣竊弄國柄,屢疏劾之。奪職,調將作院少監。侁即棄官歸,泊然不以勢利經心。後累召不起。所著有《孝經》、《論語釋》。人稱爲雲岫先生。

明

謝忱,字惟壽。貢入太學,領應天鄉薦,登永樂壬辰進士,授監察御史。遇事敢言,不避權要。九爲巡按,詰奸禁暴,無所假借,人稱爲"謝閻王"。漢府謀不軌,廉得其實以聞。命勒之,賜反屬男女吳德等四人。因忤尚書蹇義,僅升四川按察司僉事。歲歉,民多抵法。忱憫之,爲求可生之途。適地方多虎患,示以得虎皮三者免一命。人爭捕之,于是虎患息而民命以全。卒于官。歸葬之日,行李蕭然。

趙艮,字時中。登成化己丑進士,授刑科給事中。梗介敢言,因災異條陳謹天戒、重國本、恤民艱、鎮邊境四事。忤旨,杖于廷,幾斃。歲丙午,左右希意,請立宮媵所生二歲子爲太子。抗疏力諍,止之。及孝廟正位東宮,又疏請簡正人爲師傅,以職輔導。滿九年,遷本科都給事中。先是,重臣王越被劾,卹之,譖于中官汪直,誣以言事不謹,謫四川廬山令。弘治改元,擢四川僉事,升副使,卒于官。

徐沂,字希曾。登弘治癸丑進士,授刑科給事中。彈劾不避權貴。壽寧侯張鶴齡等恃寵冒法，及中官李廣納賂干政，皆抗章論之。改南京工科給事中。奏罷歲取蘇州細密苧布、福建改機、陝西綀絨，民稱便焉。升廣東參議，卒于官。歸裝惟圖書而已。

程鉎，字瑞卿，號十峰。性孝友，律身謹嚴。登弘治己未進士，授大理評事。以忤逆瑾，十年不調。瑾敗，擢四川僉事，晉威茂備兵道經略，尋移備建昌。薦章凡十八上，乃以子文德及第致仕，買舟渡江。適江濤洶溢，舟幾覆，人盡倉皇。鉎仰天祝曰："某生平行誼有虧，身即阽溺。否則天宜鑒予！"已而風寧浪息。歸林下數十年。著《十峰集》。

俞敬，字沙泉。弘治乙丑進士，除後軍都督府經歷，升貴州思明府知府。嘉靖初，諸臣伏闕爭大禮，皆得罪，有瘐死者，廷臣莫敢上聞，敬上疏援之。時張桂之焰方熾，以一疏逖外臣，不計禍福，雖古名臣，何以加焉！疏見藝文。

徐讚，字朝儀。登弘治乙丑進士，授棗强知縣。巨盜劉六等流劫郡邑，讚繕兵守城，賊不敢犯。民飢，募賑捐俸，為富民倡。富激於義，爭先發廩，全活以萬計。升山西道監察御史。理醠長蘆，兼巡河道。劉六餘黨楊虎橫於開濟，讚以計擒之，械送京師。巡按江西，時宸濠隱蓄異圖，潛結湖盜以自樹。讚至，即勒殺湖寇徐九齡等數百人，翦其羽翼。尋升知蘇州府，而宸濠叛矣。讚乃治兵料餉，遣戰艦出列長江，為上流聲援。濠挫於安慶而不能直窺南都者，讚與有勞焉。讚之按江西也，疏請寬逋負、罷徵徭、平冤獄，風采奕然。其守蘇州，則抑奢麗，剔奸蠹，課士惠民，百務釐舉。以政最，升河南左參政，而守蘇如故。乃佐巡撫李充嗣，開白茆港以洩太湖之浸。役鉅費省，遂為蘇、松、常及嘉、湖諸郡久遠之利。在蘇凡七年，仍授江西左參政，升貴州按察使，尋改湖廣，又調雲南。時土舍安銓叛，撫按知讚才，凡軍事悉以諮讚。讚乃議以土司攻土司，調元江、蒙化、鎮沅等處土兵，佐以漢軍，分統進勦，己獨留中議處糧餉，閱集召募，事皆立具。

晝夜登城狗師，至廢寢食。立招降大旗，陰誘脅從，仍造小旗千餘，書"同心協力，各保身家"八字於上，令各執聽撫，由是歸降者衆，賊勢遂衰。明年春，土舍鳳朝文繼叛，與安銓合進，圍省城。讚登陴呼寇，諭以朝廷恩德。寇皆伏地請降，且以復官爲言。讚諭退舍俟命，寇遂退。讚即夕走使，掣回各哨官軍，未明合擊，賊盡潰，渠魁逃逸，設方略擒之，俘獲萬餘。簡審無辜，悉爲開釋。以功升本省右布政使，進左布政。以母老疏乞終養，升都察院右副都御史，撫治鄖陽，改撫河南。值歲飢盜起，條陳救荒三事，曰寬賦斂以安人心，廣賑恤以救民命，嚴防禦以禁强梁。又陳便宜四事，曰減歲派以資歲用，均地糧以蘇民困，移水次以便兑運，處馬政以節民力。事皆施行。升工部右侍郎。丁母憂，歸，以哀毀屬疾卒。先是，讚守蘇，蘇人德之，至是舉祀名宦，有云"存心寬厚，有三代長者之風；治行循良，得兩漢牧民之體"，説者以爲實録云。嘉靖間，崇祀鄉賢。

程文德，字舜敷。登嘉靖己丑進士，以一甲第二人，授翰林院編修，繼侍經筵。進無逸殿講章，大旨與《伊訓》《説命》相表裏。又進《郊祀議》《内訓四詩》《親蠶行》。坐同年楊名劾汪鋐事忤旨，廷杖下獄，謫信宜典史。當道爲建嶺表書院，兩廣名士，翕然尊之，時有山斗之譽。鋐罷，遷安福知縣，立鄉約之法，合糧里之役，政大得民。丁外艱歸。服除，授兵部車駕司郎中。會北方狷獗，上禦備四事及車戰事宜，多見採用。尋升廣東提學副使，未上，擢南京國子祭酒。嚴立科條，黜浮文，敦實行，以太學賢士所關，務在培養人才，以收太平興理之效。未幾，丁内艱去。服関，起爲禮部左侍郎，尋改吏部。癸丑，當天下述職，門無私謁。詔知貢舉，公明周慎。竣事，加翰林院學士，掌詹事府事，典教庶吉士張四維等二十八人。是歲，兩直隸、河南、山東四省大飢，開例納銀，以便賑濟。文德具奏："救飢如救焚溺，緩則何及！聚銀爲難，食物頗易。宜隨民所有，凡可以充飢者，悉得輸官散給。"上可其奏，救四省，于是輸者踵至，四省之民得以全活。時大內歲例大祈，文德撰玄詞，多寓諷諫，忤上意，落職回籍。家居杜門謝客，日以著書爲事。比卒，遺笥蕭然，質産始克就殮，士論難之。文德早歲志學，受業楓山之門，尋之越謁王文成，領良知之旨。登第後，復與鄒守益、羅洪先相講切，闇修篤實，飭躬砥行，矩矱森然，不爲玄言聳聽，立朝不喜邀名，至大節所關，毅然不少貶。侍御史王好問疏請卹典，有云“正言正色，學術無忝于儒臣；古道古心，行誼足稱乎君子”，人以爲確論。加贈禮部尚書，謚文恭。崇祀郡邑鄉賢。

王崇，字仲德。嘉靖己丑，以禮闈第二人賜第，授吏科給事中。直言讜論，一時著稱。寇犯寧夏，總兵趙英擁兵不前，我師敗績。英欲以賄免，崇奉命往正其罪。朝論快之。謝駙馬侵馬場，崇巡青州，舉發之，詔還縣官。崇在臺，貴戚嚴憚。出爲廣東僉事。尋丁外艱。服除，補河南僉事，升本省參議。踰年，轉山西副使，備兵井陘。井陘當三關要衝，崇躬親簡閱，明賞罰，兵雄諸鎮，醜寇遁跡，有緋衣、金帛之賜。丁未，轉湖廣參政。會諸苗攻陷印江，崇設策破之，悉聽約束。升貴州按察使。復丁內艱。服除，補山東。歷轉山西左、右布政使，遂以凤望，擢副都御史，巡撫山西。崇既受節鉞，慨然以保障地方爲任，除器械，繕城隍，倡勇敢，嚴斥堠，寇至輒以捷聞。加兵部左侍郎，仍兼督撫。丙辰，召貳本兵。丁巳，湖、廣、川、貴苗民不順，廷議推老成諳練者往平之，乃命崇以原官出鎮。二年，苗穴底平。廑一子。以疾致仕，卒於家。崇爲文汪洋浩瀚，爲一世所宗。有文集若干卷行世。

程正誼，字叔明。精晰六經。登隆慶辛未進士，司理武昌。武昌屬邑，向無雉堞，正誼至，建議築五城。升刑部。癸未，分巡雲南。時土司車里、八百、老撾等負固，正誼開誠宣諭，遂悅服。乙酉，廷議勦羅雄州。巡撫以正誼才，檄委佐理。拔羅雄。升廣西參政。時靖江王逝，悍宗煽亂，正誼令閉守，諭以威德，不復噪。壬辰，晉河南按察使。時兩河大祲，饑民黃江等行掠，正誼設策賑撫，單騎至賊營諭之，皆感泣歸命。乙未，升山東右布政使。校梓《五經傍訓》。尋轉四川左布政。時三殿災，蜀中採木爲屬，正誼立折算、銷算法鐫爲書，商民不困。既而知土官有亂萌，乃遍訪諸隘，爲之圖，係以説。及楊應龍反播州，總督李化龍議撫，正誼曰："此益長其驕。"乃出向時圖、説，指以正奇之法。化龍曰："不謂今日復見臥龍！"事悉諮之。及奏凱，化龍疏正誼功，升順天府尹。時蜀帑羨餘數萬金，吏以請，正誼正色卻之。赴京，以蜀扇不工，罰及僚屬，正誼引罪，請寬僚屬，遂飄然歸。日與同志講學五峰林下十年。壽八十。所著有《宸華堂集》。萬曆間，崇祀郡邑鄉賢。

黃卷，字惺吾。天性警敏。登萬曆丁丑進士，授中書舍人，選河南道御史。遇事敢言，不避權貴。奉勅巡視蘆溝橋及節慎庫，風采奕然。巡鹽長蘆，請建學滄州，以處鹽商子弟。巡按山東，訪求周公後，而復其家。癸巳，國本未定，下三王並封詔。時建言諸臣如涂念東、王省軒、朱納齋、王介石皆以批鱗削籍，號四君子。卷賦詩慰贈，復抗疏以冀回天，直聲震朝廷。留中放歸。晚年講學碧蘿居古松下。光宗登極，詔起用，卷已歿，遣道臣賫帑金以旌直。所著有《四書五經發微》若干卷。人稱松朋先生。子一鶚，見政績。一鷗，見忠臣。人稱濟美云。

王世德，字長民。生有異徵，善讀書。萬曆辛丑進士，任同安縣，以廉能調閩縣，升工部主事。督造殿門，升郎中。典試山西，升湖廣黃州府。民有以病魔告者，世德禱城隍，忽一童子斬泥神頭獻曰："魔已伏誅。"病者瘥。擢湖廣副使。備兵下江，屢擒大盜。會詔舉異才，撫按以世德聞，遷右參政。尋丁外艱。服闋，起貴州監軍。安邦彥謀犯省城，世德請駐節威清待之。邦彥圍威清，世德募敢死士，鼓以忠義。會大風，砍賊營，賊驚潰。敘功，升本省按察使，仍監軍。苗寇肆亂，進勦盡平。敘功，升湖廣右布政使，兼督黔餉，賜帑金。升廣東左布政使，以弨鍾淩秀之亂敘功，賜帑金。劉香老謀犯省城，世德調閩將鄭芝龍夾擊香老于廣洋，香老溺死，事平敘功。會滇撫缺，懷宗顧左右曰:"豈有知兵恤民若王世德者乎!"即日擢左副都御史,巡撫雲南。世德去廣時,庫中羨金數萬兩,悉籍以充軍餉。抵雲南,牝妖萬氏,結黨狂逞。世德築堡建屯,百廢具舉,諸逆斂迹不敢出。以疾卒于官。滇人哀之,公舉祀名宦。按臣以聞,贈兵部右侍郎,賜祭葬。世德居官廉謹,立身謙恕,家僅中産,割膏腴以奉公祠,教人以孝友爲先,讀書務求實用。嘗刻《五紀講》及《龍川文集》。所著有《左氏兵法》若干卷。崇禎十六年,崇祀鄉賢。

徐可期,字烜父。崇禎戊辰進士,初授行人,奉命冊封蜀藩,屏供帳,省夫役,王以金帛贈行,堅辭不受。又奉命諭祭豫藩,清望益著。考選福建道御史。以梗介觸忌者,改遷刑部主事。召對抗言,請撤各道監視內臣。逾月,報可。升本部員外,兼掌四司印。時山、陜寇氛徧發,外臣多無辜被逮,可期力爲申救,廷論韙之。乙亥,病卒于官。囊無餘金,同官賻之,舉柩歸。生平狷介,始終一節,士林推爲模範。著有《書經貫言》、《太極正蒙宗旨》并《蜀遊詩》行世。崇祀府、縣學鄉賢。

忠　臣

筮仕者惟欲爲良臣,至以忠著,時事可知矣。然歲寒而後彫之節見,君子致命遂志。故曰:"困,德之辨也。"

宋

應純之,字純甫,孟明子也。剛毅自任,與兄謙之、茂之篤尚考亭之學。登嘉泰三年進士,授洪州新建主簿,轉從仕郎,調泰州如皋鹽場,改秩餘干縣。秩滿,差監左藏東庫,再差監都進奏院。簡易廉明,屢著聲稱。時江淮多事,遴選能臣,以純之知楚州。崇儒勸學,士知向方。慮敵人南侵,修治城堞,簡閱軍士,力爲戰守之具,鑿管家湖,建水教亭,演習舟師。又以餘力,督長吏,練甲兵,創烽臺,屯要害,給坐團者鎧仗，使遇賊得自擊。敵人帥師南下，詔以李珏及純之等俱便宜行事以禦之。敵知純之有備，不敢犯，淮楚以安。嘉定十年，主管京東經略使，節制淮東、河北軍馬。時李全等勢張甚，純之用計招之，全遂來歸，因密聞於朝，請濟師，謂中原可復。史彌遠鑒開禧之事，不明招納，但勑立忠義軍，令純之節制，於是歸者日衆。會東廣謀帥，以純之爲兵部侍郎，兼經略安撫。猾寇剽刼郡邑，勢莫能禦，純之授諸將方略，生擒渠魁，餘黨悉平，帝嘉獎之。甲申秋八月，敵人大舉入寇，兵少援絕，守臣望風奔遁。純之嘆曰："吾不能剚賊，何面目見天子！"率所部力戰死之。事聞，朝廷嘉其忠，遣使葬祭，求其首不得，爲鑄金以葬焉。

章垍，徠之孫也。咸淳末，都城失守，浙東諸郡多陷。時衞、益二王在福州，垍自念世受國恩，與弟墾捐家貲，募忠勇，得義兵數千，收復婺城。制置使李珏以聞，授垍直秘閣知婺州，墾主管官誥院，通判衢州。率麾下陳子雲、唐開等奮勇入城。三十六年六月，與元兵力戰於丁鼠山。既而援絕，城遂陷。垍與墾皆死之。永嘉吳洪爲傳其事，贊曰："垍兄弟少有文名，留滯下位，卒以孤忠自奮，徇國亡身。功雖不就，其忠憤矣！"

吳思齊，字子善。其先括人。祖深，有奇才，陳亮以子妻之，遂爲縣人。父邃，官至朝散郎。思齊少穎悟，工詩能文，慷慨多奇節。用父廕補官，攝嘉興丞。以書干用事者，言賈似道母喪，不宜賜鹵簿。又言御史俞浙，以論謝堂去職，宰相附貴戚，塞言路，如朝廷何。凡所爲，要以直遂其志，第知有是非，不知有毀譽禍福也。宋亡，麻衣繩履，退隱浦陽，家無儋石之儲。有勸之仕者，輒謝曰："譬猶處子，業已嫁矣，雖凍餓，不能更二夫也！"所善惟方鳳、謝翱，相與放遊山水間，探幽發奇，以洩其感憤之意。遇心所不懌，或望天末流涕。自號全歸子。學者慕其義，爭師之。方鳳評其爲人如徐積、陳師道，君子不以爲過。大德辛丑，思齊年六十四，手編聖賢順正考終之事，曰《俟命録》。録成，賦詩別諸友，遂卒，神明湛然，無怛化意。所著有《左傳缺疑》及《全歸集》若干卷。

元

胡嘉祐，字元祚。至正乙亥，縉雲蕳溪賊杜仲光率衆剽掠。嘉祐不忍鄉里罹害，乃散家財，集丁壯，立保伍，大書其幟爲“義兵”。賊偵之，不敢犯。會官兵至，嘉祐率衆助討之，賊退。兵駐邑中頗恣睢，嘉祐白主將，出旗樹於鄉，約曰：“敢擾吾民，殺無赦！”士卒皆如約，鄉民安堵。尹嘉其能，白憲府，署曰義士，俾與方允中合而拒賊。賊畏之，不敢越李溪而西。時太平呂元明軍屯方巖，致書嘉祐求援。祐曰：“吾衆以義合，將以排難存鄉里耳。委之而去，豈吾志耶！”益勵衆固守。里民受圍者，輒出兵援之。歲丁酉正月，賊寇武平、合德，嘉祐與戰，破之，逐北數十里。二月丙午，戰於前倉，又破之。賊衆復間道出方巖，與呂元明戰巖下。呂不利，其屬孫伯純死於陣。又明日，賊復至，與嘉祐遇於占田。嘉祐盡銳以戰，顧謂允中曰：“賊衆我寡，惟死鬪耳，不可退也。”自辰至午，嘉祐戰益力，厲聲罵賊，死之。士民莫不感泣。

明

李任，洪武中襲父爵，爲燕山右衛指揮。永樂初，升遼東都司。宣德元年，從征交趾叛賊黎利，守昌江城，與顧福等率精銳出擊賊，燒其攻具。賊又築壘射城中，任與福夜出，襲破賊營。賊掘地洞，欲潛入城，任開橫溝，用石擊之，入者輒死。城中士卒，初有二千餘人，前後三十餘戰，死亡過半。賊益兵，攻圍日急。相拒凡九閱月，人力疲困，芻糧匱乏。賊以雲梯登城，奪其門。任復率死士，三戰三敗之。後賊擁兵入，任與福不能支，乃自刎死。

樓澤，字濟霖。幼奇慧，讀書過目成誦，下筆數千言立就。登正統乙丑進士，任刑部河南司主事，爲金司寇所器重，疏其名以聞。己巳，扈從北征，師潰於土木。澤曰：“主辱臣死，可遜避丐餘喘乎！”力戰，罵賊死。天順初，查襃忠節，詔予一子入太學。家人以子敷孤幼，不願卹典。康熙五十四年，崇祀鄉賢。

黃一鷗，字仲升。卷幼子。少入太學，博洽載籍，書法逼近鍾、王，爲董文敏所器重。以明經授山東濟寧州同，升東昌通判，轉山東都察院經歷司經歷。崇禎十五年，流賊圍省城，鷗分守擊賊，城陷被執，罵城而死。閤門三十餘口皆遇害。雍正年間，詔入忠義祠。乾隆四十一年，賜諡烈愍，纂入《勝朝殉節諸臣錄》。

徐學顏，字君復。穎敏端恪。年十六，遊太學。萬曆丁酉、戊午，天啟辛酉，三中順天副榜。性至孝。父世芳，官西城正兵馬，以直忤權貴，下詔獄。學顏廢寢食，膝行伏闕，上疏鳴寃，屢爲納言所阻。乃謁司寇，咬臂深入，出血濺其廷。司寇心動，上報甦其獄。顏以是含痛不噉牛羊豕終其身。母王氏遘疾，諸醫不效，學顏籲天請代，夜夢白衣人惠之藥，乃徧走藥肆，揣其形，得荊瀝服之，病遂已。常搆愛日軒致色養，邑人程正誼作記美之。崇禎甲戌，以副榜推恩改貢准廷試。己卯，拜楚府左長史。危襟正色，王敬憚之。往豪宗不若于訓，學顏理奪勢格，弗少阻。檄署江夏縣印。時寇氛震鄰，學顏捐俸築炮臺，繕城隍。壬午冬，滿三載報最。時楚王特奏補備兵使者，宗紳士民集控撫院，留署江夏。癸未五月，獻賊圍武昌。院司守令，或升遷，或入覲，學顏佩雙印，率宗民兵，拮据城守。賊將解去，遭賊弁內應，城陷。與賊格鬬，賊斷學顏左臂，右手尚持刀不仆，罵賊益厲，遂被支解。閤室殉難者二十餘人。御史黃澍按臨武昌，特疏署官死不辱身，以爲常山之血，落落數點。懷宗皇帝嘉學顏孤忠，贈按察司僉事，諭祭葬建祠，錄一子入太學。所著有《四書日衷》等書。已上纂載史略並章正宸《忠烈傳》，有特祠在郡城。乾隆四十一年，賜諡烈愍，纂入《勝朝殉節諸臣錄》。

周鳳岐，字邦聘，一字宇和。萬曆己未進士，授中書。天啟丁卯，轉升郎中，管節慎庫。魏忠賢差索靴料銀兩，屬色拒之。歸家，邑中大祲，鳳岐捐粟濟飢。崇禎元年，巡撫張延登、户科陳堯言交章薦，略曰："風高愛鼎，節重如山。"奉旨起禮部郎中。庚午，升湖廣江防道。洞庭湖、沅江一帶，萑苻不靖，會議建設衙門，調守備巡守。甲戌，升四川兵備道。黔司與蜀苗争疆，鳳岐單騎往，立碑爲界。升湖廣參政，川省士民哀籲，上聞，加俸復任。己卯，菹武昌，偏院王永祚、撫院宋一鶴會題，升澧州左參政。壬午，流寇猖獗，當事檄任監軍。流寇圍荆州，鳳岐提兵應援。賊將王老虎襲澧州，鳳岐移文，恢復常德府等縣。癸未十二月，寇張獻忠破長沙，轉攻澧州。參議陳璸出戰，全軍覆没。鳳岐望闕謝恩曰："臣力竭矣！惟死以報天恩。"城陷，被執，嘆曰："吾豈懼死乎！"擊賊，罵不絶口。賊怒，剖腹斷臂，慘不忍言。甲申正月，楚撫李乾德、黔督李若星具題，請將死事二臣，厚與優恤。贈都察院右副都御史，賜祭葬，蔭一子，崇祀郡邑鄉賢。乾隆四十一年，賜謚忠烈，纂入《勝朝殉節諸臣録》。

李懷唐，密雲游擊。崇禎十七年，賊李自成圍京城。懷唐帶兵入援，城陷，死之。

牟士龍，温州府鎮下關守備。海寇犯境，士龍率兵出擊。賊奔，力追，援絶，死之。民感其義，立祠祀焉。

政　績

設官分職，各有攸司。居其位，必思敬其事。品秩之崇庳，弗論也。考績以别幽明，而黜陟隨之。君子靖共爾位，必有可紀者矣。

明

朱仲智，字大智，號雲泉。洪武中，以人材舉，授江西吉安知府，政績載在《明紀》，有曰"寬厚廉潔，剗革吏弊，禮賢愛民，民甚戴之。"

被召，改重慶知府。吉安人思慕不已，後得藺芳繼之，其善政大類仲智。至今吉安人稱賢守，必曰"朱、藺"。《明捷録》稱郡守循良，亦曰朱、藺。大學士楊士奇像贊，以仲智在金華爲衣冠文獻，在廬陵爲文章太守云。

徐隆，字邦治。以國學起家，署篆七邑，所至有聲。授銅陵知縣，治狀益卓。以事忤要津，乃借邊境需人，改廣西永康以阻之。隆欣然就道。至則植田疇，教子弟，三年而化行。總鎮陳薦爲左州刺史。康人詣當道，留之不得，勒石頌德，且立祀以報焉。隆曰："知止不殆，詎必盡宰天下邑乎。"遂載石歸，環堵蕭然。卒年九十有六。

胡伯宏，名裕，以字行。少讀書，能探大義。與宋學士景濂、蘇太史平仲、李助教宗表相友善。李助教之歿也，經紀其喪，卜宅於魁山下，樹松表焉。洪武三十一年，詔拔才俊之士，有司以伯宏應。授彭澤知縣。爲政冰蘗自持。邑面江背嶺，民以漁獵爲務，罕業詩書者。伯宏至，興學育賢，又修陶淵明祠，以崇風節，民俗爲之一變。居六年，以疾卒於官。比歸，行李蕭然，同官賻之，始得返櫬云。

胡叔寶，正統中以掾進，授四川中江縣典史，平易近民。其地僻陋，教以耕桑之法，修築陂池，以備旱潦，均被其惠。九年考滿，民詣闕保留。升本縣知縣，勤事不懈。時葺學宮，以作士類。又九年致仕，保留如初，越二年乃歸。民懷其德，家肖像祀之。林下十載，年八十餘，忽一日，沐浴更衣，坐中堂，命子孫羅拜於下，曰："吾將還中江矣。"無疾而逝。

胡瑛，字德光。成化甲辰進士，授大理寺右評事，歷升左寺副、左寺正。奉差江西審録，出死囚數十人，獄無冤抑。值汀州歲荒，飢民萬餘人相聚剽掠。瑛奉命，以單騎往，撫循剴切，聞者感泣，咸謝罪去。朝廷以安寇功，升廣西蒼梧道僉事，隨升山東按察巡海副使。歲週，因母老，乞養歸，行李蕭然。居家授徒，以供甘旨二十餘年，孝友著聞，爲鄉閭矜式。雍正八年，崇祀忠義祠。

應奎，字方塘。弘治辛酉舉人。以壬戌乙榜進士，除和州學正。端軌範，嚴條約，以身先之。居八年，擢湖廣武昌教授。尋以憂去職。服闋，授江西廣信教授。其在和州，毀梓潼神祠以祀名宦。在武昌，毀漢陽龜山真武廟，創立名宦鄉賢祠於學宮。在廣信，謝疊山墓侵於民，爲復之，仍立祠，祀其一家死節者七人。又請婁氏没官房以祀名宦鄉賢，皆不顧禍福恩怨而身任爲之。著《三州賢哲錄》以記其事。嘗典廣西、廣東鄉試，見明守定，得士爲多。秩滿，假道省墓，遂謝病不起。居家以型家範俗爲事，足跡不及城府。年八十卒。雍正二年，崇祀鄉賢。

朱方，字良矩。登正德甲戌進士，歷知泌陽、丹陽、南皮縣事，俱有惠政，民咸德之。升淮安府同知。職事畢修，賢聲益著，一時撫按交薦之。升南京刑部員外郎，尋進郎中。剖決明審，議讞允當。升寶慶知府。寶慶係南徼，民寇雜居。方寬嚴並運，上下帖然。升雲南副使。秩滿，進本省右參政。未幾，乞致仕。當道疏留之，竟引疾去。方性誠樸，言笑不妄。舉進士時，年三十九矣，或勸以隱年，方曰："初學事君，可即欺乎？"至于冰蘗之操，終身不渝。初令泌陽，官道傍植棗，歲貨可得贏若干金。方不取，後邑人復追餽于丹陽，亦弗納。在淮安，代守入覲，諸屬邑供送行齎，俱峻卻，即守貽以履韈，亦卻之。守驚曰："一至此乎！"乃書"廉吏"二字以贈焉。在雲南凡八年，從惟二僕，一榻蕭然，皆人所難也。歸居屏山，吟詩種菊，怡然終老，蓋十有五年足跡不至城府云。

應照，字芝田。以舉人起家，除湖廣綏寧知縣。縣爲古三苗地，其羅崖、石驛、扶城、芙蓉諸洞素不服，縣徭寶賦，積爲歲逋，且承屢荒後，齊民亦多流徙未復。照平徭緩賦，糴粟賑飢，推誠無接，於是流民復業，苗人亦皆樂輸。地故僻陋，業詩書者寡，照爲建社學四，延師課讀，文教漸興。酉保二宣司爭地搆兵連年，當道檄委撫處。同委者懼弗進，照單騎深入，諭以朝廷威德，爲畫界立石而還。歷六年，課稱最,升知宿州。州有閔子祠,下車拜謁,見榱桷朽敗,即修葺之。地當孔道五驛,錢糧例扣什一以供堂費,峻革之,勿染。河南寇發,士民震怖,照募兵繕城,嚴爲之備,寇不敢犯。歲大蝗,照虔禱,蝗不爲災。冬無雪,禱如初,翼日遂大雪。其誠感多類此。後升廣西思明府同知,以病致仕。歸三年而卒。

周雍,字仁夫。領正德癸酉鄉薦。嘉靖癸未以首選,授和曲知州。著吏治二十條。與土府不協,累求去。當道察其志節有爲,才識優裕,交留之。尋以內艱回籍。服闋赴部,當路留用。會場事畢,選達州。著約法十八條,立鄉社法。徐方伯、胡憲長雅信重之,凡有建白,無不俞允。以議賑忤巡撫,遂棄官歸。甲午,和曲士民請入名宦祠。是年冬,川東守巡道修本道志書,亦載入達州名宦。

徐昭,字德新。弱冠偕程松溪,師事朱適齋,受《尚書》,文辭敏贍。既而以所得質於章楓山先生,得聞"真實心地、刻苦工夫"宗旨,歸益發憤讀書,務躬行。正德庚辰,捷禮闈。辛巳廷對,賜進士。尋奉詔纂修《武宗實録》。文章氣節,傾動中外,吳中諸老悉折行輩禮之。竣役,授蕪湖知縣。輕刑薄賦,撫民造士,踰歲而境內大治。時鵝湖費大學士柄國,家人怙勢作威,凌轢縣驛,昭置之法,不少貸,鵝湖聞而賢之。閹寺唧命,氣焰赫霍。郡邑長吏,望塵伏謁,昭獨持風裁,竟奪其氣。當道交章薦之,調上海,善政一如蕪湖。吳中丞薦於朝,略曰:"文學優長,政事精敏",時以爲確論。第不能刓方爲員,豪貴以此唧之,秉銓者雖心知其能,然撓於多口,僅遷肇慶通判。聞報,憮然曰:"方枘豈能內員鑿乎!"遂角組歸,承歡膝下,與故舊父老敦倫化俗。卒年七十三。

曹贊,字朝卿。正德丙子舉人,授繁昌知縣。縣邊江役劇,民易去其鄉,田多不藝,而賦輒取盈,力能兼并者避弗納,貧弱不能半者倍之,賦以是不平。贊廉知其弊,募耆良授以方略,合境壞履畝而丈計之,籍其主則因其賦使給焉,強不能以豪奪,富不得以勢刼,賦遂平。

繁民立祠祀之。升邵武同知，政績尤著。嘗總署都䴢。都䴢爲財利府，有勸資囊橐者，贊曰："封利殖怨，以自焚也。此言何爲？"勸者慚而退。尋丁母艱，以哀毀成疾，卒於家。

陳泗，字道源。由歲貢授福安知縣。鋤強摘奸，民甚德之。每食惟薯一豆，人呼曰"薯公"。及改漳平，廉謹愈勵。甫五月，卒於官。民爲立碑志思云。

呂銳，字廷儀。嘉靖甲午，由歲貢中順天鄉試舉人，授江西崇仁訓導。與諸生講究經史，歷寒暑不輟。秩滿，遷泰州學正。丁內艱歸。服除，補徐州學正，尋擢蒙城知縣。頓剔宿蠹，案無留牘。時守需索非分，面叱其吏，被中傷去官，士民惜之。

徐文通，字汝思。母孫恭人夜夢有丈夫至其家，自言江淹，已而誕文通，遂以命之。嘉靖甲辰，登進士第，累官山東德州兵備副使。奉命慮囚西蜀，見追贓人犯多冤抑，乃上疏乞宥積逋，得從省釋。既而提兵鎮守馬蘭二峪，克收安戢之功。初，文通受學於甘泉湛若水，長以能詩名，其詩雄渾悲壯，追踪少陵。太倉王元美世貞爲刻《徐汝思集》行於世。

周勳，字克成。從陽明先生高弟錢緒山遊，得聞良知心學。嘉靖己未，以歲貢除常州訓導。歷官六載，士風烝烝日上，當道才之，檄署武進及江陰知縣，所至民仰之如慈母。逾歲，遷和州學正，繼攝州治。歲歉，請賑恤，全活以千計。已而解組，歸林下二十年，郡邑長納屨委質，交敬禮之。萬曆間，崇祀鄉賢。子鳳岐，見忠臣。

應本泉，安遠主簿，歷永新丞，升兵部典牧所提領。所至皆稱其官。在安遠功績尤多，民立祠祀之。

應鑌，字元洲。恩孫。以貢入太學，就銓試，除順天府通州判官。州距都城一舍餘，當東南水陸要衝，且其地半爲國戚勳宦所盤踞，官此者多以不稱職去。當道以鑌有治劇才，檄攝州事。凡所措置，各適其宜。有國戚及尚書錦衣家受投獻地一十有五頃，賦役仍遺於民，民不勝病。鑛不避權貴，毅然爲斷之。州所最苦者，差役既繁，奸民又多托權勢爲影射。鑛剔釐宿弊，以均其役。時淫雨百日，民飢，賦無所出，請於當道轉奏，得旨停徵二年，百姓皆蒙其利。上官多以勤敏幹濟清慎許之，前後獎書凡十有七。攝篆之明年，擢鳳翔府泗州同知。以督造賢否册，爲故尚書家受投獻者中之於部，罷官歸。尋卒，年五十九。

王洙，字伯顏。嘉靖己酉，領順天鄉薦，授滁州學正。當事以才薦，遷岳州推官。未赴，補邵武。弭盜賊，理釐政，屢讞疑獄，多所平反。尋以課最，升南京工部主事。邵武商民立祠祀之。

王楷，字子正。性敏，經史皆鈔讀。嘉靖丙辰進士，授揚州推官。值島寇亂，楷守南門，見城外百姓號泣，開門納之。事聞，賜金帛，徵爲給事中，歷刑、禮二科，彈劾無忌。升湖廣參議，勅守太和宮。會有旨駕幸武當，楷以水災具疏，遂止。性至孝，居喪哀毀，奠母誕辰，一悼而絕。

應志臣，字松垈。以貢除鴻臚寺序班，出補華亭簿。簿轄潁水利、巡釐、商賈、牙隸，舊有漏規銀數千兩。志臣毅然卻之，曰："人有染指，詎能執法利民乎?"先是，邑頻年旱，民苦之。志臣相度地勢，爲潴雲間諸港，灌田數千頃，民不苦旱，參政唐本堯作詩美之。居數年，左遷荆藩典寶。既入楚，以病力請致仕。

應廷良，字心溪。以甲戌乙榜進士，授欒城教諭。愛士如子弟，誘掖獎勸，娓娓不倦。秩滿，除湖廣景陵知縣。縣承大潦，後又繼以旱，小民流徙，田卒汙萊。廷良至，樹幟招逋，且出俸以資耕者，不責償。民漸漸佔籍，荒始墾。逾年春，又飢。廷良以狀上當途，出粟爲粥哺之數月，民全活者無算。屬壤鱗錯王田，藩使者點鷙善侮，易起侵越。廷良預貢經司諸役，別區分畝，彙爲二册，即藩田亦爲辦則準賦。比使者來，不得秋毫擾，民始安堵。其聽訟，不差胥役，至則立訊於庭，分別曲直。民皆帖服。居六年，課稱最。以疾去官。景民號泣奔走，如赤子之失慈母云。

黃一鶚，字公升。御史卷子也。天啟中，由廩貢授烏程訓導，升廣平府威縣知縣。居官雅勵清操，請託不行。當道嘉其廉能，檄攝清河縣篆。以一身任兩地，撫字備至。其時威民曰："我公也，何可借？"清河民亦曰："我公也，何不可借？"其得民心類如此。後升福建延平府同知，致仕。所著有《性理發揮》、《小空同續草》、《麗澤堂譚記》若干卷。學者稱陬山先生。

曹成模，字國範。天啟丁卯舉人。秉性端方，足跡不謁有司，然與人粥粥，未嘗以清介自異。授星子知縣。星子故疲邑，成模一力自隨，勺水不以累民。又爲請蠲宿逋，民有起色。時江右大擾，悍帥逼餉勒犒，方舟而至，成模談笑卻之。又高、黃二寇數萬圍城，殫力捍禦，彈丸藉以無恐。國初定鼎，飄然買舟歸。出署之日，主僕二人，行李朽敝，士民望而泣下。卒祀郡邑鄉賢。

國　朝

徐之駿，字亦神。學顏孫。順治辛卯舉人，授知山東嘉祥縣。至則爲之均徭役，寬徵比，以休息之。時承平未久，四境罕聞絃誦聲。之駿爲設社學，聘名師，暇則親詣學舍，談論文藝，色笑如師生。比風會日上，即爲請益試額以激厲之，由是邑有儒雅士。秩滿，改知襄陵縣，爲政大較如在嘉祥。戊午，分校鄉闈所得，皆知名士。尋以親老，引疾歸。既歿，兩邑追念舊德，請入名宦祠。所著有《綠漪園詩集》。

王世鑪，字宥洪。以恩貢授分水訓導。抵任，即廓清齋廡，修飭宮牆，課士以朴誠篤行爲主。康熙癸亥，知縣李棨纂修《分水邑志》，延請主修。書成，咸推信筆。邑有附郭，地多古塚，武弁某謀徙骸骨以爲教場，集同寅具結，請於上官。世鑪堅持不可，議遂寢，分民德之。年八十致仕歸，越九年而卒。

程開業，字敬一，號五峰。雍正甲辰進士，授戶部貴州司主事。時常熟蔣相國秉政，重其才，遇事必與諏度。奉命督學粵東，途次聞父喪歸。終制服闋赴部，授山東司員外郎，尋轉本司郎中。適東省首郡需人，遂出守濟南。釐剔積弊，興舉廢墜。他郡巨獄，審克簡孚，始成信讞。大府欲墾荒，益課督辦嚴切。而東省野無曠土，有司率謬報升科，開業持不可曰：「是謂殃民。吾不忍。」竟格不報。攝鹽法道篆。鄉闈派內監試，諸生以監臨搜撿嚴刻，忿不可遏，開業曉以大義，皆帖然無敢譁者。乾隆元年，權藩篆。時法中丞初蒞任，見措施甚當，深器之，遂奏請補授兗沂曹道，有「才守兼優，十府第一賢員」之語。河帥某者，慈開業名重，而又心服其能，奏請兼管黃河道。嘗遇秋汛盛漲，勢將潰防，開業欲以身捍金隄，鵠跱其上，指揮下埽。暴流衝激，弁兵搶護呼邪許，曳埽不得泊。岸窸窣作聲，將橫決，衆且奔竄，有曳裾請暫避者，開業厲聲叱曰：「此口直達徐、邳，吾足一移，數萬生靈盡魚鱉矣！悉力保固不暇，顧安所避耶！」語未既，適上流湍溜少緩，埽泊岸廂，做工訖，民賴以安。後因公左遷湖南寶慶府，治效如在濟南時。旋以前道任誤揭屬縣案，鐫級去任，士民數千人爲栞實政編，詣省門呈乞留。中丞許，爲奏准，留湖南委用，仍攝長沙寶慶等郡篆。後以丁母憂歸。著《五峰吟稿》一卷，輯《先儒粹語》一冊。

徐蕘，字聖擇。學顏玄孫。以拔貢授桐廬教諭。與諸生講學，於先賢宗旨多所發明。尋升新津知縣，以興利除弊爲己任。邑與彭山接壤，膏腴地數十里歲以旱潦爲虞。既而奉檄兼攝彭山，蕘乃親度地勢，於彭山上流濱江處，因地高下而利導之，濬渠二十里，曰通濟堰，灌溉稻田八萬餘畝。兩邑之民甚德之，爲請於當道，伐石紀焉。當道奇其才。方擬遷擢，竟以積勞得疾，卒於官。士民莫不痛惜云。

應煒，字霞城。雍正庚戌進士，歷知福建上杭、將樂等縣，所至皆有循績。未幾，以憂歸。服闋，授廣西懷集知縣。有耆老父子，僻處村塢，其父爲盜所殺，子以昏夜乞寢其事。煒佯諾之，而密遣幹役往捕,盡擒其黨,寘之法,衆以爲神。城外有税廠曰南溪,空船往來,例率征之。歲大祲,煒命商人赴東省運米平糶,空船仍遵例投報,煒曰:"百姓嗷嗷待哺,征之是阻其來也。國課吾自償之,其弗征!"於是泛舟而至者不絕,民賴以生。居三年,以終養歸。又六年而卒。

李作瞻,字標士。性耿介。工舉子業,領乾隆壬申鄉薦。初除河南知縣,不赴,改餘姚教諭,轉海寧州學正。時新任長中丞諱琳瑯玕者,微服過署,察其廉静,檄查七十七州縣倉儲。作瞻以非本職,辭。有咎其迂者,輒曰:"若所言,不過爲饋遺計耳。豈足易吾素守乎!"日與諸生講學明倫,朝夕不倦。州人士感其教澤,立主於尊經閣,春、秋祀之。

周咨詢,字載駪。乾隆丁酉拔貢,授嵊縣教諭。事親孝,每食必手自捧持,晨昏不離左右。其居官,清心潔己,時以讀書安分、恪守卧碑訓迪諸生。久之,擢寧波教授,課士大較如在嵊縣。又嘗起錢、張諸忠節祠,梓萬、余兩先生遺書,由是多士皆知以名義自奮。會府以試事羅織諸生,濫及無辜者十餘人,皆知名士,檄學褫革。咨詢不爲動。既而學使者至,咨詢以去就争之,事遂寢。居三年,丁内艱歸。嵊紳士追念教思,延主剡山書院講席,又七年而卒。

潘國燿,字叔榮,號藜莊。嘉慶丙子科舉人,大挑一等,分發江蘇,署松江府奉賢縣。縣瀕海巖疆,歲額徵漕米糧銀,豪強倚衙蠹因緣爲奸,往往包攬浮收,而仍不輸官。官恐誤期限,則稱貸於富紳,墊償民欠。迨軍船啟運,而頑户卒抗不完,以是公私交困,故前任因漕務罷職者居多。國燿蒞任,剔釐積弊,令民各自輸將,射利者無所染指。鞫獄必得其情,案無留牘。瀋南橋河數十里,水有所洩,民無墊隘。建貞婦總坊,閨閣益勵名節。良善之民咸德之。

武　功

四郊多壘,則注意將。禦侮所以列四友也。執干戈以衛社稷,治韜略者優爲之,拔幟登壇,厥功懋焉。

宋

胡巖起,邦直孫。登嘉定甲戌進士,授知閩縣事。卓行危論,奇文瑰句,士大夫皆自以爲不及,廣帥真德秀雅敬重之。轉江西提刑幹辦公事。值贛卒朱世倡亂,殺提刑使者,朝命以陳愷繼其任。巖起調度事宜,佐愷密設方略,遂平之。贛人作《平贛録》紀焉。子居仁,登淳祐丁未進士,累知台州。其文詞政事,亦絶出於一時云。

明

呂文燧,字用明。爲人寬厚深謀。其弟文華,字元明,尤慷慨有智略。至正十五年,括寇吳英七等聚衆爲亂。郡縣發兵討之,皆敗。遠近騷然。用明、元明合謀,散家貲,率其弟文烜、兼明、姪元吉、季文等,團結鄉兵以備之,設禁令,明賞罰,日殺牛釃酒飲食之,諭以大義,出粟布以給其貧乏者,於是衆皆有固志。十二月,賊陷縣治,分其衆四出焚掠。文燧使元明、季文率五百人,迎敵於尖山下,累戰皆捷。會沿海翼萬户石抹厚孫統兵適至,與元明等夾攻,賊遂敗走,縣治以復。帥府署文燧諸暨州同知、元明永康縣主簿、季文義烏縣尉,皆辭不受。賊既招安,而恣睢不受約束,人心憂恐。文燧等益添兵葺械,爲守禦計。十七年,賊復驅煽飢民爲亂,其勢益張。文燧先詗知,詣帥府白之,府即命文燧總制民兵討賊。邑大族朱世遠、俞榮卿、董仁恕、孫伯純等亦皆以兵來會。文燧命元明出方巖,季文出東窖,而自屯青山口。累與賊戰於左庫、雙牌、胡陳,皆捷,斬獲甚衆。會義士胡元祚敗死占田,賊乘勝復陷縣治,執達魯花赤野速達。而文燧兄弟合兵擊賊,走之,乘勝追至上黃橋,賊大奔潰。山路深險,追兵前後不相及,有賊突出叢薄間,季文被創,死,文燧乃命從弟國明代領其衆。會行臺都鎮撫邁里古思帥師專征,將與元明會兵方巖。賊乘其未到,掩至松明橋，以逆官軍。國明麾諸軍直衝其前，而自率精銳橫出其後，元明繼之，諸軍四面夾擊，合戰移時，適邁里古思大軍至，賊遂大潰，追至胡堰，枕屍三十餘里，死亡略盡。元明、國明及黃彥美諸將分道窮追，地方悉平。論功加文燧婺州總管府判官、元明永康縣尹、兼明永康縣主簿、國明諸暨州判官，復皆辭不受。十八年四月，嚴州城破，樞密院判官石抹宜孫，假元明本院行軍鎮撫，兼義兵萬戶，將兵赴援。臺官用讒者計，因其入見，伏兵殺之庭中，其子堪併裨佐濫死十餘人，眾皆冤之。未幾，明兵下婺城，文燧籍其眾歸附，授永康翼副元帥兼知縣事，復召爲營田司經歷，擢知廬州。浙西平，更授嘉興府知府。松江民作亂，襲嘉興。文燧柵內衙，集壯士拒守，而請救於李文忠，移兵擒之。諸將欲屠城，文燧爭曰："據城者賊也。民何罪！"得釋。滿三載，入朝，奉詔持節諭閣婆國。行次興化，以疾卒於驛舍。兼明授永康知縣，尋致仕歸。

田子貞，名貞，以字行。至正丁酉，寇起縉雲，民多奔竄巖穴，且飢饉相仍，道殣相望。貞出窖中粟賑之。皆羅拜於庭，曰："我等已在鬼錄，賴公生我。倘有役使，蹈水火無恨。"子貞因結爲義旅，使捍鄉井，賊不敢犯。廉訪司檄授以巡檢，不受。歲戊戌，明兵下浙東，陳友定遣使持空名敕授子貞武義縣尹，欲鈎致之。子貞知天命有歸，殺使者，焚其書。其卓識如此。

宋世遠，訾甲於鄉。歲歉，輒濟貧乏，鄉里稱之。元季，處寇侵縣。散訾募眾，同呂元明禦之方巖山下，與王師夾擊殲之，境賴以安。《賢達傳》鄭柏贊曰："所貴乎士者，謂能排難解紛賙貧恤匱見義必爲耳。非有卓然之志者，其能然乎？當元末饑饉薦臻，地方擾攘，民濱於死，世遠慨然出粟賑貸，糾約同志，上助王師，下殲劇寇，可謂一世之雄矣！"列之武功。蓋紀實云。

應阜，字德厚。恢廓負大略。當元末騷動，與諸季謀募鄉勇，身爲統領，以樹保障。括寇懼，不敢犯。鎮守樞密院判耿奏授義兵鎮撫,督捕山獠,境賴以安。時瘖瘻及流離失所者,厚恤之。天下既定,有罣誤於寇者,為雪其寃。人德之如父母焉。

汪宏,字器洪。以歲貢振鐸南靖,履任九年,造就王批董登甲第。時沙尤寇亂,保定伯梁瑤檄宏擒之,殱渠魁劉乾輝等,民賴以安。遷唐府伴讀而卒。

應恩,字鶴邱。弘治乙卯舉人,釋褐高安知縣,清徭平賦,興廢決滯,建筠陽書院,以作士勸學,而於庫役丁馬之贏,不以絲毫染。己卯,給由過省,值宸濠亂,筠守被囚。恩以城池為念,亟奔還,集衆備禦。有新昌儀賓李藩率其黨來睨城,恩率衆擒斬殆盡,咸謂恩遲五日不至,則城且失守。旋領義旅,從提督王守仁圍攻省城逆巢,奪門而入。恩慮擾攘之際,玉石不分,請令禁戢,民免橫罹者殆數萬。既又從征宸濠,至樵舍,併力擒之。地方平定,恩勞績居多,王守仁捷本詳焉。尋奉委勘變逆産,恩謂此多侵占小民所得,請定為輕估,聽原主備贖,民不失業者,莫不仰戴。明年庚辰甫竣事,乃挾由冊赴京磨勘,竟以積勞成疾,便道還家就醫,卒不起。又明年,嘉靖改元,兵部論功奏升賞,因故,乃致恤典,世復其家。

國　朝

徐元乘,字惟登。好讀書,慷慨負奇略。順治十二年,土寇竊發,邑令吳元襄素耳其名,延之為城守計。元乘慨然應命,倡率守禦,境賴以安。旋以勞苦成疾卒,士林惜之。著有《書經集解》。

儒　林

通天、地、人,曰儒。《小戴記·儒行》,始於自立而終於尊讓。荀卿子著《儒效》篇,能使英傑化之,嵬瑣畏之。儒豈易言哉！自衆之命儒也,妄至以儒相詬病,徒竊虛聲云爾。若循名而責其實,必明修己治人之術,裕守先待後之謨;其次表章六經,來者取瀓。若徒循誦習傳，抱殘守闕，則無取焉。

宋

陳亮，字同甫。生而目光有芒。才氣超邁，善談兵，議論風生，下筆數千言立就。年十九，考古人用兵之迹，著《酌古論》。郡守周葵奇之，禮爲上客。及葵執政，朝士白事，必令揖亮，因此徧交一時豪傑，盡其議論。乃授以《中庸》、《大學》，曰："讀此可精性命之説。"遂受而盡心焉。隆興初，與金人約和，天下欣然，獨亮持不可。婺州方以解頭薦，因上《中興五論》，不報，退修於家，學者多歸之，隱居著書十年。亮嘗環視錢塘，歎曰："城可灌也。"蓋以其地下於西湖云。淳熙五年，亮更名同，詣闕上書數千言，勸帝移都建康，漸圖恢復。孝宗赫然震動，欲榜朝堂以勵群臣，召令上殿，將擢之官。左右無知者，惟曾覿知之，特來謁亮。亮恥之，踰垣而逃。覿不悦，大臣惡其直言無諱，交沮之，遂有都堂審察之命。宰相臨，以上旨問所欲言，落落不少貶。待命十餘日，再詣闕上書，言尤劘切。上欲官之，亮笑曰："吾欲爲社稷開數百年之基，寧用以博一官乎！"亟渡江而歸。嘗因醉飲，言涉不遜，或告刑部侍郎何澹。澹亦被亮嫚語者，即繳狀以聞。事下大理，笞掠無完膚，乃誣服爲不軌。孝宗知其妄，遂得免罪。居無何，家僮殺人，又下大理。宰相王淮知帝欲生亮，得不死。歸家，益勵志讀書，究觀皇帝王霸之略，嘗與朱熹書，辨論三代漢唐之際，數往返不屈。熹雖不以爲然，至於"心無常泯、法無常廢"二言者，雖熹亦心服其不可易也。其學自孟子後，惟推王通，於當世諸儒皆不少讓。嘗言："研窮義理之精微，辨析古今之同異，原心於秒忽，較禮於分寸，則於諸儒誠有媿焉。至於堂堂之陣、正正之旗，風雨雲雷交發而並至，龍蛇虎豹變現而出没，推倒一世之智勇，開拓萬古之心胸，自謂差有一日之長。"高宗崩，金遣使簡慢，亮復上書言恢復大計，不報。光宗策進士，亮對稱旨，擢爲第一，授簽書建康府判官廳公事。未上，卒。吏部侍郎葉適請於朝,命補一子官。端平初,平章軍國事喬行簡為請謚,云:"亮以特出之才,卓絕之識,而究皇帝王霸之略,期於開物成務,酌古準今,蓋近世儒者所未講。平生所交,如朱熹、張栻、呂祖謙、陸九淵,皆稱之曰是實有經世之學。當渡江積安之後,勸孝宗以修復藝祖法度,為恢復中原之本,將以伸大義、雪讎恥,其忠蓋與漢諸葛亮、本朝張浚相望於後先,尤不可磨滅。"命太常定議,賜謚文毅,更與一子官。

徐木,字子材。登乾道丙戌進士。盛有才名。朱元晦與遊,嘗過其家,為書《家人》卦辭於廳事之壁。朋友有喪不能舉者,輒助舉焉。陳同甫與元晦書云:"徐子材不獨有可用之才,而為學之志亦篤。"又云:"陳聖嘉之與人交,應仲實之自處,徐子材之特立,皆吾所不及也。而子材尤其高明奇偉者。"其為名流推重如此。後出宰富陽,以經術飾吏治,政績亦稱卓絕云。仕至寺丞。

石天民,奇士也。刻苦好修,研求性理之學,所交如吳益恭、王道甫、辛幼安、王仲衡輩,皆一時碩望,而與朱晦庵、呂東萊、陳龍川諸先生尤相契厚。龍川貽朱子書,言其貧日甚,深以某月日未曾得見為憾。又嘗與東萊讀書石鼓寮,闡明先賢宗旨。其存心寬厚,於儕輩中最為不立崖岸,人故不之忌,士大夫以此益樂與之遊。然制行極嚴毅,纖碎不留,薄劣不污,翔翱士林之表,澹然而無恔求。官知軍,有為有守,為嚴陬保障。其歿也,龍川為文祭之,有曰:"英風義概,足以激懦而起偷;美意仁心,足以律貪而鎮浮。書冊未嘗不親,而書味饜飫而優柔;事體未嘗不具,而事情反覆而咨諏。聖賢不傳之學,豪傑經遠之猷,兼該眾美,而歉然以未善為憂。推先一輩,而退然與後學為儔。此吾夫子所以嘆任重而道遠,而韓子貴於責己重以周"云云,蓋極稱美如此。

胡侃,字子仁。當宋嘉定間,以克己養性之學,持內聖外王之論,應賢良方正直言極諫科。時科廢且百年不得試矣。退居杭州西湖,築雪江講堂于三賢堂之側,遠近學者咸宗之。

潘墀字經之。祖大用，累官禮部侍郎。父煟，朝請銀青光禄大夫、太師、尚書令。墀生自世胄，介然自立，所學以聖賢爲歸。端平乙未成進士，除處州教授。時蜀人以晦菴語録類成編，墀取《論語》一類，增益其所未備，刻於學宮，俾學者知所以學。擢右文殿修撰、太子侍講，出知嘉興府。嘉興俗尚偷薄，墀導以禮讓，痛革薄俗，漸至淳麗，人誦其德焉。

元

胡長孺，字汲仲。知台州居仁子也。性聰敏，九經諸史，下逮百家，靡不貫通。咸淳中，以任子入官，銓試第一，授迪功郎，監重慶府酒務，兼湖廣總領所軍馬錢糧。與高彭等號南中八士。後轉福寧州倅。會宋亡，歸隱。至正中，應求賢詔，擢集賢修撰。因忤執政，改教授揚州。秩滿，遷建昌録事。時程文海方貴顯，其外門侵官道，亟撤而正之。轉台州路寧海縣主簿，善摘奸伏，人稱神明。縣有銅巖，惡少狙伺其間，出鈔道，爲過客患。長孺僞衣商人服，令商人負貨以從，戒驍卒數人躡其後。長孺至，巖中人突出邀之。長孺方遜辭謝，驍卒俄集，悉擒伏法。永嘉民有弟質珠步搖於兄者，兄妻愛之，給以亡於盜，屢訟不獲。往告長孺。長孺曰："爾非吾民也。"斥去之。未幾治盜，潛令盜誣其兄受步搖爲贓，逮問不伏。長孺呵曰："汝家信有，是何謂誣耶！"兄倉皇曰："有固有之，乃弟所質者。"趨持至，驗之，呼其弟示曰："此非爾家物耶？"弟曰："是矣。"遂歸焉。其他類此者甚多。浙東大祲，民死者相枕。宣慰脱歡察斂民錢一百五十萬賑之，以餘錢二十五萬屬長孺。長孺覺其有乾没意，悉以散於民。脱歡察怒，長孺曰："民一日不食，當有死者。誠不及以聞。然官書具在，可徵也。"脱歡察默然而去。尋遷長山鹽司丞，謝病，歸隱杭之虎林山。晚得疾，正衣冠，端坐而逝，年七十五。長孺師青田余學古，學古師同邑黄夢松，夢松師龍泉葉味道，則朱晦菴高第弟子也。爲人光明俊偉，專務發明本心之學，慨然以孟子自任。末年，更慕陸九淵爲人，每取其"宇宙即吾心"之言，諄諄爲學者道之。爲文章有精魄，海內購之，如獲珙璧。屢司文衡，賤華貴實，士習爲之一變。在至元中，與金履祥並以學術爲郡人倡，學者尊而仰之。所著有《瓦缶編》《建昌集》《寧海漫鈔》《顏樂齋稿》，從兄之綱、之純，亦皆以文學名。之綱，字仍仲，嘗被薦書，於聲音字畫之説，自謂獨造其妙。之純，字穆仲。咸淳甲戌進士，踐履如古獨行者。其文尤明潔可誦。人稱爲三胡云。

呂溥，字公甫。從學許文懿之門，講究經書，悉領其要。爲文馳騁雄暢，落落有奇氣。詩勁蕩激烈。治家冠婚喪祭，一遵朱子《家禮》。嘗著《大學疑問》及《史論》。其詩文有《竹溪集》若干卷。溥從兄洙，字宗魯，亦從許文懿遊，同門服其精敏。俄以疾卒，著有《太極圖説》《大學辨疑》。

戚仲咸，名崇僧，以字行。其先居金華。祖紹，隱居養親，人稱爲真孝先生。父象祖，道一書院山長。仲咸自少端居苦學，爲詩文皆精麗綿密，年十七從許文懿遊，潛心性理之説，旁通諸子百氏，同門推爲高弟。克己礪行，爲人所難，自奉清約，不以時好改其度。每謂人知富貴之可欲，而不知貧賤之可樂也。呂氏創家塾，延仲咸主其教，師法嚴整，學者皆敬憚之。居常默坐一室，環書數百卷，非有故不妄出。扁其室曰"朝陽"，人稱爲朝陽先生。所著有《春秋纂例》諸書。

明

呂文燦，字慎明，別號雙泉。幼從從祖竹谿先生講明聖賢之學，長從黃文獻門人純齋朱先生。經明行修，爲文溫淳富麗有奇氣。洪武初，有司舉，上南宮，擢爲永康儒學訓導。翰林學士吳沈薦其才德兼備，太祖勅召授周府長史，改刑部總部郎中。所著有《理氣合一圖》《體用相資圖》《西銘經緯圖》《雙泉稿》等書。

李滄，字一清。領弘治戊午鄉薦，登正德戊辰進士，授南京工部營繕司主事。興作經畫，率不勞而事集。嘗差督甓儀真，措置有方，凡前官踵襲之弊、有病于人者，悉罷之，往來者皆稱便。儀真當漕河之衝，津要多道此者，一毫無狥。及司龍江關抽分，廉慎執法，人不敢以私干，雖中官同事者亦蕭然敬憚之。朝宁聞其名，欲大用，會以疾卒，不果。滄素貧，病革時，顧謂所親曰：“吾即死，慎勿需財公家，爲平生累。”及卒，賣馬質屋，乃克殮，士論高之。滄幼凝重，不妄語笑，事親以孝稱，執喪哀毀骨立。遊太學時，受知章楓山先生，慨然有志于聖賢之學，與崑山魏校、永豐夏尚樸同官郎署，日相講切，于一切世味泊如也。鄉人重其風節，請于有司，率錢爲立門以表之，章楓山題其額曰“清修吉士”，識者以爲無忝云。

應典，字天彝。性沈篤，操尚不群。自舉業時，輒奮然有希聖之志。正德甲戌登進士，授兵部職方司主事。益購經史百家之書，晝夜研窮，志益宏遠。既以母病告歸，過蘭谿，謁楓山章先生。章曰：“吾婺自宗忠簡功業、宋潛溪文章、呂成公道學以來，久失其傳。子將安任乎！”典拱手受教，歸，偕仙居應良、黃巖黃綰過從講切，又師餘姚王守仁授良知之旨。建麗澤祠于壽山龍湫下，祀宋呂東萊、朱晦菴并陸象山三先生，將以一鵝湖未合之餘論，而會之于周、程也。因集諸生講授，四方從遊者常百餘人。又增損《藍田呂氏鄉約》，率其鄉老之可語者行之，以勵風俗。再起兵部車駕司主事，大爲尚書王瓊所器異，委總四司奏案。時南北黨論已有萌，念欲先幾潔身，既滿考，即引疾歸。先是母病目不愈，適值良醫，針治復明，人咸謂孝感所致。朝紳多論薦，升尚寶司丞。遭母喪，不赴。服除，巡按御史周汝員檄郡守姚文炤禮訪之，乃徜徉壽山五峰間，以示無起意，當道弗能強也。釋褐三十年，前後兩任，僅一考而已。學者稱爲石門先生。

應璋，字德夫。宋少師孟明九世孫也。受學于章楓山先生，一見，語以黃勉齋所云“真實心地，刻苦工夫”，璋佩服弗懈，先生稱其純篤。後膺貢，授徽學訓導，補長樂，再遷羅源教諭。正己率人，人皆樂從。致仕，年九十終。學者稱束白先生。所著有《四書索微》、《尚書要略》。

徐淇，字湛之。爲邑諸生，從楓山先生遊，好古博文，所著有《學》、《庸解》。

應廷育，字仁卿。年二十七，登嘉靖癸未進士。或勸增年以需科道之選，笑謝曰："欲求事君，而先欺君乎？"卒不赴選，授刑部河南司主事。時方爭大禮，廷育援歐陽文忠《濮議》，以禮律尚有三父八母，何況所生！第當弗干大統耳。實之本有者，絲毫不可減；名之本無者，絲毫不可增。今議者已曲狥其所本無，而爭者乃強奪其所固有，胥失之矣。於時廷論未有合者，因乞便養，改南刑部福建司。既而丁外艱，服除，仍乞補南刑部，轉江西司員外郎。凡三入刑曹，明習法律，每讞獄，孜孜爲囚求生，暇則讀律，因著《讀律管窺》。會巨俠滕泰犯大辟，主部者欲貰其死，廷育堅執不少貸，主部者唧之，憚廷育才名，不敢動，乃俾修《南京刑部志》。志成，推明律例十事，蒙上採擇施行，以此益重其忌，中以蜚語落職，同知荊門，檄署穀城事，顓以德惠民，政平訟簡，日未午而庭空無人。乃詣學舍，談道講德，剖析隱微。又毀淫祠，建爲書院，以處學者。在縣凡十月還，署州事。爲政大較如在穀城，日惟講學於象山書院，生徒向風奔附，户外之屨常滿。秩滿，升道州知州。州數被苗寇侵掠，莫敢禦，寇益猖獗。一日，聞苗掠永明，即勒州衛兵，同熟苗追之，斬獲無算。苗人由是大創，不復出。擢福建按察司僉事。既入閩，以患病力請致仕。疏三上，乃得就里，時年甫四十有二。既歸，闔門守静，唯以問學爲務，而所在喜與人研究名理，其在外與胡九峰、吳泉亭輩講《周易》，其説不專尚占，大要以十翼爲主，分言動、制器、卜筮爲聖人繫易之道四，又與朱適齋、陳練塘、葉旗峰輩講《周禮》，務駁正鄭注，不溺讖緯之説。其在家與程松溪文德、周峴峰桐會聚講學。其論學有曰：程子云，知如識路，行如行路，其取喻極親切，蓋必目之所識到此，斯足之所行到此。足之所行既到，斯目之所識益前，而足之所行亦益前矣。是則知之淺者，常在行前；而知之深者，常在行後。畢究歸於知前行後相續以成功也。生平無所營求，孜孜述作，垂四十年。雖年踰八旬，手不釋卷。其著作甚富，論者謂其創成一家言，與子長、孟堅馳騁上下，君子不以爲過。部使者節行薦舉，皆不就。所著書，在官，有《讀律管窺》、《南京刑部志》；在家，有《中庸本義》、《周禮輯釋》、《周易經解》、《四書説約》、《郊祀考義》、《金華先民傳》、是書載《四庫全書總目》。永康縣志、是書曾梓於縣尹吳安國。《經濟要略》、《禮記類編》、《史監纂要》、《明詩正聲》、《字類釋義》、《厄言録》、《訓儉編》、《自叙編》凡十七種。末年又有《皇明文武名臣録》，未就而卒，年八十二。人稱晉菴先生。萬曆間，崇祀鄉賢。

李珙，字侯璧。以歲貢授東鄉訓導，升溆浦教諭。躬行教誨，士咸宗之。嘉靖乙丑，詔拔異才以風群吏，當道薦珙，擢大理評事。珙蚤有志理學，徒步至姚江見陽明先生，授以致良知之訣。珙悟，獨居精思，盡得其旨，同輩咸推重之。在東鄉，當道聘主豫章書院教事。及溆浦，日與同志訂會，所至發明師訓，聽從者衆。平居不事生業，死之日，惟曰：“只此見在良知，吾今緊密受用，性命皆了。”古所謂得正而斃者，珙之謂與。所著有《質疑稿》若干卷。

盧可久，字一松。邑諸生。潛心更學，與程方峰同受業陽明先生。可久刻苦精思，盡得其旨。陽明器之，比歸，送之曰：“吾道東矣。”即五峰書院授徒講學，杜惟熙、金萬選咸北面焉。程松溪嘗稱之曰“一夔足矣”，東陽許少微亦謂其直接何、王、金、許之傳，蓋實録也。所著有《光餘或問》、《望洋日録》。學者祀于五峰書院，配享王文成。雍正二年，崇祀府縣鄉賢。

程梓，字養之。生而明慧，及長，聞何、王、金、許，欣然慕之。讀《正學編》，躍然曰：“學在是矣！”弱冠爲諸生，徒步往姚江求文成之學。歸里，即壽山洞中，倡明正學。鄉豪以睚眦隙，詣御史臺，訟梓建淫祠、倡偽學。御史不察，遂削梓籍，祠廢。越數年，梓普訴當道，邑士紳詣御史臺言狀,復梓籍,仍建祠。隆慶辛未,子正誼舉進士,司理武昌,迎養署中。時政府操切,正誼以部郎慮囚吳魯,坐決不滿品罰。曰:"兒以無寃民壽我,我願足矣!"前後三錫命服,拜賜畢,即槖之。著有《白翁吟稿》。年八十有八,素髮委地,月朔掌文作丹砂色,所居亭瓦有朱光。忽一日,曰:"吾逝矣!内省不疚,不倍吾學矣!"學者祀于五峰書院,配享王文成,稱方峰先生,崇祀郡邑鄉賢。

周桐,字鳳鳴。幼嗜學,年十七,從舅氏應鶴、邱恩,游學南廱,歸,又負笈姚江,從王文成遊。以明經授南京武學訓導。秩滿,擢江西撫州教授。古貌古心,日以講道爲諸生倡。聞母病,即日棄官歸。五峰書院自應石門典後,桐繼主講席者多年,學者稱峴峰先生。歿後,撫州人士祀於名宦祠。

周瑩,字德純。不屑爲舉子業,有志聖賢之學,乃東入台,師事南洲應子、石龍季子,若有得焉。已而入越從王陽明先生遊,得交天下名士。其歸也,先生爲文贈之。講學五峰,邑人應石門典、王麓泉崇有序,皆實紀其行誼云。

應玠,字草亭。宋少師孟明裔也。少好學,不干仕進。嘗從黄巖黄久菴縮遊,得姚江良知之旨,歸從應石門典、程松溪文德會於五峰精舍,發明濂洛正學,反躬體驗於性情倫理之間,翶翔物表,視聲色勢利泊如也。性至孝,執親喪,衰経徒跣,廬於墓次者三年。

周佑德,字以明。性至孝,居喪三年,未嘗見齒,未葬不釋服。爲諸生講學於五峰書院,創學易齋於書院之右,以祀郡賢何北山、王魯齋、金仁山、許白雲并章楓山五先生。居鄉嘗建義倉,以贍其鄉人。學者祀於學易齋,稱復初先生。弟有章,亦以孝友著,祀於鄉約社。邑人周鳳岐、王世德有傳。

金大材,字時成。明萬曆間邑庠生。究心理學,著《五經統紀》、《四書事類通考》等書。福建方伯徐學聚梓之行世。

吕一龍,字雲君。邑庠生。少有志于正學,模楷先民,言動不苟。

聞東陽春洲、誠源兩先生講求性理之旨，遂師事之。踰年歸。嘗語人曰："真心實地，刻苦工夫，此爲學第一義也。"學者咸宗之。一龍止一子，其弟多男，比析業，計口均分。兩師卒，服心喪三年。年八十餘卒，配祀五峰書院。

國　朝

樓秉詡，字景虞。康熙癸巳舉人。謹言勵行，造次必於儒者。郡守張遜菴聘爲麗正書院山長，日與門下士闡明婺學淵源，一時學者翕然宗之。後授臨海教諭，士風肅然，皆敦實行。所著有《五經提要》、《論史彙集》二編、《明紀輯略》、《數目典故》、《攬秀樓文鈔》諸書，藏於家。

應國華，字茂侯。因讀宋李方子傳，有會於心，自號果齋。丰度端凝，笑言不苟，望而知爲有道氣象。其學以"真實心地、刻苦工夫"兩言爲要訣。凡所講論，不穿鑿，不支離，一以濂洛關閩爲宗。乾隆甲子，舉於鄉。丙申謁選，授福建福清鹽場大使。司鹽務者往往嚴督責、致多產爲上課，國華念團竈貧苦，多寬宥。履任一年，舉場相慶，而當道竟以不滿課題改教職。歸，至杭卒於邸，年六十有九。所編有《四書輯要》、《通鑑綱目輯要》、《左國要語》、《楊子文中子粹言》等書，藏於家。

應正祿，字遒之。性純懿。七歲從師讀《小學》，即書"做人定當如是"於其上。終日端坐，手不釋卷。辛卯領本省鄉薦，授麗水教諭。訓士先德行而後文藝，選諸生之清俊者集樂育齋，俾習經藝，相與琢磨，作規約十二條，人授一冊，俾以時觀省。每講學，雖盛暑必冠帶。一時學者嚮風景慕，橫舍至不能容，乃於學舍左右構齋二，東曰崇德，西曰廣業；軒一，曰靜觀，以爲學者居業地，各爲銘以勖之。居數年，士習文風，爲之一變。歲戊午，見學宮勢將就圮，輒憂形於色，與諸生謀所以舉之。由是首大成殿，次廡，次祠，次堂，次名宦、鄉賢、忠孝、節孝諸祠,及文星閣,皆次第更新。去學宮之東數十武,有宋周孝童墓,亦於叢荆蔓草中,親督工匠,尋其跡而封之。凡所以激厲人心、扶樹世教者,靡不畢舉,又各爲文,以紀其事。秩滿,引疾歸。郡大夫王潁山續著率諸生留之,不可,遂歸,歸五年,卒。正祿厚重簡默,自年十六,即有志於聖賢,謂人不可以虛生,宜自立以期不朽,因作日記以自課。其學於天地民物之故、性命道德之精,靡不窮源竟委,條晰縷分,而其大旨以朱子爲宗。東陽盧東園衍仁以爲是擔金華大擔者。錫山秦司寇瀛以爲自朱子倡道浙東,經其指授者皆有淵源,而婺郡爲尤盛,應子嗣響於風流歇絕之餘,可爲吾道之幸。説者以爲知言。既告歸,猶手卷研尋,孜孜不已,續其所著《課餘録》百十餘條。所著有《大學中庸章句或問》、《薛胡粹語》、《盧子精語》、《群書彙序》、《養正編》、《先型録》、《課餘録》十二卷。學者稱恒齋先生。

文　苑

劉舍人曰:“言之文也,天地之心哉!”非雕琢曼辭之謂也。羽翼夫道,而旁推交通,迎而距之,平心而察之,其皆醇也,而後肆焉。知此可以爲文矣。

宋

徐無黨,從廬陵歐陽文忠學古文辭。嘗稱其文日進,如水湧而山出,其馳騁之際,非常人筆力可到。所注《五代史》,妙得良史筆意。皇祐癸巳省試第一,賜進士出身,初任郡教授,升著作郎。爲官廉明,轉升政和殿學士,御賜像贊,有曰:“其貌也固,其性也聰。才兼文武,學究鴻濛。事親合孝,事君合忠。生今之世,蘊古之風。”元祐丙寅卒,崇祀鄉賢,優其糧役。

應子和,父文臣,官中散大夫、右文殿修撰,隨高宗南渡,占籍永康,遂爲永康人。朱晦翁有《題應文臣卜居》詩云:“買宅曾聞先買鄰,異鄉得見故鄉人。山中儘有煙霞趣，豈特桃源好避秦。”子和登淳熙乙未進士，長於詩，有“蠟炬短燒紅”、“風過落花紅”、“兩岸夕陽紅”之句，時號“三紅秀才”。刺郡，至觀察使，掌中軍都督府事。

應松鑑，字特立，謙之子，少師孟明孫也。年十四五，能記《論語》、《尚書》、《毛詩》、《左氏》、《文選》百餘萬言。比長，淹貫百家，至於陰陽、軍法、聲律，悉皆研極原本。又善爲文，深邃追古作者。叔氏純之奇其文，嘆曰：“吾兄有子矣！”寶慶二年，成進士，授容州普寧縣簿。丁父憂。服除，以漕薦，召試優等，除直秘閣，尋遷翰林學士，兼侍讀，以文學言語被顧問。嘗值宿禁中，出入侍從，分掌制誥。凡所獻替，上皆納焉。尋以疾，卒於官。

呂潭，字道深。咸淳間補入太學，作《黃班傳》，造語蒼古，咸傳誦之，謂與韓昌黎《毛穎傳》相伯仲云。

元

陳璪，字仲餙。家貧力學，淹貫經傳，文辭典雅。至正間，縣尹丁從正辟爲縣學訓導。所著有《質菴稿》若干卷。其門人胡仲勉、盧誼、林維，亦皆以文學知名。

明

李曄，字宗表。其先汴人。元季徙家錢塘。少從永嘉胡僔游。僔奇其才，以女妻之。學成，結草閣北關門外以居，人稱草閣先生。後避兵金華，往來永康、東陽二邑間。入明，有司薦上考功，奏補國子助教。未幾，以病免歸，卜築永康之魁山下，講學授徒，與諸人士酬唱爲樂，不以貧窮介意。天台徐一夔稱其詩緣情指事，機動籟鳴，無窮搜苦索之態，而語皆天出，不渝盛唐家法。識者以爲確論。門人唐仲暹編其詩文爲《草閣集》凡七卷。子轅，字公載，亦能詩，嘗被薦爲宜倫縣丞，所著有《筠谷集》。

朱師全,字良玉。經明行修。初任新會縣丞,平海寇有異績。其後因事謫官。未幾,以文學薦入文淵閣,同修《永樂大典》。書成,升刑部主事。

姚汝循,字叙卿。嘉靖丙辰以上元籍登進士第,除杞縣令,入爲南京刑部郎中,出知大名府,謫嘉州知州。素負詩名。所著有《錦石齋集》。其五古遠倣陶、韋,近體能宗大曆。益藩潢南道人品其詩與李夢陽、何景明等,號爲盛明十二家。

俞聞,好古博學。嘗築廬青山下,學者稱青山先生。博通天文、地理、占數之學,尤精乾象。所著有《照天寶鑑》、《量地玉尺》、《握奇經注圖釋》等書。

程明試,字式言。性孝友,刻苦砥礪,所交皆一時名碩,與太史李本寧、張淩虛、王百穀賦詠贈答。所著有《海運議》、《七松吟》、《松窗頌古》、《程子樗言》等書。

王師堯,字尚雍。少有才名。及長,砥志爲己之學,事祖母以孝聞。晚年尤好讀書,手不釋卷,於諸史百家多所研究,品學益醇。前後五膺憲獎,士論歸之。所著有《省身錄》、《筆古集》二十卷。

程引祚,號東壁。性嚴毅,刻苦力學。下帷五峰,諸子百家靡不貫通,四方執經受業者多所成就。嚴於課子。子七,有聲黌序,懋修、懋昭,以明經登仕籍。人服其家教云。

王世鈇,字畏公。崇禎乙亥拔貢。性孝友,持己端方,講切程朱理學,才望藉甚,士林奉爲模範。受業門徒百餘人,多名士。著有《經史管見》、《律呂圖說》、《璇璣玉衡儀解》。

徐裳吉,性孝謹,喜讀書,守己待人,足爲師法。值甲申之變,棄舉子業,潛心理學,視世味泊如也。著有《儀禮纂集》。

徐浩,字徵巖。潛心經史,至忘寢食。明末,絕意仕進,與金華姜應甲講求性命之學,往來問難,多發人所未發。尤博通天官曆法,每言唐一行歲差未確。著有《尚書貢象敷言》八卷,抉微析要,足備靈臺採擇云。

王同庚，邑庠生。講學五峰書院，助田爲先賢祭資。受業者常數百人。遺有《惜分齋吟》。

國　朝

徐光時，字東白。三任教職，所至修飭學宮，整理典禮。其在嘉興，所獎識悉成名士。年九十餘，吟詠自得。著有《東白軒草》。

樓惟馴，字右駬。博學能文章，以康熙己酉選貢太學，所見愈廣，爲文愈奇，光怪萬狀，盡發於楮墨間，當時才名藉甚，徐大司、成立齋甚器重之。年未及強仕而卒。所著有《燕遊筆話》二卷。

徐琮，字瑞九，可期孫。母黃，烈愍一鷗姪女，博學工詩。文琮幼承母訓，爲文思如湧泉。康熙戊午登賢書，授蕭山教諭。品行文章，皆堪師表，爲毛西河奇齡所稱許。戊子應閩闈聘，所拔多知名士。未幾，以疾歸。生平好爲詩，所至皆有題詠。著有《完石齋集》。

徐若瓊，字梟雙。以明經授訓導。少負才名，受知當事，不肯妄有干求。家壁立，瀟然自得。學者從遊，多所造就。所著有《十字吟》、《自鳴草》。

徐宏桓，字毅威。學有淵源，著作甚富。婺州四賢徹明正學，宏桓禀請學臣具題，始得崇祀孔子廟廷。

程夔初，字嗣音。穎悟絕人，於書無所不窺。爲文簡老兀傲，如枯松怪石，苔蘚班駁，絕非耳目近玩。屢困棘闈，思以著述自見，遂肆力於詩、古文詞，尤好讀史，集《左氏》、《公》、《穀》、《國語》、《國策》，訂爲一編，名《五家古文》。所著有《詩古文集》、《戰國策評注》、《西軒前後集》各若干卷，並刊布行世，其未付梓者藏於家。

程兆鏗，字又籛，五峰仲子。兒時爲詩文，出語不凡，老輩多奇之。乾隆癸酉拔貢，朝考得官，初爲武康縣學訓導。庚寅舉於鄉，歷平湖、山陰縣學教諭。訓諸生，先器識而後文藝。博聞強識，無書不覽。其爲文汪洋浩瀚，不可測其涯涘，而卒合於矩矱。嘗作《讀南華齊物論論》，沈發愚、杭堇浦諸先生見之，大爲欣賞，一時傳寫，紙爲之貴。尤工楷書，《十三經注疏》及諸大家古文，皆手録而分類詮釋之，約三百餘卷，藏于家。

程兆選，字俊升，五峰季子。幼聰敏，讀書目數行下。隨父兗沂曹道任所，以通家子謁總藩黄叔琳，一見奇之，目爲偉器。乾隆丁卯，領鄉薦。甲戌會試，取明通，以教職用，補寧波奉化縣學教諭。誘掖諸生，多成佳士。秩滿，保舉引見，以知縣升用，補授河南西華縣令。尋以父憂去。士民白衣冠送者踵接於道。服闋，赴部揀發江蘇，署吳縣。政聲卓著。歷署南滙，實授碭山。甫蒞任，飛蝗蔽野，搜捕不遺餘力，蝗不爲災。因公罣誤，降三級調用。歸部銓選，與京朝官能詩者唱酬聯句，有《樫軒唱和集》。以母喪，回籍終制，遂閉户讀書。邑令任進颺勸爲之駕，聘主崇功書院講席，與多士相研磨，自經史諸子百家，靡不提要鈎玄，纂輯各書，有《韓文杜詩讀本》、《文選讀本》各十餘卷，著《古雪集》十六卷。尤精於韻學，每謂三十六字母中有宜補宜併者，或宜從古，或宜遵時，剖析精密。於《性理大全》、《近思録》、《程子遺書》、《朱子全書》，俱手録成帖，然不沾沾於章句，以身體力行爲主，其訓士亦然。遊其門者，皆實學能文之士云。

孝　友

"夫孝，天之經也，地之義也，民之行也。"而知德者鮮，中庸不可能。惟鮮知之，而知者遂異於衆矣。惟不可能，而能之者難矣。孝子悌弟，不求知於人，而人人聞而慕之，見而敬之，則秉彝之好，有同然也。

宋

吕皓，字子陽。少負志節，學於林大中，而友陳亮、吕祖謙。以出粟賑濟受知於倉使，朱熹薦諸朝，補郡文學。淳熙中舉，上禮部，會父兄爲怨家誣搆，逮繫大理獄，皓叩閽上書，理其寃，願納所得官以贖罪，且言"無使聖世男子，不及漢緹縈一女子爲歿身恨。"翼日，下都堂議，宰相白無例，孝宗曰："此義事，安用例！"由是其父兄與連坐五十餘人皆得釋。再試禮部，不第，遂絕意仕進，隱居桃巖山，與陳亮往來講切，克己修慝，孜孜不倦。父母繼没，茹素三年，廬墓以終喪。割兄弟所遜田爲義莊，以贍教鄉族。制置使劉光祖、郡守王夢龍、陳騤以遺逸、孝友交薦於朝，俱不起。嘗作《雲溪逸叟傳》以見志。

呂源，字子中。性孝友，嗜學。兄皓，嘗語之曰："充其義以行於家，而及於鄉，可也。何必應舉求仕？"遂躬行此言。執親喪，哀毀踰禮，苦塊三年。嘗置義莊、義倉、義冢，且別爲小廩，收恤閭里棄兒。病革時，兄遊江陵，仰天大號曰："不及見吾兄一語而訣，吾目不瞑矣！"人莫不哀思之。郡邑以孝弟聞於朝，贈通直郎，旌表其門。

明

黃嵐，生平孝友。會兄黃崇上輸課，廷讞重辟繫獄，嵐聞往省，以貌相肖代繫，赴京遇宥，獲免。

程堅，字世剛。慷慨好施，嘗於雪中以囊貯粟戶給之。母吳氏病篤，醫禱弗效，乃割股作糜以進。堅行第十二，中年無子，母吳感而祝曰："十二官如許純孝，願天賜賢子十二，亦如十二官之孝。"後果生子十二人，第八子銈，登弘治己未進士，時年八旬，封大理評事。孫文德，嘉靖己丑進士第二人及第，加贈吏部侍郎。

應綱，字恒道。少喪父，母胡氏守節撫之。長，補邑弟子員，事母克孝。母嘗病不食，綱亦不食。成化七年，省試回經錢塘，舟覆，人多溺死。綱念母寡居，乏人供養，水中若有援之者，得不死，以爲孝感所致。後膺貢，任歸德訓導，奉母就養，孝義逾篤。母歿，水漿不入口者三日，廬墓三年。有司具奏，勅旌其門曰節孝。著有《孝經刊誤集注》。崇祀忠義祠。

應枌,字尚端。杰從弟也。幼失怙恃,痛弗及養,每諱日,哀奠如初喪。從兄杰,家政肅穆,遵奉唯謹,於弟枋友愛曲至。女兄適朱而寡,迎養於家,且及其子。弘治庚申,大成殿災,枌慨然曰:"此吾祖所經營也,肯令先澤湮乎?"遂解私橐,拓基重建,閱歲而廟貌如故焉。卒以子典貴,贈兵部車駕司主事。嘉慶十五年,崇祀鄉賢。

倪大海,祖病,侍奉湯藥不離側,焚香告天,願減己齡以延祖壽。後祖年逾九十方終,大海哀毀逾禮。及葬,廬墓三年。繼母李患癰,吮其瘲出之而愈。父歿,又廬墓三年。值歲旱,飢者施粥,死者捨棺,仍割田儲廩,以賙其族人之貧者。有司具奏,旌其門曰孝義。

應勳,字天成。性孝友。父喪,哀毀踰禮。人有語及者,輒悲哽不自勝。母有疾,不脫巾帶而養。母年六十三失明,晨夕扶養者十年,至七十四,忽值良醫鍼治,目復明,人以爲孝感所致。父枌,重建大成殿,勳又輸金修之。從兄奎議建宗祠,勳獨任餕堂,費數百金無難色。王麓泉崇名其堂曰徵德,作記美焉。嘉慶十五年,崇祀鄉賢。

姚守仲,割股救父,廬墓三載,歷經旌表。

應召,璋之子,嘗從父宦遊新安,受業於甘泉湛若水。母疾,侍湯藥,不解衣帶。比終返櫬,值洪水泛漲,柩爲激流所漂。召抱柩呼天。已而風息水平,柩免漂沒。人以爲孝感云。

徐士洪,字端範。性至孝。萬曆丙辰夏,里中大疫,父染病。洪年尚幼,奉侍湯藥,衣不解帶。既而病危,醫窮於技,洪爲文籲天請代,呼號七日。比父甦,而洪竟奄然逝矣。教諭包世杰爲之傳。

徐文景,字汝憲。孝友性成。以母瞽,同臥食至老。兄弟五十年不分爨。喜放生,濟人危急,爲黨族推重。年逾九十,赴賓筵,巡方胡按郡乘傳引見,給冠帶銀兩,扁其廬曰"百歲善良",教諭包世杰有傳。

應瑞璉,字嘉用。少失怙,奉母惟謹,每殫力以供甘脆。以母嫠居,恐懷憂悶,嬉怡膝下,晨夕不離左右者四十餘年。

李長春，字方華。幼穎悟好學。由明經授松溪令，未赴退隱。早失怙，事母三十年，色養慎終，孝行備至。好賑貧乏，竭力爲之，凡族人搆爭，一言令人冰釋，族中免至訟庭者約二十餘年。

陳廷琪，字君瑞。郡增生。父候選京都，疾卒。廷琪年十五，扶櫬歸里。善事孀母，撫育弱弟，以孝友稱。苦志力學，著有《讀古彙編》。崇禎間歲祲，傾資賑濟。縣府道司旌表其門。

徐明勳，號筠巖。幼失怙，依母成立。博通經史，嘗曰："讀聖賢書不知聖賢之爲人，雖萬卷何益！"一日赴郡錄科，忽夢母有憂色，覺而心怖，遂夜半馳歸。母果病，籲天願代，廢寢食，省侍四十餘日不少懈。著有《史衡》及《孤臣錄》數十卷。

王世鍵，字有樞。性至孝。父師禹，年九十卒，廬墓三年。遇歲饑，出穀賑濟。人衆，益以白鏹。全活甚多。

徐士震，字蘧菴，著聲庠序。痛父可期殁於王事，終身哀慕。母年八十，曲盡孝養。友愛諸弟，老而彌篤。性狷介，雖父同官故舊，未嘗一造。年八十五，力學不倦。所著有《治心編》、《蘧菴鏡帖》。

國　　朝

應光賢，性至孝，家徒四壁，必委曲奉甘旨，不使父母見其難。順治戊子，土寇竊發，所過焚掠。火近父柩，光賢入室抱柩悲號，忽反風獲免，人謂孝感所致云。

王汝忠，從父遊學河南。父殁，數千里外負骸歸葬，廬墓終身。

胡希洪，幼知大義。年二十，父母病疫，諸醫罔效，晝夜哀籲，刲左右股和藥以進，二人立愈。府縣具詳，旌其門。

徐懋簡，字于默。性至孝，孩年喪母，家貧，父思聖狂疾，不識水火，行坐護持，起溺必俱，垂二十餘年。後病劇，焚香祝天，乞以身代。既而以後事屬其兄，遂登樓自墜，久乃蘇焉。邑紳以孝行請於當事，崇祀忠義祠。

李明峰，急公慕義，事親以孝著。居父喪，寢苫枕塊，廬墓三年。

陳季卿，少家貧，母歿，鬻身以葬。及長，以父老，贖身歸養。後父病痺，飲食步履必需人，季卿朝夕奉侍，歷數載不少懈。同時董明御傭工養父，父歿，無以爲殮，亦質身富家得值，殆克葬焉。又有呂宗福，孝行詳見藝文《呂孝子詩》。

應修，字舒佐。邑諸生。七歲喪母，晝夜啼泣，目幾傷，州里稱爲孝童。事繼母方，先意承志。母失明三十年，不離左右。母年九十九卒，修年已七十有五，猶苫塊蔬食，士論多之。兄故，紀其家政爲輸課者二十餘年。康熙壬寅，大成殿、明倫堂將圮，捐貲以倡興作，又以本都腴田六十餘畝分助學宮義學，以爲歲修膏火之費。他如設義館以教人，置義冢以掩暴露，歲歉出粟貸鄉鄰，爲粥以食餓者，其好義大率類此。彌留時，命孫國良出所藏質券焚之，乃卒，年八十有七。

孔毓銓，字天宰。幼孤。母陳，年躋九旬，銓年亦七十，晨昏定省，未嘗遠離。母死，廬墓三年。每逢母忌辰，哀痛如新喪，人皆比之老萊云。

應鼎和，有至性。父母相繼歿，廬於墓側者六載。知縣張啟禹造廬禮之，表其閭曰“曾閔家風”。

王丙簡，字文篇。父集東，博覽群書，尤工詩賦。雍正辛亥，里有無賴者以逋賦獲譴，求拯於集東，集東辭焉。時官逮之急，無賴者忿，直入其家，手刃集東。丙簡恐父傷，以身迎刃，中脅而暈，少甦，猶睜眼視其父，曰：“無恙乎？”無何，以創甚，卒，時年十有七。有司以聞。乾隆八年，建孝子坊，崇祀忠義祠。

徐英紘，邑庠生。早失怙，母黃，病風痺，莫能屈伸，一切仰於人。英紘有四兄，皆遠客，女弟亦適人。妻吳，早卒，繼聘林，未歸。英紘以隻身供子婦職，每旦扶母於牀，授衣靧水已，迺踞其後，而請櫛，復前俛而屨。每食引匕箸旋旋納諸口，如兒哺然。欲如廁，則負而往。暑或負而風，霜簀日出則負而暄於牖，夜寢母側，伺所患而撫摩之以爲常。女弟或歸，攝其乏，母輒不適，麾之曰："阿紘來，阿紘來。"家貧舌耕，館於所居之樓，聞樓下吚聲，輒投其業而走，雖課授紛綸，志常在母，如是者數年，竟以勞瘁得疾卒，年三十五，既而母亦卒。邑人應廣文正祿爲傳其事，曰："世之傳孝子者，往往多奇節偉行，動心駭目，其志將以植表爲世勸也。顧終庸行，則尠列焉。不亦長苟難之風乎？如生之所循，不越《內則》，而苦養無方，斃而後已，視諸一時之激烈者，更難矣！"

李雲魁，字邦信。年十三喪父，哭泣如成人。家貧，傭工養母。母病，禱天請代，病尋愈。及母以壽終，雲魁哀毀骨立，廬於墓次，朝夕上食如生時，如是者三年。常有慈烏巢其廬，每遇哭奠，悲鳴不已，若助之哀者。

周在鎬，少孤，事母以孝聞。乾隆庚申，母病革，祈祀延醫，誠求備至。後母越四年而歿，葬祭盡禮，廬墓三年。知縣黃、教諭王給匾表之。

李貞球，少孤，母年老癱病，在牀蓐者十餘載。貞球奉侍湯藥，未嘗暫離。疾稍加，輒呼天，稽顙求以身代。及歿，哀毀殆不勝喪，被髮徒跣，廬於墓所者三年。

徐文榛，幼失怙，父繼娶某氏，貧無以爲養，力耕供菽水。父疾，調護百端。卒不起，泣血盡哀，廬墓三年。事繼母如父。及歿，廬墓亦如之。以父母尚寄浮土，素衣疏食，竭蹶數載，得宅兆安厝，始釋服焉。子覲光，乾隆庚子舉人。

陳崇宣，字公裕。幼讀書，以家貧缺甘旨，遂棄章句之學，竭力供職。父遘危疾，崇宣籲天虔禱，願減己年以增父壽。母病亦如之。已而父母繼逝，廬墓終喪。知縣任進颺以其事聞，學使竇旌曰"敦本可風"，教諭方卓然有傳。

周雲變，年十一，喪父，晝夜泣不絕聲。家酷貧，常採薪養母。母患病經年。自念無力可療，乃詣鄉里自鬻。鄉人憐其志，各分所有濟之。及母卒，被髮徒跣，廬於墓次，日一食者三年。

陳時瑞，年少家貧，父母繼逝，哀動比鄰，聞風木聲，輒增悲痛，憮然曰："丁蘭非人子乎！"遂採木刻雙親像，事之如生，髮尺許不薙。有詰之者，亦不言，惟流涕而已。知縣邢澍令地方舉實行可風者，族中以聞，顏其廬曰"敦倫勵俗"。

王清遠，字亭直。性醇厚。五歲喪父，即哭泣盡哀。稍長，以不逮事爲憾。每見父遺像，輒悲不自勝。母病瘋，常臥牀蓐。清遠於飲食起居、寒暖燥濕，親自調護，四十餘年如一日。比歿，殯葬必于禮。知縣陳鶴瑞表其閭曰"經義是則"。

吳嚮豹，字瑞騰。邑增生。幼即承歡膝下，比長，愛敬備至。家雖貧，不缺甘旨。父病，藥必先嘗，未嘗頃刻離左右。及歿，廬墓三年，嘗有雉馴其側。居母喪如父。生忌祭奠猶生時奉養。朔望躬謁祠墓展拜，至耄不衰。巡撫熊學鵬手書"純孝可風"四字，表其閭所。著有《大學闡解》、《孝經淺解》等書。

樓思護，字商音。業農，事親克盡子職。父患瘋，齋戒禱城隍神，夢以酒濡其身。歸，如法治之，病遂愈。後父母歿，各廬墓三年。嘉慶戊午，知縣張以其事聞，郡守、學使給匾獎焉。

夏孫祝，字漢田。性淳厚，嘗拾遺金，待其人還之。善事父母。父歿，廬墓八年。墓在山中，夜無蚊蟎。母繼歿，仍廬墓次。久之，有勸之歸者，孫祝曰："生不能事，死何忍離？"年六十六終於所寢之廬。

陳守有，少孤，事母孝。家故貧，歲饑，負母至金華，僑居上姜，爲人傭賃，以供朝夕。遇有甘旨，輒馳歸奉母，自啖鹽飯而已。及歿，負土成墳，晝夜跪墓下號泣，歷風雨弗避也。村人爲結草廬庇之。居廬終喪。郡邑以其事聞。道光十五年，旌表其門。

義　行

董子《繁露》云："《春秋》爲仁義法。""義之法在正我，不在正人。"

襲而取之者,丕乃敢大言。夷考其行,而不掩比比然矣。故行者所以
既其實也。實事求是而無歉於義,君子人歟,其在斯矣!

宋

陳慎,宣和中納粟賑飢,授中州助教。寇亂,積骸平野,躬率二子
良臣、良能收瘞之。紹興中,二子並登第授官。乾道間,歲大歉,爲粥
以食飢者。鄰有逋稅,代償之。復建橋三處,曰上洿、曰下洿、曰東
濟,甃道以便行役。孫五人,亦相繼貴顯。人以爲施德之報云。

元

呂汲,字仲修。少嗜學,至老不輟。讀書務窮理,于百家諸子,靡
不旁通其說。養親具必豐。族人貧者,月有廩;年當入學者,家有塾;
鄰里有急,必周之。歲歉爲粥食餓者,所活千百計。至自奉,乃極儉
薄。甫踰弱冠,大盜竊發,官軍進討,強起其父懋爲鄉導。汲隨行,身
踐重山密林,探其巢穴。事平,口不言功,識者推其雅量。晚益務韜
晦,自號水西翁。子機,字審言。刻意于學,通《春秋左氏》大旨,好讀
《資治通鑑》,孝父敬兄,事必咨而後行。撫育二妹,逮于有家。待賓
客朋友有禮。樂賑鄉人之急。人或懷嶮巇以相傾,忍弗與校,綽有
父風。

李叔安,大德丁未中遭時大歉,發粟萬斛賑飢,鄰邑扶杖褓負就
食者以數萬計,置大釜,煮粥食之,多賴以全。有司表其所居坊曰
"由義"。

明

馬文韶,以吏辦事陽武侯府。適永康歲祲,飢民競挾富家粟,或
張大其事以聞,命侯勘之。文韶哀告曰:"永康之變,實飢窘所迫,無
它也。請勘實而後行。"侯如其言,兵止不發,民保無患。

王孟俊，性孝，敦行。念父永昌曾捐百金建府學兩廡，乃繼志，出粟千石賑飢，有璽書羊酒之褒。後孫洙楷、世德、世鈁、世衡，聯登科第。人咸謂累德之報云。

金盛宗，敦行好施，捐建欞星門。正統間，出粟千四百餘石賑荒，璽諭褒美。其餘造橋梁、修道路，種種可風。

應曇，字仕濂。諸生。性孝友。親歿，殯葬盡禮。或間其兄曰："是非若利，他日費不足，將罄若產矣。"兄以語曇。泣不應。既襄事，遂火其藉。既而兄與析產，悉以沃產讓兄而自取其瘠者。正統己巳，文廟燬於寇，知縣孫禮議重建。曇請獨任其事，薦工聚材，方閱歲而大成殿、明倫堂次第落成。生平勇於赴義，所在輒有恩及人。在永嘉分金以急人之難而不問其名，在武林還金以甦人之命而不告以姓氏，在家則出廩粟以賑飢荒，置公田以助里役。他如架梁風橋，建普利寺，贖寺產以贍僧，僧搆祠報焉，御史黃卷撰有碑記。雍正二年，崇祀鄉賢。

徐寶，字伯珍。事親孝。式穀四子，皆有古人風。且好周急，如家貧親老與喪不能舉、壯不能婚者，多被其惠。正統十四年，括寇掠境，居民多逃竄。先是縣收折鹽糧銀數千兩，付寶領銷，未交官而寇至。寶藏於井，蓋之以石，人無知者。後寇退，官議重徵諸民，寶橐其銀以獻，曰："銀故在，弗徵也。"議遂寢。鄉人咸德寶，歲首三夕，戶設香燈祝之，因相沿成俗。其孫恂以隱德著。孫昭暨文卿、文通、可期、之駿輩，蟬聯科第，而學顏以忠烈膺特典。父老咸羨寶食報云。乾隆二年，崇祀忠義祠。省府志載徐蒙六。

施孟達，捐資建修仁政橋，後圮，孟通、孟進、孟安、孟綱重修。孟達生平善行，不可枚舉。乾隆二年，崇祀忠義祠。

應杰，字尚道。生有美質，重倫紀，崇禮教，行事不惑流俗，悉與道冥合。幼孤，諸叔父又相繼早世，祖耄，遺孤皆髫齔，杰事祖及母，曲盡孝敬，諸孤視如一體，皆挾之成。諸弟與析產，輒自取其薄者。

季叔母於所分産意弗厭，即以己所得易之，人尤以爲難。生平雅志好古，著家範，立祠堂，置祀田，備祭器，制深衣，幅巾方履，行古冠昏喪祭禮。家故有土木像，盡撤而毁之。巫覡僧道之類，一切屏絕。他如重建明倫堂，修梁風橋，代輸鄉民户口逋税諸義事類此者甚多。雍正二年，崇祀鄉賢。

王綸，同弟綉之子淮，捐貲建譙樓。王綵、王山，建縣廳。王福建總鋪。歲歉，又捐千金賑飢。人稱濟美云。

俞統，成化十九年，大水，家被衝没，妻女皆淹死。先是有商人市苧者，寓白金數十兩其家而去。及水退，商人泣而至。統曰："無憂也。家雖破，所寄銀故在。"挈而還之，毫釐勿爽云。

趙鉞，捐資造福梁橋，築溪壩，歉歲施粥食飢人。

張宗禧，娶厲氏，有淑德，生三子。厲卒，宗禧感其賢，誓不再娶。家故裕，賙貧起仆，爲人舉喪葬婚嫁。嘗捐資募備，築下黄官堰，溉民田萬餘畝。造舟楫，修輿梁，以便官道，鄉人稱之。

朱山，參政方之兄，嘗因水旱代納一都鹽糧，鄉人德之。

應崇正，正德間，嘉、湖歲凶，駕賦干婺、衢、嚴三郡，後遂派爲常額，民不堪命。崇正揮其家資，偕弟廷彰，挺身上控，而賦賴以均，民賴以息。方伯姚有獎語云："十載不思家，可愧守錢之子；一心惟尚義，益彰崇正之名。"義烏知縣胡標作《義士序》贈之。

應希聖，字崇學。邑東鬼溪孔氏明嘉靖間冒認聖裔，蠲免九十六户。邑令毛察其僞，欲正之，衆推希聖。毅然身任，往西安、曲阜，詳稽孔氏世譜，並無斯傳。鳴於當道，絕其優免，邑人賴之。

俞柏，賑窮周乏，好行其德，建胡塘橋，闢冒認聖裔，辦湖州官糧。方伯姚表其閭曰義士。

盧仲傳，仗義輕財，每歲於冬至前後，躬拾義冢遺骨埋之。萬曆間歲歉，煮粥以食飢者，鄉人稱之。

王世琮，邑庠生。親病，刲股得愈。常倣朱子社倉，春貸秋斂，不取其息，以濟荒歉，行之數十年，衆受實惠。

呂一美，字伯輝。幼失怙，母壽至九十四歲，竭力奉養。蚤歲游庠，刻志讀書，孜孜樂善。遇歲飢，煮粥賑濟。瘞埋白骨，建九里橋。年七十九。

王世忠，捐粟賑飢，助田入祠，修宗譜，創追遠祠，建聖廟東廡。

呂國元，樂善尚義，二建王墳橋。子一森，邑諸生，克承先志，歲荒出粟賑濟，計口散給，里中咸賴焉。

王世琨，孝友樂施，歲飢倒廩千餘石賑濟。邑侯吳獎曰“家賢慕義”。弟世相，並好義，捐資全貧人夫婦贖遠鄉母子，里多稱之。

盧元參，字若魯。邑庠恩薦。一介不苟，嘗助修學宮、造永濟橋。遇貧乏，多方周恤，鄉人德之。年九十卒。

國　朝

陳惟章，慷慨仗義，嘗以己田易爲堰基，一方利賴。順治辛卯，鄰遭強寇，衆皆閉戶，章獨挺身往救，提戈衝先，中利矢，傷胸而卒。族義之，爲立昭義祠祀焉。

胡惟敏，敦庸行，好施予。順治二年，與兄惟嘉扶父柩往厝金華下登山。道遇土寇剽掠，止其棺不得行。惟敏哀號涕泣，告以情，賊義其孝，遂得釋。康熙乙巳，路拾遺金二十餘兩，即揭帖憩亭，有陳姓得覓至，還之，無德色。邑侯徐獎曰“慈惠可風。”

呂應光，力行節儉，不侵然諾。歲大飢，捐穀千餘斛賑濟。捐己田爲祖鄉賢文燧春秋祀，又捐己田立義塾以教宗黨。年九十八終。

徐應顯，字子祐。性慷慨。歲大浸，倡施糜粥。有以逋賦告者，貸以錢，爲焚其券。人德之。且精醫術，多所全活，晚年益精。游歷公卿間，貧寒以疾請，匍匐往救。所著有《醫方積驗》。御史牟雲龍表其廬曰“儒修相業”。年八十餘卒。

應守誠，性孝友。父元吉，好施。誠善承志，以身任之。兄守謙，仕汝寧經歷，欠糧千餘，誠破產代償。嘗建橋濟涉，捐穀賑飢。一日偶至墳山，遇有人盜砍樹木，慰諭速去，不令從人逼之。盜亦感化。孫際聘，有祖風，幼失怙，事母盡孝。兄弟五人敦友愛，嘗架石梁，置家塾，能紹祖德云。

徐鐕，字于祥。性本孝義。父晚遘屬疾，躬親糧粥，十有餘年。父歿，祭葬不遺餘力。捐資重修聖廟并十哲四配廚几等項，助建明倫堂梁柱，砌造橋路，還金瘞骨，賑飢濟貧，以樂善好施稱。

徐惟明，樂善敦倫，嘗建西津石橋，出粟賑飢。貧人稱貸者焚其券。年九十。

盧汝翰，性豪爽，建義倉，濟賑飢民，多所全活。嘗立觀善堂，衍析六言，使知性善宗旨。

應本初，字元生。少爲諸生。負胆略，具濟變才。甫入家塾，其題木摑云：“出則仔肩是任，入則壁立不撓。”師爲驚異。順治乙未，東陽寇起，所至焚掠，蔓延逼境，勢張甚。族人赴縣白狀，防守王領兵禦之，敗没。已而防守之姪妄希恤典，誣族通賊，族衆千家，風聞股栗，無敢出身理者。又當道路梗塞，城守戒嚴，雖有力無所用，皆相顧太息泣下。本初奮然曰：“事至此，忍坐視閤族受禍耶！”冒險夜行百餘里，至城下，不得入，倚城牆號哭，以聲通，始得入，訴司理李之芳。之芳見其情切辭壯，爲達上官，誣始白。仲弟本際，爲亂兵所掠。本初赴營往贖，貲不符其額，願以身爲質，而使弟歸取盈，主者義而釋之。康熙初，同修邑志，有貲郎懷重幣求爲其先地者，峻卻之，引咎者累日，曰：“此物奚爲至於我哉！”其守如此。

潘守基，性方正。嘗赴郡，拾遺金於浮橋，守而還之。又嘗避寇於王尖山，攜金數十兩，欲藏於山坎内。比啟土，已先有藏之者，約數百金。覆之如故，而藏己金於別所。其取與不苟如此。

李汝才，家赤貧，世居邑之青龍。康熙十六年，賃居武義泉溪鎮。其子文，拾遺金於途，歸呈汝才。見有官票發付里長王某，相距可三里，急命其子還之。時王某之妻以失金故，方欲投繯，而文忽至，出金付之，得免於死。武義令聞之，欲給獎。汝才曰：“我不爲利，豈爲名乎！”遂還青龍。

王灝，有志操，嘗於五木嶺拾遺金數十兩，坐俟終日，無覓者。次日赴縣，喧傳某里保昨失糧銀，官逮之急，灝即尋里保某，詢其數符，還之。知縣沈獎焉。

胡啟衍，好周急。康熙乙未饑，鄉鄰多不舉火，啟衍出粟爲糜，凡二閱月。己亥飢亦如之。辛丑歲，大祲，盡捐餘粟以賑，不足，質田接濟。其尚義如此。

倪宗岳，字崇華。幼貧苦，捃拾以養。稍長，學肩販，銖積成家。業既饒裕，自省嗇以濟困乏。康熙甲午、丙申，出粟賑饑。戊戌春，見西津水漲，渡者多險，遂議架石橋，捐建三垛爲倡。橋成，捨田二十畝，以歲收所入爲異日修橋之費。其好義類如此。

陳應德，業貿易。一夕與蘭江布商同宿城東旅店，及明，商去，遺計簿一，銀二百餘兩。應德檢視，度必商所遺，即於旅次守之。越五日，商果跟蹤而至，言所失物甚符，遂出還之。酬以金，不受。商高其誼，以事聞於縣，知縣謝雲從給匾獎焉。

周士疇，字錫成。爲諸生，孝而尚義。父病痹，起止需人。士疇晨夕維護不少離。以父病，入山採藥，遇虎叱之，即去，人以爲孝感。雍正元年，詔核郡邑人文之最盛者歲科充弟子員數，大學升與府學等，中學與大學等，小學與中學等。永康故屬中學，而應童子試者千餘人，與升大學例合。士疇聞之，即自備資斧，糾同志，呈請於學師胡、知縣韓，以次達上司，經部議者，再咨覆者三，士疇奔走二年，不辭勞瘁，未幾，命下，升永康爲大學，增額四。士林至今重其義云。

林佳琛，字璧人。好施予，歲以田三十畝所入之粟別置倉儲。每當雪夜除夕，分給族中之貧者，曰：“吾力所能爲爲之。待有濟人，終無濟人之日矣。”

胡懋略，字漢維。仗義疎財。雍正乙卯，代完一莊累年逋賦。乾隆辛酉歲飢，里中設廠煮粥，懋略捐米爲倡，全活甚多。卒年八十六。

徐昌美，字嘉贊。幼失怙恃。家徒四壁。比長，爲麵食店夥，一日坐具上遺有青囊，檢視約白金二百餘兩、田契數紙。次早，其人覓至，言所失物，不差累黍。昌美慨然還之，問失者姓名，則縣西華村君正也。處郡都司葉遇春以"信義可嘉"匾獎之。

李繼鑠，字漢英。性醇厚。兄故，敬寡嫂如母。乾隆癸巳歲歉，倣朱子社倉法，出粟三百石以貸。鄉鄰有負者，不責其償。行之十數年不倦。建鼇峰書院，以課族中子弟。割腴田十畝，興立文社。里有河，病涉，造舟以濟。姪孫載懋，成進士，繼鑠栽培之力居多，人以是重其行誼云。

王元寶，性質樸，家僅中産，橐有餘金，輒勇於尚義。嘉慶庚申，内白橋圮，元寶出資重建。永濟、康濟等橋，亦傾囊以助。前後十餘年，所費無慮二千金，人多稱其慷慨云。

吳摶，字選生。孝友尚義。嘗見一諸生，貧無卒歲，潛遣家人輸粟其家。乾隆甲申夏無麥，民飢，摶出三百金助賑，不足，請於知縣陳貸庫金百六十金，以賙困乏，賴以全活者甚衆。又嘗獨建迴波橋，以便行人。其好義類如此。

王鳳東，字日升。少孤，大父撫之成立。好讀書，不爲章句儒。《史》、《鑑》愛不釋手，多識前賢懿行。事祖以孝聞，兩兄俱早世，奉寡嫂惟謹。未析箸時，有稱貸於人四百金，總其傅別，獨任償之，不貽其兄之子累。後家業稍裕，慷慨好施，嘗慕范文正公之爲人，割腴田二十畝爲義莊，又出穀六十石貯之祠以貸族人，不取其息。凡邑中義舉，如西津橋、城西官道及河堤、寺觀，靡不出力倡先，其勒之碑碣者捐資七百二十餘兩。治家嚴而有恩，子孫銜訓，肅若朝典，仍不失雍熙之軌跡。其實行洵所謂立名義不侵爲然諾者，人比之劉子相、王彥方云。

林和鳴,字岐山。嘉慶間重修泮池,添建石欄。尤敦族誼,嘗語其子三德曰:"新穀未登,族中會有餓者,吾欲出粟二百石另置囷鹿,春貸秋斂,爲久遠計。"事未竟而卒。其子仰承父志行之,名曰常存倉。

隱 逸

致身青雲之上,析人之珪,儋人之爵,抱才智者孰不欲焉。乃有惡此而逃,豈其性與人殊哉?懷獨行君子之德,肆志於寬閑寂寞,以自葆其真,確乎其不可拔,亦聖人之所與也。厠之群賢之列,夫何忝乎!

宋

胡仔,字元任,兵部侍郎則從孫也。嘗官臨江知府,隱居吳興,號苕溪漁隱。以舒城阮閱《詩總》爲文禁,時所編缺元祐以來諸公詩話,遂爲之補纂,別成一書,曰《漁隱叢話》。明正統間,江西張懋丞《苕溪漁隱圖序》云:浙東胡元任以苕溪漁隱名天下,其隱之有道者乎!會稽鮑原爲圖其勝。元任從孫仲儀乃并以呂居仁所贈《滿江紅》彙而成卷,一時名卿大夫從歌詠焉。前太史蘇平仲題其後。見《金華詩録》。

周望素,卓有才名,無意榮達,士君子重其爲人。嘉泰間,過釣臺,慕嚴子陵清風高節,爲文自見胸中之奇,時人傳之。

元

陳塈,字德昇。至元初,仕至都倉。尋解組歸隱,居杜溪之上,清貧好古,博窮典籍,考論諸家,鄉邑從學者因材造就,彬彬有君子風。

薛蕃,幼勤學,有才識,不求聞達。士林高其行,後進多從之遊,有三代逸民風焉。

李宏道,字公茂。博極群書,以書魁至正甲午省試。時海内方亂,隱居不出,講學龍溪山。明興,詔徵耆儒,宋濂、劉基交章薦之,不起,邈括蒼,尋歸居白雲山,從遊千餘人。著有《盤谷集》,學者稱盤谷先生。歿,宋潛溪爲文祭之,謂"其出也以文章鳴,而邁一時之盛遇。其處也以道德重,而激百世之清流。人莫不欽其高風亮節"云。

明

唐光祖,字仲暹。其先金華人。父以仁,從聞人夢吉遊,學行爲夢吉所重。光祖幼承家學,長從李曄遊,言動必則古昔,雖造次無戲謔,爲文典實有法。隱居授徒,儼然以師道自尊。邑大夫累以人才起之,不受。號委順夫,所著有《委順夫集》。子道隆,孫蔭,皆淳朴有祖父風。

胡仕寧,歷覽書史,從唐光祖遊,得其底蘊。晚號耕讀翁,日與文人詞客徜徉山水間。學士吕源、侍御范林,咸有詩文紀其實。

童富,字德武。幼穎敏,經書過目不忘。甫弱冠,以大誥生召見,上悦,欲官之。永樂初,徵民間子弟,誦習"大誥"者,召見於廷而親試之。富辭,退隱田里,讀書自娛。居近華溪,晚乃鼓棹清潭,垂綸碧澗,意不在魚。市舶提舉李大夫繪圖以贈,曰"華溪釣隱",邑人士多爲賦詩,集録成編,桐江姚尚書夔序之。

林宗署,宋樞密大中十世孫,性朴古,早失父,事母以孝聞。正統間,寇亂,嘗上民情三策于鎮守都憲。晚築土室圭竇,巾服儼然,不妄交,不入城市。學問之功,至老不倦。

應晜,字仲乾。弱冠爲諸生,聲譽日起。明亡,隱於耕讀,以其所學措之家。事親孝,交友信,有婚喪不能舉者,代舉之無難色。

徐士雲,字蒸綺。可期子。幼慷慨有大志,從宦燕都,史道鄰先生一見器之,授以聖學三關之秘。甲申後,痛父歿於王事,棄青衿,與兄弟偕隱。事母施宜人篤孝,待親友多所推解。閒居與室人黄氏尚論經史詩文,苦志教子。黄亦有著譔,藏于家。長男璜,蚤世。媳虞氏,狥烈,建坊西城。次男琮,戊午登賢書。人謂式穀之貽云。

王同晉,字康生。性孝友,以伯父中丞迥溪重荷國恩,值崇禎末,隱居耕讀,絕意榮名。遺命助建學宮、講堂三間。孫丙褒,克承先志,竭力營之。丙褒能文,工書,錄先賢格言一冊,曰《景行集》。

陳廷宣,字介玉。力學好古。廩食三十年。值崇禎甲申,棄名隱遁,往來五峰,講學不輟,受業門人遍鄰邑。遺稿存《讀史偶錄》。

徐士儀,字徵淑。沈潛刻學,有聲庠序。鼎革後,潔身潛隱,自號遯逵。晚好《周易》,釋解多所創獲。年八十餘卒。康熙五十二年,崇祀府縣鄉賢。

徐士雷,號惕庵。幼聰敏。鼎革初,退隱樂志。年七十餘,手不釋卷。著有《蜩吟》二卷、《小邱逸志》二十卷。

呂之奇,字正卿。性穎悟,工書法。諸史百家,皆手自評錄。明末,隱居山林,人罕有見之者。

補　遺

自名臣至隱逸,厥類凡九,亦既備矣,曷爲又有補遺?前志修於康熙戊寅,越一百四十年,重加編輯,以是爲新舊志之分也。舊志所闕,而其人其事實不可遺,於是乎補之。舊志所錄,而人未彰顯,事未著明,本可從刪,姑仍其舊,而僅存之,抑置於補遺之列,一以甄遺賢,一以鍼前失也。

應恂,字子孚。純樸好古,頗涉書史。治家勤儉自足,一介弗苟取于人。訓誨子孫,教授門人,必依于孝友勤儉、禮義忠信。嘗自贊曰:"不能執中,寧過于厚。不能有爲,寧過于守。"晚自號曰純樸翁。所著有《純樸翁稿》。

呂德務,當明太祖下婺駐驛赤松宮,與東陽陳顯道、括倉章三益詣行在,陳濟世安民之略。上悅,列置左右。

章希膏,侍郎服之裔。端莊謹飭,修己行義。永嘉周愷傳其事。

應勝,字尚志。隱德不仕,性孝友,敦睦宗族。有鬮爭者,片言輒服。尤善醫，所全活甚衆，而不責報。邑令杜爲作《世德傳》。

徐鸞，字廷揚。少爲邑諸生。任俠不羈。一日忽自悔悟，閉門静養，言動率師古人，事母以孝聞。

王京，恬淡朴茂，深自韜晦，歷有善行。

陳明光，邑庠生。事親愛敬備至，當抱病，事之愈謹。人無間言。

應崇德，與應佩之捐資修府館。

方叔和，捐資造朱鑑石橋二座。歲歉出粟賑濟。

應恩，出粟濟貧，善孚鄉族。

李世翺，尚義好施，柏臺屢獎，耆年考終。子姓蕃衍，人多稱之。

黃一正，急公趨義，鄉評推重。

盧珮，性孝友，伯氏蚤喪，撫遺孤如己子。同盧琳助修公所，出穀賑飢，邑侯旌其堂曰“樂善”。

周邦義，生平好善，克己周急。年八十餘卒。

盧元奎，天啟間，門外拾遺金四十兩，有蘭谿姓諸葛者來覓，還之，了無德色。又嘗捨棺。

林槐，出粟濟貧，捐資修學。

徐惟啟，出粟賑貧。順治十七年，巡按楊特表其閭，引見，親酌酒。年八十餘卒。

吕邦俊，歲饑，命孫正先捐穀濟貧。年九十九。

周惟忠，性醇赴義。曾於蘇州客邸還金。常捐米賑飢，善行孚衆。

徐元贊，仗義好施，見有貧欲出妻者，罄囊爲之全，凡數家。前令徐旌其閭曰“槃澗碩人”。

應本際，樂善好德，族之嫠修苦節者，歲恒周給。人以緩急告，輒應之，至爲折券，不悔也。嘗得遺金，訪其人，還之。

翁文正，出粟賑飢，捐造橋梁，早輸國課。嘗拾舟人遺金三十兩，守還之。

胡以澄，事親孝，感愈沉疴，瑞延壽考，至行可風。

應永禎,性誠樸,事父母以孝聞。家素封,好行其惠,人有以緩急告者,應之不責其償。訓課子孫,遊黌序者八人。

應一銛,性質樸,幼失怙恃,事兄嫂如事父母。急公尚義,矜孤憐貧。年八十餘卒。

王世昌,少孤,事母盡孝,濟貧恤族,以樂善稱。

謝景銘,周貧賑乏而不責報,鄉閭德之。

應洵乾,獨力捐資,重造鎮興橋。

徐思程,好義樂施,宣明十六條,剴切動人。

胡啟桂,事後母孝。捐資立義會,捐田造祠,族人稱之。

呂一麟,辛亥歲飢,捐粟賑濟。

徐紹源,字于清。以明經授訓導。生平質直端方,務實學,執經者數百人,多成名,當事甚器重之。未嘗一干以私,赤貧堅苦,一介不苟。至今邑人言清操者,必首推其爲人云。

李承芳,慷慨樂施。康熙甲寅、丙辰歲歉,捐囊買米賑飢,全活甚衆。

徐宗諫,敦倫樂善。康熙二十二年麥荒,捐穀賑飢。

以上照前志。

呂璠,字德器。幼俊偉,長聞王畿倡陽明之學,往從之游。又師黃琯、章懋,參互考證。及歸,與應典、程梓會聚五峰講學。著有《石匡文集》、《知非録》等書。

應兼,字抑之。有至行。母朱年逾九十,兼日飪脆旨,視寢處,七十年如一日。朱卒,廬于墓所三年。朱性仁慈,橐有遺金,見鄰里之貧病者貸之,債不責償,唯存質券。及歿,兼悉取其券焚之,以成母志。叔父典,學務致道,友應良、黃琯而師王守仁,所至,兼必與偕,備聞要旨,遂繼典主盟於五峰精舍,與同門盧可久、程梓麗澤講學,四方來會者翕然趨之,餘三十年。學者稱古麓先生。

盧自明,字希程。可久從姪也。篤志正學,侍講五峰者數十年,砥節礪行。著有《新菴文集》。

呂成章，字達夫。幼敏悟，攻舉業。父某勗之曰："讀書不適於道，非吾志也。"聞王畿繼主陽明講席，命就學，獲聞緒論。比歸，畿爲文送之，有"爲學工夫，務求真實"云云。又師事應典與程梓，講道五峰，學者稱五松先生。

陳願，字希成。少業儒，知大義，事親以孝聞。父母歿，各廬墓三年，鄉黨稱之曰陳孝子。

胡演，字希道。父仲禄，授徒縉雲。時土寇焚掠遇害，演扶柩歸葬，以父寃死，終身廬墓，攀木悲號，淚皆成血，其山忽遍生紫荆，人遂名曰紫荆山。

姚珏，字世厚。性篤孝。父仲高，賦甲於鄉，爲時所忌。會里中歲時迎賽，爭道先驅，里有人被創而死，仲高父子亦在會中，因誣仲高，官逮之急。珏曰："父老弟幼，罪當誰諉耶？"因密勸父走匿，而自詣獄，曰："死里人者，珏也，非父也。"官不可，令言父所在。珏曰："衆欲殺吾父，而我言所在，是我殺吾父也。況殺人者非父也。即父，願以身代。"官必欲逮其父，重箠楚之，竟以是死桎梏中。邑人朱參政方爲傳其事，曰："世以孝聞者，或刲肉一臠，或廬墓三載，而精感天地，誠動鬼神，況以身代者乎！雖與日月爭光可也。"

吳協，字仲和。從謝僉事遊，潛心力學，事親孝。親歿，麤衣糲食，廬墓三年。嘗之郡，道拾遺金百餘兩，待其人還之，邑人趙艮爲之傳。

應莘，字樂道。母徐寢疾，輒終日不食，十旬不解衣，夜每哀號籲天，願以身代。既宅憂，哀毀骨立。以父在，恐遺父憂，强進飲食。及父卒，擗踊幾絕。畢葬，單縗徒跣，廬墓終喪，郡中稱爲孝子。

胡珍，字德耀。事親孝。父歿，廬於墓所，旦夕悲號，如是者三年。母有疾，珍向天祝曰："願以身保母百歲。"後果如其言。比歿，廬墓如父喪時。值亢旱，泉水皆枯，珍焚香禱祝，忽清泉從墓傍湧出，注而不竭，時人謂之孝泉。嘉慶十四年，知縣易鳳庭以其事聞於當道，且獎曰"順德遺型"。

吕振周，字蕭之。湘潭丞師岐子也。隨父之任，父以秩滿，挈眷歸，舟次江渚，猝遇盜，挾白刃入。父母驚避，倉皇失水，振周奮身而下，負父登舟，隨又求母，負之以出。比挾母登，而振周力乏，遂爲急湍漂没。時盜已驚散，父母急募人鈎求之，不能得。歸，事聞於當道，旌其閭曰"孝並曹娥"。顧曹娥捐軀，其父已死，而振周殞命，其親獲全，則其孝尤烈矣。

徐大禄，性克孝，事親不辭勞，以父好行其德，仰體親心，多方覵恤。比父母歿，俱廬墓三年。

徐良時，字懷顯。廣西梧州府懷集縣都司。崇禎十五年，遇賊，力戰死之。就省崇祀，贈武彝大夫。

錢尚庫，字宗積。性明敏，未冠，膂力過人，其智略有崔周平、石廣元之風。年二十，充王總戎麾下，鎮守寧波等處關防。崇禎十三年秋七月，賊至，大敗之，尚庫奮力斬首三十餘級，升營千總。十五年春，李自成犯江蘇，尚庫隨巡撫某討賊，與戰於鎮江，被圍，自辰至申，不能衝突，遂死於寇，時年二十六歲。

吕繼宙，字久之。爲諸生，寒素自守，而事親務求豐腆，以冀得二人歡。父歿，廬墓終喪。事母尤謹，周旋承順，略不少怠。及歿，又廬墓三年。

吕應銓，字惟金。少孤，事母孝。順治戊子，土寇掠境，應銓負母，避匿深山，捃拾以爲養。比寇退反舍，母以驚悸得疾，累治不痊，應銓號泣呼天，願以身代，霍然而起。人以爲孝感所致。

董繼盛，少孤，事母以孝。聞母歿，泣血盡哀，廬於墓側，苫塊終喪。知縣趙旌其廬曰"守廬純孝"。

吕鳴純，字君文。邑廩生。少孤，母撫成立。順治戊子，土寇焚掠，家室爲墟。鳴純力耕供職。及歿，廬墓三年。或勸之歸，以父母尚寄浮土,仍不忍離。既葬而後釋服,乃歸,宗族以是稱其孝云。

王同廱,字天球。歲貢生。幼讀《小學》,凡一言一行皆劄記之以自考。深恨少喪親,不能盡禮,補服三年。後受學於東陽陳其蒽,讀書五峰者十年,蓋學姚江而得其氣象者。生平著述凡二十種,皆切己之學,爲鶴潭王崇丙所稱賞云。

永康縣志卷之八

列女志

范史《列女傳》"但搜次才行尤高秀者,不必專在一操而已"。然行義桓嫠,暨號禮宗者,皆以從一而終,區明風烈。永康自杜氏女、陳氏長女捐軀立節,合邑女士,悲傷慕效,咸知貞潔自守,故嫡媚而之死矢靡他者,所在多有,其孝於舅姑、訓子孫成立,尤難能而可貴者也。茲敘貞烈與已建坊者於前,其年例相符堪膺旌表者,悉照訪冊,分鄉紀之。志列女。

貞　烈

宋

杜氏女　宣和庚子,方臘倡亂,所在嘯聚。有悍賊輩謁杜氏門大言:"爾以女遺我,否則滅汝宗。"舉家驚泣。女曰:"無恐,以一女易一宗,奚不可?"賊歡笑以俟。女乃沐浴盛飾,既而潛縻帛於梁而圈其下,度不容冠,抽去之,籠其首,整髮復冠,乃死。家人惶遽號泣,賊聞之,亦驚去。陳龍川為作傳,贊曰:"方杜氏之不屈於賊,以死猶未足難也,獨其從容整冠,無異於子路之結纓,是其難也。雖古烈女,何以加焉?"傳見藝文。

陳氏長女　宣和辛丑,官軍討賊,所過乘勢剽掠。邑富室陳氏有二女,併為賊執。植白刃于傍,脅之曰:"從我,妻之。否,且死。"其長女神色自若,掠髮伸頸,厲聲曰:"請受刃。"被砍而死。陳龍川爲傳其事,贊曰:"世之人斥人者必曰兒女態。陳氏之態,亦兒女乎?"傳見藝文。

章氏二烈婦　章侯妻應氏,其姒周氏。方臘之亂,村莊咸走避。應病足,與十歲兒居。其姒亦歔欷不忍去。應曰:"吾以足病,死,命耳。姒宜急避。"周曰:"生死同之。何避焉!"未幾,賊入。應、周俱遇害。當殺應時,兒泣,謂賊曰:"殺我,無殺我二母。"賊併殺之。宋太史濂爲傳其事,贊曰:"婦姑勃谿者有矣,況娣姒乎! 娣姒不相能者有矣,況與之同死乎! 永康二婦,何其賢也!"。

應復祖妻徐氏　夫亡之明年,猝罹外難,不屈而死。時宋景炎丁丑十一月十有四日也。年甫二十有三。

明

呂元明妻朱氏　括郡吳英七等聚衆爲亂,元明舉義兵討賊有功。時臺官受賊賂,令宣差召而殺之,子堪亦被害。朱乃借助於東陽陳顯道,追至途中,擒宣差還,就夫靈生取其心以祭。義烈之聲,震天下云。

胡蓋妻陳氏　正統己巳,括寇掠境。陳氏攜子自外家歸,道遇寇。以刃加其頸,曰:"從我,不死。"陳紿之曰:"從。"拽之前行,至塘濱,棄子於岸,投水死。

李淳妻盧氏　嫁二載而淳亡,一男一女相繼夭。李宗咸迫其再嫁。歸依母家,弟亦迫之。盧度不免,乃紿之曰:"吾所以不從者,夫子亡未薦、服飾未備耳。"衆以爲然。乃潛治自己衣衾喪具。及期,置夫神主,哭祭。夜自縊而死。

周烈女　幼字鮑勤。其後鮑家日替。父二三欲改嫁之。女曰:"大人曾許鮑家乎?"父曰:"然。"曰:"然則奈何以貧富易心? 縱死,不敢從命。"有陳姓者恃勢脅娶。女聞,自投於水,母救,不得死。脅者愈急,遂縊而死。

程浪妻朱氏　名妙禄。年十八歸浪。未一月,浪游學南都,行至句容,遘疾亡,柩回。朱日夜號慟,誓不再適。有黃姓者欲娶之。朱泣告舅姑曰:"烈女不更二夫。願終吾志。必欲嫁我,惟有一死。"舅姑不聽,潛許黃矣。朱聞,拊夫柩大哭。其夕,沐浴更衣,自經死。郡守劉蒮以其事奏,詔表其門。

呂烈女　名主奴,一名淑。適李汀。汀溺死,慟哭仆地,水漿不入口數日。舅姑憐其少寡,強之更適。呂聞,密縫白衣裙,捫其手足,夜分秉燭赴汀溺所死。是夜風雨,燈光不滅。後督學張按郡,夜坐假寐,見白衣女子徧體淋漓,作聲曰:"淑。"行查入邑,至永得之。奏請奉旨,建坊立祠山川壇側,有司歲時致祭。

程章甫妻黃氏　年十七,歸程。三年而章甫卒,即翦髮繫夫手,誓同死,遂絕飲食,蓬首垢面,依夫像號泣,淚盡,繼之以血,而死。

章貞女　名韞奴。幼嫻《內則》,寡言笑。年十六,夫患痘症,將危,女欲往視,父母許之。入門拜舅姑,詣夫室侍湯藥三日。永訣之夕,誓死無二。毀容斷髮,不復歸寧,爲夫治喪事成禮。踰年,立叔子從海嗣,撫養勤閔四十餘年。朝廷旌其門曰"故童馬"。世稱未婚妻章氏貞烈之門。傳載藝文。

庠生胡萬安妻盧氏　夫亡。氏誓同穴。家人防護甚密,遂翦髮毀容,足不踰閾。既而有議再醮者,氏泣曰:"吾所以不即死,以舅姑在堂、夫柩未厝故也。苟爾,又何生爲!"日夜慟哭,不食而死。

王世慶妻應氏　年二十寡,避寇青山口,聞警,赴水没。女覓其屍,衣袴皆結如密縫,人異之。

恭人楊氏　周鳳岐繼室也。崇禎癸未,鳳岐殉難澧州,時恭人留金華郡城。及城陷,恭人曰:"吾夫已死於難,吾輩肯視息偷生乎!"遂率婢僕縱火自焚而死。一時殉節者,僕劉小四、文童等共十餘人。

國　朝

童懋嘉妻徐氏　順治甲申,賊掠村莊。氏從夫負姑出避。道遇賊，被執，驅迫以前，不從。賊殺其夫以脅之，氏遂投水而死。賊駭散，姑乃獲全。

庠生程懋銓妻徐氏　年二十。順治乙酉，寇至。聞有被污者，閉戶自刎死。有司旌其門曰"幽貞奇烈"。見封贈。

項文全妻陳氏　字三姑。椒川陳良季女也。年十六歸文全。逾二歲，舉一子。既而歸寧。適山寇剽掠，氏抱子走匿於大坑塢，卒遇賊，不屈，脅之以兵，亦不從。強挾馬上以行，氏奮身墜地者三。至楓坑口，紿賊曰："此吾母家也。幸釋我得見父母，而甘心焉。"比下馬，觸石而死，子亦遇害。越日，父覓得其屍，面如生時。順治丙戌七月六日也。

應叔卿妻胡氏　順治戊子，土寇掠境。氏聞警，恐污，赴池水死，時六月二十有四日也。年甫二十有七。

王所推妻陳氏　順治戊子，土寇所過焚掠。氏歸依母家，方飯，而群寇猝至。氏倉皇出避。寇見之彎弓呵曰："止則生，不則死。"氏即赴池中死，時六月一日也。寇退，夫殮其尸，當盛暑，顏色如生。

呂鳴道妻朱氏　順治戊子，土寇焚掠村莊。氏聞警走避，中途為賊所執，脅之以刃，不從。迫之前行，至河畔，赴河而死。

呂良梧妻黃氏　順治戊子，土寇掠境。為盜所虜，欲污之，不從。驅迫前行，遂投水而死，時年二十有三。

王三輔妻胡氏　秉性幽貞，不妄言笑。康熙甲寅，閩寇掠永，眾皆星散。氏恐被污，遂死之。

節列二虞氏　庠生徐士霽妻虞氏，名登。二十二歲，夫亡，矢志貞守，繼叔子璜為嗣，聘女姪枝淑為媳，育一女。淑年十九，璜又亡。號慟絕食，誓以身殉，姑以娠有遺腹，力勸之。踰月生男。兩孀零丁孤苦，歷十有二年，男女又相繼亡。淑遂自縊，年三十。姑亦卒，年六十三。撫院陳疏請于朝，部文以節婦虞氏登合格，而烈婦枝淑與《會典》不符。總督李題云"虞氏枝淑，初為遺孤，忍死以全。嗣後為子殤，捐身以殉。夫節烈之志，始終不渝，均堪矜尚"等語。奉特旨依議。康熙十七年建雙節坊于邑西門。

胡良盛妻盧氏　年二十一，夫亡，撫孤貞守。遇寇至，以投水獲免，五十餘年完節。其孫胡明睢妻黃氏，配二載，夫亡，遺孕得子，又亡。或諷之改適。黃泣曰："我前不死，爲此孤耳。今孤亡，何生爲！"遂密縫褊體衣，夜自經死。一門節烈。學使者張給區特獎。

胡烈女　徐明濟聘妻也。年十八未嫁，而明濟以病夭。訃聞，女立脫簪珥，哭請於父母，願奔喪。父不許，其姻親又百計阻撓之。女憤甚，即入室，自髡其髮。其母見之，抱其首而哭。女蒙被，悲啼不顧，進以水漿，亦不内。其家慮他變，防之甚密。歷七日，終不食而死。徐氏聞而義之，遂迎其櫬，與明濟合窆焉。當道表其墓曰"奇貞"。

程崇泮妻吳氏　年二十，夫亡。秉性貞淑。家貧乏嗣，親族不諒厥志，勒令再醮，通媒具聘，議婚期於元宵。吳廉知其情，絶不露聲色，與諸姒握手言別，若甘心他適者，人亦不之察。迨是夕已雉經而逝。

潘烈女　還金守基之女孫也，名玉姑。幼許字徐灝。性端静，知大義。年八歲，母病，晨夕扶侍不解帶者五年。年十七，灝以中漆毒暴亡。女聞，力請奔喪。父母以其未歸也，堅不允。女即登樓欲自墜以殉。父母救阻之，不得死，乃扃户秃髮，晝夜悲啼，不食而卒，歷二日夜目不瞑。母撫尸而哭曰："得母欲與灝同穴乎！"乃瞑。遂迎灝棺同窆焉。距灝卒之日纔二十日也。知縣金臺姬肇燕爲之傳，並表其墓曰"香閨列士"。傳見藝文。

程德福妻陳氏　年十六，適程。甫一載而夫亡。時舅姑已没，遺腹生子，矢志撫守。歷七載，夫之祖以身老孫幼，且家貧，慮氏不克終也，許聘吕氏子，婚有日矣。氏知難挽，遂祭奠其夫，入室扃户，沐浴更衣，密縫下袵，從容自經死。康熙五十五年具題，奉旨建坊旌表。

徐聖鳳妻童氏　性貞潔，以禮自持。有强暴某，瞷氏夫他出，入室欲犯之。堅拒不從，大呼望救，遂遇害，時年二十有九。康熙丁酉獄成。以全節殞命具題，奉旨建坊旌表。

葉正輝妻應氏　芝英鼎善女也。適正輝方數月，夫爲虎傷。氏奉湯藥，傅瘡灼席，月餘不倦。及死，哀痛毀瘠，矢志守節。姑因其早寡，將改嫁之。女知，密縫裙裾，夜赴池水死。知縣張啟禹表其門曰節烈。

方貞女　豫卿之庶女也，名福娃。幼字呂起珵之子可昌。十歲曾割臂肉以瘳嫡母疾，知縣沈藻聞於上，巡撫王表其閭曰“閨英異孝”。年十九，可昌病且劇。福娃請於父，願一往省視。父不可，固請，乃許之。比往一見，而可昌歿，福娃撫尸大慟，遣人訣其父曰：“兒不歸矣。”自是不御脂粉，靜室端居，足不踰閾者終其身。終之日，年九十。茹荼飲藥者七十餘年。有司以其事奏，詔旌其門。先是里有虎患，白晝入室攫人，獨至貞女門，則廢然而返，如有鬼神呵護之者。東陽樓更一上層爲傳其事。

周貞女　生員世衍女也。幼字同邑陳兆槐，年二十，已卜期於歸，而兆槐病故。訃聞，女立脫簪珥，跪告父母，願歸陳。世衍曰：“果爾，亦宗族光。但爲節婦難，爲貞女更難耳。”女請益力。世衍見其意堅，乃與俱往，至門拜舅姑畢，即入喪次，拜哭失聲。已乃親視棺殮，衰絰守喪。自此素衣疏食，竭力奉事舅姑，不歸寧，不御膏沐，不與筵宴，唯聞父母歿一往哭奠而已。乾隆丙辰，詔旌其門。

胡球玉妻呂氏　年十九，夫亡。撫遺孤以守。家人以其年少，勸令改適。不從。後有希圖奪節者，恃勢強求。氏泣曰：“既污吾耳，又欲玷吾身。貪生何爲！”夜閉戶悲啼，自縊而死，時年二十有四。

呂國成妻應氏　芝英維殷女也。年二十有二，夫亡，遺孤在抱，竭力撫育。已而遺孤亦歿，泣曰：“吾所以不即死者，祇爲呂氏一塊肉耳。今復何望。”遂絕食而死。道府表其門曰貞烈。

胡正蓮妻王氏　年二十，夫亡。氏抱屍號慟，幾絕者數四。翁姑泣諭之。氏徐曰：“姑俟終。”喪後三年，晝夜哭泣，家人百端勸慰不從，遂絕粒而死，聞者咸推爲貞烈。

方貞女　王載岑聘妻。年十八，未歸，姑以病，欲見媳，母不許。氏曰：“姑有急，自當趨侍。萬一不幸，黃泉之見無及也。”母乃送女往。比入門，一見而姑卒。氏哀慟成服，既大殮，與母俱返。方踰月，而載岑又亡。女聞，哭請于母，願奔喪。既至，親視飯含，衰絰。守喪已，乃浼親族爲夫立後，茹荼苦守，悲泣無時，久之以哀毀卒。知縣方瓚澤表其閭曰“節峻華峰”。

程家浦妻施氏　年二十三，夫亡。立志守節，無子。或勸再醮。甫經議，闔戶自經。當事具詳，建坊旌表。乾隆甲午，奉主入節孝祠。

楊貞女　陳法奇聘妻也。年十九，未嫁，而法奇以疾故。女聞，即易服，哭請奔喪。父不許，請益力。其父不能止，許之。入門拜舅姑，隨拜夫柩，哽咽失聲。比葬而返，即請於舅姑，撫一子爲夫後。獨處一房，終身衣素。於繼子愛如己出，長爲之婚，得孫，又含飴以撫育之。孑然老矣，然人未有見之者，共呼爲楊貞女云。事聞，詔旌其門。

應福德妻王氏　幼歸福德。姑早喪。年十九，夫亡，家貧乏嗣。形影相弔，誓不欲生。越月，遂投水而死，時嘉慶庚申八月十一日也。

景思韜妻周氏　仙居人。幼適思韜，生一子，而思韜以疾卒。家赤貧，盡典衣飾以葬之。其家以其年少，逼令改適。氏乃扃戶，撫孤而哭曰：“吾所以不死者，只爲此一塊肉耳。今若此，尚可偷生乎！”居無何，子驚啼，破戶視之，已自縊而死矣。

陳士暉妻朱氏　夫患瞽，家貧，紡織以養。有欲妻之者，啗以重聘，夫爲所惑。氏知之，密縫襟衽，赴水死，時年二十有三。知縣易以“冰玉清徽”匾獎之。

施仁遠妻張氏　少仁遠二十一歲。家貧，無子，夫病。氏鍼紉備力以食其夫，極愛敬。比夫死，氏年猶壯，閉戶號慟失聲，伴屍臥，不忍易牀。既葬，回家沐浴更衣，暗至石橋，墜流而沒。衆覓之，行里許,見屍橫夫墳前而止,咸謂烈氣所感,聞者異焉。

徐貞女　幼受金象禹聘。年十六,結縭有期,而象禹卒。聞訃奔喪,毀容翦髮,幾不欲生。孀姑陳氏泣語之曰:"吾子不幸早世,若以身殉未亡人,誰與終餘年?"乃忍死奉姑,同心守節,非元旦拜謁家廟,不出戶庭。嘉慶癸酉,奉旨建貞烈坊。

陳際雲妻柳氏　年二十七,夫故。越一日,伯又繼逝,家壁立。氏貸於族中以葬之。家有利其嫁者,示以意。氏泣謂所親曰:"一馬不被兩鞍,欲予再嫁,有死而已。"後逼之,遂赴水而死。

應兆潘妻俞氏　年二十五,夫病不食,氏亦不食。及亡,氏號慟幾絕,遂攜其遺孤與女至姑前跪而哭曰:"翁姑有伯叔奉養,遺孤有翁姑可託,兒不獲終侍左右矣。"姑知其情,急遣人迎其母勸慰之。未至,而氏已自縊而死,聞者義之。

節　孝

元

何頎妻呂氏　年十九,頎亡,一子甫三月。至元丙子,盜剽村莊,呂囊篋一空,輾轉劬勞,以鞠其子,竟無二志。至治二年,旌表其門。壽至九十乃終。

明

葛吉甫妻徐氏　年二十七,吉甫亡,二子穉,徐養姑教子。聞有欲奪其志者,乃自誓曰:"修短有命,離姑棄子,是無仁義也,寧死不易吾志。"竟全節壽終。洪武十年,旌表其門。

王和欽妻陳氏　年二十九,夫亡,遺孤德中僅歲餘。刻苦守節,治女紅自給。德中性孝,嘗因母病籲天求代,遂獲痊。一日,東鄰失火,將延及。德中向火稽首,火遂西轉,人皆謂王氏母子節孝所感。洪武十六年,有司奏而旌之。

徐與道妻葉氏　年二十六，夫亡，一子三歲。姑憐其少且貧，間諷之。葉曰："飢苦事小，失節事大。棄姑與子而自圖安飽，異日何以見夫於地下！"仰天誓死，守志不貳。養姑育子，孝慈兼至。洪武十六年，旌表其門。

呂堪妻何氏　堪父元明，聚義兵討賊，爲臺官所殺。堪往視，亦遇害。時何年十九，無所出，以姪三錫爲嗣，矢心守節，年至六十八而終。建文辛巳旌表。

楊汶妻謝氏　楊以役卒於京，時謝年二十五。聞訃，痛哭幾斃。或憐其少無子，諷以改適。謝曰："夫兄子可繼，安可失節。"卒不易志。

王士濂妻曹氏　年二十九，夫逝，哀毀幾斃。截髮置棺，曰："妾不即死以從君於地下，以有遺孤在也。"躬織絍以訓子。年幾九十，父老欲上其事，曹曰："此女職常耳。毋庸是也。"識者義之。

李軻妻俞氏、子禄妻吳氏、孫齊妻陳氏　俞年二十五而寡，吳年二十九而寡，陳年十九而寡，相繼守節。台郡王一寧題其堂曰"一門三節娬。"其後呂氏年二十二，而夫李榮卒。章氏年二十九，而夫李相卒。並守節終身。蓋一門五節婦云。

應永和妻胡氏　年二十六，夫亡，翦髮自誓，撫子綱成立，以克孝稱。成化十一年，旌表其門。

盧宏三妻曹氏、姪任三妻章氏　曹年二十九，夫亡，誓不改醮。章年二十七，亦寡。或諷其無嗣改適。章答曰："獨不能效曹節娬耶！"苦節以終。時稱盧氏雙節云。

應敬妻周氏　生一女，敬卒，年方二十四。以死自誓，撫姒子茂爲嗣，家替而守益堅。年踰七十而卒。

進士吳寧妻葉氏　生二女，年二十九，夫亡。撫二女以居。每遇忌辰，輒哀泣不自勝。年八十二而終。

徐仕妻李氏　年二十五，仕亡，家貧甚，一子在抱，未幾亦亡。舅憐其孤苦，命之適人。徐曰："與其失節，寧飢餓而死。"叔伯受富室賂，逼之。李哭罵，欲自殺。衆知其志不可奪，乃已。年八十而終。

徐叔高妻李氏　年二十九，夫亡，一子甫三歲。父母強其再適，因收回義田以困之。卒不從，靜居一室，不輕出閫外，全節而終。

徐季順妻陳氏　年二十四，夫亡，生一女。父母憐其年少無子，諷令再適，乃以死自誓。常獨處一室，雖貧窘日甚，處之裕如。弘治十八年，有司奉詔優恤。年踰八十而終。

俞淮妻陳氏　年二十六，淮亡，哀毀幾不自保。一子三歲。勤於紡績，足不出門限，雖至親兄弟，鮮與交接，鄉里稱之。

董璁妻陳氏　年十九，璁亡，一男方踰月，甘守無二志。有求娶者，堅執不從，人咸嘉之。

徐澄妻應氏　年二十四，澄亡，遺孤在抱，家甚窘，終無異志。富室欲強娶之，潛避得免，翦髮自誓。有司嘉之，爲復其家。

黃二一妻徐氏　夫亡，年二十七，貌美無子。有巨姓欲娶之，乃翦髮自誓。家貧，志節愈勵。年踰七十而終。

趙鎬六妻呂氏　年二十，夫亡，遺腹一子，誓不改節。子亦蚤世，撫二孫以居。年九十餘而終。

王謙二妻樓氏　年二十四而寡，一子甫三歲。多有求之者，堅執不從，紡績自給，備嘗辛苦，終無二志。

王珏妻童氏　知府信之女孫。年二十四，夫亡，守志不二。嘉靖六年，旌表其門。

金璽妻陳氏、璽弟和妻周氏　俱年二十而寡，同心一節。嘉靖十二年，旌表其門。

程緝妻呂氏　年二十五，緝亡，遺孤在褓，冰蘗自甘。子孫相繼先没，三世一身，年百歲。巡按傅以貞節上壽，額表其門。

樓偉妻朱氏　參政方之女也。年十九，夫亡。或擁兵欲奪之，自没於水，救得不死。撫姪文昇爲嗣。有司奏旌其門。

胡鈇妻徐氏　年二十，夫亡，無子。矢志苦操，坐臥傍夫柩，足跡不越户外。鄰火延及寢室，衆勸其出，則堅抱其柩，呼曰："得同燼矣。"須臾，遂反風以免，人咸異之。年八十二，無疾而終。都御史谷表其家曰"貞節之門"。

呂實妻胡氏　年二十二，夫亡，止一女。勵志守節，不出外户，雖近鄰莫見其面。

葉行十妻呂氏　年二十四，夫亡，一子繼夭。居貧守志。年逾七十而終。

何三九妻徐氏　年二十二，夫亡。或議欲改嫁之，輒引刀自刎，勸之獲免，自是人莫敢復言。

呂杉妻丁氏　年二十四，夫亡，撫遺孤成立，孝事舅姑，守節終身。嘉靖乙丑建坊。

吳珪妻徐氏　同知和之女。年二十二，珪亡，嚙指自誓，守節終身。

李實妻陳氏　年二十四，夫亡守節，七十而終。

周傑妻陳氏　歸七年，傑亡。居貧守節，年逾八十而終。

呂培妻王氏　年二十七，夫亡。矢志守節終身。

朱桓妻林氏　年二十七，夫亡守節，年逾八十而終。

胡璽妻丁氏　年二十三，夫亡守節，年逾七十而終。

王廷璉妻應氏　年二十三，夫亡守節。家厄於火，居貧自給，終不易志。

施昂妻胡氏　年二十六，夫亡，守節終身。

趙勝妻李氏　歸五年，夫亡，守節終身。

陳秀妻李氏　年二十五，夫亡守節，年逾八十而終。

朱良存妻陳氏　年二十四，夫亡守節，至八十六而終。

姚世玉妻方氏　年二十六，夫亡守節終身。

李璁妻王氏　年二十七，夫亡守節，至八十而終。

應鎮妻馬氏　年二十四，夫亡，一子甫三月。撫孤成立，守節無改。應石門典傳其事。

朱曄妻童氏　年二十四，夫亡。善事寡姑，朝夕同寢，守節終身。

李泰妻應氏　年二十八，夫亡守節終身。

應實妻胡氏　年二十八，夫亡守節，年逾八十終。

李逋妻陳氏　年十七，夫亡。常欲死殉，家人防之甚密。有潘姓者欲娶之，乃大會族人，自矢不二，遂引刀斷髮，守節終身。

呂克堅妻丁氏　年二十三，夫亡，一子甫五月。勵志撫養，終不改節。

應大恩妻李氏　年二十一，夫亡。紡績自給，守節終身。

徐鳳富妻趙氏　年二十二，夫亡，遺腹生一子。家貧，紡績而食，終不易心。卒年六十三。

王洪範妻潘氏　按察使潘徽女。夫亡，無子。翦髮毀容，操刀臥內，死不可奪。

樓思妻金氏　年二十二，夫亡。嘗抱一子，臥棺側。蔬食三十年，終無二志。

徐秩妻程氏　年十九，夫亡守節。雖家貧子愚，終不易志。

倪瑄妻陳氏　年十九，夫亡。立志守節。叔伯憐其年少，諷令再嫁，迺斷指自誓。獨居一室，足不出門限。雖貧窘，處之裕如。萬曆己丑建坊。

徐啟陽妻斯氏　年十九適啟陽。未幾，啟陽病。或云人肉可療，遂割股食之。夫亡，誓不再嫁。邑令張表其閭。

童芝妻盛氏　年二十四而寡，遺腹生一子。伯叔逼之改適，終不易志。

胡塞妻李氏　年二十三，塞死，一子甫十月，守節不改。

應八十五妻徐氏　年二十一，夫亡。勵志守節，七十而終。

呂文鰲妻周氏　甫嫁三月，姑病，割左股食之，姑疾竟愈。人稱其孝。

俞培妻池氏　年二十六,夫亡守節,壽八十五卒。

孝婦俞氏　胡國麟妻。性仁孝。年二十三,夫商久外,姑黃氏病危,延醫不起,婦乃稽顙籲天,割股肉進之,病遂痊。有司以聞。萬曆三十三年,撫憲給額曰旌孝。後康熙癸酉六月,鄰居遇火,時夏亢旱,風勢莫可撲滅,忽聞中堂聲墜如雷,衆驚視之,乃婦匾也,遂挾以出。廬舍皆災,孝匾獨存,人皆嘆異。

徐懋學妻李氏　年二十,懋學亡。號慟,誓以身殉。舅姑慰諭,洒淚撫孤。未幾,舅姑皆亡。零丁孤苦,勤於紡績四十餘年,六十一卒。

王宗玹妻胡氏　年十九,夫亡,無子。苦節七十年,至八十六歲卒。

徐昴妻陳氏　年二十一,夫亡,一子週歲,遺腹一子。耄年見曾孫,孀節凜然。

徐宗晝妻應氏　年二十四,夫亡,家貧無子。矢志稱苦節,年六十三卒。

葉大秦妻黃氏　年十九,夫亡,無子。守節,七十九歲終。

廩生呂應相妻孫氏　笄年適應相。相死,年十八,遺孤崇簡。姑嫜諷之他適,氏翦髮自矢。戊子,崇簡以明經授垣曲令,奉養於署。年七十五卒。

徐守良妻陳氏　年二十四,夫亡守節,遺腹一子。七十五歲終。

馬崇儀妻施氏　年十八,夫亡,無子,守節。七十歲終。

朱以武妻程氏　年二十,夫亡,家貧無子。其父生員程國棟給田膳養終身母家四十餘年。

呂國正妻朱氏　年十六,夫亡,守志終身,不易其操。

朱以卓妻徐氏　年二十六,夫亡,守節終身。

應一進妻陳氏　年二十六,夫亡。家貧,矢志守節,五十年如一日,操節可嘉。

應氏三節　應子聖妻周氏,年二十三,夫亡,撫子惟介,娶朱氏。年十九,惟介亡,遺腹子君發。娶朱氏,年二十一,君發又亡。姑媳三代,孀節凜然。壽俱九十餘。邑人周鳳岐有《三節婦傳》。

應明理妻李氏　年二十,夫亡守節,撫伯子一貞成人。年逾八十。金華姜應甲爲之傳。

庠生王師憲妻周氏　年二十四,夫亡守節,目不窺牖。性至孝,舅宗烓患病,割股療之,延壽三紀。猶子王世德欲陳乞旌表,涕泣以辭,後爲立傳。

庠生徐起相妻王氏　年二十六,夫亡,撫遺腹子苦守。府縣給匾旌獎。年八十七。

應彥官妻李氏　年二十四,夫亡,撫二孤。紡績訓課,垂四十年,未嘗見齒。冢孫本初,髫年入泮,氏之教也。年七旬,不染疾,沐浴更衣而逝。

黃烈愍一鷗妾沈氏　隨烈愍之山東都察院經歷任。崇禎己卯,流賊陷濟南,烈愍不屈,死之。闔門三十餘人皆遇害。沈匿水溝中三日,賊退始出,尋烈愍尸,不能辨,乃認其素所佩錦囊,得尸葬之。遂禿髮尼菴,垂四十年。烈愍姪延吉以事赴濟南,遇焉,因迎以歸。卒年七十。

國　朝

陳嘉謨妻朱氏　年二十四,夫歿于京師。矢志苦守,事姑孝,撫孤子成立。年七十而卒。郡守李詳請,康熙十二年奉旨旌表,建坊於陳氏祠前。

貢士程懋修妻盧氏　年二十六,修以廷試卒京師。苦節撫孤。未幾,子又亡。赤貧堅守。年六十五。有司旌其門曰"苦節幽貞"。

程氏二節　程國瓚妻應氏,年二十四,夫亡。艱苦撫孤。年六十病篤。其子旭燦,割股救療。瓚兄國化妻李氏,年十九,夫亡無子。

翦髮自誓，立應氏子旭煐爲嗣。姒娌雙節，兄弟篤孝。邑令徐表曰"節孝聯芳"。

盧一鵬妻池氏　年二十六，夫赴試，身殞。聞訃慟哭，矢志生殉。不二年，翁亡。事耄姑，艱苦萬狀。課子成人。康熙二十五年，奉學院王表曰"孤標峻節"。年七十八卒。

生員方震暘妻楊氏　年二十，夫亡。矢志守節，紡績奉姑。姑病久，時刻不離。康熙甲戌年，孫女福妊以奇孝聞。撫院王批云："童孝由家訓所致。祖孫節孝，尤屬罕遇。"由是同時給匾，一曰"志節凌霜"，一曰"閨英異孝"，時年九十七。

生員徐彥泓妻陳氏　年二十四，夫亡。矢死以殉，姑以遺孤在褓，慰勸撫養訓。二子肇基、肇麟，並遊黌序。時年七十四。

拔貢樓惟馴妻陳氏　馴負才名，入國學，大司成徐立齋甚器重之，久客燕都。氏年二十五，馴亡，家徒四壁。誓死靡他。教子秉詡成立，苦節最著云。

徐國時妻吳氏　年二十四，夫亡。家貧無倚，忍死保孤，紡績覓食，始終不渝。年八十三卒。郡守張表曰"操比松貞"。

盧國釗妻周氏　年二十五，夫亡。事姑孝，撫孤成立，守節至七十歲而終。康熙丙申奉旨建坊旌表。

翁仲道妻陳氏　夫亡守節。年九十八。建百壽亭於西津橋側。

周俊初妻應氏　年十八，夫亡，子三歲。矢志堅貞，紡績度日。學院周表曰"節勵冰霜"。時八十七歲。

庠生呂一森妻周氏　年二十一，夫亡。痛欲殉死，因姑老子幼，封髮自矢，堅苦最著。時年七十三。

應可綸妻朱氏　年二十四，夫亡家貧，攜子依母家堅守，撫養成人，復返故土。年八十卒。

姚國仁妻俞氏　年二十四，夫亡，遺腹生男。刻苦撫孤，親見曾孫。年九十一卒。郡守張表曰"節壽永貞"。

姚君恩妻傅氏　年二十六，夫亡。誓死靡他，撫遺腹孤成立，子姓繁衍。年八十三卒。司理李之芳表曰"栢舟貞操"。

胡兆通妻應氏　年二十六，夫亡，生一女。居貧苦守。年八十卒。

朱振生妻呂氏　年二十八，夫亡無子，繼姪爲嗣。四壁蕭然，刻苦守節，宗黨稱之。

生員周鴻謨妻徐氏　年二十二，夫亡。家甚貧，事姑立嗣，貞操五十餘年，內外蕭然。

生員李瓊達妻金氏　年二十三，夫故。誓死守志，孝養寡姑王氏，始終盡禮。年七十卒。

應堯卿妻葉氏　年二十一，夫亡。矢志苦守，年七十七卒。知縣謝表曰"松節永年"。

庠生胡之龍妻應氏　年二十二，夫亡，矢志，遺孤又亡，媳程氏。兩孀並守，應年八十一卒，程年六十有二，稱雙節云。

河樂巡檢陳日升妻王氏　年二十八，夫亡。苦節孝事寡姑，撫孤娶媳。未幾，復亡。時媳章氏方娠，遺腹生嗣彥。三載，媳又亡。王氏念兩世一孫，教育成立。年七十終。

應鳳虞妻包氏　年二十四，夫亡苦守，教子成立，事後姑克盡孝敬。時年七十七。

盧子謙妻俞氏　年二十一，夫亡無子，繼姪榮秋，媳胡氏。未幾，榮秋又亡。窮愁變態，姑媳相依堅守。俞年九十卒，胡氏亦年七十卒，稱雙節云。

金邦泰妻張氏　年二十六，夫亡。苦志守節，五十載如一日。

庠生應時起妻朱氏　年二十二，夫亡。誓志堅守，紡織度日，撫子婚嫁。年七十二卒。

生員李爲棟妻林氏　年二十，夫亡，矢死靡他，紡績撫孤。時年八十。

傅泰禎妻翁氏　年二十，夫亡。事姑至孝，貞白勤儉，撫子成立，四十餘年如一日。

廩生李正珙妻徐氏　年二十，夫亡。誓以身殉。後以宗祧爲重，忍死守貞，撫養叔子藝爲嗣。有區旌獎。時年七十九。

李豳侯妻徐氏

李以成妻倪氏

以上前志。

李茂峰妻胡氏　年十六適李。甫二載，夫亡，遺腹生子，誓不再嫁。家貧，勤十指以養舅姑、育孤子，守節四十餘年。雍正丙午，奉旨建坊旌表。

應友美妻包氏　年二十四，夫亡，二子在襁褓。截髮矢志，孝舅姑，撫二子，守節二十八年。雍正癸丑，奉旨建坊旌表。

庠生應友炳妻蕭氏　年二十五，夫亡，守節終身。乾隆丙辰，奉旨建坊旌表。

鄭繼鉽妻盧氏　年二十九，夫亡。誓不再醮，守節四十七載。乾隆丙辰，奉旨建坊旌表。

李仲明妻蔣氏　年二十九而寡。冰霜自矢，至老不渝。乾隆丁巳，奉旨建坊旌表。

徐廣妻林氏　年二十六，夫亡。守節終身，乾隆戊午，奉旨建坊旌表。

鄭伯志妻陳氏　年二十六，夫亡守節。卒年八十七。乾隆戊午，奉旨建坊旌表。

林守官妻應氏　年二十五，夫亡，守節終身。乾隆戊午，奉旨建坊旌表。

章鈐妻陳氏　年二十六，夫亡守節，撫孤成立。乾隆戊午，奉旨建坊旌表。

庠生盧嘉學妻程氏　年二十六，夫亡。撫孤成立，守節六十一年。乾隆己未，奉旨建坊旌表。

監生胡啟璋妻徐氏　年二十六,夫亡守節,至七十一而終。乾隆庚申,奉旨建坊旌表。

陳振祿妻呂氏　年二十六,夫亡。守節終身。乾隆庚申,奉旨建坊旌表。

徐氏二節　廩生徐彥深妻應氏,年二十六而寡,撫遺子兆楷成立,娶媳應氏,舉一男。媳年二十二,兆楷亡,遺孤亦殤。繼子承嗣。姑媳孀居,備歷艱苦。乾隆辛酉,奉旨建雙節坊。

王世謨妻俞氏　年二十八,夫亡守節,事姑孝敬,訓子義方。乾隆壬戌,奉旨建坊旌表。

李經詁妻池氏　年二十二,夫亡守節,孝事舅姑,持遺孤,嚴慈並至。乾隆壬戌,奉旨建坊旌表。

胡祖訓妻呂氏　年十九,夫亡,誓不再嫁,奉孀姑,以孝稱。乾隆甲子,奉旨建坊旌表。

周鳴鳳妻應氏　年二十六,夫亡,遺孤甫數歲。撫之成立,守節四十三年。乾隆甲子,奉旨建坊旌表。

呂兆昌妻胡氏　年二十八,夫亡,撫孤成立,守節終身。傳見藝文。乾隆乙丑,奉旨建坊旌表。

李天培妻呂氏　年二十五,夫亡,遺腹一子,撫育成人,守節六十年。乾隆乙丑,奉旨建坊旌表。

應氏三節　應鼎鼇妻周氏及子洪瑄妻徐氏、洪珀妻徐氏也。鼎鼇卒,周年二十,洪瑄未離襁褓。次子洪珀,側室出,周撫訓無異。及長,各爲娶婦。不數載,二子相繼卒。洪瑄妻年二十五,一子在抱,一子在腹。洪珀妻年二十四,一子甫四齡。一門三孀。周視兩媳如女,兩媳事姑如母,妯娌相依如姊妹,同居一室,共撫三孤。周守節四十六年,洪瑄妻守節二十五年,洪珀妻守節二十七年。乾隆乙丑,奉旨建一門三節坊。

姚大悅妻董氏　年二十,夫亡。勵志《柏舟》,終身不二。乾隆丙寅,奉旨建坊旌表。

李天錫妻池氏　年二十四,夫亡。矢志靡他,繼伯子爲嗣。有司詳請,奉旨建坊旌表。

庠生黃介瑞妻鮑氏　青年矢志,善事耄姑。學使者帥表其閭曰"純孝完節"。乾隆丁卯,奉旨建坊旌表。

庠生施仁楨妻胡氏　年二十七,夫亡無子,撫伯子爲嗣。守節至七十四而終。乾隆戊辰,奉旨建坊旌表。

周御楷妻王氏　年十七而寡,家貧,一子甫週歲。苦守撫孤。或勸其改適,氏正色拒之。終身服素,雖家人罕見其面。乾隆己巳,奉旨建坊旌表。

李雲剛妻池氏　年二十餘寡,誓死不二,撫遺孤,教養兼施。乾隆己巳,奉旨建坊旌表。

陳貞猷妻楊氏　年二十九,夫亡,冰霜勵志,勤儉持家。乾隆戊寅,奉旨建坊旌表。

程開澳妻吳氏　年二十五而寡,撫孤成立,矢志不渝,卒年七十六。乾隆庚辰,奉旨建坊旌表。

朱魯珍妻俞氏　年二十七,夫亡,勵志守貞,撫育遺孤,教養兼盡,壽至六十九終。乾隆壬午,奉旨建坊旌表。

監生胡懋達妻李氏　年二十三,夫亡,守節終身。乾隆甲申,奉旨建坊旌表。

朱廷桓妻陳氏　年十九,夫亡,遺腹得子,撫養成人,守節至七十五而終。乾隆乙酉,奉旨建坊旌表。

庠生徐錫耘妻應氏　年二十八,夫亡。事姑育子,苦節彌貞。子殤,繼姪承祧,創造特祠,以祀其夫。乾隆己丑,奉旨建坊旌表。

庠生周景瀋妻李氏　年二十九,夫亡守節。妾王氏,年十五,與李孀居終身。乾隆癸巳,奉旨建坊旌表。

庠生徐明瀚妻王氏　年二十八,夫病危,刲股以療。已而夫卒,撫二孤有成,事舅姑尤孝謹,苦節歷二十餘年如一日。乾隆乙未,奉旨建坊旌表。

李正池妻陳氏　年二十八,夫亡守節,一子在抱,撫之成立。夫墓在家側,每逢夫忌辰,到墓祭奠,皆手自捧持,哭甚哀。乾隆四十年,知縣方瓚澤過其地,聞哭聲,召其子問之,爲請於當道轉奏。乙未,奉旨建坊旌表。

林伯雲妻盧氏　年二十七,夫亡守節。乾隆年,奉旨建坊旌表。

章爾鏴妻應氏　年二十而寡,無子,撫姪崇邦承嗣,教養備至,乾隆辛卯舉於鄉。守節至六十餘終。丁酉,奉旨建坊旌表。

呂岳松妻應氏　年二十九,夫亡守節,撫孤成立,至九十四而終。傳見藝文。乾隆己亥,奉旨建坊旌表。

沈爾賢妻李氏　年二十六,夫亡守節。乾隆庚子,奉旨建坊旌表。

樓元日妻方氏　幼讀書,知大義。年二十二,夫亡,撫孤守節。子殤,立繼承嗣,始終不渝。乾隆甲辰,奉旨建坊旌表。

貢生呂儀妻朱氏　年二十七,夫亡守節,與妾麻氏,同撫遺孤成立,至七十七而終。乾隆乙巳,奉旨建坊旌表。

胡嘉元妻呂氏　年二十二,夫亡。誓不更適,撫猶子繼嗣。卒年八十。乾隆乙巳,奉旨建坊旌表。

庠生徐發妻呂氏　年二十七,夫以遊學,歿于杭。柩回,哭奠悲哀,聞者酸鼻。撫叔子爲夫後,居貧紡績,苦節終身。乾隆乙巳,奉旨建坊旌表。

應世志妻牟氏　年二十九,夫亡守節。乾隆丙午,奉旨建坊旌表。

王載岩妻倪氏　年二十六,夫亡無子,繼一子爲夫後,守節終身。乾隆丙午,奉旨建坊旌表。

顏宗榮妻李氏　年二十二,夫亡守節。乾隆戊申,奉旨建坊旌表。

胡儒卿妻李氏　年二十四,夫亡。教育二孤,克成家業,守節三十六年。乾隆己酉,奉旨建坊旌表。

吳氏二節　吳鳴心妻楊氏,年二十二,夫以弟殀,遘心疾,卒。氏誓以死守。其姒呂氏鳴龍妻,年十八,將屆于歸,鳴龍患蚵危,或語之曰:"汝夫病劇,盍訊焉,以定行止。"呂曰:"婦人從一而終,遑恤其他。"既歸,脫簪飾,具藥餌,朝夕焚香,願以身代。比亡,哀慟幾絕。乃以姑耄忍死,與楊紡績自給,操守彌貞。乾隆己酉,奉旨建雙節坊。

庠生李作賓妻應氏　年二十八,夫亡,止一女。孤苦守節,孝事舅姑,繼姪徵栽爲嗣。乾隆己酉,奉旨建坊旌表。

陳孟誠妻呂氏　年二十七,夫亡,姑耄,子幼。仰事俯畜,矢志靡他。乾隆癸丑,奉旨建坊旌表。

方士高妻孫氏　年二十三,夫亡,守節五十二載。乾隆甲寅,奉旨建坊旌表。

監生李祖芳妻章氏　年二十三,夫亡。矢志堅貞,撫伯子炳鉉爲嗣。乾隆甲寅,奉旨建坊旌表。

王鍾祥妻應氏　年二十八,夫亡。誓不欲生,舅姑指兒女語之曰:"若以身殉,此呱呱者誰託?"氏泣受命,撫遺孤有成,守節終身。乾隆乙卯,奉旨建坊旌表。

吳彩祖妻池氏　年二十九,夫亡。自誓終養舅姑,撫成兒女,操守歷數十年不渝。乾隆乙卯,奉旨建坊旌表。

李如位妻徐氏　年二十八,夫亡,子甫週歲,撫養成人,守節四十載。乾隆年間,奉旨建坊旌表。

姚兆科妻李氏　年二十六,夫亡守節。嘉慶丙辰,奉旨建坊旌表。

陳之謙妻顏氏　年二十九,夫亡守節,閨門嚴肅。嘉慶丙辰,奉旨建坊旌表。

陳天璋妻曹氏　年二十四，夫亡，守節終身。奉旨建坊旌表。

池天德妻呂氏　年二十四，夫亡。撫孤守節，親見五代，八十四而終。嘉慶戊午，奉旨建坊旌表。

王集薇妻胡氏　年二十三，夫亡守節。氏祖姑與姑皆孀居，祖姑胡氏有"玉質冰操"匾，又助田育嬰堂，有"節孝濟嬰"匾。姑胡氏有"堅節撫孤"匾。氏繼之，孝敬不懈。嘉慶庚申，奉旨建坊旌表。

孫兆楷妻李氏　年二十三，夫亡守節。嘉慶癸亥，奉旨建坊旌表。

陳懋全妻徐氏　年十五，夫亡。矢志守節，至六十三而終。奉旨建坊旌表。

王鴻盛妻李氏　年二十三，夫亡守節，繼子爲嗣。嘉慶癸亥，奉旨建坊旌表。

池天叙妻吳氏　年二十五，夫亡守節，撫孤終始不二，壽八十而終。嘉慶癸亥，奉旨建坊旌表。

王載合妻沈氏　年三十，夫亡守節。嘉慶甲子，奉旨建坊旌表。

陳有明妻呂氏　年二十五，夫亡守節。嘉慶甲子，奉旨建坊旌表。

吳學起妻施氏　年二十七，夫亡守節，繼子承祧。嘉慶乙丑，奉旨建坊旌表。

褚隨元妻俞氏　年二十七，夫亡。旁無伯叔，舅姑哭之慟，氏泣謂曰："善人宜有後。"勸翁置妾。逾年，舉一子，名有後。亡何，舅姑卒，庶姑繼逝。氏以嫂代母，撫幼叔有成，苦節六十五年。嘉慶丙寅，奉旨建坊旌表。

徐宏賽妻林氏　年十九，夫亡守節。嘉慶丁卯，奉旨建坊旌表。其姒李氏，宏毅妻，年二十四而寡。黃氏，宏剛妻，年十八而寡，勵志守貞，人稱一門三節云。

庠生呂律妻徐氏　年二十四，夫亡，誓不二天。繼子承祧，視如己出。嘉慶戊辰,奉旨建坊旌表。

舉人呂鳳儀妻陳氏　年二十七,夫亡守節。嘉慶己巳,奉旨建坊旌表。

樓景東妻章氏　年二十三,夫亡守節。嘉慶己巳,奉旨建坊旌表。

樓啟榮妻章氏　年二十二,夫亡守節。嘉慶己巳,奉旨建坊旌表。

陳修齊妻陶氏　年二十七,夫亡守節,至八十七而終。嘉慶己巳,奉旨建坊旌表。

胡毓匡妻應氏　年二十五而寡。屏絕膏沐,操作維勤,守節六十餘年。嘉慶庚午,奉旨建坊旌表。

拔貢應洪沂妻馮氏　年二十二,夫亡守節,卒年七十九。嘉慶庚午,奉旨建坊旌表。

鄭祖洲妻陳氏　年二十三,夫亡守節,卒年八十九。嘉慶庚午,奉旨建坊旌表。

金象叙妻徐氏　年二十一,夫卒,遺孤僅週歲。矢志貞守,孝事舅姑,撫子成立。嘉慶辛未,奉旨建坊旌表。

金景歸妻陳氏　幼嘗割股療母病。年二十歸金越,一月而夫亡。育姪為嗣,矢志靡他。嘉慶辛未,奉旨建坊旌表。

金希顏妻盧氏　年二十四,夫亡守節,至七十二而終。嘉慶辛未,奉旨建坊旌表。

朱美如妻厲氏　年二十四,夫亡守節五十餘年。嘉慶辛未,奉旨建坊旌表。

胡安玉妻程氏　年二十一,夫亡,遺腹三月,生一子,撫之成立,苦守至六十五而終。嘉慶壬申,奉旨建坊旌表。

周廷吉妻葉氏　年十九歸廷吉。結縭數月,夫亡守節,繼子承祧。卒年七十六。嘉慶癸酉,奉旨建坊旌表。

胡能汲妻吕氏　年二十二,夫亡守節。嘉慶癸酉,奉旨建坊旌表。

鄧奇旌妻應氏　年二十四,夫亡守節。嘉慶癸酉,奉旨建坊旌表。

金景郎妻陳氏　年二十七,夫亡無子,矢志守節,撫姪象禹爲嗣,聘媳徐氏。未結縭而象禹卒。姑媳相依,治女紅以自給。嘉慶癸酉,奉旨建坊旌表。徐氏詳見貞烈。

庠生徐萬青妻王氏　年十九,夫亡,誓以身殉。姑諭以立後爲大,乃撫伯子爲嗣。紡織自給,奉姑育子,不踰外戶者六十年。嘉慶甲戌,奉旨建坊旌表。

陳修琅妻楊氏　年二十四,夫亡守節,孝養舅姑,撫孤成立。年七十五。嘉慶甲戌,奉旨建坊旌表。

李徵伸妻胡氏　幼讀書,知大義。年二十八,夫亡守節,撫姪衍瑢爲嗣,至老不廢紡績。嘗語媳曰:"人勞則嚮義。《小學》言孀婦餓死事小,失節事大。上者能之。若中人,多因飢寒改節。勤儉自持,正所以全節也。"教他女子亦然。卒年七十六。嘉慶己卯,奉旨建坊旌表。

黃懋巍妻陳氏　年二十,夫亡守節,撫遺腹子成立。嘉慶庚辰,奉旨建坊旌表。

倪廷柱妻潘氏　年二十四,夫亡守節。道光辛巳,奉旨建坊旌表。

陳世鴻妻方氏　年二十四,夫亡。事耄姑,撫孤兒,冰蘗自持,垂四十餘年。道光辛巳,奉旨建坊旌表。

施國昭妻俞氏　年二十三而寡。守節撫孤,足跡不踰閾外。道光癸未,奉旨建坊旌表。

徐英昊妻姚氏　年二十五,夫亡守節。道光甲申,奉旨建坊旌表。

施益三妻徐氏　年二十六，夫亡守節，撫孤有成。道光甲申，奉旨建坊旌表。

李祖紹妻徐氏　年三十，夫亡，遺一子二女。守節撫孤。二女俱爲擇配名門。子載戀稍長，俾從師問學，後登嘉慶辛未進士。人咸欽母德焉。卒年八十四。道光乙酉，奉旨建坊旌表。

華景南妻樓氏　年二十四，夫亡守節。道光丙戌，奉旨建坊旌表。

池振善妻俞氏　年二十，夫亡守節，終始不渝。道光丁亥，奉旨建坊旌表。

施仁哲妻徐氏　年二十二，夫亡守節，家貧子幼，紡績自給。道光戊子，奉旨建坊旌表。

周日梯妻顏氏　年二十一，夫亡守節，撫孤成立。道光戊子，奉旨建坊旌表。

監生樓望海妻陳氏　年二十九，夫亡勵節，白首完貞，現年八十四。道光戊子，奉旨建坊旌表。

胡正瓏妻吳氏　幼讀書，知義。年二十六，夫亡守節，遺三子，教養成立。道光己丑，奉旨建坊旌表。

章安杏妻周氏　年十九，夫亡守節，三十餘載。道光己丑，奉旨建坊旌表。

趙允升妻朱氏　年二十四，夫亡守節，孝事舅姑，遺子四歲，教訓成名。道光辛卯，奉旨建坊旌表。

呂東曙妻胡氏　年二十一，夫亡守節，事姑孝謹，撫猶子尚瑞爲嗣。道光辛卯，奉旨建坊旌表。

黃彩成妻樓氏　年二十一，夫亡守節不貳。現年六十。道光辛卯，奉旨建坊旌表。

周國天妻李氏　年二十六，夫亡守節，孝事翁姑，撫遺子霖椿成立。道光壬辰，奉旨建坊旌表。

張有明妻李氏　年二十一,夫亡守節,操並《柏舟》,撫遺孤廷遠成立。道光癸巳,奉旨建坊旌表。

胡爾善妻張氏　年二十五,夫亡,翦髮自誓。姑老子幼,紡織以供朝夕,人無間言。道光癸巳,奉旨建坊旌表。

陳儒占妻金氏　年二十八,夫亡,誓不更適。姑年老,孝養有加,繼姪琢爲嗣。道光乙未,奉旨建坊旌表。現年六十三。

陳相神妻章氏　年二十九,夫亡,痛不欲生。以遺孤幼穉,忍死守貞。道光乙未,奉旨建坊旌表。現年六十四。

郎仕官妻陳氏　年二十四,夫亡守節,撫孤成立。道光丙申,奉旨建坊旌表。

馬宏籩妻沈氏　年二十八,夫亡守節。道光丙申,詳請建坊旌表。

施義飛妻樓氏　年十九,夫亡。撫孤守節,歷久不渝。道光丙申,詳請建坊旌表。

庠生厲容光妻田氏　年二十九,夫亡。矢志守貞,撫三子成立。現年五十九。道光丙申,詳請建坊旌表。

周若春妻胡氏　年二十九,夫亡守節,卒年九十七。道光丁酉,詳請建坊旌表。

施義恩妻陳氏　年十九寡,遺腹一子,撫育成人。家貧,茹苦自甘,不渝其志。道光丁酉,詳請建坊旌表。

李紹益妻林氏　年二十九,夫亡守節,撫遺子鳴鏞成立。道光丁酉,詳請建坊旌表。

厲人通妻楊氏　年二十五,夫亡守節,卒年八十六。道光丁酉,詳請建坊旌表。

以上建坊。

朱瑞山妻陳氏　年二十七,夫亡守節,至七十四終。

周義九妻馬氏　年二十六,夫亡守節,至九十二終。

周瑢妻項氏　年二十七,夫亡守節,至七十六終。

周瓊妻呂氏　年二十四,夫亡守節,至五十六終。

陳蓋妻曹氏　年二十八,夫亡守節撫孤,卒年七十二。

樓柏妻朱氏　年二十一,夫亡守節,撫遺腹子成立,孀居六十五年。

姚錩妻楊氏　年三十,夫亡守節五十八年。

朱春桃妻應氏　年二十三,夫亡守節,卒年六十二。知縣黎表曰"操凛冰霜"。

姚郁妻傅氏　年二十八,夫亡,二子在抱,家貧。其父諷令改適,氏即持刀斫案,厲聲誓曰:"吾爲死者寄二豎命。有如不終而奪之志,吾首與此案同。"言訖,大慟,絕而復甦,眾議始息。日撫二子,躬治薪水,雖日不一飽,而終無異志。程學士文德爲作《艱貞傳》。

王魁妻周氏　年二十七,夫亡守節,卒年五十。

趙秉鈺妻施氏　年二十八,夫亡守節,卒年七十四。邑令龔旌曰"慈訓冰霜"。

姚海妻徐氏　年二十一,夫亡守節,卒年八十七。邑人呂欽有傳。

樓俊妻李氏　年二十六,夫亡守節,至八十五終。

郎道妻范氏　年二十九,夫亡守節,卒年六十八。

趙淳妻夏氏　年二十二,夫亡守志,卒年六十二。知縣高旌曰"貞節"。

金銑妻趙氏　年二十六,夫亡,遺孤幼,誓不再嫁。縣丞汪表曰"貞節"。

周廷諒妻盧氏　年二十六,夫亡守節,卒年六十六。

郎鳳欽妻董氏　年二十五,夫亡守節,至五十終。

姚希貢妻郎氏　年十七,夫亡守節,卒年七十二。知縣黎天助有傳。

庠生朱光邃妻李氏　年二十七,夫亡守節四十年。

庠生呂日諧妻徐氏　年十九,夫亡,孝事舅姑,守節終身。傳見藝文。

舒一良妻褚氏　年二十八,夫亡守節終身。

王一斗妻倪氏　年二十一,夫亡守節,至九十一終。

朱光宦妻馬氏　年二十四,夫亡守節,至七十三終。

朱惟忠妻陶氏　年二十一,夫亡守節,至七十八終。

徐時卿妻朱氏　年二十六,夫亡守節,撫子有成,卒年八十一。

金闇然妻方氏　年三十,夫亡守節,至五十九終。

舒一慧妻徐氏　年二十九,夫亡守節,卒年七十三。知縣沈旌曰"節比松筠"。

舒希祥妻徐氏　年二十一,夫亡,撫孤成立,守節六十年。

姚五章妻呂氏　年二十二,夫亡守節三十九年。

庠生朱家鳳妻徐氏　年二十七,夫亡守節,至七十六終。

金明積妻董氏　年二十八,夫亡守節,撫孤成立,卒年六十四。知縣徐表曰"懿範維則"。

周氏二節　周啟祥妻朱氏,年二十二,夫亡守節。知縣謝獎曰"凜節"。撫嬰子允遠妻李氏,年二十三,夫亡守節。知縣姬獎曰"柏舟矢志"。

朱化熙妻李氏　年十八,夫亡守節六十九年。知縣姬旌曰"貞節遐齡"。

陳時經妻應氏　年三十,夫亡守節,卒年七十五。

陳兆棟妻葉氏　年二十四,夫亡守節,卒年七十三。

朱邦漢妻李氏　事姑誠敬,姑病,醫窮於術,氏割股療之,遂愈,延壽一紀。

陳世定妻徐氏　年三十,夫亡守節,卒年六十四。

金成訓妻陳氏　年二十八,夫亡守節,至七十八終。

傅一仕妻舒氏　年二十二,夫亡守節,至六十終。

周啟祚妻姚氏　年二十八,夫亡守節,至七十六終。

傅一德妻翁氏　年二十二,夫亡守節六十年。有司旌其門曰"婦道克全"。

俞思玉妻朱氏　年二十九,夫亡,守節撫孤,卒年七十九。有司旌其閭曰"堅節昌後"。

郎承祚妻金氏　年二十七,夫亡守節,卒年八十二。知縣謝表曰"節操冰霜"。

庠生徐爲良妻程氏　年三十,夫亡,守節終身。

周御韶妻應氏　年三十,夫亡守節,孝養耄姑,撫子成立,卒年六十三。

徐家轍妻趙氏　年二十九,夫亡守節,食貧撫孤,卒年五十八。

徐儀妻呂氏　年二十八,夫亡,守節終身。

姚啟逢妻金氏　年三十,夫亡守節,卒年七十四。

徐明鉞妻黃氏　年二十九,夫亡守節,至八十三終。

胡如吉妻章氏　年十九,夫亡守節,卒年六十四。

朱君綬妻葉氏　年二十六,夫亡守節,撫孤成立,卒年七十二。知縣姬表曰"清操勁節"。

姚元璋妻趙氏　年三十,夫亡守節,卒年五十九。

朱元斐妻徐氏　年二十六,夫亡守節,至七十三終。

徐家佐妻李氏　年二十七,夫亡守節,撫孤成立,卒年七十四。

金兆鵬妻陳氏　年三十,夫亡守節,繼子承祧,卒年七十四。知縣張表曰"操等共姜"。

周士浤妻李氏　年二十三,夫亡守節,至七十一終。

庠生徐如齡妻陳氏　年二十九,夫亡,撫孤成立,守節至六十六終。

周繩徽妻吳氏　年十六,夫亡,繼子承祧,守節四十五年。

徐人望妻朱氏　年二十四,夫亡守節,撫孤成立,卒年八十。知縣左表曰"彤管流芳"。

朱可壽妻舒氏　年三十,夫亡守節,卒年八十一。知縣陳表曰"皎月比光"。

徐文珪妻葉氏　年二十,夫亡守節終身。

徐增壽妻趙氏　年二十,夫亡,守節五十六年。知縣何表曰"柏翠蘭芳"。

朱舒蛟妻章氏　年二十八,夫亡守節,卒年七十九。

徐得雁妻田氏　年三十,夫亡守節,至六十九終。有司旌其門曰"節茂松筠"。

葉正宗妻姚氏　年十九,夫亡守節,卒年九十二。

庠生陳兆珆妻應氏　年二十六,夫亡守節,卒年六十六。

徐家讓妻王氏　年二十三,夫亡,家貧守節,卒年七十四。

陳兆祖妻金氏　年二十八,夫亡守節,卒年七十。

翁之輝妻徐氏　年二十六,夫亡守節,卒年七十七。

樓元愷妻朱氏　年二十二,夫亡守節,至七十八終。

樓永奇妻陳氏　年二十七,夫亡,家貧守節,卒年七十七。

舒雙福妻陳氏　年二十二,夫亡守節,至五十七終。

董如澄妻周氏　年二十八,夫亡守節,至八十一終。

王其皎妻徐氏　年二十四而寡,性至孝,事舅姑承聲順志,靡有不周,嘗割股以愈姑病。無子,撫姪爲嗣。守節四十六年。

徐良周妻黃氏　年二十九,夫亡守節終身。

郎秉全妻呂氏　年二十六,夫亡守節終身。

陳昌蠡妻徐氏　年二十九,夫亡守節,勤儉持家,撫孤成立,卒年七十九。

庠生徐從龍妻應氏　年三十,夫亡守節四十二年。

庠生朱魁妻林氏　年二十六,夫亡守節,卒年六十六。

樓一璉妻金氏　幼嫻閨訓,孝事舅姑,姑病,焚香禱祝,割股以救病,遂愈,人以爲孝感所致。

金兆翰妻章氏　年二十三,夫亡守節,卒年八十六。

金兆麒妻樓氏　年二十五,夫亡守節,卒年六十七。訓導許表曰"勵節撫孤"。

徐起鳳妻胡氏　年二十九,夫亡守節,五十九終。

朱元官妻李氏　年二十三,夫亡守節終身。

陳兆潘妻夏氏　年二十七,夫亡守節五十三年。

徐奎光妻童氏　年二十三,夫亡守節,至七十六終。

周學斌妻程氏　年二十五,夫亡守節,至七十五終。

周權妻徐氏　年二十七,夫亡守節,至七十六終。

徐廷植妻李氏　年二十八,夫亡守節終身。

庠生徐鴻磐妻應氏　年二十九,夫亡,守節撫孤,卒年九十二。

徐宏潮妻陳氏　年三十,夫亡守節,卒年六十四。

舒士煥妻朱氏　年二十六,夫亡守節,苦志撫孤,至八十三終。

徐聖茂妻林氏　年二十六,夫亡守節,撫孤成立,卒年四十九。

徐文吉妻應氏　年二十九,夫亡守節,卒年七十四。

呂祖通妻應氏　年三十,夫亡守節,卒年七十八。

徐正楷妻李氏　年二十五,夫亡守節,至七十二終。

陳昌盛妻章氏　年二十四,夫亡守節,奉姑育子,艱苦備嘗,卒年五十。

樓世瀾妻鄭氏　年二十八,夫亡守節,撫孤成立,卒年五十七。

朱茂群妻姚氏　年二十七,夫亡守節,卒年八十一。

陳兆雍妻何氏　年二十五,夫亡守節,卒年六十五。

柴伯友妻王氏　年二十四,夫亡守節,卒年八十七。

徐豐妻應氏　年二十四,夫亡守節,卒年七十二。

呂正開妻程氏　年二十七,夫亡守節,卒年六十八。

王仕金妻俞氏　年二十八,夫亡守節,卒年五十二。

盧樹傑妻夏氏　年二十七,夫亡守節,孝事舅姑,卒年七十二。知縣劉獎曰"芳徽足式"。

陳希徹妻樓氏　年十八,夫亡守節四十年。

馬廷梅妻徐氏　年二十九,夫亡,守節撫孤,卒年六十二。

施仁宣妻王氏　年二十九,夫亡守節,茹苦撫孤,卒年六十九。知縣劉獎曰"彤管遺徽"。

陳新法妻周氏　年二十七,夫亡守節終身。

王鳳楷妻徐氏　年二十二,夫亡守節,撫孤成立,卒年六十八。

郎正臺妻吕氏　年二十五,夫亡守節,至五十二終。

王仕進妻舒氏　年二十七,夫亡,守節撫孤,卒年七十五。

金象慶妻王氏　年二十二,夫亡,家貧守節,卒年六十七。知縣劉表曰"玉潔冰清"。

胡鴻九妻項氏　年十八,夫亡,矢志堅貞,卒年七十八。

樓守燕妻徐氏　年二十九,夫亡,誓不更適,苦節歷五十餘年如一日。

庠生姚珍妻章氏　年三十,夫亡守節,卒年七十八。

陳兆多妻樓氏　年三十,夫亡守節,卒年四十八。

舒京業妻徐氏　年二十二,夫亡守節,至五十七終。

徐起焜妻林氏　年三十,夫亡守節,卒年六十五。

朱榮志妻翁氏　年二十五,夫亡守節,撫孤成立,卒年六十四。教諭沈表曰"節壽雙全"。

吕庭圭妻楊氏　年三十,夫亡守節,卒年六十一。

吕長嵩妻邵氏　年二十三,夫亡守節,撫孤有成。知縣易旌曰"冰玉清徽"。

周師煒妻應氏　年二十一,夫亡守節終身。

武舉陳守清妻金氏　年二十八,夫亡守節,卒年五十。

州同馬宏簾妻李氏　年二十六,夫亡,勵志撫孤,守節終身。

傅雙美妻陳氏　年二十四,夫亡守節。知縣劉表曰"彤管增輝"。現年八十。

劉仁求妻朱氏　年二十五,夫亡守節,現年七十八。

朱有佐妻李氏　年二十七,夫亡守節,現年七十八。

周鼎翀妻徐氏　年二十五,夫亡守節,現年七十七。

庠生徐清輝妻陳氏　年二十七寡,守節撫孤,現年七十二。教諭黃旌曰"節高甌表"。

曹士成妻應氏　年二十七,夫亡,守節終身。

陳兆定妻章氏　年二十七,夫亡守節,現年七十三。

王昌全妻樓氏　年十九,夫亡守節,現年七十一。

舒開萬妻陳氏　年二十六,夫亡守節,現年七十。

章學印妻舒氏　年二十五,夫亡守節,現年六十九。

徐望濤妻李氏　年二十四,夫亡守節,撫孤成立,現年六十七。

徐時蘭妻樓氏　年三十,夫亡守節,現年六十六。

翁學榮妻呂氏　年三十,夫亡守節,現年五十八。

朱鼎發妻李氏　年二十七,夫亡守節,現年五十八。

周洪合妻徐氏　年二十七,夫亡守節,現年五十九。

庠生金先音妻陳氏　年二十七,夫亡守節,孝事翁姑,撫孤有成,現年五十七。

舒人龍妻李氏　年二十六,夫亡守節,現年五十四。

徐榮松妻金氏　年二十九,夫亡守節,現年五十三。

徐錫葵妻潘氏　年三十,夫亡守節,撫孤成立,現年五十三。

庠生徐望濂妻牟氏　年二十八,夫亡守節,現年五十二。

徐思權妻葉氏　年二十三,夫亡守節,現年五十。司教鍾司訓陸表其閭曰"貞松勁柏"。

以上義豐鄉徐御星、姚躔奎採訪。

應祥妻馬氏　年二十八,夫亡守節終身。

應琋妻陳氏　年二十五,夫亡守節五十九載。

應瑗妻施氏　幼歸瑗,年十五而瑗亡,矢志守節,家政嚴肅,鄉黨稱焉。

吳佳妻柯氏　年二十七,夫亡守節終身。

田文羨妻章氏　年三十,夫亡,勤劬績紝,撫養二孤,守節不渝。

李應孚妻金氏　年二十五,夫亡守節終身。

應大源妻邵氏　年二十四,夫亡守節終身。

李九經妻朱氏　年二十九,夫亡,守節終身。有司旌其門。

謝民立妻馬氏　年二十六,夫亡守節,壽至七十九而終。

吳廷週妻徐氏　年三十,夫亡守節終身。

金可成妻趙氏　年二十四,夫亡守節,懿德溫恭,撫子成立,至七十八終。

李正玠妻應氏　年二十八,夫亡守節,至八十終。

金朝善妻舒氏　年二十三,夫亡守節,卒年六十。

潘繼洙妻應氏　年二十二,夫亡守節,撫遺腹子,教養備至,卒年六十四。知縣徐獎曰"松筠並操",謝獎曰"貞節壽齡"。

華應佳妻倪氏　年二十九,夫亡,家貧守節,撫孤成立。知縣張獎曰"柏舟矢操"。卒年七十三。

金國珍妻潘氏　年三十,夫亡守節,壽八十三終。

田君義妻許氏　年三十,夫亡,一子甫六歲。堅貞自矢。恩勤撫孤。知縣謝給匾獎曰"節操冰霜"。

應之聘妻馬氏　年二十九,夫亡守節,克孝舅姑,善育孤子。知縣張給匾獎焉。卒年八十九。

金守迪妻潘氏　年二十,夫亡,守節終身。

李荃妻應氏　年二十四,夫亡守節,卒年五十五。

金汝龍妻楊氏　年二十三,夫亡守節,卒年七十一。

姚之璽妻徐氏　年二十三,夫亡守節,至八十終。訓導臧給匾曰"勁節遐齡"。

樓思富妻應氏　年三十,夫亡守節,壽七十七而終。

應家祈妻馬氏　年二十九,夫亡守節,勤儉成家,性仁慈,好賙恤。康熙五十八年歲歉,出粟賑飢。六十一年,又設廠崆川,爲粥以食餓者,府縣給匾獎焉。壽九十五而終。

應如昌妻顏氏　年二十六,夫亡,矢志不貳。知縣張給匾獎焉。卒年六十。

謝一雲妻姚氏　年三十,夫亡,守節終身。

應日生妻章氏　年二十七,夫亡守節,善承先業,課子有方,卒年九十八。知縣清顏其堂曰"節壽流芳"。

田國元妻王氏　年二十六,夫亡守節,秉性幽貞,持躬淑慎。知縣彭獎曰"正節可風"。

李宮升妻胡氏　年二十六,夫亡,守節終身。

田祖升妻王氏　年二十四,夫亡,長子甫三歲,次子遺腹生。門祚衰微,矢志貞守,壽至八十六而終。

李守升妻章氏　年二十三,夫亡守節,卒年五十五。

金兆晃妻何氏　年二十,夫亡守節六十四年。

謝之高妻周氏　年二十九,夫亡守節,壽至七十三而終。

華明連妻章氏　年二十五,夫亡守節,遺孤甫六月,教養成立,卒年七十三。教諭邵給匾曰"柏操松壽"。

王元鳳妻金氏　事舅姑孝謹,舅病危,氏刲股以療。教諭潘顏其堂曰"孝思"。

應尚春妻李氏　年二十六,夫亡守節,孝舅姑,和妯娌,克勤克儉,人無間言,壽至八十而終。

金祖德妻翁氏　年二十三,夫亡,守節三十六年。

李光宙妻周氏　年二十四,夫亡,家貧,子幼,矢志靡他,壽至八十八終。

李宸妻黃氏　年二十六,夫亡守節,壽至八十一而終。

謝君凡妻李氏　年三十,夫亡守節,卒年六十六。

倪日金妻徐氏　年二十八,夫亡守節終身。

方集書妻徐氏　年二十四,夫亡守節。知縣任給匾曰"追美柏舟"。卒年七十六。

姚正蓉妻葉氏　年二十五,夫亡守節,卒年五十。

葉兆林妻林氏　年三十,夫亡守節,卒年五十。

華紹俊妻金氏　年二十八,夫亡,家貧,撫孤守節五十年。

李宗鍊妻章氏　年二十四,夫亡,守節三十二年。

監生陳之美妻趙氏　年二十九,夫亡守節,卒年六十七。

李祖伯妻邵氏　年二十,夫亡守節,撫孤成立,卒年六十四。

陳兆泰妻李氏　年二十三,夫亡,遺二子,勵志冰霜,撫孤成立,卒年六十九。

徐鳳彩妻倪氏　年二十六,夫亡守節,壽至八十終。

潘小美妻董氏　年二十三,夫亡守節,事舅撫孤,均盡其道。知縣易給匾曰"節孝流芳"。壽至八十六而終。

裘獻明妻陳氏　年二十五,夫亡守節,卒年七十二。

陳兆時妻李氏　年二十三,夫亡,堅守不二,訓子成立,苦節四十二年。

王景蘇妻馬氏　年二十五,夫亡,矢志守節,撫二孤成立,卒年六十三。

馬廷梅妻徐氏　年二十九,夫亡守節終身。教諭梁爲之傳。

樓世瀾妻鄭氏　年二十八,夫亡,守節三十年。

范氏二節　范文瓏妻金氏,年二十七,夫亡守節五十年而終。子占順妻金氏,年二十二,夫亡守節,現年六十五。知縣劉獎曰"一門雙節"。

金象敦妻徐氏　年十六,夫亡守節六十二年。

金兆美妻周氏　年二十七,夫亡守節五十年。

華景斌妻陳氏　年二十六,夫亡守節終身。

倪爲簹妻朱氏　年二十二,夫亡守節四十六年。

翁德俊妻胡氏　年二十九,夫亡守節,壽至六十七而終。

馬嗣杰妻高氏　年二十七,夫亡守節終身。

翁德芳妻鄭氏　年二十九,夫亡守節終身。

馬嗣蓮妻陳氏　年二十五,夫亡守節終身。

方發來妻王氏　年二十五,夫亡守節,卒年五十一。

金景元妻李氏　年二十九,夫亡,家貧子幼,苦節不移,卒年四十四。

方志烈妻倪氏　年十八,夫亡守節,撫叔子大均爲嗣。嘉慶丙子學憲汪給匾曰"冰蘗堅操"。

徐長方妻林氏　年二十七,夫亡守節,卒年五十。

金建彭妻周氏　年二十四,夫亡守節終身。

方鳳棲妻倪氏　年二十二,夫亡守節,現年六十八。

謝文崇妻章氏　年二十五,夫亡守節,現年六十五。

金文照妻邵氏　年二十八,夫亡守節,現年六十四。

謝文湊妻趙氏　年三十,夫亡守節,現年六十一。

潘法彩妻陳氏　年二十七,夫亡守節,現年六十。

倪發祥妻陳氏　年二十五,夫亡守節,現年五十七。

潘開序妻倪氏　年二十六,夫亡,撫孤成立,守節不渝,現年五十六。

金象興妻樓氏　年二十一,夫亡守節,現年五十五。

以上長安鄉金希范、倪夢魁採訪。

陳仲信妻胡氏　年二十八而寡,守節五十八年。

童韜妻章氏　年二十九,夫亡,撫孤成立,苦節三十餘年如一日。

胡鑾妻葉氏　年三十，夫亡守節，奉繼姑朝夕不替，親自課子，授以《孝經》《論語》，鄉閭稱賢淑焉。

庠生童泳妻朱氏　年三十，夫亡，撫孤成立，守節至五十九終。

童準妻姚氏　年二十三而寡，守節三十二年。

庠生童秀妻呂氏　年二十五，夫亡，撫孤成立，守節終身。

胡良龍妻王氏　年二十七而寡，守節六十年。

陳鳳妻徐氏　年二十五，夫亡，勵志守節，卒年七十二。邑令池表其閭曰"貞節"。

陳葆熙妻葉氏　年二十六，夫亡，誓不再嫁，苦節四十餘載。郡守井旌其門曰"節壽"。

呂邦恩妻吳氏　年二十七，夫亡。舅姑憐其少寡，諷以更適，氏矢志貞守，壽至五十一終。

馬懋先妻陳氏　年二十三，夫亡，撫遺孤有成，守節三十九年。邑令謝表曰"矢志冰霜"。

童應祥妻徐氏　年二十五，夫亡守節終身。

胡明槐妻應氏　年二十七，夫亡守節，教諸孤，勤儉持家，卒年七十八。

陳應吉妻胡氏　年三十，夫亡守節，閨門嚴肅，教子義方，七十六終。邑令謝旌曰"節壽雙全"。

陳氏三節　陳德桂妻俞氏，年二十九寡。子璧挺妻施氏，年二十五寡。孫施鶴妻應氏，年二十八寡。三代居孀，操守不二，人皆欽其壼範云。

陳時星妻王氏　年二十三，夫亡守節，姑早逝，事舅以孝稱，撫孤子成立。郡守葉表其閭曰"柏節松年"。

陳兆愷妻李氏　年二十三，夫亡守節，至八十二終。

陳時壽妻呂氏　年二十二，夫亡，守節終身。郡守葉旌其門曰"操並松筠"。

童士亮妻施氏　年二十八,夫亡守節,七十七終。

陳世彥妻董氏　年二十九,生一子而夫亡。守節撫孤,卒年八十。

金國羽妻呂氏　年三十而寡,守節五十五年。

王尚哲妻胡氏　年三十,夫亡,翦髮自誓,撫子成立。雍正五年,知縣張旌其閭曰"勁節淩霜"。

陳之琔妻方氏　年二十八,夫亡,子七歲,撫之成立,守節五十七年。邑令游表曰"柏舟勁節"。

王之貞妻陳氏　年二十九,夫亡守節,至八十一終。邑令左旌其門曰"節壽可風"。

董氏二節　庠生董經侯妻胡氏,年二十一,夫亡,止二女。撫姪爾杰為嗣,娶媳金氏。年二十三,爾杰又亡。姑媳同心苦守,人以為二代貞烈。

呂憲頴妻陳氏　年二十三寡,家貧苦守。族人義之,歲給粟以成其志。有司旌曰"松齡柏操"。

徐伯慶妻柳氏　年二十九,夫亡,一子甫離襁褓。撫育成人,矢志苦守,壽至八十而終。

胡彩英妻李氏　年二十四,夫亡守節,至八十五終。

董爾瑗妻胡氏　年二十七,夫亡守節,壽至七十一而終。

陳之和妻王氏　年二十六而寡,撫孤守志,家貧,治女紅以自給,里黨賢之。卒年七十四。

陳爾攀妻徐氏　年二十九,夫亡守節四十五年。邑令劉旌其門曰"節勁枝榮"。

黃懋恭妻顏氏　年二十六,生二子而夫亡。矢志貞守,課子讀書。邑令劉表曰"彤管增輝"。

陳之鉉妻徐氏　年二十五,夫亡守節撫孤,始終如一,壽至七十六終。

黃忠庫妻徐氏　年三十寡,姑亦居孀,二子幼,仰事俯畜,苦節終身。知縣劉表曰"冰清玉潔"。

胡聖基妻呂氏　年二十七,夫亡守節,至五十八終。

呂元興妻陳氏　年二十九,夫亡守節,現年七十九。教諭余旌其門曰"德昭壼範"。

姚喜文妻屠氏　年二十九,夫亡,遺孤幼,撫育成人,守節不二,現年六十五。

陳偉亨妻楊氏　年二十八,夫亡,幼子遺腹生。矢志不二,撫諸孤有成。現年六十四。

陳有泮妻董氏　年二十七,夫亡守節,現年五十五。

王培槐妻陳氏　年二十八,夫亡守節,現年五十五。教諭沈旌其門曰"古井無波"。

陳永昌妻柳氏　年二十四,夫亡,一子甫晬,勵志守貞,家貧紡績,以奉舅姑。現年五十一。

以上承訓鄉王鍾思、周榮銓採訪。

李佑妻方氏　年二十二,夫亡,遺子又殤。或欲奪其志,氏乃翦髮自誓,苦守至六十九而終。

李聿妻劉氏　年二十二,夫亡守節終身。

林瑗妻何氏　年二十九,夫亡。勵志守節,教子有方,卒年八十五。

林儆妻徐氏　年二十八,夫亡,矢志靡他,卒年五十一。

林昶妻黃氏　年二十一,夫亡,家貧守節,始終不渝,年七十八終。

呂景蒙妻徐氏　年二十三,夫亡守節終身。

庠生呂文會妻杜氏　年二十八,夫亡家貧,守志歷三十餘年。

董芝妻徐氏　年十七,夫亡守節六十餘載。

陳廷鴻妻應氏　年十九,夫亡守節終身。

陳廷瓚妻孫氏　年二十五,夫亡守節終身。

朱鴻妻陳氏　年二十四,夫亡守節,至老不渝。

李希欽妻方氏　年十九,夫亡家貧,撫孤守節,始終不二。有司旌其門曰"清節"。

林濤妻劉氏　年二十,夫客四川而卒。氏扶櫬歸里,守節終身。

庠生陳滄妻胡氏　年十七,夫亡。或勸再適,氏誓死不二,苦節終身。

王絅妻林氏　年二十,夫亡,撫育遺孤,守志終身。

王宗煌妻胡氏　年二十,夫亡,子又殤,苦守終身。縣令周表曰"節操冰霜"。

庠生王子元妻周氏　年三十,夫亡守節終身。

呂有誠妻周氏　年十九,夫亡守節終身。有司旌其門曰"貞節"。

李汝霖妻徐氏　年十七,夫亡,遺腹一子,矢志靡他,卒年八十一。

徐君寵妻胡氏　年二十八,夫亡守節,家貧姑老,孝養終身。

王宗謙妻李氏　年三十,夫亡守節終身。

王宗正妻方氏　年二十七,夫亡守節歷四十餘載。知縣張獎曰"柏舟勁節"。

李德嘉妻施氏　年二十七,夫亡守節。知縣徐獎曰"霜淩皓月"。

王世守妻陳氏　年二十四,夫亡,矢志不二,事寡姑克盡婦道。卒年五十三。

徐逢倫妻章氏　年二十,夫亡,守節不渝。郡守張表其閭曰"冰德永年"。

王世郢妻李氏　年三十,夫亡守節,家貧,艱苦備嘗。卒年五十六。

胡春龍妻施氏　年二十,夫亡守節終身。

陳仲順妻馮氏　年二十八,夫亡,奉姑育子,苦節終身。知縣徐獎曰"守一待旌"。

王師熹妻胡氏　年二十五，生一子而夫亡。舅姑早卒，歸依母家，撫孤成立，苦守四十八年。

呂兆珩妻胡氏　年二十七，夫亡守節，至八十終。

王堯健妻馬氏　年二十八，夫亡，遺一子，撫養成人，守節至七十五而終。

王師際妻陳氏　年二十，夫亡守節五十一年。當道表其閭曰"貞節"。

李如凝妻胡氏　年二十五，夫亡守節終身。

王世維妻應氏　年二十八，夫亡，矢志不二。知縣謝表其閭曰"冰霜秉操"。

徐養戀妻周氏　年三十，夫亡守節。知縣謝表其閭曰"瑤池冰雪"。

庠生林同春妻應氏　性至孝，姑病危，諸藥不效，氏沐浴焚香，祈以身代。夜夢神告曰："感汝孝心，增壽一紀。"後果如所夢。知縣陳獎曰"永孝錫類"。

王同心妻周氏　年二十三，夫亡守節，事姑孝，教子有方。知縣徐表曰"蘗節徽彤"。

胡惟龍妻陳氏　年二十六，夫亡。或勸更適，翦髮自誓，守節至八十餘終。

呂鳴鵬妻朱氏　年二十而寡，守節六十四年。

胡之瑞妻陳氏　年二十而寡，守節四十五年。

林一庖妻徐氏　年二十九，夫亡，矢志守貞，卒年八十五。

王逢吉妻胡氏　年二十八，夫亡守節。知縣崔表其閭曰"筠節同青"。

呂國成妻陳氏　年二十五，夫亡守節，足跡不踰戶外，歷二十餘年如一日。

林挺穎妻應氏　年二十七,夫亡,遺一子,家貧苦守,歷五十餘年而卒。

童一文妻董氏　年二十八,夫亡,家貧守志,零丁孤苦,終始不渝。知縣姬表曰"柏舟節操"。

呂希洪妻施氏　年三十,夫亡守節六十一年。

馬士奇妻胡氏　年二十七,夫亡守節,撫孤成立,卒年七十四。

王翀妻李氏　年二十八,夫亡,撫姪爲嗣,冰心永矢,五十年如一日。有司獎曰"柏節松齡"。

王集桓妻胡氏　年二十九,夫亡守節,卒年七十二。

胡正先妻陳氏　年二十六,夫亡守節,不以家貧易操,卒年六十三。

林兆麒妻俞氏　年二十九,夫亡,家貧苦守,至老不渝。

王丙旃妻徐氏　年二十七,夫卒於外。氏矢志守節,終身不移。

徐洪勷妻王氏　年二十四,夫亡,矢志靡他。家赤貧,不改其操。卒年六十三。

呂道安妻胡氏　年二十九,夫亡守節,遺腹生子,辛勤撫育。郡守鄭獎曰"節壽垂芳"。

徐洪譩妻呂氏　年二十八,夫亡守志,節操凜然,卒年八十四。

王世錫妻應氏　年三十,夫亡守節六十七年。

邵之英妻董氏　年二十二,夫亡,家貧守節,終身不渝。

王丙羔妻徐氏　年二十四,夫亡,子幼家貧,苦守四十餘年。

林榮宗妻徐氏　事姑孝,姑年老病痹,氏朝夕扶持,數年不倦。姑彌留,時祝曰:"願吾媳之媳,亦如媳之孝。"

林海壽妻胡氏　年三十,夫亡,撫遺孤,養而兼教,守節三十一年。

林知恩妻章氏　年三十,夫亡,撫孤成立,守節三十年。

胡光韶妻呂氏　年二十八,夫亡守節終身。

王世銘妻呂氏　年二十六，夫亡，與伯姒世鍋妻邵氏同心共守，事姑孝敬，孀居四十餘年。

王載瓚妻黃氏　年二十一，夫亡，遺腹三月生一子，撫育成人，卒年六十一。

王丙仁妻李氏　年三十，夫亡，守志不二，撫育遺孤成人，卒年七十二。

李克瀚妻徐氏　年二十六，夫亡守節，事姑孝謹，卒年八十五。

呂士龍妻應氏　年三十，夫亡守節，紡織以事舅姑，卒年八十四。

王元宿妻程氏　年二十九，夫亡子幼，矢志不渝，卒年七十二。

王世昭妻胡氏　年二十九，夫亡，家貧子幼，勵志守貞，壽至八十三而終。

呂端清妻孫氏　年二十七，夫亡守節，至七十一而終。

吳思悌妻胡氏　年二十九，夫亡守節，撫遺腹子成人，紡織自給。知縣高表曰“冰霜節操”。

林隆聚妻王氏　年二十八，夫亡，撫孤成立，苦節終身。

王載巖妻李氏　年二十八，夫亡守節。知縣李獎曰“彤管流芳”。

王丙廡妻應氏　年二十四，夫亡守節，心如金石，事舅姑，克盡孝敬。卒年五十三。

王家棟妻呂氏　年二十六，夫亡守志四十年。教諭俞獎曰“儒門清節”。

何乾益妻金氏　年二十九，夫亡守節，卒年五十八。

胡懋敏妻呂氏　年二十九，夫亡，子幼，家貧，堅心苦守，卒年七十四。

李鍾澈妻俞氏　年二十六，夫亡守節，卒年六十九。

胡光明妻陳氏　年二十五，夫亡守節，卒年五十五。

王載有妻胡氏　年三十，夫亡守節，撫孤成立，卒年六十一。

何友紹妻李氏　年二十六，夫亡守節，至七十三而終。

胡吉仁妻徐氏　年二十三,夫亡守節,卒年六十七。

王載盍妻章氏　年二十九,夫亡守節,卒年八十四。有司獎曰"筠節松齡"。

邵元科妻陳氏　年二十七,夫亡守節,至八十五而終。

林誠識妻李氏　年二十八,夫亡守節終身。

林肇海妻呂氏　年二十三,夫亡守節,撫孤成立,卒年八十二。

監生林兆幹妻呂氏　年二十九,夫亡,撫養遺孤,守節至六十八而終。

林成合妻桑氏　年二十七,夫亡守節終身。

邵日定妻陳氏　年二十二,夫亡守節。家人逼嫁,鳴于官,得全其志。年七十二而終。

王載甲妻施氏　年二十九,夫亡守節,貧且益堅,壽至七十五。

徐玉妻陳氏　年三十,夫亡,家貧守貞,事姑孝,撫遺孤成立,卒年九十。知縣任獎曰"標題彤管"。

陳正朝妻盧氏　年二十九,夫亡,安貧守節,撫孤有成,卒年七十六。

林開喜妻潘氏　年三十,夫亡守節終身。有司旌其閭曰"冰清著節"。

李起藹妻楊氏　年二十二,夫亡,遺孤六月。姑令更適,氏曰:"烈女不事二夫,且姑老,誰依?"翦髮自誓,終身不渝。卒年六十三。

李世金妻徐氏　年二十八,夫亡家貧,矢志撫孤成人。教諭王獎曰"冰清玉潔"。

邵國霄妻呂氏　年二十五,夫亡,守節五十五年。

王同呂妻應氏　年二十九,夫亡守節,善事孀姑。知縣方獎曰"節峻雲峰"。

王化驄妻李氏　年二十六,夫亡守節,事舅姑克盡婦道。舅嘗書一敬事以嘉之。

王丙全妻陳氏　年二十七,夫亡守節終身。知縣劉奬曰"松筠勁節"。

李熙麟妻王氏　年二十一,夫亡,遺腹六月,生一子,育養成立,守節至八十五終。知縣易旌曰"純孝完節"。

呂有讓妻陳氏　年二十六,夫亡守節,食貧茹苦,奉姑必求甘旨。卒年八十三。

王冬官妻童氏　年二十九,夫亡守節四十六年。訓導吳表曰"苦節幽貞"。

呂德起妻吳氏　年二十八,夫亡守節,撫遺腹子成立,壽至八十一。

胡紹周妻陳氏　年二十二,夫亡守節,壽至八十,親見五代。知縣陸奬曰"純孝完節"。

徐紹燦妻王氏　年二十三,夫亡,守節五十八年。

徐光天妻夏氏　年二十八,夫亡守節,撫育遺孤,備嘗艱苦,卒年七十八。

武舉林嵩妻黃氏　年二十八,夫亡,守志不二,撫孤成立,卒年七十七。

王丙戊妻呂氏　年十九,夫亡守節,卒年六十一。教諭魏奬曰"操勵冰霜"。

呂啟雲妻徐氏　年二十四,夫亡守節,五代同堂,壽至九十一。知縣游奬曰"松柏清操"。

林肇淳妻金氏　年三十,夫亡,家貧子幼,勵志守節,卒年七十七。

樓開發妻呂氏　年二十九,夫亡守節,撫二孤成立,卒年五十四。

陳福安妻吳氏　年二十九,夫亡守志,節操凛然。

呂法起妻王氏　年二十一,夫亡守節四十二年。

徐廷勳妻應氏　年二十八,夫亡,事姑孝謹,撫遺腹子有成,守節五十五年。

陳福增妻應氏　年二十六，夫亡守節終身。

李光愛妻周氏　年二十九，夫亡守節，現年八十三。

林淳楫妻周氏　年二十七，夫亡守節，現年七十三。

林開喜妻胡氏　年二十六，夫亡守節，撫子成立，現年七十二。

吳爾榮妻胡氏　年二十八，夫亡，一子一女又殤，形影相弔，苦節不渝，現年七十。

陳法安妻周氏　年二十五，夫亡守節，撫孤成立，現年六十八。

王壎妻呂氏　年二十九，夫亡守節，至老不渝。教諭王獎曰"松筠節操"。

王永紹妻胡氏　年三十，夫亡守節越十餘年，子樂時又喪。零丁孤苦，紡績爲生，鄉里賢之，現年六十七。

李敬孝妻徐氏　年二十，夫亡守節，艱苦不移，現年六十。

呂如松妻孫氏　年二十六，夫亡，遺孤亦殤。孝事舅姑，矢志貞守，現年五十六。

王永祝妻李氏　年二十九，夫亡，苦守不渝，現年五十二。

胡爾松妻施氏　年二十四，夫亡，家貧守節，撫孤成立，現年五十二。

徐淑剛妻呂氏　年二十九，夫亡家貧，守節不二，現年五十一。

王金玉妻胡氏　年二十九，夫亡守節，訓子有方，現年五十。

以上昇平鄉王大昌、林丹採訪。

胡氏二節　胡鉅妻程氏，年二十三，夫亡。弟鏗妻馬氏，年十八，夫亡。娣姒矢志守貞，各撫遺孤成立，卒年俱六十五。稱一門雙節。

施氏二節　施仁高妻陳氏，年二十九，夫亡，矢志堅貞，生遺腹子義嵩，撫育成立，娶姪女爲媳。年二十八，義嵩又卒，遺腹一子，貞守如姑。姑年六十三卒，媳現年六十三。

呂恂妻屬氏　年二十三，夫亡，遺孤甫週歲。辛勤撫育，益恢先業，置義田、義阡以惠生死。卒年六十四。邑令徐榮叟銘其墓，以子燾貴,封太孺人,贈安人。

徐浩四妻胡氏　年十六,歸浩四。逾年,浩四亡。家人憫其年少無子,勸以他適。氏涕泣斷髮,誓不二天。遂還母家,紡織自給,貞守不渝。壽至九十五。

呂枡妻王氏　年十八,夫亡,欲以身徇,姑勸止之。勵志貞守,鄰里罕有覩其面者。

胡瑤妻方氏　年二十二而寡,遺一子,又殤。或諷之再適,婦拒曰:"吾知守節耳,豈以無子易操耶!"年五十九而終。

呂淇妻胡氏　年二十四,夫亡,撫孤守志,終始不渝。

呂德妻徐氏　年二十三,夫亡。姑憐其年少無子,諭以再適,氏翦髮自誓,立繼承祧,宗黨賢之。

呂金妻胡氏　年二十八,夫亡,苦守五十二年。邑令旌曰"冰操"。

潘孟才妻夏氏　年三十,夫亡,茹苦守貞,至七十六卒。

胡光成妻曹氏　年二十五,夫亡,守節撫孤,至六十三而終。

呂文壽妻李氏　年十九,夫亡無子,誓不再醮。富室聞其年少而賢,欲強娶之,毅然不可奪,完節終身。

潘孟夏妻屠氏　年二十六,夫亡,遺腹一子。鄰勸其更適,厲聲拒之,堅守至五十而終。

胡光鳳妻樓氏　年二十七,夫亡,苦節自持,至七十四而卒。

主簿呂應遇妻李氏　崇禎初,遇北上赴選,中值寇變,音問不通。時年未及笄,矢志苦守。姑患沉疴,伏侍湯藥,刲股以進,尋愈。郡守賜額曰"節孝雙全"。

金元喜妻高氏　年二十五,夫亡,守志靡他,壽九十一卒。

胡宗衢妻呂氏　年三十,夫亡,矢志靡他,撫孤成立,至七十二而終。

施恩誠妻王氏　年二十三,夫亡,繼一子,矢志不渝。邑令黃給"清節賢能"匾褒之。年七十終。

高會進妻黃氏　年二十一,夫亡守節終身。

胡一德妻施氏　年三十,夫亡守節終身。

呂可諮妻賈氏　年二十五,夫亡,誓志自守,冰操終身。

施寵斌妻陳氏　年二十九,夫亡守節,繼子承祧,卒年七十七。

呂可和妻朱氏　年二十五,夫亡,撫孤守節,孝養舅姑,內外無間言。

陳法進妻吳氏　年二十四,夫亡,撫孤苦守,至八十一終。

童德龍妻施氏　年二十九,夫亡,冰操自勵,遺二子,鞠拊有成,壽九十一而卒。

胡毓瞻妻施氏　年二十六,夫亡,苦志撫孤,至六十八而終。

呂文聖妻周氏　年二十三,夫亡,撫孤守志,苦節終身。

金之得妻施氏　年二十九,夫亡,堅貞自守,至七十二終。

呂起慎妻胡氏　年二十九,夫亡,孝事舅姑,以節壽終。

呂昌濟妻成氏　年二十七,夫亡,守志三十五載。邑令黃旌曰"節操可嘉"。

陳佛賜妻施氏　年二十五,夫亡守節終身。

潘國昭妻胡氏　年二十九,夫亡守志四十餘年。郡守楊給匾曰"節秉冰霜"。

徐思鱄妻馬氏　年三十,夫亡守節,卒年七十九。

李銅妻樓氏　年三十,夫亡,遺腹一子,撫育成立,守節終身。

陳德月妻施氏　年二十八,夫亡守節,終始不渝。

金德漢妻高氏　年三十,夫亡,遺一女。孝舅姑,勵節操,壽至七十六終。

施明言妻吳氏　年二十三,夫亡,遺孤甫二歲,守節以壽終。郡守袁表曰"節壽流芳"。

金仕房妻李氏　年二十二,夫亡,一子甫週歲,守貞至五十而終。訓導許給匾曰"節操冰霜"。

施義澄妻夏氏　年二十九，夫亡，貞守不二，至八十四終。

施義乾妻杜氏　年二十四，夫亡，艱苦遍歷，操守愈堅，年七十六卒。

呂宗瑞妻施氏　年二十七，夫亡，矢志貞守。遺一子，撫養有成。邑令楊給匾曰"勁節遺徽"。

施恩址妻樓氏　年二十五，夫亡守節五十二年。邑令楊給節壽匾獎之。

徐成參妻胡氏　年二十七，夫亡，守志不貳，至六十而終。

施義有妻成氏　年二十三，夫亡，家貧，無子，貞守靡他，撫姪爲嗣，至七十四而終。

徐文魁妻吳氏　年二十三，夫亡，孝事舅姑，撫孤成立，年五十四終。

胡瑞花妻朱氏　年二十六，夫亡守節終身。

施孝紅妻徐氏　年二十七，夫亡，家貧苦守，至七十一而終。

施丙錦妻胡氏　年二十八，夫亡，家貧守節，現年七十三。

徐開呂妻舒氏　年二十五，夫亡，守志撫孤，現年六十八。

施仁琨妻陳氏　年二十六，夫亡，矢志撫孤，現年六十六。

呂蘭繼妻應氏　年二十七，夫亡，冰操自勵，勤儉持家，現年六十三。

施孝輝妻曹氏　年二十，夫亡，遺腹一子，守義靡他。邑令彭獎以"澗松勁節"匾。現年五十七。

呂觀僚妻胡氏　年二十四，夫亡，矢志堅守。邑令劉旌曰"柏舟遺範"。現年五十七。

應希敬妻李氏　年二十九，夫亡，矢志不嫁，現年五十七。

胡正淳妻陳氏　年二十六，夫亡，翦髮矢志。遺二子，育養成人。現年五十五。

呂廷孫妻朱氏　年二十六，夫亡，食貧茹苦，節操凜然。現年五十二。

胡兆蓮妻呂氏　年二十六而寡,繼一子,矢志堅貞,足不踰閫,宗黨賢之。現年五十二。

成法旭妻程氏　年二十二,夫亡,清操自勵,現年五十一。

施仁廣妻陳氏　年二十三,夫亡守節,現年五十。

以上太平鄉胡錫土、呂觀光採訪。

朱炳妻李氏　年三十,夫以役卒於京師。氏撫子成立,守節終身。

朱浦妻郭氏　年十九,夫亡,撫遺腹子成立,守節終身。

黃斌妻呂氏　年三十,夫亡守節,撫二孤成立,卒年九十。

呂曰湟妻胡氏　年二十九,夫亡守節終身。

呂驊妻夏氏　年二十三,夫亡守節,至七十三終。

朱叔賢妻黃氏　年二十九,夫亡守節終身。

朱元英妻黃氏　年二十七,夫亡守節,至七十五終。

黃汀妻盧氏　年二十三,夫亡守節,撫遺腹子成立,備嘗艱苦。卒年八十五。

朱坊妻黃氏　年二十七,夫亡守節終身。

朱璧妻方氏　年二十九,夫亡守節終身。

朱文淵妻陸氏　年二十八,夫亡守節終身。

呂良福妻胡氏　年二十六,夫亡守節終身。

朱朝元妻周氏　年二十九,夫亡守節,至七十九終。

朱鳳友妻應氏　年二十六,夫亡守節終身。

朱德鑒妻李氏　年十七,夫亡守節,至七十八終。

朱國吾妻胡氏　年二十七,夫亡守節終身。

庠生朱宗伊妻呂氏　年二十六,夫亡守節,至八十七終。

朱三桂妻顏氏　年二十一,夫亡守節終身。

賈崇德妻徐氏　年二十九,夫亡守節,撫孤成立,娶媳某氏。越數年,生一孫,孤又亡,媳他適。氏育養遺孫,爲之娶婦,舉二曾孫。卒年八十三。

　　俞希熹妻張氏　年二十,夫亡守節,卒年六十一。知縣以"節並冰霜"表之。

　　朱國徹妻包氏　年二十四,夫亡守節終身。

　　朱孔時妻徐氏　年二十九,夫亡守節終身。

　　朱明進妻胡氏　年二十,夫亡守節,至六十九終。

　　庠生朱振纓妻盧氏　年二十三,夫亡,遺孤甫七日,撫之成立,守節終身。

　　朱麟嵩妻高氏　年二十九,夫亡守節,撫孤成立。邑令姬以"冰清玉潔"表之。

　　陳志方妻馬氏　年二十七,夫亡守節,至八十八終。

　　朱守球妻金氏　年二十四,夫亡守節,至七十餘終。

　　吕思廣妻陳氏　年二十八,夫亡守節,卒年九十二。

　　賈明達妻陳氏　年十九,夫亡守節,至七十五終。

　　胡良翰妻朱氏　年二十九,夫亡,矢志苦守四十餘年。

　　胡良宣妻吕氏　年二十七,夫亡守節,教子成名,至六十九終。

　　胡明邵妻陳氏　年二十二,夫亡,零丁孤苦,守節彌堅,卒年七十六。

　　夏應琴妻徐氏　年二十三,夫亡守節終身。

　　夏承恕妻李氏　年二十六,夫亡守節,至九十四終。

　　朱宗邃妻李氏　年二十三,夫亡守節終身。

　　朱之鑑妻陳氏　年二十六,夫亡守節終身。

　　朱宗愚妻馬氏　年二十四,夫亡守節終身。

　　朱先薦妻吳氏　年二十七,夫亡守節終身。

　　朱守遠妻應氏　年三十,夫亡守節,至八十終。

　　朱希蕃妻陳氏　年二十二,夫亡,撫遺子成立,守節終身。

庠生朱大綏妻王氏　年二十七,夫亡,矢志苦守終身。

庠生朱明善妻程氏　年三十,夫亡守節,至八十終。

朱允琛妻方氏　年二十二,夫亡守節,撫遺腹子成立,卒年九十。知縣張以"勁節延年"表之。

朱德基妻胡氏　年二十六,夫亡守節,艱苦備嘗,卒年六十八。

朱元位妻金氏　年二十九,夫亡守節,至八十九終。

朱瑞方妻呂氏　年二十三,夫亡守節終身。

胡獻如妻呂氏　年二十八,夫亡守志,紡織撫孤。邑令方表曰"節操冰霜"。卒年八十二。

庠生朱奕亮妻徐氏　年二十六,夫亡守節終身。

朱良貴妻陳氏　年十九,夫亡守節終身。

庠生顏鼎妻樓氏　年三十,夫亡守節終身。知縣張表曰"正義守節"。

周元綱妻王氏　年三十,夫亡守節終身。知縣姬以"霜節冰心"表之。

賈汝楨妻呂氏　年二十六,夫亡守節至七十四終。知縣張表曰"節壽"。

朱先恭妻盧氏　年二十五,夫亡守節,至八十四終。

盧仕標妻奚氏　年二十一,夫亡守節終身。

朱元泰妻駱氏　年二十四,夫亡守節終身。

朱元榮妻斯氏　年三十,夫亡守節終身。

朱懷福妻包氏　年三十,夫亡守節終身。

朱韜生妻李氏　年二十三,夫亡守節終身。

朱明星妻俞氏　年二十六,夫亡守節終身。

陳正健妻楊氏　年二十三,夫亡守節終身。

呂宗明妻胡氏　年二十四,夫亡守節,至九十四終。

呂承全妻賈氏　年三十,夫亡守節終身。

朱遠升妻王氏　年二十八，夫亡守節終身。

呂元德妻賈氏　年二十二，夫亡守節，至八十八終。

呂元聖妻胡氏　年十九，夫亡守節，至八十六終。

呂爲官妻陳氏　年二十五，夫亡守節，至九十一終。

呂承周妻徐氏　年二十八，夫亡守節，至七十二終。

呂茂藩妻董氏　年三十，夫亡守節，撫遺腹子有成，卒年五十八。知縣李以"清標彤管"獎之。

周鍾安妻包氏　年二十六，夫亡守節，至七十七終。

胡廣丁妻朱氏　年二十五，夫亡守節，至七十八終。

胡廣洪妻陳氏　年二十九，夫亡守節，卒年七十一。

胡廣衞妻應氏　年二十五，夫亡守節，卒年六十四。

胡廣文妻章氏　年二十八，夫亡，居貧守節，至六十終。

孫起澄妻陳氏　年二十七，夫亡守節，至八十終。

孫家高妻張氏　年二十八，夫亡守節，卒年六十一。

胡宗捷妻朱氏　年二十，歸宗捷。結褵數月，夫往遼東，傳聞已死，氏服素悲哭。或勸更適。正色拒之，至老不嫁，自給薪水，節義凛然。卒年七十。

孫起立妻夏氏　年二十六，夫亡守節，遺孤甫三月又夭，立繼承桃。至九十一終。

夏光繳妻程氏　年十八，夫亡守節終身。

夏應鋭妻胡氏　年二十五，夫亡守節終身。

朱舜闓妻陳氏　年二十四，夫亡守節終身。

夏友初妻徐氏　年二十九，夫亡守節終身。

王伯增妻葛氏　年二十二，夫亡守節終身。

金有賢妻蔡氏　年二十三，夫亡守節終身。

庠生朱璋妻徐氏　年二十九，夫亡守節終身。

朱元楷妻周氏　年二十八，夫亡守節終身。

朱君趾妻應氏　年二十四,夫亡守節,至八十八終。

朱德祈妻俞氏　年二十九,夫亡守節,至七十五終。知縣張表曰"節壽"。

朱啟正妻吳氏　年二十三,夫亡守節,至九十二終。

朱兆璧妻應氏　年二十六,夫亡守節終身。

朱宗福妻陳氏　年二十五,夫亡守節終身。

朱集繩妻呂氏　年二十四,夫亡守節終身。

朱琯玉妻程氏　年三十,夫亡守節終身。

朱兆誠妻蔣氏　年三十,夫亡守節,至七十二終。

朱明崇妻徐氏　年二十四,夫亡守節終身。

朱志仲妻陳氏　年三十,夫亡守節終身。

朱佑汝妻盧氏　年二十六,夫亡守節終身。

葉恩祥妻何氏　年二十六,夫亡守節,撫二孤,紡織以供朝夕,卒年六十八。

盧啟堯妻施氏　年三十,夫亡守節,至八十七終。

胡國林妻朱氏　年二十九,夫亡,苦節撫孤。郡守陳見智表曰"松柏爲心"。卒年五十二。

黃公照妻方氏　年二十七,夫亡守節,撫孤成立,至七十一終。

陳高妻馬氏　年二十七,夫亡,撫孤成立,守節終身。

顏鼎兆妻呂氏　年二十七,夫亡守節終身。

胡洪生妻李氏　年三十,夫亡守節,撫子女,足不踰閾。乾隆癸卯夏,蛟水陡發,漂没田廬,已及氏居。氏遣子女走避,己獨端坐不移。衆勸之出。氏曰:"未亡人待死久矣,肯越禮偷生乎!"卒不出。須臾,水退獲免。人以爲正氣所感云。年八十二而終。

胡廣有妻杜氏　年二十五,夫亡守節,至八十九終。教諭王表曰"松柏遐齡"。

庠生胡聖宇妻夏氏　年二十八,夫亡守節,至八十六終。知縣以

353

"柏舟遺範"表之。

　　胡兆敞妻朱氏　年三十,夫亡,撫孤守節。知縣王給匾獎之。

　　蔣惟道妻盧氏　年二十五,夫亡守節終身。

　　黃承恭妻胡氏　年二十六,夫亡守節,至七十終。

　　吕茂祥妻方氏　年二十六,夫亡守節,卒年六十二。

　　吕茂經妻胡氏　年二十九,夫亡守節終身。

　　吕光魁妻應氏　年二十八,夫亡守節,至七十二終。

　　胡邦震妻吕氏　年二十八,夫亡守節終身。

　　胡鼎鏗妻任氏　年二十四,夫亡,赤貧,撫孤成立,守節終身。

　　胡上南妻朱氏　年二十四,夫亡守節終身。

　　景思明妻邵氏　年二十八,夫亡守節終身。

　　方茂袗妻陳氏　年二十四,夫亡守節,至七十五終。

　　顏鼎虬妻程氏　年二十九,夫亡守節,至七十三終。

　　李思回妻吕氏　年二十八,夫亡守節,撫孤成立。知縣以"香閨烈士"表之。

　　王廷美妻朱氏　年二十九,夫亡守節終身。

　　朱聖佐妻胡氏　年二十七,夫亡守節,至七十一終。

　　朱日灃妻胡氏　年二十八,夫亡守節終身。

　　吕佑妻朱氏　年三十,夫亡守節終身。

　　吕以晉妻胡氏　年二十九,夫亡守節終身。

　　朱金暹妻錢氏　年二十八,夫亡守節終身。

　　盧仁崑妻施氏　年三十,夫亡守節,繼子承祧,卒年七十二。

　　周日榛妻程氏　年二十五,夫亡守節。教諭黃獎曰"節操冰霜"。

　　董永遠妻梁氏　年二十八,夫亡守節,至六十九而終。教諭表其閭曰"節並柏舟"。

　　吕承鑑妻應氏　年三十,夫亡守節,至八十四終。

　　夏起阡妻胡氏　年二十七,夫亡守節終身。

方兆履妻王氏　年二十六,夫亡守節終身。

王化興妻李氏　年二十九,夫亡守節終身。

胡時挺妻朱氏　年三十,夫亡守節終身。

朱喜生妻景氏　年三十,夫亡守節,至九十終。

葉茂如妻王氏　年三十,夫亡守節,攜二孤依母家成立,至八十終。

董嘉興妻盧氏　年二十三,夫亡守節,勤儉持家,撫孤成立,卒年七十八。

胡能海妻馬氏　年二十九,夫亡守節,撫孤成立,現年七十一。

吕伯道妻包氏　年二十四,夫亡守節,現年六十七。

吕伯椅妻胡氏　年二十五,夫亡守節,現年六十三。

胡自亮妻葉氏　年二十一,夫亡守節,現年六十三。

董永顒妻朱氏　年二十八,夫亡守節,現年六十。

朱志胙妻吕氏　年二十五,夫亡守節,現年六十一。

黃公尚妻陳氏　年二十七,夫亡守節,撫孤成立,現年六十一。

吕伯貴妻陳氏　年二十五,夫亡守節,現年六十一。

朱承澤妻樓氏　年二十四,夫亡守節,現年六十。

胡洪暎妻徐氏　年二十八,夫亡,家貧守節,現年五十六。

吕德源妻胡氏　年二十六,夫亡守節,現年五十六。

景思昆妻朱氏　年二十六,夫亡守節,現年五十四。

吕國檀妻胡氏　年二十一,夫亡守節,現年五十三。

庠生胡元泰妻吕氏　年三十,夫亡守節,撫孤成立,現年五十二。

吕茂華妻黃氏　年三十,夫亡守節,現年五十。

樓兆端妻胡氏　夫早亡,姑老病痹,氏與同寢處,起止扶持,十餘年不倦。現年五十。

以上義和鄉胡朝佐、胡光第採訪。

盧原貞妻楊氏　年十七,夫亡苦節,紡織爲生,卒年七十五。

應致逸妻胡氏　年十三而寡,雖少能知大義,守節至八十餘終。

應悬妻田氏　年二十二,夫亡,繼子承祧,守節終身。

胡德妻俞氏　年二十四,夫亡撫孤,守節終身。

應思忠妻朱氏　年三十,夫亡,守節撫孤,始終不二,年踰七十。

胡遂本妻黃氏　年二十四,夫亡守節,撫孤成人。

章金三妻孔氏　年二十三,夫亡守節終身。

應暄妻程氏　年二十七,夫亡,家貧撫孤,不奪所守。

胡昌妻趙氏　年二十六,夫亡守節,至九十三而終。

應滋妻孫氏　年三十,夫亡苦節,家替而守益堅,卒年七十五。

王德美妻應氏　年二十六,夫亡守節,卒年八十。

王宗芳妻樓氏　年二十九,夫亡撫孤,守節終身。

沈應珂妻周氏　年二十二,夫亡守節,始終不二。

應傑妻胡氏　年二十八,夫亡守節,撫孤成人。

應兆相妻徐氏　年三十,夫亡全節,撫孤成人。

應完妻趙氏　年二十九而寡,撫孤守節,歷二十餘載。

周氏二節　周鉉妻楊氏,幼讀書史,知節義。年二十六,鉉從陽明先生學,卒于越。或諷他適,氏曰:“此生得爲完人,夫雖死,猶生也。”守節至五十八終。媳徐氏亦三十而寡,繼姑守志。人謂雙節云。

杜能妻孔氏　年二十,夫亡,守節撫孤,事姑極孝。府縣旌之。

庠生應崇新妻童氏　年二十五,夫亡,守節撫孤,年踰八十。

廩生應叔佐妻俞氏　年二十九,夫亡,守節撫孤子成賢登隆慶賢書。卒年七十一。

盧伯奇妻胡氏　年二十二,夫亡守節,撫孤成立,卒年八十四。

周光妻呂氏　年二十三,夫亡守節,卒年七十六。

應釧妻王氏　年十九,夫亡守節,教子成名,年逾七十而卒。

胡枋妻呂氏　年二十七,夫亡守節不二。

應總妻李氏　年二十,夫亡。舅姑憐其少,諭令再適,氏翦髮自誓。卒年七十。知縣周以"節矢柏舟"旌之。

盧文德妻章氏　年二十五，夫亡，守節撫孤，卒年七十七。

胡氏二節　胡希申妻夏氏，年二十四，夫亡，撫遺孤繼緒成立，娶婦應氏，年二十六，繼緒亦亡。姑媳相依，苦節終身。邑令馮旌其閭。

應彥德妻童氏　當塗主簿爲溪女，華亭主簿松埜媳也。通書史，工文墨。年二十六，守節至八十餘而終。有《祭夫文》。

庠生程明理妻黃氏　年二十七，夫亡守節，孝事孀姑，撫孤成人。

應鐸妻舒氏　年二十三，夫亡，撫孤成立，孝事舅姑，守節終身。邑人御史黃卷有傳。

盧惟明妻楊氏　年二十四，夫亡撫孤，守節終身。

胡從兆妻王氏　年二十九，夫亡。欲以身殉，姑勸之，乃止。有利其財脅改嫁者。氏告姑曰："兒不獲奉白髮以終天年，數也。今日之事，有死而已。"遂以刀自刎。脅嫁者偵知，始解。邑令沈廉其節以"冰清玉潔"表之。

陳溶妻呂氏　年二十六，夫亡守節，教子成人。

庠生應志道妻呂氏　年三十，夫亡無子，撫二姪以守，壽踰八十，苦操終身。邑令周旌其門曰"貞節"。

應光寵妻陳氏　年二十，寵客遊，不知所終。家貧苦守，紡織撫孤，壽踰八十。

盧惟哲妻應氏　年二十七，夫亡守節終身。

周有章妻應氏　幼刲股救父。年三十，夫亡守節。姑病年餘，晝夜調養不倦，時稱孝婦孝女。

盧良誼妻翁氏　年二十二，夫亡，守節撫孤，卒年八十八。

杜天元妻夏氏　年三十，夫亡守節終身。

盧良裕妻林氏　年二十二，夫亡守節撫孤。

程光遠妻應氏　年二十一，夫亡守節終身，事姑以孝聞。

程國化妻李氏　年二十八，夫亡。翁憐其無子，令他適。氏翦髮自誓,撫幼姪爲嗣,苦節終身。

　　程器偉妻朱氏　年二十五,夫亡,撫孤成立,苦守終身。

　　吳應震妻黃氏　年三十,夫亡守節,卒年七十三。

　　程宗敏妻朱氏　年三十,夫亡守節,撫養遺孤,人咸服其冰霜之操。

　　李廷潤妻朱氏　年二十八,夫亡守節終身。

　　周有能妻董氏　年二十七,夫亡守節撫孤,事姑盡孝。

　　庠生程懋元妻孫氏　年二十三,懋元赴試,舟覆而死,子二又殤其長。值顛沛流離,堅貞不變,撫育次子,勤儉成家,誠婦德之特見者。

　　盧惟通妻俞氏　年二十二,夫亡守節終身。

　　程氏二節　陳氏,程宗序妻,年二十五,夫亡,遺孤在抱,家貧,勵志益堅。朱氏,程君進妻。同心苦守,終始不渝。時稱一門雙節。

　　李廷周妻徐氏　年二十一,夫亡守節終身。

　　應世禎妻王氏　年二十九,夫亡守節。知縣沈表曰"苦節幽貞"。

　　吳鮮瑛妻應氏　年二十三,夫亡守節終身。

　　陳希裕妻應氏　年二十七,夫亡守節終身。

　　應豹先妻徐氏　年二十三而寡,苦守終身。邑令張表曰"節操冰霜"。

　　陳世立妻胡氏　年二十四,夫亡守節,至八十餘而終。

　　章世祚妻張氏　年二十七,夫亡,勵志終身不二。

　　陳希署妻王氏　年二十六,夫亡守節終身。

　　李廷通妻顏氏　年二十,夫亡守節終身。

　　俞曰春妻盧氏　年二十二,夫亡守節,至九十二終。

　　何望玉妻陳氏　年三十,夫亡守節終身。

　　胡德祺妻黃氏　年二十九,夫亡,與媳朱氏家貧矢志,稱一門雙節。

　　葉惟聖妻胡氏　年三十,夫亡矢志。子公耀,事母盡孝,嘗刲股以救母。母節子孝,鄉譽翕然。

　　徐氏二節　徐紹楨妻應氏,年二十六,夫亡守節,撫養二孤。其孫媳通賢妻應氏,亦青年守節里人不見其面者四十餘年。

　　應仕偉妻胡氏　年二十一,夫亡守節,撫孤成人。

　　盧斯松妻胡氏　年二十六,夫亡苦節,卒年八十。

　　盧君嚴妻周氏　年二十一,夫亡守節,卒年七十四。

　　周爾桓妻徐氏　年二十一,夫亡守節,撫孤成立。

　　應世起妻徐氏　年二十六,夫亡守節,撫孤成立。

　　陳應紹妻施氏　年二十五,夫亡守節終身。

　　程崇羲妻樓氏　年三十,夫亡守節,事姑盡孝,尤喜周恤。康熙辛丑飢,輸粟賑濟。邑令張獎曰"善貽後昆"。卒年八十一。

　　應道球妻胡氏　年十九,夫亡。姑憐其少,勸令再適,氏以死自誓,守節終身。

　　盧同登妻徐氏　年二十九,夫亡,家貧苦守,教子成人,卒年七十六。

　　應調元妻朱氏　年三十,夫亡,矢志撫孤,備歷艱苦,年踰七十終。

　　應友望妻朱氏　年二十九,夫亡,苦節撫孤,年踰七十而卒。

　　胡天菊妻徐氏　年二十六,夫亡守節終身。

　　盧嘉縈妻黃氏　年二十九,夫亡守節,卒年八十六。

　　應友因妻王氏　年二十八,夫亡,苦節撫孤,卒年八十八。

　　周若書妻應氏　年三十,夫亡,撫孤成立,苦節終身。

　　吳嘉祐妻葉氏　年二十,夫亡守節,卒年七十四。知縣宋以"節堅金石"表之。

　　吳明亮妻朱氏　年二十八,夫亡守節,教子成名,卒年七十一。

　　周若奎妻呂氏　年二十八,夫亡苦守,紡績撫孤,卒年六十九。

　　盧君宣妻應氏　年二十四,夫亡守節,卒年七十六。

胡一柏妻王氏　年二十九,夫亡守節終身。

吳友鑲妻王氏　年二十九,夫亡守節終身。

應其六妻徐氏　年二十二,夫亡,撫遺腹子,苦守終身。

程德儼妻陳氏　年二十,夫亡,苦節撫孤,孝舅姑,和姒娣,卒年七十八。

應仕益妻黃氏　年二十五,夫亡守節終身。知縣楊以"節孝流芳"獎之。

應友青妻葉氏　年二十九,夫亡守節終身。

章允文妻杜氏　年二十六,夫亡守節終身。

駱成貴妻應氏　年三十,夫亡守節終身。知縣謝以"松筠堅節"表之。

盧鏗妻徐氏　年三十,夫亡守節,撫孤成立,卒年七十一。邑令宋以"節勵冰霜"旌之。

應仕球妻章氏　年十九,夫亡,撫孤守節,事姑以孝稱。

盧君舜妻施氏　年二十九,夫亡守節終身。

應萬瞻妻章氏　年三十,夫亡守節終身。

顏瑞魯妻程氏　年三十,夫亡,守節撫孤。知縣張以"松柏堅操"獎之。

黃國堯妻應氏　年三十,夫亡守節,卒年八十二。

應元悌妻葉氏　年三十,夫亡守節,撫孤成人。

盧金聲妻陳氏　年二十六,夫亡守節,卒年八十二。

周熙泰妻王氏　年三十,夫亡守志。郡守葉表曰"孝慈貞節"。

盧同蕭妻黃氏　年二十五,夫亡,守節撫孤,卒年八十一。

盧同鼎妻林氏　年二十三,夫亡,守節撫孤,卒年八十三。

應鐏妻童氏　年二十七,夫亡,居貧紡績,苦節不二,年踰九十終。

李世端妻應氏　年二十九,夫亡守節終身。

胡高瑜妻俞氏　年二十一,夫亡,勵志撫孤,始終不二。

胡茂禄妻楊氏　年二十,夫亡,守節撫孤,卒年八十。

盧懷能妻陳氏　年二十九,夫亡守節終身。

胡如昂妻吕氏　年二十三,夫亡守節,立繼承祧,享年八十一。

程氏二節　程金柊妻陳氏,年三十,夫亡,無子,立繼承祧,娶媳周氏,亦青年而寡。二代守貞。學使者獎曰"雙松倚石"。

程承權妻陳氏　年二十八,夫亡守節,卒年七十五。

胡元彩妻馮氏　年三十,夫爲虎所傷,守節撫孤,卒年八十四。

周若湯妻應氏　年三十,夫卒于京邸。氏居貧苦守,紡績以養姑育子,四十年如一日。

胡國滿妻盧氏　年三十,夫亡守節,卒年八十三。邑令崔表曰"節壽並隆"。

應明琢妻程氏　年二十八,夫被虎傷。家貧矢志,卒年八十三。

盧同高妻胡氏　年二十九,夫亡,守節撫孤,卒年八十二。

盧可堯妻陸氏　年二十九,夫亡守節終身。

徐玉先妻李氏　年三十,夫亡守節終身。

庠生應美文妻徐氏　年二十九,夫亡守節,壽至七十五而終。應國華爲之傳。

吕景初妻盧氏　年二十八,夫亡,守節撫孤,終身不變。

應世清妻吕氏　年二十六,夫亡守節終身。

金維華妻胡氏　年二十三,夫亡守節終身。

程輔洙妻顔氏　年二十八,夫亡守節,卒年八十三。

吴友壽妻徐氏　年二十九,夫亡守節終身。

應洪吉妻童氏　年二十五,夫亡,無子,抱姪爲嗣,苦守終身。知縣陳以"冰霜勁節旌"之。

盧上羽妻林氏　年二十四,夫亡,撫孤成立,守節終身。邑令李以"節操冰霜"旌之。

章永茂妻朱氏　年十九,夫亡守節終身。邑令韓旌其門曰"勁節淩霜"。

周御仙妻應氏　年二十九,夫亡,苦節撫孤,卒年八十六。

盧鳳灌妻胡氏　年十九,夫亡,撫孤成立,守節終身。

程振九妻胡氏　年二十三,夫亡守節,事姑盡孝,卒年七十六。

應世仁妻周氏　年二十六,夫亡守節終身。

監生應漢公妻朱氏　年二十九,夫亡守節,卒年八十。

應時侯妻程氏　年二十三,夫亡守節,撫遺孤成立,年踰八十終。

應志初妻徐氏　年二十一,夫亡撫遺,孤勵清操,卒年七十四。

盧瑞六妻田氏　年三十,夫亡,苦節終身,卒年八十一。

吳調先妻黃氏　年二十三,夫亡,撫遺腹子成立,孝事舅姑,守節五十五。

應有財妻葉氏　年三十,夫亡守節,年踰八十終。

應洪金妻徐氏　年二十四,夫亡守節終身。

李開宗妻胡氏　年二十七,夫亡守節終身。

應毓彥妻丁氏　年二十二,夫亡,甘貧,力作事姑育子,始終不二。

陳思啟妻夏氏　年二十九,夫亡,苦節終身。知縣李以"松筠冰操"獎之。

周明松妻應氏　年三十,夫亡守節終身。

胡元侃妻盧氏　年二十四,夫亡,守節撫孤,終身不二。

典史呂紹初妻應氏　年二十七,夫卒于京。聞訃哀毀,典衣飾以歸夫櫬。家貧,剪髮自誓,撫孤成立,茹苦終身。

應景標妻俞氏　年二十八,夫亡,家貧,苦守撫孤,卒年七十。

應際亨妻章氏　年二十五,夫亡守節終身。

胡景範妻應氏　年二十三,夫亡守節,撫繼子成立,卒年七十一。

胡祖奇妻陳氏　年二十四,夫亡,撫孤成立,守節終身。

應廷璣妻胡氏　年二十七,夫亡守節終身。

胡德璉妻盧氏　年三十,夫亡守節終身。

周明錦妻呂氏　年二十六,夫亡守節終身。

盧雲漢妻童氏　年二十八,夫亡,守節撫孤,事舅盡孝,卒年八十三。

顏宗全妻徐氏　年二十一,夫亡,守節撫孤,終身不二。

程家志妻俞氏　年二十九,夫亡,憂傷成疾,至四十二終。

應洪懂妻李氏　年二十六,夫亡,矢志撫孤,終身不二。

應恒灃妻黃氏　年二十九,夫亡守節終身。知縣李表之曰"婺煥冰操"。

應徐氏　誥贈朝議大夫應成秀側室,年二十四而寡。感恭人內教同守,至八十七而終。

應春心妻程氏　年三十,夫亡,家貧苦守,終身其節,為人所難。

金喜香妻陳氏　年二十三,夫亡,苦守終身。

盧建友妻胡氏　年二十三,夫亡守節,遺孤又夭,立繼承桃,卒年七十一。

庠生應瑞芝妻林氏　年三十,夫亡,家貧苦守,卒年七十一。

顏宗義妻程氏　年二十九,夫亡守節終身。

應繡位妻俞氏　年三十,夫亡,守節撫孤,終身不二。

程家聰妻應氏　年二十一,夫亡守節終身。

程廣純妻周氏　年二十五,夫亡,遺一女,立繼為嗣。無何,女夭,繼亦殤,苦節終身。學憲李以"志勵冰霜"表之。

應志和妻杜氏　年二十九,夫亡,苦節終身。邑令易以"松柏清操"旌之。

李開德妻徐氏　年三十,夫亡守節終身。

胡有志妻應氏　年二十七,夫亡,撫孤成人,苦節終身。

庠生應端儒妻呂氏　年二十三,夫亡,苦節終身。

應洪采妻朱氏　年三十,夫亡,家無立錐。勤十指以養姑育子,至老不渝,苦節實人所難。

黃道孫妻胡氏　年三十,夫亡守節終身。

盧起攀妻周氏　年二十七,夫亡,赤貧艱苦,守節終身。

呂景學妻應氏　年二十八,夫亡守節終身。

應成遒妻王氏　年二十六,夫亡撫孤,守節終身。

章學燕妻李氏　年二十一,夫亡守節,事姑盡孝,卒年七十七。邑令易以"坤德永貞"旌之。

楊君問妻胡氏　年二十五,夫亡守節,撫孤成人。

應開鳳妻王氏　年二十四,夫亡,撫孤成立,守節終身,鄉黨無間言。

周景道妻陳氏　年二十一,夫亡守節四十餘年。

楊君清妻程氏　年二十七,夫亡守節終身。

顏秉雙妻程氏　年二十五,夫亡,撫孤成立,守節終身。

盧肇興妻應氏　年三十,夫亡守節,撫孤成立,卒年七十五。

池友泰妻葉氏　年十八,夫亡,遺孤僅四月。居貧守志,苦節最著。杭嘉湖道葉士寬旌其門。

蔣琦妻汪氏　年二十八,夫亡守節終身。

池天聖妻黃氏　年二十七,夫亡。赤貧堅守,撫孤成人,終始不二。教諭王以"志堅金石"表之。

錢法謙妻顏氏　年二十六,夫亡守節,教子成人。

應開文妻郎氏　年二十八,夫亡守節,撫孤成立,事姑盡孝,卒年七十九。

盧有福妻王氏　年二十九,夫亡守節,卒年七十五。

李守川妻施氏　年二十二,夫亡守節終身。

黃洪財妻陳氏　年二十八,夫亡,家貧守節,立繼承祧。

程家德妻顏氏　年二十九,夫亡家貧,苦節終身。

吳瑞傑妻黃氏　年十九，夫亡守節終身。

程志葶妻應氏　年二十六，夫亡守節，事姑盡孝。

應兆閭妻周氏　年二十七，夫亡守節終身。

程學武妻周氏　年二十七，夫亡守節終身。

徐兆提妻陳氏　年二十九，夫亡苦節終身。

杜葉有妻陳氏　年三十，夫亡守節終身。

應開武妻施氏　年二十六，夫亡守節終身。

應聖琹妻胡氏　年二十九，夫亡守節，撫孤成人，年踰七十。

杜秉直妻陳氏　年二十八，夫亡守節終身。

吳學統妻陳氏　年三十，夫亡守節終身。

杜爾高妻胡氏　年二十九，夫亡守節終身。

胡占蔚妻林氏　年二十三，夫亡，立繼承祧，守節終身。

顏宗洪妻程氏　年二十九，夫亡，家赤貧，守節終身。

杜汝玉妻黃氏　年二十九，夫亡守節終身。

胡敏強妻應氏　年二十二，夫亡守節終身。

周李標妻徐氏　年二十九，夫亡，撫孤成立，守節終身。

徐開合妻施氏　年三十，夫亡守節終身。

杜徐灝妻桑氏　年二十九，夫亡守節終身。

程志寅妻胡氏　年二十九，夫亡守節終身，撫遺孤成立，事舅姑克盡婦道。學憲杜獎曰"清標彤管"。

徐筆賢妻夏氏　年二十八，夫亡守節終身。

盧仲日妻應氏　年三十，夫亡守節，撫孤成立，現年七十四。

程聲化妻徐氏　年二十五，夫亡，家貧苦守，現年七十四。

應志維妻李氏　年二十六，夫亡守節，撫孤成立，事翁尤孝，現年六十四。

程兆吳妻朱氏　年二十七，夫亡，事耄姑孝謹。適比鄰失火，而姑方臥病，眾驚避，氏獨竭力負姑以出。比出戶，而火已覆其廬矣。

人皆太息。氏曰："吾姑獲全，雖家室爲墟無恨也。"現年六十三。

應志明妻程氏　年三十，夫亡，家貧苦節，現年六十一。

施上達妻程氏　年二十九，夫亡守節，現年六十一。

庠生應大經妻趙氏　年二十七，夫亡守節，現年六十。

程兆儀妻王氏　年三十，夫亡苦節，現年五十九。

盧洪蘇妻呂氏　年二十六，夫亡守節，現年五十三。

胡敏宣妻徐氏　年二十二，夫亡守節，現年五十二。

程名念妻呂氏　年二十七，夫亡苦節，現年五十一。

以上遊仙鄉程尚霄、胡師尹、應崇程採訪。

俞廷安妻陳氏　年二十八，夫亡守節，紡績自給，撫孤有成，卒年八十二。

陳淵妻姚氏　年二十二，夫亡守節，撫育遺孤。知縣戴表其閭。

俞南泉妻胡氏　年二十六，夫亡，家貧無子，節操自持，卒年七十九。

庠生王淵妻陳氏　年二十，夫亡，守節五十三載。郡守給匾旌焉。

王思法妻章氏　年二十八，夫亡，守志四十七年而終。知縣譚給匾獎焉。

胡德明妻王氏　年二十九，夫亡，守節四十一載。

王道善妻李氏　年二十七，夫亡，事舅姑以孝，守節至六十而終。

王應華妻胡氏　年二十五，夫亡，孤在襁褓，辛勤撫育，守節五十三而終。

孫如禧妻徐氏　年二十一，夫亡守節，至七十而終。

王于秀妻陳氏　年二十七，夫亡，敬事舅姑，守節五十四而終。

胡宗良妻應氏　年二十九，夫亡，誓不改適。有司旌其門曰"柏操松齡"。壽至九十而終。

周嘉瑜妻呂氏　年二十六，夫亡，遺腹三月。守節撫孤，卒年七十八。知縣沈表曰"節操松筠"。

章希藻妻倪氏　年二十,夫亡,守節六十年。

王國化妻呂氏　年三十,夫亡守節,奉姑鞠子,賢淑著稱,壽至八十四而終。知縣徐表其閭曰"冰清齡鶴"。

王道松妻陳氏　年二十七,夫亡守節終身。

庠生孫昌龍妻應氏　年二十五而寡,守節四十九年。

周嘉宗妻呂氏　年二十九,夫亡,守節三十一年。

王忠亮妻鄭氏　年二十,夫亡,守節不二。知縣謝表其閭曰"柏舟繼美"。

王鳳翔妻李氏　年三十,夫亡,守節四十年。郡守張通判于表其閭。

金元泰妻陳氏　年三十,夫亡守節,至九十一而終。

章爾銓妻葉氏　年二十七,夫亡守節終身。

郎芝妻應氏　年二十七,夫亡守節終身。

王有章妻李氏　年二十八,夫亡守節。知縣張表其閭曰"節並松筠"。

陳安資妻林氏　年三十,夫亡,守節撫孤,卒年五十九。

王憲時妻池氏　年二十九,夫亡守節,撫二代遺孤,備嘗艱苦,壽至七十而終。

俞日福妻胡氏　年二十五,夫亡守節終身。

胡鼎誼妻楊氏　年二十七,夫亡,堅貞自矢,卒年六十五。有司旌其門曰"節操冰心"。

章洵妻李氏　年二十六,夫亡守節,卒年七十一。

馮辰車妻胡氏　年二十五,夫亡,撫叔子爲嗣,守節終身。

王美觀妻程氏　年二十九,夫亡守節。知縣任表曰"彤管揚休"。

庠生周芳妻應氏　年二十九,夫亡守節,至七十二而終。

季逢湊妻李氏　年二十七,夫亡,繼子承祧,守節終身。

章崇疇妻徐氏　年二十二，夫亡守節。訓導陸表其閭曰"冰蘗勵節"。

章崇佐妻潘氏　年三十，夫亡，撫孤守節。知縣劉給匾獎之。

楊必煥妻王氏　年二十五，夫亡，矢志守節，撫子成人，卒年七十八。嘉慶壬戌學使者文給匾獎焉。

林兆熙妻胡氏　年二十五，夫亡，守節撫孤，卒年五十六。

孫明官妻章氏　年二十八，夫亡守節，卒年七十三。

俞秉揆妻應氏　年二十四，夫亡，撫孤成立，守節至六十八而終。

俞秉苞妻李氏　年三十，夫亡，守節終身。

俞明映妻黃氏　年二十六，夫亡，家貧子幼，勤儉自持，守節至八十一而終。

俞夏公妻章氏　年二十九，夫亡守節，家貧姑老，孝敬不衰，里黨賢之。

庠生周在濱妻俞氏　年二十六，夫亡守節終身。

王積書妻葉氏　年二十六，夫亡，苦節撫孤，卒年八十五。

傅道星妻胡氏　年二十四，夫亡，撫孤勵節。嘉慶癸亥學使者文給匾旌焉。卒年九十。

季法登妻金氏　年二十九，夫亡守節，至七十八而終。

馮從璜妻陸氏　年二十四，夫亡，守節五十六載。知縣劉表其門。

范友初妻楊氏　年二十五，夫亡家貧，守節撫孤，壽至八十終。

王廷紳妻孫氏　年二十六，夫亡，撫遺孤有成，守節五十二而終。

俞懋苑妻應氏　年二十六，夫亡守節，始終不渝。

呂宗岳妻俞氏　年二十八，夫亡，翦髮自誓。家貧，紡績以育遺孤，宗族嘉其節操。

章養鍾妻陳氏　年二十二，夫亡守節終身。

陳元德妻章氏　年二十四，夫亡守節，撫遺孤養而兼教。現年七十七。

俞立法妻吳氏　年二十五，夫亡守節，勤苦撫孤，現年七十一。

章文榮妻徐氏　年二十九，夫亡守節，撫孤成立。知縣劉給匾獎焉。現年六十六。

王廷韶妻華氏　年三十，夫亡。妾雙翠年十九，同矢《柏舟》。氏現年六十六，妾年五十五，守節已歷三十餘載。

郎廷和妻周氏　年二十九，夫亡守節，現年六十二。

周兆元妻呂氏　年二十四，夫亡守節，現年六十一。

胡懋添妻王氏　年二十六，夫亡守節，現年五十九。

胡恩照妻陳氏　年二十八，夫亡家貧，矢志撫孤有成，現年五十六。

庠生章宗岳妻李氏　年三十，夫亡，矢志堅守，現年五十五。

俞秉貞妻章氏　年二十六，夫亡守節，事姑克孝，現年五十一。

章淯南妻顏氏　年二十七，夫亡守節，現年五十一。

范作有妻黃氏　年二十一，夫亡，哭泣喪明，勵志苦守，現年五十。

以上合德鄉徐志錦、應崇程採訪。

李氏二節　李之瓊妻胡氏，年二十九，夫亡。弟之珪妻魯氏，年二十二，夫亡。貞守如一。邑令獎曰“柏舟交詠”。

李氏二節　李兆順妻□氏，年二十六，夫亡，遺腹生子光曉，苦守撫孤。教諭姚獎曰“青鸞弱質”。子光曉妻陳氏，年二十六而寡，《柏舟》誓志，操守如姑。邑令王表曰“志凜冰霜”。

李氏二節　李景元妻王氏，年二十九寡。子雲瓚妻吳氏，年二十六寡。節操凜然。壽皆六十餘。

朱氏二節　朱賜麒妻李氏，年三十，夫亡，撫遺孤茂通成立，娶媳周氏，年二十七，而茂通又亡。守節各三十餘載。有《雙節傳》志其幽貞。

李氏二節　李必傑妻池氏，年三十，夫亡。子同槻妻章氏，年二十六，夫亡。姑媳孀居，守貞無間。

曹氏二節　曹希實妻吕氏，年二十八，夫亡守節，至八十歲。子正時妻徐氏，年二十九，夫亡，勵志守貞，現年七十九。人稱一門雙節云。

陳燧妻胡氏　年十九，歸未及期，而燧亡，遺腹得一男，矢志守節，奉姑課子，各盡其道。當道旌表其門。

吳之選妻徐氏　年二十七，夫亡，遺孤在抱，堅節自持，不以飢寒易操。邑令謝表曰"儀昭七戒"。

吳之蘭妻李氏　年二十二，一子甫晬，而夫亡。義不二天，事舅姑以孝，撫子成立，卒年七十六。邑令徐表曰"冰蘗遐齡"。

樓守嘉妻王氏　年十九歸守嘉。未二載，而守嘉卒，遺腹生子。守節不渝，事舅姑以孝著，親見五代，壽七十九。學使者劉獎曰"冰蘗爲心"。

吳彬基妻李氏　年三十，夫亡。堅貞自誓。一子三歲而瞽，氏以宗祧所係，默祈神佑，九歲而目忽明，咸謂苦節所感。郡守楊表曰"節壽可嘉"。

李日東妻吳氏　年二十六，夫亡，撫伯子爲嗣，刻苦守節七十餘年。教授夏爲立傳。

李雲倦妻應氏　年二十九，夫亡，孝事舅姑，義方訓子。邑令王獎以"玉潔冰清"。

章希盛妻麻氏　年二十一寡。孝事舅姑，繼姪純高爲嗣，守節七十年。有司表曰"節媲松筠"。

李文燦妻吳氏　年二十五，夫亡，矢志靡他，撫孤成立。邑令徐表曰"勁節松筠"。

章希遠妻李氏　年二十七，夫亡，守節撫孤，咸稱貞淑。有司表曰"玉潔冰清"。

褚瑞有妻章氏　年二十九，夫亡守節，事媚姑以孝，撫二子克盡母道。邑令王給匾獎焉。

周毓傑妻應氏　年二十，夫亡守節，至六十一終。

周聖元妻李氏　年二十四，子未週歲，而夫逝。苦守完貞。邑令游表曰"松筠特操"。

徐運堯妻王氏　年三十，夫亡，一子甫四齡。事姑鞠子，貞心不貳。邑令任旌曰"松筠勁節"。

李紹之妻沈氏　年二十五而寡，撫遺腹子成立。邑令以貞節獎其門。

金位法妻章氏　年二十八，夫亡，苦守撫孤，冰霜自勵，卒年八十七。邑令王表曰"勁節堪旌"。

李作元妻章氏　年三十，夫亡守節，卒年七十四。

李作位妻應氏　年二十八，夫亡守節，至八十七終。邑令任表曰"節並松筠"。

陳開榜妻李氏　年二十四，夫亡，撫孤有成，貞心不改。邑令易表曰"松筠著節"。

李趨之妻陳氏　年二十七，夫亡守節終身。學使者陳表曰"勁節長存"。

李遇榜妻褚氏　年二十，夫亡，零丁孤苦，堅守四十餘年。

蔣時盛妻陳氏　年三十，夫亡，守節至八十終。邑令獎以"節壽雙嘉"。

吳希文妻田氏　年二十七，夫亡守節，至六十八而終。知縣徐獎曰"淑節垂芳"。

池瀛妻陳氏　年二十五，夫亡守節。嘗捐金百餘兩建石橋。

池潮妻褚氏　年二十五，夫亡守節終身。

李宗元妻應氏　年三十，夫亡，矢志守節，至老不渝。

李儒璋妻俞氏　年三十，夫亡，繼姪為嗣，守貞不二，壽至八十終。

庠生李可珩妻童氏　年二十二，夫亡，勵志守貞，辛勤教子，壽九十二終。

任儀生妻陸氏　年二十四，夫亡，撫孤成立，娶媳得男，而子又卒，復養其孫，葬祭婚娶，皆自十指中出，苦節歷五十餘載。

吳逢祚妻章氏　年二十四，夫亡守節，事耄姑，撫孤子，茹荼耐苦五十餘年。

李穎槐妻陳氏　年二十五，夫亡，奉舅姑愛敬，繼姪爲嗣，守節七十一而終。

徐士美妻胡氏　年二十九，夫亡守節，八十四終。

李雲濟妻朱氏　年二十六，夫亡守節，撫養繼子，以壽終。

庠生李作擾妻應氏　年二十九，夫亡守節，六十二終。

李雲高妻俞氏　年二十九，夫亡守節，五十五年。

吳曰韜妻周氏　性貞淑，年二十二，夫亡。奉姑育子，孝慈兼至，守節至八十終。

李方德妻陳氏　年二十孀居，食貧撫孤，母儀貞淑，壽九十二終。

李宗聖妻陳氏　年二十三，夫亡，冰心自勵，壽八十六終。

李爾珙妻舒氏　年二十四孀居，撫孤守志，白髮不渝。

胡德正妻張氏　年二十五而寡，守節五十六終。

褚明颺妻施氏　年二十一，夫亡守節，六十二終。

章洪衕妻李氏　年二十八，夫亡守節撫孤，九十六終。

庠生章聖和妻陳氏　年二十八，夫亡守節撫孤，六十五終。

李作股妻趙氏　年二十四，夫亡，撫遺腹子夢庚有成，守節至八十而卒。

丁若雲妻胡氏　年三十，夫亡，撫遺孤成立，守節終身。

陳開業妻盧氏　年二十五，夫亡守節，六十一終。

黃懋明妻王氏　年二十二，夫亡貞守，五十九而終。

樓梅松妻應氏　年二十九,夫亡守節,至七十四而終。

李作邦妻胡氏　年二十八,夫亡守節終身。

李徵輪妻胡氏　年二十三,夫亡守節終身。

陳相祚妻李氏　年二十八,夫亡守節終身。

樓望英妻黃氏　年二十六,夫亡守節終身。

樓啟美妻黃氏　年二十三,夫亡守節終身。

吳曰程妻褚氏　年二十七,夫亡守節,至六十三而終。

吳學明妻楊氏　年二十七,夫亡守節,至五十二而終。

周在瀋妻李氏　年二十三,夫亡守節,六十一終。

李蕃和妻應氏　年二十七,夫亡守節,事姑以孝,撫孤有成,卒年三十七。

高守欽妻徐氏　年二十六,夫亡,家貧,撫二孤,貞心不二,現年七十八。

李作勇妻陳氏　年二十二,夫亡,繼姪承嗣,誓守不渝,現年六十五。

李忠式妻范氏　年二十七,夫亡守貞,現年五十八。學訓周表曰"冰霜勁節"。

李雙妹妻章氏　年三十,夫亡守節,孝舅姑,教孤子。人稱賢婦。現年五十七。

周國乾妻章氏　年二十六,夫亡,守節不渝,撫孤成立,現年五十六。

章桂孝妻季氏　年二十五,夫亡,守節撫孤,現年五十六。

王升文妻徐氏　年三十,夫亡守節,現年五十四。

李雲品妻俞氏　年二十三,夫亡,家貧甚窘,子早世,撫孫成立。現年五十二。

以上武平鄉張化英採訪。

陳彬妻楊氏　年二十九,夫亡未葬,設榻柩側,歷四五年,守志終身,人多嘉其節操。

盧廷暮妻孔氏　廷暮精武藝。嘉靖甲寅,倭寇犯境,廷暮禦於麻車嶺,援絕被害。氏聞,哀毀幾絕。乃以姑老子幼,忍死守貞,時年二十九,苦節歷五十餘年。

陳鐪妻胡氏　年二十九,夫亡守節,卒年八十一。

陳大討妻羊氏　年二十四,夫亡守節,六十一而終。

盧金妻郭氏　年二十八,夫亡守節,事耄姑,撫孤子,始終不貳。卒年七十。

陳文禮妻王氏　年二十六,夫亡守節終身。

陳啟麟妻孔氏　年二十八,夫亡守節,至八十五終。

陳兆學妻李氏　年二十八,夫亡守節,至六十一而終。

陳邦恕妻王氏　年三十,夫亡守節終身。有司旌其門曰"操比柏舟"。

陳仲容妻胡氏　年二十四,夫亡守節終身。

陳應繼妻黃氏　年二十一,夫亡守節,茹荼飲蘗,不以家貧易操。

陳恒烈妻黃氏　年三十,夫亡,家赤貧,守節不二,事舅姑,務得歡心,壽至八十六終。

盧國欽妻陳氏　年三十,夫亡守節,姑早喪,事舅以孝稱。撫遺孤成立。有司獎曰"筠貞節勁"。

陳時麟妻胡氏　年二十三,夫亡,守節五十四載。知縣姬給匾獎焉。

陳修謙妻楊氏　年二十九,夫亡守志,繼子承祧。知縣任獎曰"玉潔冰清"。

陳正託妻朱氏　年二十四,夫亡,家貧守節,壽至八十九終。知縣劉表其閭曰"貞闈德恒"。

陳應合妻楊氏　年二十,夫亡守節終身。

陳應職妻張氏　年二十九,夫亡守節終身。

陳士涵妻黃氏　年二十四,夫亡守節終身。

厲光益妻陳氏　年二十八，夫亡。《柏舟》自誓，家人欲奪其志，百折不回，得完其節。

盧文考妻金氏　年二十五，夫亡，撫孤有成，守節至七十五終。

陳仲璋妻盧氏　年二十七，夫亡，止一女，立繼承祧，守節至八十四而終。

孔繼球妻潘氏　年二十六，夫亡守節，現年七十七。

盧國真妻陳氏　年二十六，夫亡守節，撫孤成立，現年七十二。

陳正陛妻馬氏　年三十，夫亡，守節撫孤，足不踰外戶者已歷二十餘年。

以上孝義鄉鄭筠、程尚霄採訪。

補：柳于位妻陳氏　省志：于位貰陳老璣肉脂一觔。次日，老璣來索，適于位他出，見氏獨處，出語調之。氏叫呼，老璣逸去。于位歸，泣告受侮狀。至夜分，潛赴水死，時年二十二。歷審得實，候題請旌。

應廷熙妻周氏　年及笄，歸廷熙，生四子。而廷熙病且卒，周決意守節。家故四壁立，至是益窘甚不可支，遂有導之更適者。周因自念古之女子，義不踐二庭。吾不幸早寡，又無毫髮可恃以守。倘不遂吾志，異時何以見夫于地下。迺決計從死。既而手刃，謂家人曰："適有召我去者。"家人救止之，不得死。及夕，登樓號泣不絕，聲至漏下二十刻，遂自投樓下以死。時乾隆甲辰五月一日，距其夫之卒三十有三日也。

呂好書妻朱氏　年二十一，夫亡，守節撫孤，始終如一。學使表曰"柏舟矢志"。

池洭妻虞氏　年二十，夫亡守節終身。知縣龔表其門。

池浩妻陳氏　年二十六，夫亡守節終身。

林新圭妻陳氏　年二十七，夫亡守節，現年五十八。

沈陳氏　沈如鈺庶母也，年十八歸沈。越七載而寡，如鈺甫五齡。氏守義撫孤，孀居歷今二十八年。道光丁酉，詳請建坊旌表。

永康縣志卷之九

寓　賢

　　邑號朝歌,墨翟迴車;里名勝母,曾子不入。然則境有賢人之跡,亦風俗之良哉!登五峰,拜麗澤祠,朱、吕之流風餘韻猶有存者。歷覽魁山之勝,觴詠風流,芬至今猶未沫也。雖曰雪泥鴻跡,一時之棲息已乎,而蘭亭以右軍而傳,羊叔子亦因峴山而益著矣!

　　朱晦庵,淳熙八年以提舉浙東常平茶鹽舉行荒政按台,過婺州,題孝友二申君墓。至永康,與陳同甫上下其議論。晚又與吕東萊、陳同甫三人講學於壽山石洞,石上有朱書"兜率臺"三字,可丈許,乃朱子手蹟也。乾道間,又至東陽訪吕敬夫,有留別詩,中有云:"泥行復幾程,今夕宿麗州。"又于淳熙十一年訪陳同甫于永康,慶元四年又以時禁避居石洞,定《大學章句》,草本存歌山郭家。按《東陽志》詳載之如此,則朱子之往來于永康,非一次亦非一時,誠溪山之幸也。

　　吕東萊,金華人,講道明招山。至永康,訪陳同甫,會於壽山石洞,相與上下其議論,陳、吕門人翕然嚮往。又嘗讀書於石皷寮,與石天民有買田之約。吕子陽爲置田四十畝,並集材焉。淳熙壬寅,朱子來游,訪吕東萊讀書處,欲屋之,以事不果行。

　　韓循仁,字進之。金華人。明經。潔行隱居授徒,一時名士如宋濂、吴履皆爲深交。元末避兵,居邑之岡谷,專以山水文籍自娱,貧窶不以介意。濂嘗爲作《菊軒銘》,稱之曰:"進之耆年碩德,爲後進矜式。濂四十年老友也。"所著有《南山集》。

聞人夢吉，字應之。金華人。父詵嘗遊王魯齋之門。夢吉生有異質，受學家庭，父子自爲師友。手鈔七經傳疏，深究義理，凡訓詁家説有紛雜者，皆爲別白是非，使歸於一。閉户十年，學者雲集。泰定中，因薦者起，爲校官，累遷泉州教授。其教先道德而後文藝，前後學徒著籍者無慮二千人，隨其資質裁之，多爲成材。至正戊戌，治書侍御史李國鳳經略江南，承制授福建等處儒學提舉，不上。晚，避地依其婿胡伯宏、唐以仁，僑居邑之魁山下，卒年七十五。平生信道甚篤，涵養益純，皆稱之爲有德君子。門人宋濂等謂其執醇而弗變，含和而有耀，私謚曰凝熙先生。

唐以仁，金華人。説齋先生裔也。悃悃無華，從聞人夢吉先生學，與宋景濂相爲莫逆，學行爲夢吉所重，妻以女。元季兵亂，因奉夢吉避地卜築邑之東鄙魁山下。不求勢利，恬然自得。洪武初，邑令吳宏道薦爲本學教諭。嘗以身率諸生，善吟咏，有《耕餘稿》若干卷。

耆 壽

《記》曰：“虞、夏、商、周，天下之盛王也，未有遺年者。年之貴乎天下久矣。”《論衡》云：“太平之世多長壽人。”言禀氣和而民樂其生也。聖天子斂時五福，用敷錫厥庶民。凡年臻期頤並逮事祖父而下見曾玄者，旌其門曰“昇平人瑞”、“七葉衍祥”。綸綍焜煌，何王澤之隆歟！

徐伯敦　嘉靖癸卯年一百三歲。有司爲建百歲坊。郡守朱禮致之問曰：“何爲得此上壽？”對曰：“無他，只寡慾而已。”

周　琮　嘉靖間建百歲坊。

徐　時　舊遊甘泉先生門，時年八十九，遨遊西湖天竺間，年至九十九卒。有司爲建百歲坊。

俞希聲　年八十五。見辟薦。

黃　珪　年八十四。褆身教子，卓有古風，能作蠅頭小楷。

汪大滿　年十六,獨往福建奔父喪,常還遺金于中市火中。三赴
郡邑賓筵。年九十一,值子浩七旬介眉,邑飲而卒。

王師禹　邑庠生。怡情古學,樂善好施,年九十三。子登甲第,
屢請賓筵。

國　朝

徐宗書　字廣生。痛父武昌殉難,覓骸歸里,隨請卹典,教子成名,
倡族中拓祠產興文會,創蒙六祖祠,建聖廟大門,敦本急公。年九十。

徐宗瑞　敦鄰睦族。年八十七。

胡文明　嫻習禮法,年九十尚康強,洵耆碩可風。

李正言　性孝友,助學建橋,創修祖祠。康熙壬戌歲荒,賑穀五
百石。年九十。

徐銓秉　性忠直,急公仗義,常出粟賑荒,周人之急。遇貧者,輒
焚其券。年七十餘,屢請賓筵。

盧懷玉　輕財好義,常於客邸拾遺金百兩還之。年八十一。

呂惟禎　年九十五。

翁廷鶴　年九十。

應秉華

應穎懷

應憲賓

應憲正　年八十餘。

呂文良　年百三歲,能細楷書。

王宗烇

方仲教　年九十五。

方應佐　年九十八。

方仲啟　年八十三。

金伯可　年九十三。

胡仲浩

李芬春　年八十。

李以壽　年八十三。

賈可卿

馮國道

馮子祥

潘惟盛　年九十六。

潘　積　年九十五。

陳文用　年八十六。

胡良煙

施思靈　年八十。

高惟思

周元修　年九十二。孝友質誠，義方教子。

胡汝秀　年九十。

徐嘉達

胡廷彩

施思美

應昌文　年八十。

李君茂　年八十一。

金守善　年九十五。

傅惟才

陳仲芳

李啟成　年八十。

應明光　年九十。

金仲彩　業儒敦行。

李惟順

胡廷卓

李國序　修祠建堰。年九十九。

謝思達

王公敬

陳希位

陳君理

王公彝

金邦佳

以上照前志。

盧　煊　年百一歲。乾隆庚戌，巡撫琅送京祝釐，御賜筵宴銀牌、鳩仗。

徐　機　郡庠生。年八十一。乾隆庚戌巡撫琅送京祝釐，御賜筵宴銀牌、鳩杖。

胡宗護　字助九。年百歲。精醫術，多所全活，不計其酬，人德之。嘉慶庚午，建昇平人瑞坊。

施嘉錫　字瑞欣。庠生。年百五歲。樸素渾厚，勤儉好施。嘉慶乙亥建昇平人瑞坊。

胡宗端　年百歲。嘉慶丙子建熙朝人瑞坊。

章賢初　年百四歲。五代同堂。欽賜"七葉衍祥"額。道光丙戌建昇平人瑞坊。

胡兆鵬　年百歲。道光丁亥建昇平人瑞坊。

應世雷　年百歲。知縣裘給"百世休徵"匾。

盧懷禮　年百三歲。

李天順　年百歲。

李雲耀　年八十三，五代同堂。乾隆乙卯欽賜"七葉衍祥"額。

胡廣嶽　監生。五代同堂。嘉慶丙辰欽賜"七葉衍祥"額。

呂可厚　監生。年八十三，五代同堂。有"盛世休徵"匾。

童昌桂　年八十五，五代同堂。嘉慶己未欽賜"七葉衍祥"額。

樓思昉　年八十七，五代同堂。嘉慶壬戌欽賜"七葉衍祥"額。其父朝交，壽八十七，先見五代。

施丙煜　監生。年八十四，五代同堂。嘉慶丙寅欽賜"七葉衍祥"額。

錢永貞　年八十八，五代同堂。嘉慶丁卯欽賜"七葉衍祥"額。

朱開驛　年八十六，五代同堂。嘉慶己巳欽賜"七葉衍祥"額。

樓思高　年九十五，五代同堂。嘉慶己巳欽賜"七葉衍祥"額。

陳元獻　年七十七，五代同堂。嘉慶壬申欽賜"七葉衍祥"額。

施仁詩　年九十四，五代同堂。嘉慶癸酉欽賜"七葉衍祥"額。見援例。

應開鸞　年八十三，五代同堂。嘉慶乙亥欽賜"七葉衍祥"額。

杜思南　年九十六，五代同堂。嘉慶己卯欽賜"七葉衍祥"額。嘗甃杜山頭大路，費金百餘。

呂兆錫　年九十，五代同堂。嘉慶己卯欽賜"七葉衍祥"額。

呂中清　年九十二，妻俞氏齊眉，五代同堂。嘉慶庚辰欽賜"七葉衍祥"額。

胡瑞奇　年九十，五代同堂。嘉慶庚辰欽賜"七葉衍祥"額。是年歲歉，輸金三百，以濟族人。

胡允律　年百一歲，五代同堂。道光辛巳欽賜"七葉衍祥"額。

呂海壽　年八十九，五代同堂。道光辛巳欽賜"七葉衍祥"額。見旌獎。

王國安　庠生。年九十三，五代同堂。道光辛巳欽賜"七葉衍祥"額。

潘啟榮　年九十三，五代同堂。道光癸未欽賜"七葉衍祥"額。見援例。

盧峻天　年九十四，妻顏氏齊眉，五代同堂。道光丁亥欽賜"七葉衍祥"額。

王勝開　年九十三，五代同堂。道光戊子欽賜"七葉衍祥"額。

曹德書　捐職，從九品。年六十五，五代同堂。道光辛卯欽賜"七葉衍祥"額。

徐承申　監生。年八十，五代同堂。道光壬辰欽賜"七葉衍祥"額。

金啟意　孝友端方，五代同堂，年九十五。欽賜"七葉衍祥"額。

應思德　年九十一。

應明堂　年九十四。

呂良柱　年九十四。

朱朝陽　年九十。

朱惟昌　年九十。

俞希伋　年九十一。

楊光璧　庠生。年九十一。

應康臣　年九十六。

應康先　年九十。好施濟，嘗往他鄉買穀回，道遇遺金者，哭甚哀。則以所買穀與之，以恤其困。知縣姬肇燕獎焉。見援例。

應　嘉　庠生。年九十。

應鼎雨　年九十一。

應載志　年九十三。

應載發　年九十。

盧同彩　年九十六。

盧懋林　年九十四。

盧秉燔　年九十二。

陳恒瞻　年九十一。

盧秉睦　年九十二。見貢生。

周永登　年九十三。

徐　梁　年九十八。

胡繼忠　年九十。

應紹福　年九十一。

程德明　年九十二。

程德侃　年九十。

程兆清　庠生。年九十五。生平尚義，捨資建叔母吳氏節孝坊。

張元潤　年九十。守己端方，好施予，重族誼。遺命其子出金千餘兩建造宗祠。又助產爲祭祀需。

吳國鼎　年九十九。

程兆傳　年九十二。

呂起經　年九十。

曹一儀　年九十八。

王宗鶴　年九十。

王濟世　年九十一。

呂調鉉　庠生。年九十一。

胡啟光　年九十。

胡宗鏁　年九十一。

徐學桂　年九十一。

李希彬　年九十。

徐學備　年九十三。

陳惟浩　年九十一。

陳德秀　年九十二。

陳重傅　年九十二。

陳仲孟　年九十五。

陳公趨　年九十四。

朱宏照　年九十四。

胡天瞻　年九十三。

陳宗亮　年九十一。

應毓盛　年九十。

杜中行　年九十。

程家敏　年九十二。

程日洪　年九十七。

程尚鬈　年九十四。

應洪月　年九十。

高天瑞　年九十。

應成鰤　年九十一,由太學授按察司照磨,精醫理,不計貲財。

應洪意　年九十。嘗捐金六十兩,修試院。邑侯易表曰"公義可嘉"。

徐懋德　監生。年九十。運粟濟飢。邑侯張顏曰"孝義可風"。

胡洪桂　年九十四。

方學星　年九十四。

陸元正　年九十二。

施恩光　年九十一。見封贈。

陳三德　庠生。年九十八。

盧文奇　年九十。

黃正隆　年九十。

朱希洛　年九十。

朱虞生　年九十四。

呂兆志　年九十四。

呂逢化　年九十一。

周士龍　年九十。

朱登俊　監生。年九十一。

朱明望　年九十一。

陳時球　年九十三。

陳崇忠　年九十四。

黃元海　年九十五。

賈宗志　年九十六。

賈崇益　年九十四。

呂宗學　年九十。

胡邦和　年九十。

葉洪瑞　年九十四。義和鄉人。

葉恩元　年九十一。

朱逢葉　年九十六。

胡廣文　年九十四。

朱之敞　年九十四。

方日華　年九十四。

姚大定　年九十三。

徐懋謙　庠生。年九十三。

朱之蕙　年九十三。

朱舜麒　年九十一。

朱舜聞　年九十。

夏曰寵　年九十二。

呂元福　年九十。

呂錫諧　年九十三。嘗於仁政橋拾遺金數十兩,俟其人還之。

舒春景　年九十四。

徐在儆　年九十。

徐　貴　年九十三。

王希仁　年九十三。

馬克韶　年九十一。

應法連　年九十六。

應性德　年九十五。

應洪序　年九十。

應茂壽　年九十一。

胡茂筐　年九十一。

徐公先　年九十一。

胡應季　年九十四。

應道尹　年九十三。

吳　昌　庠生。年九十四。

應道瓊　年九十一。

吳聖昊　庠生。年九十三。

何李文　年九十一。

吳聖坦　年九十二。

李士鈺　年九十。

童德標　年九十一。

陳明大　年九十一。

施君岐　年九十一。

施仁功　年九十五。

金之淳　監生。年九十一。

施恩秀　年九十。

呂可祥　監生。年九十三。

施恩耀　年九十三。

呂如瑂　年九十四。

徐文德　年九十一。

葉洪瑞　年九十六。義豐鄉人。

馬　龍　年九十四。

王世正　年九十四。

王集斌　年九十。

呂　績　年九十六。

李廷機　年九十三。

林伍謨　年九十三。

黃學仕　年九十。

方承佐　年九十一。

胡佳友　年九十三。五代同堂。

胡　華　年九十七。

童全德　年九十三。

陳趙連　庠生。年九十二。

方得鶴　年九十。

董若琨　年九十。

張茂理　年九十四。

褚雲珪　增生。年九十一。

褚兆始　年九十。

李尚盤　年九十四。

淩雲翔　年九十三。

李翰升　年九十。

倪日道　年九十。

華君正　字應芳。年九十三。乾隆辛未，出粟賑飢。又於五錦橋煮粥，以食餓者。

倪夢麟　年九十四。

倪逢吉　年九十七。

方爾法　年九十三。

顏國長　年九十三。

陳從喜　年九十三。

陳時雨　年九十。

呂士桔　年九十三。

鄭若茜　年九十三。

胡承珮　年九十二。

蔣惟世　年九十一。

陳崇上　年九十六。

李鍾秀　監生。年九十二。

蔣惟有　年九十二。

呂宗推　年九十一。

呂宗瑜　年九十二。

任有巧　年九十一。

王士月　年九十三。

徐　錫　年九十二。

陳兆璣　庠生。年九十。

賈志純　年九十二。

胡昌淮　年九十。

朱明相　年九十三。

盧尚玖　年九十二。

朱大昭　年九十。

朱舜顯　年九十四。

陳元其　年九十。

景惟成　年九十。

顏有曙　年九十一。

呂承虞　年九十二。

胡孟先　年九十四。五代同堂。

呂承高　年九十五。

王聖聰　年九十一。

周尚奇　年九十一。

徐明淇　年九十。

周之凰　年九十四。

徐友萐　年九十一。

陳懋賢　年九十一，齊眉。

徐宏年　年九十。

樓光勳　年九十。

呂祖明　年九十三。

翁元紹　年九十三。

顏有貢　年九十二。

應開元　年九十。

呂可程　年九十六。

吳明松　年九十一。五代同堂。

金廷元　年九十。

施仁溪　年九十二。

施寵鳳　年九十六。

施義登　年九十。

胡光鋒　年九十五。

陳志性　年九十五。

王同裔　年九十。

王邦泰　庠生。年九十三。

呂　禄　年九十三。

呂　淇　年九十四。

黃學成　年九十三。

陳元標　年九十。

呂茂升　年九十三。

徐逢綱　年九十二。

童錫鶴　增廣生。年九十。

陳之能　年九十一。

張秉餘　年九十一。

李藜輝　監生。年九十二。

李立初　年九十。

李彥志　年九十二。

黃懋澤　監生。年九十一。

樓朝轂　年九十二。

李繼緯　年九十二。

章崇順　年九十三。

周玒官　年九十二。

朱友兆　年九十二。

王化承　年九十。

陳正祚　年九十二。

陳華國　庠生。年九十一。

陳正厚　年九十三。

胡肇盤　年九十三。

胡兆智　年九十。

胡廣仔　年九十三。

胡如震　年九十。

賈久潮　年九十一。

朱志建　監生。年九十一。

顏鼎順　年九十三。

胡廣璠　年九十。

朱紹業　年九十一。

周文豐　庠生。年九十二。

金兆國　年九十一。

俞福仁　年九十一。

呂祖齊　年九十三。

錢崇九　年九十一。

駱光富　年九十一。五代同堂。

程名彬　年九十三。

吳瑞顯　年九十一。

呂如貴　年九十。

李　討　年九十一。

陳道良　年九十三。

金國璋　年九十四。

施仁德　年九十二。

施仁偵　年九十二。

徐佛園　年九十四。

王廷調　年九十三。

呂中叶　年九十。

呂寬順　年九十三。

呂起發　年九十六。

李啟芳　年九十。

呂順元　孔博士。年九十五。

徐啟雛　年九十五。

鄭世馨　年九十三。

胡方升　年九十一。

胡道魁　年九十。

童秉廉　年九十一。

董家琅　年九十。

王文瑞　年九十二。

李永逢　年九十三。

項榮瓘　年九十一。

陳之昌　現年九十七。

朱毓湊　現年九十三。

成光元　現年九十二。

李爾元　現年九十二。

胡秉葉　現年九十一。

呂純亨　庠生。現年九十一。

程名標　現年九十一。

林文雕　現年九十。

女　壽 _附

胡應氏　貢生廷偉妻。五代同堂。嘉慶甲戌欽賜"七葉衍祥"額。年百三歲。道光甲申賜帑建坊，書曰"貞壽之門"。

施吳氏　監生義逢妻。五代同堂。欽賜"七葉衍祥"額。年百歲，賜帑建坊，書曰"貞壽之門"。

施胡氏　監生丙履妻。年百歲，五代同堂。嘉慶庚辰欽賜"百齡徵瑞"、"七葉衍祥"額。

吳胡氏　玉叙妻。年百歲。五代同堂。欽賜"七葉衍祥"額。

張蔡氏　秉餘妻。年九十六歲，五代同堂。欽賜"七葉衍祥"額。

應徐氏　洪策妻。年九十二歲，五代同堂。道光壬辰欽賜"七葉衍祥"額。

施胡氏　監生德廣妻。年九十七歲，五代同堂。欽賜"七葉衍祥"額。

陳李氏　監生士銃妻。年八十三歲，五代同堂。道光乙酉欽賜"七葉衍祥"額。

陳吳氏　聖球妻。五代同堂。道光辛卯欽賜"七葉衍祥"額。

周黃氏　祖運妻。年百三歲。邑侯張以"榮徵百歲"表之。

應黃氏　茂環妻。年百歲。邑侯王表曰"壽臻期頤"。

賈王氏　旭望妻。五代同堂。道光癸巳欽賜"百齡七葉"額。

程陳氏　庠生懋燧妻。年百歲。邑侯方獎曰"柏節松齡"。

周張氏　恩生妻。年百歲。邑侯黃表曰"淑德遐齡"。

吳朱氏　逢略妻。年百一歲。儒學梁匬曰"萱蔭恒春"。

應俞氏　永嘉妻。年百三歲。

陳韋氏　崇澄妻。年百二歲。

朱樓氏　若志妻。年百歲。

鄭許氏　若軾妾。年百四歲。

方　技

《前漢書》："凡方技三十六家，皆生生之具，王官之一守也。"范蔚宗《後漢書》又別爲《方術列傳》，其言多荒誕不經，著述者亦罕稱焉。舊志載良醫數人，間亦有精占術者，然不數數見也。雖小道，必有可觀，故并記之。

應勝，號行素。精醫術，百試百效。人顏其堂曰"濟生"。

應昌魁，字叔梧。世業醫，魁益精。人有請者，不辭寒暑，不責酬報。或病家貧，更給以善藥、薪米。雖再三往，應之如故，全活甚衆。人多德之，顏其堂曰"種德"。

俞聞，詳文苑。

胡墀，號松雲。治病多奇驗。嘗受知於邑令張，由是名重燕、趙間，至九十六歲卒。孫文震及煜亦善醫，又得異傳，治疾能預決壽殀，多奇中。

徐應顯，詳義行。

應克信，性敦厚，精于醫。扣門者無虛日，未嘗責報，且好施予，人德之。

吳辰賜，字克恭，宋少師苗之裔。業儒，精醫理。

盧君鎔，貫徹《內經》，全活多人。子源，潛心窮理，善承父業。

賈以德，精岐黃，鄉邑之貧而疾者咸倚之。

盧潛，字夬若。邑庠生。精醫理，手到病除，無德色，無倦容，道氣盈襟。

應岐山，名昌儀。治病多奇驗。沈縣丞天章之弟病瘵，尫羸骨立。岐山診之，曰：“蟲也，非瘵也。頭足皆赤。”餌以散，下蟲二升許，形如所言，病遂瘥。其家人婦孿産後腹痛欲裂，岐山診之曰：“腹左尚有男，胎已死。”左右皆掩口而笑。藥之，果下一死胎，男也。知縣徐鼉源患痞，每發有物如卵上衝，昏眩欲絶，數十年痼疾也。岐山曰：“元氣尚未傷。”乃鍼之三，灸之三。越三日，出囊中丹服之，鍼灸如初，而胸中壘塊已不知何往矣。奇驗多類此。性嗜酒，不修邊幅，然醫不擇人，藥不論價，人皆稱爲國手云。

呂泰，字朝嶽。工丹青，嘗至都赴畫工試，以翎毛録取，載入畫譜。凡山水、花卉、人物，靡不精絶，購得者如獲奇珍。幼孤事母，以孝聞。

仙　釋

二氏之教，曷嘗出聖人之範圍哉！不能實踐而後遁於虛無，不能感通而後淪於寂滅。彼固非與吾道敵也，假吾道而竊其似以爲教者也。彼其意以詩、書、禮、樂不能盡人而知，於是創爲謬悠荒唐之辭，而蚩蚩者往往怵於其説而深信之，此如蜃樓海市，自起自滅於空中，莫能測知其故，而亦不必深辨者也。天地之大，何所不有！偶焉托迹於斯土者，存而弗論可也。

《後漢書》：趙炳，字公阿。能爲越方。時遭兵亂，疾疫大起，以其術療病。與閩人徐登遇於烏傷溪上，各試所能。登乃禁溪水，水爲不流。炳復禁枯樹，樹爲生荑。二人相視而笑。其道貴尚清儉，禮神惟以東流水爲酌，削桑皮爲脯。但行禁架，所療皆除。後登物故，炳東入章安，百姓未之知。炳乃故升茅屋，梧鼎而爨，既而爨熟屋無損。又嘗臨水求渡，船人不和之，炳乃張蓋坐其中，長嘯呼風，亂流而濟。於是百姓神服。殁後，人爲立祠於永康，至今蚊蚋不能入也。

《徵獻略》：馬湘，字自然。建中元年八月十五日，湘南自霍山至永康延真觀，《續仙傳》作天寶觀。前指庭松曰："此松已三千年矣，當化爲石。"已而果然。忽大風，震電，石作數段。刺史楊發舁其兩石入郡齋，以其二置龍興寺九松院，霜皮鱗皴，各高六七尺，深三尺。故根尚存，有亭蓋其上。其時他山松亦有化者。湘爲人，類風狂，能與人治疾，不用藥，但以竹杖擊病處，或指之，吹杖頭如雷鳴，疾即愈。又喜爲詩。相傳其登泰山詩曰："太初一分何處尋，空留歷數變人心。九天日月移朝夕，萬里山川換古今。風動水光含遠嶠，雨添嵐氣没高林。秦皇漫作驅山計，江海茫茫轉更深。"

《耆壽補》：彭曉，永康人也。父真一，初爲道士，後偕蘭溪僧貫休入蜀。返初服，仕蜀至郡守，誥授朝散大夫、守尚書祠部員外郎。曉嘗注《參同契》，復約其義作《明鏡圖》，列八環以符動静，明二象而定陰陽，詩曰："造化潛施跡莫窮，簇成真訣示蒙童。三篇秘列入環内，萬象門開一境中。離女駕龍爲木壻，坎男騎虎作金翁。同人好道宜精究，究得長生路便通。"又曰："至道希夷妙且深，燒丹先認大還心。日爻陰耦生真汞，月卦陽奇産正金。女姹朱砵男孕雪，地藏熒惑丙含壬。兩端指的鉛金祖，莫向諸般取次尋。"或曰：曉父真一，亦道流，能詩，時失傳。

《神仙傳》：方坤，字寂然，永康人。學道有覺悟。一夕睡去，凡百日不起，自後常睡，命其徒曰："我睡慎勿叫動。"醒知明日吉凶，毫釐不爽。年四十五，一日早，將炭於石筍上畫爲級而上，被鄰居之童子以手指墮於地，後得解化。

吴子汀，幼有異致，不火食，亦不冠履。及長，明導納之術，永日默坐，灑然塵外。父欲議婚，固辭不娶。萬曆乙未八月二十七日，無疾忽逝。時族中火起，延及屍旁。其家人欲舉其柩，不能動，火亦尋滅。卒年四十有二，人咸謂其尸解云。

《先型録雜記》：紫霄觀執爨道人，人以其爨也，常輕之。一日，方飲酒賦詩。道人曰："爾輩謂我不能乎？"援筆賦云："披荆鉏棘汗如流,曾憶當年此地遊。丹甑空懸琴煮鶴,紅塵牢鎖網羅鷗。飢餐爽氣消炎夏,醉飫清風度晚秋。跨鶴仙人今在否?山空葉落白雲留。"衆始驚而禮之。他日訪之,已不知所之矣。

癡鈍穎和尚,少時徧歷叢林,嗣法於或菴體和尚。初住蔣山,道價盛行後移住天童,終於徑山。

本大真和尚,應純之子也。少有高致,飄然脫世。遊天目台山,在天目禮和尚座下作《寒衲頌》,天目奇之。迨歸,脫化於里之靈巖洞,作辭世偈云:"淨智圓妙,體尚空寂。黃面瞿曇,何曾得力?且問得力者是誰,不識。"放筆而逝。

淵叟元和尚,法名行元。受業金仙院,住平江萬壽寺。咸淳辛未年七月十六日,作偈云:"來亦無所從,去亦無所至。來去既一如,春風滿天地。"放筆趺坐而逝。

平州從垣和尚,以詩名。有云:"石泉天象轉,花月地痕虛。""習字帶秋收柿葉,吟詩和月嚼梅花。""作詩已得池塘句,學《易》獨明天地心。""杜宇一聲蒼樹遠,黃鸝三囀落花深。"皆妙得唐人家法,爲世所稱賞云。

祥　異

天甸其道,地枛其緒。時行物生,厥有常度。戾乎其常,斯爲異矣!《春秋》災異必書,不言事應,而事應具存。蓋五事之得失,庶徵之休咎係焉。天人相與之際,其旨甚微,其幾亦甚速,此非可委諸氣數之偶然者也。謹天戒而恤民隱,惟歲惟月惟日,各有宜深省矣!一邑雖小,曰旦曰明之所及不在茲乎?

宋

宣和三年,寇火,縣治、學宮、民居皆燼。

紹興六年秋,大水。

乾道五年，旱。

淳熙十二年，大水。

慶元三年，蝗。秋九月，水害稼。

開禧元年夏，大旱。

嘉定三年，大水。八年，大旱。九年，大水。十四年，螟螣。十五年，大水。

元

至元十三年，火。

明

正統十四年夏五月，雨霜。處寇焚公署。民舍殆盡。

成化十九年，大水漂沒田廬，不可勝計。冬，大雪，一夕深五尺。二十三年秋，旱。

弘治四年，大旱，民採蕨食之。五年，大有年。八年秋九月十六夜，有星如月，自東南流於西北，有聲如雷。十一年，下市火，延及布政司門、城隍廟門。十三年，雨雹，大如卵，屋瓦多碎。十八年秋九月十三日子時，地震。

正德三年，大旱，自五月不雨，至于冬。十月，民採蕨根、樹皮、野菜以聊生，飢死者甚眾。五年，大水。又旱。八年三月，城東火燬民居幾盡。十年春正月，大雪彌月不止。三月雨雹。四月又雹。十六年春正月元日，彗星見。二月，仁政橋火，延及譙樓。

嘉靖三年，大旱。八年夏，中市火。秋七月，大水，城中可通舟楫。十八年，大雨浹旬，壞民田舍。二十四年，赤氣見西方，大旱，餓殍相枕藉。

隆慶三年秋七月，蜃發水溢，山阜多崩，禾稼盡沒。

萬曆七年春正月，縣吏舍火，文卷燬盡，民居多火。六月、七月，大旱。二十年,大水,城中可通小舟。二十六年,大旱,人多流離。次年春,發預備倉穀一十八廠賑濟。三十九年,中市火。四十七年九月六日,縣東五里樹頭有甘露。

天啟三年,上市火,延燒北鎮廟五聖殿,兩街燬盡。七年夏五月乙酉,地震。戊子,大火。

崇禎三年春二月庚午,大雨雪,麥多凍死。越十日,復抽麥苗加盛。五年春正月,永寧坊火。七年春正月,自己丑雨雪至二月壬申。秋七月,城中水滿過膝。九年,大旱,斗米千錢,民食白泥。十年,縉雲界上獲一人,裸體被髮,黑肌深目,問之,言語不通。禁於獄,月餘而死。十六年冬,東陽寇亂,連陷東、義、浦三邑。初至永康,十三都民拒之。後從東路入邑城,署縣事教官趙崇訓誘而殲焉。其大隊敗於金華,悉伏誅。十七年,長生教煽亂。知縣單世德密請捕殺之。次年,方兵肆掠金華,將入永康,知縣朱名世築城茭道禦之。又次年,田兵過邑,城中男婦悉走,兵屯城中,一日掠捲財帛而去。夏,旱,斗米千錢。

國 朝

順治三年六月,王師下金華。初選知縣劉嘉禎老成愷悌,民賴以安。四年,大飢,斗米千錢,民食樹皮。昇平鄉民阿雨產一兒,四手四足,若相抱者,面與腹則渾為一。五年,土寇亂,城中作木柵固守。五月,入仁政橋。協鎮陳武力戰,寇敗走之。離城十里外悉寇蟠踞,凡六閱月。後上司檄官兵、督保甲挨都廓清,投誠者隨給免死牌,然後東、義、永數萬之寇,一朝解散,其渠魁皆伏誅。八年,大飢,斗米千錢。以台鹽場廢,民暫食杭鹽。數年,商民俱困。十一年四月癸酉,雨雹,大如雞卵。夏、秋,大旱,象山有熊。八月,東、義寇從八仙坑入境,火民居殆盡。寇至長恬。城中恇駭。知縣吳元襄嚴守木柵,靜以鎮之。十二年,大飢,米每石銀三兩,民食糠粃。十三年春正月,自甲申雨雪至己亥,雪深五尺,樹木盡枯。夏、秋亢旱,民食草根。十八年,東、義寇又從八仙坑入境,東北居民悉遭焚刼。後府中調兵至,寇皆伏誅。

康熙四年,大澤民坊火。諸暨劇盜嘯聚十二都柘坑,連都四十里內保甲共起逐之,衆駐十三都,知縣李灝給牛酒勞焉。五年,亢旱,奉旨蠲租。六年,有年。冬十一月,永寧坊火。七年、八年,有年。九年,大有年。冬十二月,雨雪五日,高與身等。十年春,雨麥爛。夏、秋,亢旱,稻生青蟲,黎民疑懼不安。知縣徐同倫嚴點保甲,勘踏災傷。隨奉旨蠲租。民掘山粉食之,亦有兼食石粉者。七月,大澤民坊火。是日鄉間火者五處。十一年春,大飢,知縣徐同倫發倉米賑濟,分守道梁萬禩請米平糶,並捐銀買米施粥,民賴以安。十三年甲寅正月,三藩糾亂。六月壬子,耿逆徐尚潮陷溫處道永康。丁巳,兵數千突至,都人倉猝避於山僻。戊午,寇進據金華,至道山,距府城一舍,與官兵對壘者半年。大兵於十二月丙申乘霧襲破山寨,殺萬餘人。次年春正月癸亥,知縣徐同倫單騎回縣,招集殘黎,迎請王師恢復,安堵如故。十四年,大有年。十五年,有年。十六年、二十年,旱。二十一年,太白晝見。二十二年,無麥。二十三年,旱。二十五年春、夏,大水。二十七年,旱,太白晝見。二十八年,大有年。邀皇恩全免錢糧。二十九年、三十一年,旱。三十二年,大旱。三十五年、三十六年,旱。三十七年,有年。四十二年,旱。五十三年,大旱,自夏五月不雨,至于秋八月。五十五年,大旱。五十八年夏,旱。秋七月壬午,雨,枯苗復青,有未刈者一莖生三四穗,稔竟得半,民賴不飢。六十年,大旱,自五月庚戌不雨,歷一百二十日,民大飢,爭入山,採榆皮、蕨根以爲活。次年,知縣張發廩倡賑,各鄉皆設廠煮粥以食,飢民多所全活。六十一年,大有年。

雍正元年,旱。

乾隆十年夏,蟲。秋,瘟疫盛行,民飢。次年三月,奉憲平糶。十二年夏五月，雨潦傷禾。自六月不雨，至于秋、冬，泉脈盡枯竭，菽麥皆不能下種，次年二月始得雨，民食草木，道殣相望。十六年，大旱。知縣楊瑛捐粟濟飢，尋得旨賑恤，民賴以生。四十一年、四十二年，大有年。四十三年閏六月辛酉夜，有星大如甕，五色有聲。五十一年夏，蟲。五十五年冬十二月，雨木冰。

嘉慶元年春，大寒，無麥苗。夏，旱。五年夏六月癸卯甲辰，大雨，蛟水陡發，漂没田廬，近水居民溺死者無數。水退，知縣張吉安捐廉，掩埋淹斃，爲粥以食飢者，通詳各憲奏請，奉旨賑荒。

附治蛟法　《禮記·月令》：季夏之月，命漁師伐蛟。《周禮·秋官》：壺涿氏，掌除水蟲。夫聲罪致討之謂伐，去惡務盡之謂除。然欲謀攻治之方，當先求伏匿之處。其地霜雪不積，草木不萌，鳥雀不集，土色赤，隱隱有氣，其氣朝黃而暮黑，星夜視之，黑氣上沖於霄。卵既成形，聞雷聲，自泉間漸起而上。其地之色亦漸顯而明，遠聞之似秋蟬鳴。其出也，多在夏、秋之交。善辨者於未起二三月前，視地之色與氣，掘之三五尺，其卵即得，大如二斛甕，預以不潔之物，或鐵與犬血鎮之，或用利刃剖之，其害遂絕。又蛟畏金皷及火。山中久雨，夜立高竿，掛一燈可以辟之。夏月田間作金皷聲以督農，則蛟不起，即起而作波，但疊皷鳴鉦，多發火光以拒之，水勢必退。

六年七月，水。七年，大旱，奉旨緩征。冬十二月戊申，有白氣著天如布，西北行，有聲歡如雷。八年，飢。知縣王斯颺借領烏程、歸安二縣倉米平糶。十五年，大有年。十六年，彗星見。大旱，奉旨緩征。二十五年，大旱。七月己未，縣治火。冬，桃李華。

道光二年，大有年。五年春正月，雨雪雷電。三月戊戌夜，雨雹，大風拔木。十二年夏，旱。秋、冬，潦。十三年春、夏，潦、蟲。秋，疫。十四年，斗米六百錢，人多食樹皮，道殣相望。春、夏大疫，疫所染，飢民爲多，至有全家死亡者。六月壬戌夜，嶺脚、木渠、雅吕等處蛟水發，橋路多漂没。知縣李汝霖捐廉修築。十五年，大旱，巡撫烏奏請，奉旨賑恤，並照被災分數蠲租，知縣廖重機勸捐接賑。十七年秋，早禾、中禾大熟。七月己亥夜，雨，大風。庚子，水沿河，晚禾、豆苗、木棉多被傷。

附　錄

稗官野史文不雅馴，縉紳先生屛而弗道。顧有事見於史册而無門類可歸者遂棄弗録，亦非兼收並蓄之意也。故附録如左。

《三國志》吳太平元年十一月，以孫綝爲大將軍，假節，封永康侯。

《三國志》永安元年十月壬午，詔曰：夫褒德賞功，古今通義。張布輔導勤勞，以布爲輔義將軍，封永康侯。

《南史·陳吳興王承業傳》：承業，後主長子。宣帝十年，封永康公。

《隋書·河間王弘傳》：弘字辟惡，高祖從祖弟。有文武幹略，數從征伐，累遷開府儀同三司，賜爵永康縣公。

《舊唐書·淮安王神通傳》：武德元年，拜右翊衞大將軍，封永康王。

《唐書·李靖傳》：靖字藥師，京兆三原人。蕭銑據江陵，靖陳圖銑十策，拜行軍總管。武德四年，靖擊破之，以功封永康縣公。兄端，字藥王，以靖功，襲永康公。

《宋史·謝方叔傳》：方叔，字德方，威州人。淳祐九年，拜參知政事，封永康郡侯。

《吾學編》：徐忠，合肥人。建文四年，封永康侯，食禄千一百石，與世券。永樂十四年，子安嗣。成化十八年，孫綺嗣。正德八年，源嗣。嘉靖三十四年，喬松嗣。

《異苑》：吳時，縣人入山，遇一大龜，束之歸。龜曰："遊不逢時，爲君所得。"人甚怪之，上之吳王。夜泊越里，繫舟於大桑樹下，忽聞桑謂龜曰："勞乎元緒。"龜曰："我被拘繫，將見膊臛。雖盡南山之樵，不能潰我。"桑曰:"諸葛元遜博識,必致相苦。如求我輩,計將安出?"龜曰:"子明無多辭,禍將及爾。"寂然而止。既而烹之柴百車,語猶如故。諸葛恪曰:"然以老桑乃熟。"獻者仍述前語,即令伐桑烹之,立爛。

《異苑》:永康王曠井上有一洗石,時見赤氣。後有二胡人寄宿,忽求買之。曠怪所以,未及度錢,子婦孫氏覩二黃鳥鬪於石上,疾往掩取,變成黃金。胡人不知,索市愈急,既得,撞破石內空處,只有二鳥跡。

《癸辛雜識》:掄魁省元同郡,自昔以爲盛事。紹興癸丑,省元徐邦憲、狀元陳亮,皆婺人。

《明一統志》:應純之知楚州,崇儒術,興學校,修城池,民賴其德。管家湖,在淮安府城望雲門外。宋嘉定間,郡守應純之開鑿,以練習舟師,爲戰守之計。水教亭,在山陽縣管家湖上。宋郡守應純之鑿湖以教習舟師,因建此亭。

《詩藪》:程克勤編《宋遺民錄》,凡十一人:王鼎翁、謝皋羽、方韶卿、唐玉潛、林景熙、汪大有、龔聖予、張毅夫、吳子善、梁隆吉、鄭所南。方、吳並婺人。方韶卿鳳,浦江人。吳子善思齊,永康人。諸人悉工文詞,不但氣節之美。

宋景濂《浦陽人物志》:濂游浦陽仙華山,問思齊舊遊處,見石壁題詩,隱隱可辨。故老云:思齊與方、謝無日不游,游輒連日夜,或酒酣氣鬱時,每扶攜望天末慟哭,至失聲而返。

《輟耕錄》:趙孟頫爲羅司徒奉鈔百錠,爲乃父求墓志於胡長孺。長孺怒曰:"吾豈爲宦官作墓志者!"是日正絕糧,其子以情白,坐客亦勸受之,長孺卻愈堅。其送蔡如愚歸東陽詩有云:"薄糜不繼襖不暖,謳吟猶是鐘球鳴。"曰:"此余秘密藏中休糧方也。"

《通志》:徐尊生《佩刀行》,序云:金華之永康,有山曰雲巖,拔起天半,有巨舟藏竇中,舟尾翹出如薑,一釘墜崖下,野僧得之,以遺張公孟兼,孟兼製爲佩刀,銛利特甚。尊生爲作歌云:"神人藏舟半天裏,絶壑谽谺露舟尾。錚然有物墮中宵,八觚崚嶒長尺咫。野僧拾之歸張公,化爲夭矯蒼精龍。不知何世何人鬪,奇氣剚犀斷虎一旦生神通,魑魅卻走妖邪空。張公佩上蓬萊殿,天上群仙驚未見。青絲猴懸白玉環,當晝孤光搖冷電。爲君淬厲向盤根,縱有青萍何足羨。他年辭榮歸浙山,莫行金華赤松間。精靈感會聲霹靂,便恐飛去無時還。"

《録異記》:金華永康縣山亭中有枯松樹,因斷之,誤墮水中,化爲石。取未化者試於水中,隨亦化焉。其所化者枝幹及皮,與松無異,且堅勁。有未化者數段,相兼留之,以旌異物。

晉時縣令張彥卿,前志載武義人。考《武義縣志·隱逸傳》,彥卿曾爲永康令,慕白陽山水,棄官家於此,遂爲邑人。又《山川志》載大家山、新婦山二山相向。世傳張彥卿女適人,累月,姑婦並亡,其神靈各主一山。每大家山起雲,新婦山即雨云云。當未有武義時,諸山故屬永康。迨唐天授年析永康西境爲武義縣,而諸山始屬武邑。然則彥卿晉時隱居於白陽,非原籍武義也。因其原籍不可考,遂就其隱居之所,稱爲武義人耳。

宋時,永康大水,縣人蔡喜夫往南壟避之。夜有大鼠,形如犵子,浮水而來,伏於喜夫奴之牀角。奴憫而不犯,每以餘飯與之。水退,喜夫返故居,鼠以前脚捧青囊,囊有珠斤許,置奴前,啾啾欲語狀。自此去來不絶,亦能隱形,又知人禍福。後縣人吕慶祖以獵犬過門,噬殺之。

縣治真武像,舊傳黃稷妻章氏居傍桃溪,夜夢有神被髮跣足告之曰:"吾真武也,當廟食於兹。"明旦登樓,見巨漲中有物飄浮而至,因憬然曰:"昨所夢者,得非此耶!"祝之,須臾傍岸,使人取視,乃降真香也。遂遣梓鐫真武像,捨宅奉之,爲今正一道院,時淳祐二年六月八日事也。

明祖克婺州,宣諭百姓曰:"我兵足而食不足,欲加倍借糧,俟克江浙後,乃仍舊科徵。"後平張士誠,遂免倍徵之糧,惟僧、道不免。見劉侍郎明初事跡。按今僧田重租蓋始於此,亦以抑異端之遊食也。

吕審言《臥雲處士傳》:永康陳世恭,築樓於梅山之麓,曰臥雲,遂因以爲號。世恭少豪爽,游東陽鹿皮子之門,爲鹿皮子所賞識。長遊虎林,遇李草閣於西湖,一見如舊相識,遂買舟同載以歸,館於樓西,相與觴酒賦詩於樓上者二十年。一時文人學士莫不韻其事,各爲歌詩以紀之。鹿皮子之記、李草閣之賦,其尤著也。

《府志》:章之邵詩有"雲山犬吠聲相答,野水禽飛影自隨"之句,時多稱之。

嘉靖八年,學宫前狀元峰元旦有五色祥雲,竟日不散。是年會試,王崇第二,程文德第八,趙鑾第十四,皆《尚書》首卷,時號三《書》魁天下。廷對,文德及第,崇傳臚。

樓某,三都人。好讀書,人呼爲腐儒。正統己巳,處寇剽掠,過其家。衆皆奔避,某獨不去。賊以草索繫於樹。賊既去,而返,猶立於樹旁。乃引至賊穴,厚以延之。後見賊復出,正之曰:"爾曹當力農以求食,何乃爾!"遂爲賊所害。

朱海父承宗,與顏永和隙。永和率衆夜入其家殺之,竊其一肢而去。有司捕獲繫獄。海不勝憤憤,乃集家人搗入獄中,殺永和,亦取一肢,以雪父冤。官以法繩之,遇宥獲免。

徐文卿,字良相,號蓉峰。賦質不凡,讀書目數行下,冥悟若有神然。酷嗜酒漿。斸趹壓繩墨。弱冠,補邑博士弟子。每試期先一夕,友人能以石酒醉之,問其題,輒奇中。初應省試,醉不往。他日,其父從酒一船與之約:試畢,聽持螯泪没其中。送之抵棘闈返,至舟,文卿已枕甕鼾睡。正德丁卯,友人拉與俱入,乃領鄉薦。日事麯蘖,不上公車,漸至屢空,婦子交謫,始謁選,除睢寧令。又醉不事事。一日行過市中,聞酒香,輒下車索飲,因醉卧焉。坐此削籍歸田里。典衣沽酒,至死而興不衰。

卧龍山陳龍川墓,康熙十年間,東陽人冒認宗支,發冢竊葬,人莫知之。忽山木號鳴，震動連日，其後裔驚覺，控之督院。邑令徐親往勘視，掘起四棺，盜葬者服辜，古墓得安。昔龍川爲母黃夫人墓志銘云：“後千百年猶不廢其爲陳氏之墓，則必遇君子長者之人爲之獲持。”蓋成讖兆云。

徐蒙六墓，土名上向。有別宗某，謀佔其穴，訟之官。當事夢老人衣冠甚偉，率英髦分庭抗禮，言曰：“願乞靈一埽門庭之寇。”上堂，果見持訟堂下如夢狀。異一。又仇首謀埋僞志于墓爲勘驗地，皓月中忽轟雷擊散。異二。及庭訊時，公座上頂格軋軋作欲墜聲，擱筆則止。當事驚訝，遂正奸佔之罪。異三。

郡有冤獄，李九德作証，備極棰楚，幾斃。忽雷震，焚卷得雪。闔郡稱異。九德年八十七而卒。

縣北白窖峰，係縣龍祖山。又南，山行二十里，名橫山，爲縣治少祖。再南行十里，結縣治。東拍一枝爲黃青、朱明二山分結，諸姓宅墓數十餘處。西拍一枝爲西橫山，邑之先賢名墓皆鍾靈於此。歷朝立碑，禁止開鑿。康熙丙午，白窖峰寺僧開掘建造，未逾月，邑中大火。戊申，復大開掘，邑大澤民坊起火，延至由義坊，房屋焚燬幾盡。邑令徐禁而止之。近黃青、朱明等山復有開掘取青者，居民驚惶。邑令沈申詳府憲，立石永禁，萬民勸祝。

康熙三十二年，二都民偶獲山羊，獻諸邑令。沈令不忍，命釋之，繫牌於項下，書曰“放生”，驅而縱之於山。翼日，羊忽入署，盤旋于庭，移時而去。越三日，羊復至，馴擾如初。自此不復見。蓋好生感德，異物皆然。戕物者可以監矣！

呂宏忠，質樸謹厚，爲社倉長。乾隆庚寅，發借倉穀六百六十餘石，以貸貧民。歲歉無以償，宏忠鬻產易穀，代完五百九十三石。癸卯飢，又代完四百五十餘石，不責其償，鄉里德之。

胡兆熙，字載侯。嘉慶庚辰歲歉，輸金三百，以賙族人。

永康縣志卷之十

藝文志

　　盈天地之間者惟萬物，物莫不有理，即莫不有文。山之嶙峋，水之淪漣，草木之英華，鳥獸蟲魚、羽毛鱗甲之萋斐璀璨，悉從其類，以有其符采，況人文之炳炳烺烺者哉！金華鄒魯遺風三大擔，以文章居一，荷而趨者，代不乏人。永去郡城百餘里，風教不殊婺學，固有淵源也。宋嘉泰間，始有邑志。唐以前文獻，闕有間矣。比五星聚奎，文教昌明，時則有若胡子正、有若陳同甫、有若林和叔、應仲實諸賢，皆以理學功名爲己任，文藝固其緒餘，然其道腴之所發洩，窺其陳編，猶有氣臭芳澤之遺焉。自元及明，作者踵接不懈，而及於古，其精粹殆可以步武宋儒。我朝重熙累洽，釀化覃敷，士君子沐浴膏澤，爭自淬磨，蔚然而虎鳳躍，鏘然而磬鈞鳴，將力追往喆而又過之。今輯歷朝諸人所著書目，臚於簡端，採其有關邑故而文尤雅馴者，表而出之，以備覽觀焉。

書　目

《五代史注》　徐無黨著。

《龍川文集》　陳亮著。

《雲谿稿》六卷　呂皓著。

《易解》二卷

《論語解》三卷

《孟子解》三卷　以上章服著。

《凝塵集》　章徠著。

《漁隱叢話前集》六十卷

《後集》三十卷　以上胡仔著。

《孝經解》□卷

《論語解》□卷　以上胡优著。

《續通鑑節編》

《西漢律令》

《晉史抄評》

《敏齋稿》　以上吕殊著。

《易圖説》一卷

《太極圖説》一卷

《大學辨疑》一卷　以上吕洙著。

《大學疑問》一卷　吕浦著。

《雙泉稿》九卷　吕文熒著。

《雲谷集》　胡邦直著。

《瓦缶編》

《寧海漫鈔》

《建昌集》

《顏樂齋稿》　以上胡長孺著。

《左傳闕疑》　吴思齊著。

《筠谷集》　李轅著。

《尚書要略》

《四書索微》　以上應璋著。

《草窗集》　胡相著。

《徐汝思詩集》　徐文通著。

《左氏兵法纂》　王世德著。

《四書日衷》

《尚書日衷》

《握奇陣圖》　以上徐學顏著。

《省身録》

《筆古集》　以上王師堯著。

《四書旁見》

《讀書管見》

《世法里言》

《相長卮言》

《自怡偶筆》

《律曆淺圖》　以上王世鈇著。

《淵潛集》　呂一龍著。

《五經統紀》

《四書通考》　以上金大材著。

《孝經刊誤》　應綱著。

《質疑稿》　李琪著。

《四書五經發微》　黃卷著。

《中庸本義》

《周易經解》

《周禮輯説》

《禮記類編》

《四書説約》

《郊祀考義》

《史鑑纂要》

《經濟要略》

《南京刑部志》

《讀律管窺》

《金華先民傳》

《永康縣志》

《明詩正聲》

《字類釋義》

《厄言錄》

《訓儉編》

《自叙編》　以上應廷育著。

《麓泉文集》　王崇著。

《望洋日錄》

《光餘或問》　以上盧可久著。

《春秋纂例》　戚仲咸著。

《白翁吟》　程梓著。

《宸華堂集十卷》　程正誼著。

《海運議》

《程子樗言》

《松窗頌古》

《七松吟稿》　以上程明試著。

《書經貫言》

《太極正蒙宗旨》

《蜀遊詩稿》　以上徐可期著。

《燕遊筆話》四卷　樓惟馴著。

《四書微旨》　應錦郁著。

《綠漪園詩集》　徐之駿著。

《五經提要》

《論史彙集》

《明紀輯略》

《數目典故》

《攬秀樓文鈔》　以上樓秉詡著。

《完石齋集》　徐琮著。

《古雪集》　程兆選著。

《四書輯要》

《通鑑綱目輯要》

《左國要語》

《揚子文中子粹言》　以上應國華著。

《大學中庸章句或問》

《薛胡粹語》

《盧子精語》

《群書彙序》

《養正編》

《先型錄》

《課餘錄》　以上應正禄著。

《心吾子詩鈔》　程尚濂著。

《照天寶鑑》

《量地玉尺》

《握奇經注圖釋》　以上俞聞著。

《醫方積驗》　徐應顯著。

補：

《松溪文集》　程文德著。

《史衡》　徐明勳著。

《治心編》

《蓮菴鏡帖》　以上徐士震著。

《東白軒草》　徐光時著。

《儀禮纂集》　徐裳吉著。

《尚書貢象敷言》八卷　徐浩著。

《蝐吟》二卷

《小邱逸志》二十卷　以上徐士雷著。

《書經集解》　徐元乘著。

《自鳴草》　徐若瓊著。

《惜分齋唫》　王同庚著。

《學庸解》　徐淇著。

《西軒前集》

《西軒後集》

《國策集注》　以上程夔初著。

《明儒理學編》

《周易管窺》　以上王同廱著。

《繡佛菴詩鈔》　徐士雲妻黃氏著。

《燕玉樓詩鈔》　徐琮妻程氏著。

賦

夏雲賦　　　　　　　　　　　　應孟明

太空之中，中有奇物。縹緲悠揚，飄逸滃鬱。遠之則咸睹其狀，近之則莫知其質。舍之則藏，用之則行。其藏也，樹林陰翳，巖穴晦明，飛禽隱迹，猛獸潛形。不矜其能，不知其靈，若無所用，泉石而盟。其出也，氣類相感，勃然而興，或起於山林，或起於滄溟。昭回層漢，彌滿八紘。人之定名兮不知其幾，曰祥曰綵而曰慶。彼之作色兮不知其幾，或黃或白而或青。不比三春之閒散，不比秋冬之無情。梅霖之歇，火傘已乘；甘雨未濟，嘉禾如繩。農夫於此而仰望，神龍仗此而依憑。假其勢以震電，倚其威以雷霆。身近九天，奴使六丁。風力爲之略動，天河爲之一傾。渴者以愈，病者以醒，乾者以潤，槁者以榮。其神用有如此之博，農事於此而有成。若夫衞瓘披之而覯青天，文王披之而覩白日。映聖主於芒碭之間，覆賢人於林泉之密。楚王之臺兮有時而想像，滕王之閣兮終日而閒逸。難以盡狀，筆硯羞澀。俄而風姨、月姊，二客駢集，揖予而言曰：昔襄王披襟而稱賞，明皇斂袿而遨遊。誇我光霽，世無與儔。未聞舍我而他有與之綢繆者也。今子之賦，頗工於此，不及於我，無乃太鄙耶？予曰：不然。樽俎秩秩，談笑云云。良辰美景，此則惟君。大旱之望，實勞我心。油然而作，潤澤生民。此彼之功，所以不在汝下，余又安得而不珍重，其惟雲云。

鱸魚賦　　　　　　　　　呂　浦

東吳主人問于渭川叟曰："子客東南，亦知吾都土物有可珍者乎？"曰："未也。"主人曰："吳江拍天，浩浩無垠，中有嘉魚，絶類超倫。匪鱸匪鮪，波行粼粼。白質黑章，巨口細鱗。鬐尾玉潔，腹腴冰紋。松江既秋，笠澤尚春。弄菰根於水渚，吹葦絮於江滣。避曲鈎之新月，驚沉網之行雲。白鳥熟睨以延頸，漁簑臨羡而逡巡。退結網於江皋，進鳴榔於水津。看玉尺之橫罟，引銀梭而出綸。響跳鳴之撥刺，煦濡沫以繽紛。愛霜鱗之肥白，喜風味之蠲新。鄙流水桃花之春鱖，麤北溟跋浪之大鯤。似者尚或樂坡仙於赤壁，幻者亦能光曹瞞之會賓。況其真者，豈不能引秋風之西起，鼓張翰之思蒓。迺所謂金虀而玉鱠，又豈非東南之所珍！於時蘭堂啟宴，鸞刀紛紜。矗瓊兮研雲，切玉兮絲銀。媲蕙肴兮椒藉，芼薑橘兮芳辛。會蘭臺之公子，來高堂之美人。問春色於烏程，醉妖歌之紅裙。擅一箸之肥脆，厭四事之羶葷。且賞一鱠之郎官，寧美雙魚於王孫。又何慕乎熊之掌，復何羨乎猩之脣。曰魚固我之所欲，又豈若鱸之美之純者乎！子蓋未之味也。"渭川叟曰："子，吳人也。味鱸之美矣，亦嘗味夫磻谿之魚乎？小者曰鮒，大者曰鯉。釣必纖其綸，鈎必芳其餌。豈假任公投以五十之犗，衞人貪以半豚之體。法鈎餌之自然，豈式魚之云爾。終一釣以得璜，啟八百於姬女。應吉卜於非熊，耀崇勳於青史。豈屑屑乎一絲之鱠，竊竊乎一味之旨。主人吞八九雲夢於胸中，迺獨羨一鱸魚之足美。盍一釣以連乎六鰲，際風雲乎龍門之裏?"主人曰："善。子盍為我賦之?"渭川叟曰："主人既味魚之美矣，豈亦知魚之樂乎?"主人曰："莊生有言，子非我，焉知我不知魚之樂乎?"渭川叟曰："然則主人既知魚之樂矣，又豈不兼知魚鳥之樂乎?《傳》不云乎? 鳶飛戾天，魚躍于淵。渺雲飛而川泳，合道體之大全。前賢喫緊為人處活潑潑地，主人豈亦知其所以然而然。"於是主人長揖而謝客，客遂援筆而竟以賦鱸魚之篇。

蜀鳥賦

緊粵山之晚春，嗟蜀鳥之愁人。歎流光之飛電，感往事而沾巾。童子怪而問客曰："客何為者?"客曰："肇昔蠶叢，啟邦西蜀。後王杜宇，嗣德匪淑。禪位鼈靈，竄身巖谷。化為子規，羈棲林木。追傷亡國之恨，每深春則痛鳴而悲哭。故蜀人聞其聲則為之迸泉而墮淚，覿其形則為之再拜而慴伏。蓋以其為古望帝之魂，而致其尊君懷古之意也。方其三春向晚，九扈既鳴。遺恨填臆，悲衷塞膺。迺振羽於北林，遂鼓翼乎東垌。望西土之萬里，發南山之壹聲。訴悲風於千古，慨往事於平生。既蚤叫而暮號，復夜哭而宵征。至若芳郊未暝，花雨猶濕，一望晚煙，千峰落日。反舌息聲，嬌鶯斂翼。於斯時也，沸百酸之攪腸，快一憤之欲雪。繞大地以哀鳴，叫蒼天而出血。羽不停飛，聲無住舌。千林夜驚，百鳥悲咽。聲聲入碧宇之雲，夜夜落空山之月。巖花為之曉紅，庭竹為之宵裂。夫何為而至斯極也? 蓋傷亡國之遺恨，慨家山之阻隔。悲白帝之芳春，憶錦宮之故闕。渺歸路之茫茫，念音書之永絕。痛百感之積中，奮繁聲之激烈。聞者莫不情感而魂驚、心飛而神越。遂使行人灑淚，孀婦沾衣。花寂寂兮春忽暮，草萋萋兮人不歸。望南浦兮靡極，渺予心兮傷悲。"於是童子垂頭而聽，抆淚而泣，松影月寒，楝華風急。客栩栩兮付莊生之一寐，何悲乎古蜀帝之亡國。

卧雲樓賦 　　　　　　　　　　李　曄

　　夫何梅山之麓,華溪之濆,景物寥遠,人烟糾紛。突百尺之飛樓,錫嘉名曰卧雲。觀其樓之勢也,寧窈穹窿,崢嶸迢遞。廣能中桌,崇不踰制。宅高岡以拓基,流丹觸於天際。棟紋絢以虹擲,瓦縫挼以鱗次。昔邪覆礨,類紫芝之葳蕤;水網浮梁,駭翠濤之屑沸。其中則有鳴琴之韻,投壺之聲,琅琅玲玲,鏦鏦鉦鉦。危梯躡空以逶邐,綺窗射日以晶瑩。文人詞伯,簪纓雜遝,疑身世之蓬瀛。其外則仙桂團圞,巖松挺特。簾風透香麝之臍,蘭影挂蒼龍之脊。亦有方巖、五指,華釜、翁嫗,馳青走翠,輸奇獻詭。峻嶒岭岈,若畫屏之在邇。其雲之狀也,非霧非霾,非霞非煙。託地游宇,如錦繡攢錯;友風子雨,如纊絮牽纏。攛兮如白衣蒼狗之幻,璀兮如金柯玉葉之妍。或觸石而漸起,或出岫而高褰。或柱蒸而煦潤,或簪宿而留連。縹縹渺渺,聯聯翩翩。謂其無心耶? 望之歘驚而變化;謂其有迹耶? 就之罔測其周旋。斯所以流形於六合之外而服御於靈仙者歟! 若元龍之裔,希夷之孫,貌若冰潔,辭如玉溫。實茲樓之所主,饗雲氣之氤氳。於是峩高冠,御輕縠,佩瑀振其衝牙,杖龍鐫其結綠。暨逍遥以遊憩,繼前人之芳躅。於是以山氣爲牀,魚鱗爲褥,枕崐崙之石,簟蘄州之竹。從容舒膝,婉轉凝目。偃仰而心張,委蛇而肱曲。鼻息吼春空之雷,臉痕印殷紅之玉。始侵尋於蔗境,漸相忘于蕉鹿。發軔於太行之巔,弭節于華山之麓。興喬喬以溶溶,思紛紛而郁郁。人之于雲,儼徘徊以相藉;雲之於人,竟紆徐以相逐。神交於廣漠之野,魂遇於虛無之谷。鄙巫峽之荒唐,真寱言而寱宿。當是時也,樓爲雲居,雲爲人身,止卧其形,匪睡其神。槐安螻蟻,於以悟榮名之妄;漆園蝴蝶,於以體天性之真。豈比夫思鄉之作,玩月之計,如絜亮之倫也哉! 噫! 黃竹之樓,清則清矣,竹有時而枯瘁;花萼之樓,麗則麗矣,花有時而飄零。詎若茲樓,以雲爲名。漠乎無倫,澹乎無情。游於帝鄉,其樂冥冥。亘古今而不息,與天地而長生。客有登卧雲之樓,嘉卧雲之趣,睆目始青，棲神太素。磨松煙，滴薇露，硯池飛北溟之魚，筆鋒掃中山之兔。倚凌雲之奇才，遂臨風而作賦。

憩耕樓賦　　　　　　俞　圮

迂生嘗夜讀書，神疲體倦，俯檻以憩。明月在地，銀河清淺。顧視四宇，渺渺乎若忘其侶，乃細詠屋梁之句。更闌興盡，弛然就寢。魂息神遊，夢與樂耕叟梅齋，履平疇，升高邱，遡清溪之流，涉芳杜之洲。優游以休，坐生於憩耕之樓。坐定，迂生起曰：「憩耕之號，可得聞歟？」叟曰：「道不同不相爲謀。出入廊廟，笙鏞治道。從容退食，俯仰紫閣。誦二代之典謨，彷彿有見於稷契。此子之志，將以書麒麟，標凌煙，爲號於天下後世者也。我則異於是。」生曰：「何傷哉！呂出夷處，人不病其殊軌；稷通顏窮，亦不害其爲同。各適其志而已矣！」叟乃莞爾而笑曰：「東皇司春，百物發生。芳草離離，鳥犍正肥。綠水澌澌，新秧正齊。楊柳依依，布穀屢啼。土脈既動，人力可施。於是操彼鎡基，舉事以時。人力既完，夕陽在山。於是載笑載言，言歸言旋。濯足於滄浪之煙，憩息於是樓之間。茹美汲新，杯觥交傳。酒酣起舞，和風在戶。擬以麗公之伍，不復知世間孰得而孰失，充然自若，有所得也。況復遭逢聖明，時和政平。五風十雨，萬寶告成。兵革不驚，官無橫征。什一之外，則嘻嘻然以卒歲。遇美景佳時，輒聚東鄰西舍，相與而樂之。撫有虞之操，和淵明之詩。南窗之清風，西窗之明月，惟吾所取而不竭者，皆憩耕之勝玩也。是吾蓋將以此終其生，遂命以爲樓之名。子知之乎？」生曰：「然。吾聞獨樂不若與人，盍亦出堯舜其君民乎哉！」叟曰：「吾將付諸子孫之賢者。」言已，遂援筆以賦其事。

君子花賦　　　　　　王世鈇

周茂叔先生有言曰：「蓮，花之君子者也。」而世之賦蓮花者，擬洛神之出水,比蔡女之蕩舟。甚謂太真爲身而初浴,六郎似面而含羞。由是群花怒甚,張拳戟髯,千百成隊,如招如迎,呼我解穢。余乃潛心祓志,含毫搆思。思夫衆芳競於春,蓮獨長於夏,有君子陽明之德;萬卉榮於陸,蓮獨滋於水,有君子潔清之性。其葉之中規,似君子之圓神;其幹之中繩,似君子之直敬。其花之外炳也,似君子之文章;其實之內含也,似君子之忠信。且淵泉溥博,似可大之業;代謝循環,似可久之德。故其沐浴膏澤,風動從欲,似虞帝端冕邃延,火丹藻綠。群后揖讓而濟濟,庶官拜稽而起伏。或展洛書之龜文,或執元圭而銳首。其亭亭參差,如同律度量衡;其燦燦灼爍,如繪華蟲絺繡。如在璣衡而七政熒熒,如烈山澤而萬炬簇簇。若乃化雨初淋,流風乍過,又似洙泗群賢,同心而浣濯;三千七十,聯袂而切琢。或布縹緗,或執干籥。卷曲兮飲水之瓢,飄翳兮浴沂之服。有時皓月揚其白羽,有時赤虹流爲黃玉。孰范冠有其蟬緌,孰紺衣表其素襮。繄雨不假卜商之蓋,簪筆堪贊言游之牘。要之,其始生也,乘六龍之德,是謂律天時;其取材也,當中央之令,是謂襲水土。自夏徂秋,歷天道小變之節;斂華就實,有風霜不隕之貞。其托根也深矣,立在三之大節;其植蔕也固矣,秉七竅而爲心。由是刻落舜英,上返太極。斗毓星羅,貫珠合璧。或藏二十四氣之仁,或含三十六宮之春。蓋向所言者君子之貌,茲所言者君子之神也。由是群花加其舒愉,載其窈窕,或斂色而忘言,或掀髯而一笑。但覺香氣徐來,元元入妙。雖然,莊生有言曰:"子非魚,何以知魚之樂?"我非君子也,又何能爲君子道,而嘵嘵不已者?聊爲羯鼓一通,逐彼粉黛窈渺。後有讀者,尚鑒吾之諤諤。

秋海棠賦　　　　　　　　　　　徐　琮

朱明謝暑,素灝迎涼。芸香舒白,苔色鋪蒼。嫣然小草,近於女牆。其花粲粲,名曰海棠。爾乃紫莖珊映,翠蓋紺籠。葩微茜而四出,房輕緗而在中。弱質如扶,輕肌似醉。姿嫋嫋而還羞,態亭亭而疑睡。於時蘭芬漸謝，菊蕊方胎。木樨有約，芙蓉未開。惟茲卉之冷艷，乃近人而嬋娟。曾郎呼爲名友，王公品以神仙。香本静涵，空傳楚材之恨；性甘聞寂，不待少陵之篇。豈蜂蝶之腥染，羌泉石兮蹁躚。方其淺靨微呈，纖枝甫發，疑巫女之方來，恍宓妃之乍謁。將訴兮語誰？欲前兮還歇。或乃綠衣風動，杏臉露零。儼越姬之怯舞，伴妃子之初醒。色授兮燕昵，魂飛兮娉婷。若夫秋雨微過，秋月始波，雨殘月霽，在彼中阿。花光零亂，花影婆娑。長信悽兮紅葉怨，昭陽望兮團扇歌。已矣哉，信知宇宙之内，惟時光之迅邁，亦歲月之蹉跎。憐香者固惜時而領取，負艷者亦撫景而誰何！拙如僕者，夢筆非淹，悲秋似玉。對窈窕之方鮮，撫葳蕤之若浴。聊舒臆以奏詞，願乘時以共勖。

詩

五　古

懷嵩樓晚飲示徐無黨無欲　　　歐陽修

滁山不通車，滁水不載舟。舟車路所窮，嗟誰肯來遊。念非吾在此，二子來何求？不見忽三年，見之忘百憂。問其別後學，初若繭緒抽。縱横漸組織，文章爛然浮。引伸無窮極，卒斂以軻邱。少進日如此，老退誠可羞。敝邑亦何有？青山繞城樓。泠泠谷中泉，吐溜彼山幽。石醜駭溪怪，天奇瞰龍湫。子初如可樂，久乃歎以愀。云此譬圖畫，暫看已宜收。荒涼—作村。草樹間，暮館南城陬。破屋仰見星，窗風冷如鎪。歸心中夜起，輾轉臥不周。我爲辦酒肴，羅列蛤與蚼。酒酣微探之，仰笑不頷頭。曰予非此儂，又不負譴尤。自非世不容，安事此爲因。幸以主人故，崎嶇幾摧輈。一來勤已多，而况欲久留。我語頓遭屈，顔慚汗交流。川塗冰已壯，霰—作霜。雪行將稠。羨子兄弟秀，雙鴻翔高秋。嗸嗸飛且鳴，歲暮憶南州。飲子今日歡，重我明日愁。來貺辱已厚，贈言媿非酬。

有馬示徐無黨

吾有千里馬,毛骨何蕭森。疾馳如奔風,白日無留陰。徐驅當大道,步驟中五音。馬雖有四足,遲速在吾心。六轡應吾手,調和如瑟琴。東西與南北,高下山與林。惟意所欲適,九州可周尋。至哉人與馬,兩樂不相侵。伯樂識其外,徒知價千金。王良得其性,此術固已深。良馬須善馭,吾言可爲箴。

夜坐聞竹聲示姪　　　　　　　　胡　則

室明窗有燈,夜暗天無月。跌坐依蒲團,竹聲助清絶。初疑小雨至,蕭蕭俄復歇。忽然變軒昂,風湍散巖穴。聽從耳根静,萬慮皆瑩徹。塵凡不待掃,境妙心自潔。奇哉不二門,欲倩維摩説。

陳同甫抱膝齋　　　　　　　　　葉　適

昔人但抱膝,將軍擁和鑾。徒知許國易,未信藏身難。功雖愆歲晚,譽已塞世間。今人但抱膝,流俗忌長歎。儒書所不傳,群士欲焚删。譏訶致囚箠,一飯不得安。珠玉無先容,松柏有後艱。内窺深深息,仰視冥冥翰。勿憂兩髀消,且令四體胖。徘徊重徘徊,夜雪埋前山。

音駭則難聽,問駭則難答。我欲終言之,恐復來噂沓。培風鵬未高,弱水海不納。匹夫負獨志,經史考離合。手捪二十年,柔條起衰颯。念烈儻天回,意大須事匝。偶然不施用,甘盡齋中榻。寧爲楚人弓,亡矢任輐踏。莫作隨侯珠,彈射墜埃壒。

題山外歸人　　　　　　　　　　胡長孺

結屋北山阿,境趣適有契。閒寂聊悦心,深密非避世。誰令賦遠遊,山空冷蘭蕙。人間萬得喪,欣戚隨所制。頗似觀優伶,笑語襍悲涕。戲弄刻漏間,陳迹安所寄。策杖歸去來,溪深亦朝厲。陟嶺見我

屋,竹柏松杉桂。雨餘青一色,净掃如作篲。行可休此足,無言得
深詣。

<h3 align="center">擬　古　　　　　　　　吳思齊</h3>

平原一遺老,九重未知名。臨危觀勁節,相視膽爲驚。折屐猶舉
手,籲天閔無成。九隂期報國,萬古猶光晶。亦有布衣人,烈烈死彌
貞。回風惜往日,輝映豈獨清。滔滔肉食輩,泚顙徒吞聲。我聞同志
士,野祭激高情。配享遺斯人,憂心每如醒。

<h3 align="center">秋夜讀書自勉　　　　　陳璪</h3>

微雨滌秋暑,灝氣清室廬。志士切自喜,夜可讀我書。涼風自西
起,日月易居諸。不及此時學,歲晏空長吁。

<h3 align="center">夏夜望雨</h3>

夏夜苦炎熱,浹衣汗淋漓。就寢不能寐,起愛南風吹。東郊競車
水,音響一何悲。西北閃電光,雨意猶愆期。仰望浮雲翔,俯察萬物
衰。徒能爲此憂,天意當何爲。

<h3 align="center">秋　夜　　　　　　　　程正誼</h3>

夜月臨前池,愛此蕭疎竹。清波搖蟾影,泠泠如可掬。知心有明
月,虛堂豈云獨。寒花庭際香,孤鶴籬邊宿。懶飲穆生酒,寧賣君平
卜。馮道終身愚,顏子不遠復。風波良可畏,世事多反覆。可憐夢不
醒,黃粱久已熟。

<h3 align="center">過釣臺</h3>

布衣有知己,但識漢王孫。吾道在雲山,何知萬乘尊。客星干天
象,四海咸驚奔。終古激清風,顯晦何足論。赤符久銷歇,釣石此猶

存。清廟松楸古,高臺題詠繁。山靈護林谷,野鳥不呼喧。千載憶高士,過茲久停軒。徘徊雲海暮,感慨寂無言。

郡齋詠懷　　　　　　　　　姚汝循

巴江清且駛,日有東歸舟。凛凛歲復暮,而我何淹留。才不瘳民瘼,位固忝邦侯。負擔過所任,踟躕增煩憂。南山有薄田,猶堪具膳羞。棄捐久不理,稂莠將盈疇。至道貴兼濟,豈固爲身謀。十羊方九牧,雅志悵悠悠。安能逐時態,坐取素餐尤。

夏夜對月

落日暑暫歇,微風蕩靈襟。囂塵净庭宇,竹樹森繁陰。皎月牆東來,照見石上琴。揮手一再鼓,悠然生遠心。鍾期久不作,千載誰知音。

秭歸立秋

暑運相推斥,昨夏今已秋。寒蟬鳴不歇,大火莽西流。人生寄一世,漂如波上漚。乃爲一尺組,而來萬里遊。琴書委不理,與言非故儔。曉起戴星行,入夜尚不休。勞勞寡懽悰,戚戚增煩憂。短景易以邁,兹歲且復周。功名建何時,霜華欲盈頭。自不堅始願,及此將誰尤。

落齒歌　　　　　　　　　王世鈇

昔有常樅子,借人覘吾齒。舌以柔故存,齒以剛故毁。余意獨不然,剛柔天所使。使齒而不剛,無所用吾齒。《易》卦明噬嗑,《風》詩歌相鼠。君不見巢父漱流并礪石,又不見蘇武齧旃又吞雪。忠臣罵賊聲切切,諫官對君懷中拾。斯是正氣爲至剛,何必久留乃金石。不慕蔡澤肥,不受范睢折。不誇編貝希早榮,不矜紅綾悲晚缺。餘論獎後生，任達戒前轍。嚼出宮商措大能，咬得馨香老儒業。成虧消息天之時，昌黎動摇今或脱。

道中遇雪　　　　　　　　　　　　程開業

軒車午睡餘，寒氣忽侵骨。風烈鳥偏翻，雲濃山漫滅。須臾雪霰飛，塵氛净皓潔。著樹梨花繁，入澗冰紋裂。籬邊凍犬嗥，廣途行客絶。起視茅簷中，炊煙殊未歇。今年秋潦盈，野田胥汩没。賴此太倉米，窮途救涸轍。最貧五月糧，下亦給三月。丁男日一升，黄叟紛提挈。脱粟飯壯夫，婦女糁羹啜。頓覺黍谷春，暖律無煩設。但得民安堵，身寒心亦悦。

早行東平道上

征軺侵曉發，遥岑横淡煙。蕎花紛皎潔，霜葉紅欲燃。方塘流潚潚，零露滴涓涓。相彼沮洳地，泥潦漸已乾。農夫蓐食出，驅犢向東阡。來牟爭播種，力作分後先。歲歉少蓄聚，各自忘胝胼。覩此發長喟，予勞亦固然。

擬謝靈運登石門最高頂　　　　　　　應　梁

晨邅石門澗，巍我標兩山。危峰信横絶，迴出層霄間。策杖尋絶頂，縹緲來雲關。遠拱衆峰秀，俯臨迴溪灣。玲瓏抗高館，庭户翠陰環。户外連深竹，徑路迷往還。寒雲蔭落落，飛泉聽潺潺。白日起幽意，清虚絶人寰。静理越可悟，只此足心閒。雲梯近在望，誰與同躋攀。

驅車行　　　　　　　　　　　　　　王　環

仁人不遺世，志士願致身。讀書長太息，投筆思古人。功名謂易就，勳業堪自陳。時際求賢會，敷奏須及辰。慨然舍兒女，逖爾别故

421

親。渡江二千里,沿洄幾易艎。舟行多阻滯,車行多苦辛。舍舟且登陸,步步生風塵。冰花飛馬足,石路碾車輪。泥濘虛脫輻,艮限悲列夤。風寒毛髮蝟,氣肅面皮皺。冰霜隨唾落,雪霰攬涂淪。輇推夫已瘁,軒輊體難伸。行行望畿甸,役役屬清晨。舉頭魏闕近,三月始知春。豈知棘闈內,欲上更嶙峋。捷足已先得,我乃躓而屯。仍復驅車行,回首懷紫宸。未效窮途哭,聊作苦行呻。少壯須努力,敢不思自珍。

七　古

送徐生無黨之澠池　　　　　　歐陽修

河南地望雄西京,相公好賢天下稱。吹噓死灰生氣燄,談笑暖律回嚴凝。曾陪罇俎被顧盼,羅列臺閣皆名卿。一作才能。徐生南國後來秀,得官古縣依崤陵。脚靴手板實卑賤,賢儁未可吏事繩。攜文百篇赴知己,西望未到氣已增。我昔初官便伊洛,當時意氣尤驕矜。主人樂士喜文學,幕府最盛多交朋。園林相映花百種,都邑四顧山千層。朝行綠槐聽流水,夜飲翠幬張紅燈。爾來飄流二十載,鬢髮蕭索垂霜冰。同時並遊在者幾,舊事欲説無人應。一作鷹。文章無用等畫虎,名譽過耳如飛蠅。榮華萬事不入眼,憂患百慮來填膺。羨子年少一作少年。正得路,有如扶桑初日昇。名高場屋已得儁,世有龍門今復登。出門相送親與友,何異離鷃瞻雲鵬。嗟吾筆硯久已格,感激短章一作章句。因子興。

贈永康周嘉成詩　　　　樂清王十朋梅溪

樂清之東,地名左原,中有古井,深數丈。時冬旱水枯,井僅盈掬。有女子數人,提罌而汲,綆絶罌墮。俄有男子鋭然解衣入井取之。既而石陷,聲震山谷,井深石重,咸謂壓者必齏粉矣。越三日,事聞於邑,尉周以職事來,環井而視,惻然嗟悼,命役夫具畚鍤,扶石取骸,將以葬焉。自旦逮午,猶未及尸。俄而,役者驚相告曰:"井底有聲。其鬼物乎?"周曰:"此陷者不死,須吾以生。"於是捐資募出之。衆力爭奮,頭顱稍露,而語可辨矣,土石撼動,勢將復壓,救者驚潰。周乃整衣焚香,叩井而拜,命工植板以捍危石,益以緡錢啗役夫,俾蹈死以救。時尚未飯,吏以進,卻之曰:"必活人而後食。"日没井昏,繼之以燭,用長綆繫衾挽而出。觀者數百人,歡呼震動。梅溪目擊其事,作詩一篇以紀。周名劭,字嘉成,婺州永康人。

樂清有地名左原,地幽井古知幾年。一朝陷溺誰氏子,萬古壓腦沉黃泉。路隔幽冥生望絶,三宿沉魂豈能活。鬼神莫救功莫施,天遣仁人爲之出。彩斾來臨驅五丁,抉石求屍俄有聲。頭顱半露語未辯,人疑鬼物相視驚。拯溺辛勤功未果,土圯石攲紛欲墮。爭言陷者不復生,救者徒遭積壓禍。梅仙惻然臨井傍,焚香再拜祈彼蒼。散金募衆蹈死救,手植板幹加隄防。土石相御危不倒,虀粉餘生僅能保。須臾奪命鬼窟中,萬口歡呼喜填道。翕然輿論咸奇公,異事行將達帝聰。感物誠居耿恭上,活人手與溫公同。況公才學俱超絶,吏隱那能久淹屈。使君前日飛鶚章,讞事詳明已廉潔。鯫生桑梓居此間,具書目見非妄傳。太史採詩儻見取,願付銀管書青編。

謫仙歌　　　　　　　　陳　亮

李白字太白,清風肺腑明月魄。揚鞭獨步止一人,我誦白詩手屢拍。嘗聞太白長庚星,夜半星在天上明。仰天高聲叫李白,星邊不見白應聲。又疑白星是酒星,銀河釀酒天上傾。奈無兩翅飛見白,王母池邊任解醒。我游金陵自采石,翫月乘舟歸赤壁。欲上箕山首陽巔,看白餐雪水底眠紫煙。又不知,在何處,漱瑤泉,酌霞杯。悵望不見騎鶴來,白也如今安在哉!我生恨不與同時,死猶喜得見其詩。豈特文章爲可法,凜凜氣節誰能移。金鑾殿上一篇頌,沉香亭裏行樂詞。此特太白細事耳,他人所知我亦知。脫靴奴使高力士,辭官妾視楊貴妃。此真太白大節處，他人不知我獨知。歌其什，鬼神泣，解使青冢枯骨立；呼其名，鬼神驚，惟有群仙側耳聽。我今去取崑山玉，將白儀形好雕琢。四方上下常相隨，江東渭北休興思。會須乞我乾坤造化兒，使我筆下光燄萬丈長虹飛。

靈　巖　　　　　　　何子舉

靈巖之境最超卓，高隱翠微浸碧落。迢迢一逕倒青松，壁立危門敞虛閣。敞虛閣，見寥廓，萬疊青山連海角。山田疎密布棋文，行看遠近分鳧雀。入虛堂，真邃寞，太山以來天所鑿。上如屈曲老龍腰，下似空明巨鰲殼。豁然平鋪如琢削，低不礙人高可摸。洞徹中開隱籟傳，虛通遠映飛光鑠。煙嵐前後如簾幙，洞戶東西迢鎖鑰。明月宵涵兩玉壺，白雲曉度長銀索。壺天春秋長不惡，瓊室夏涼冬燠若。老僧雪夜不新爐，童子炎天尚狐貉。夜靜風清冰露薄，天碧境寒河漢爍。泠泠風吹叱斗牛，浩浩清聲生萬壑。我欲飛王喬之鳧，呼丁令之鶴，架羽仗之輕車，奏靈臺之妙樂。披星機繪素以為衣，舉金莖沆瀣以為酌。呼群仙以遨遊，休此巖而宴樂。酒容漁父參，棊許樵夫著。不知烏之東飛、兔之西躍，相將遠逐無窮濱，逍遙永脫塵緣縛。

題秋江喚渡　　　　　　　胡長孺

道旁木葉如渥丹，歸急不知行路難。青嶂碧溪自喚渡，蹇驢破帽西風寒。裹頭長須甚德色，肩輕不借有餘力。人間塵土深復深，謹勿重賦招隱吟。

耕漁樂贈金華相士

憶昔力耕金華野，綠蓑青笠風煙下。扶犂荷耒豈不倦，春醅映琖清如寫。亦曾扁舟釣錢塘，長緡短棹浮滄浪。顛風駕潮濤更惡，若比世路猶康莊。安有高情唐許協，深閟神光形亦傑。還騎官馬走黃塵，江山過眼空重疊。少年壯氣若不羈,西川南海去如馳。二毛已非折腰具,況與志願常參差。長官怒罵沸于爐,口自唯諾心自怍。升斗未療飢寒憂,低徊獨羨耕漁樂。老翁雙瞳秋月如,何時照我歸鄉閭。江湖耕漁樂復樂,挂冠徑歸良不惡。

憶　梅　　　　　　　　陳　璪

覓句狂遊五千里,辜負歲寒三友志。江南十月號小春,不知梅花已開未。驛使不傳消息來,迤北天寒夜無寐。忽然有夢入江南,夢與梅花叙情意。巡簷索笑如尋常,不知身世居何地。醒來仍復在他鄉,憶著梅花心欲碎。

王子約雙鈎竹歌　　　　　李　曄

王君金華人,畫竹誇當代。此竹乃是鈎勒之所爲,坐上千人萬人愛。愛君爲人清拔俗,興來踏徧篔簹谷。籠籦桃枝紛入眼,篩簹笆篨常經目。往年曾見吳門道士張溪雲,歸晚軒中事幽獨。有時不作山水圖,戲拈銀毫書此竹。王君筆法乃過之,比似張生更神速。王君寫竹能寫形,脫略粉墨辭丹青。或如金錯刀,或如鐵鈎鏁,或如金節羽衣之婀娜,或如銀幡寶勝之飄颻。或如白鳳尾,或如蒼龍鬐。天機逞其妙,形狀何塊奇。唐時亦有蕭協律,所至清風起蕭瑟。眼昏手顫藝轉工,一十五莖稱絕筆。宋時亦有文湖州,畫竹人推第一流。能令萬籜起厓谷,出牆之梢爲最優。東坡作竹短而瘠,別試籠蔥在林僻。玉堂多暇圖一枝,別有小坡能畫石。前元作者李仲賓,琅玕卓立無纖塵。薊邱家世不易得,父子相傳俱絕倫。吳興學士趙公子,飛白之石誰能比。水晶宮中春日長,移得籃枝落窗几。後來又有柯丹邱,大葉長梢動冕旒。天顏有喜頻賜予,晚節衰颯江湖秋。諸公畫竹工畫影,隔簾彷彿瀟湘景。我欲鼓枻游瀟湘,碧雲萬頃浮天光。美人涓涓隔秋水,欲來不來空斷腸。我來乘風發清嘯,扁舟直過湘妃廟。中流鼓瑟聲鏗鏘,和取湖南竹枝調。何如曩昔行李遊京都,故人爲我共作翠竹紅梅圖。原父寫梅君畫竹,價重已壓青珊瑚。挂在成均之左廡,交遊軒冕觀如堵。天上歸來十二年,柴扉草閣荒山田,此君風節還依然。王君王君聽我語,我歌長歌君起舞。花溪水接雙溪長,與君百里遙相望,不如坐君西郊之草堂,歙坑舊硯楯而蒼,鵝溪素練雪色光,風晴老嫩任君寫,無使古人專擅長。

踏車行

南岸北岸聲咿啞,東鄰西鄰踏水車。車輪風生雷轉軸,平地雪寒生浪花。借問老農何太苦,低頭欲語還咨嗟。前月有雨田未耘,非其種者紛如麻。縣史促人應差役,令嚴豈得營私家。况當今日滴雨無,陂塘之水爭詬誶。雖如抱甕沃焦釜,蹄涔豈足供泥沙。語罷踏車車轉急,田水何如汗流濕。老妻貸穀猶未歸,力疾無奈吞聲泣。

喜雨行

五日不雨中禾焦,十日不雨晚禾死。農夫田父心煩勞,桔槔揹揹徒爲爾。俄然雲起從西北,一片飛來頭上黑。六丁雷斧開天關,不盡天瓢瀉天澤。沛如萬頃之銀潢,疾如江漢流湯湯。怒如乖龍騰變化,颯如白帝行秋光。在坑滿坑谷滿谷,此雨何殊雨珠玉。甌窶汙邪無復分,但見芃芃稻花熟。東家老翁賒酒勸,西家女兒賣釵釧。青黃未接渾未憂,屈指豐年眼中見。我歌不獨如元豐,我歌直與康衢同。此身願作飯牛翁,耕田鑿井堯無功,嗚呼,耕田鑿井堯無功!

題煙波疊嶂圖

憶昨扁舟上南斗,順風看山如馬走。前山在眼後山失,紫翠繽紛落吾手。當年見山如畫圖,畫圖得似當年無。臨軒把玩笑絕倒,蚤覺詩思生江湖。江風蕭蕭煙水暮,盡是漁翁釣魚處。安得身輕如白鷗,江上飛來又飛去。

題濟源聽泉樓

冷泉亭子深且幽，我昔杖屨曾追遊。山中正當朝雨霽，坐聽泉水
涓涓流。初如松風灑萬壑，忽如仙佩鏘鳴璆。又如蛟龍起潭窟，霹靂
閃電摧林邱。黃猨抱子挂秋影，良久不下聲啾啾。是時同行四五人，
相對毛髮寒颼颼。乃知福地難久住，卻載酒壺登綵舟。故鄉一別幾
十載，江湖浪迹如沙鷗。風塵澒洞箭滿眼，欲歸洗耳嗟何由。飛來山
色入我夢，碧松丹桂枝相樛。每逢泉石必留宿，題詩感慨無時休。胡
君亦是聽泉者，胸次磊落非常儔。何當暇日登君樓，與君作記樓
上頭。

青山白雲圖

若有若無青山之嶙峋，欲斷不斷白雲之氤氳。往往何人得此意，
高公彥敬下筆藝絕倫。我歌紫芝白雲裏，白雲卻向青山起。裁雲爲
我衣，堆山作我几。松花釀酒三千石，醉後高歌歌未已。歌罷仰天
笑，此樂人中仙。心搖赤城霞，目斷蒼梧煙。左執容成袂，右拍洪崖
肩。五雲之佩何翩翩，乘風欲往蓬萊巔。蓬萊巔，渺何處，金銀樓臺
隔煙霧。青鳥銜書海上來，千歲胡麻欲成樹。悵不往兮心茫茫，雲皓
皓兮山蒼蒼。人間亦自有真樂，還君之圖兮贈君青山白雲作。

題陳世恭所藏山水圖歌

米公老手無人繼，從此乾坤少清氣。畫師落筆頗似之，素練曲折
開秋意。上有青山萬疊之嶙峋，下有白雲千頃之氤氳。丹楓翠柏森
左右，年深乃成十抱文。白石坡頭野亭小，一葉漁舟蕩清曉。對岸想
像忘機翁，坐石蒼苔談未了。我嘗四載客金華，每見畫圖成歎嗟。垂
老歸來愛幽獨，欲借雲根半間屋。

次何贊府游壽山韻

我昔手持緑玉杖，徧觀壽山寺外峯崒之奇峰。天風吹我衣，雲氣蕩我胸。峰形峙爲五，煙霞有路遥相通。横秋雙澗橋，影枕寒潭空。上有欲落不落之怪石，下有半枯半活之欹松。一峰凌紫霄，曙色何瞳曨。金雞唤醒海底日，絶頂尚有蒼涼蹤。一峰翠氤氳，怳如武陵之景迷西東。山泉春雨餘，流出桃花紅。左右一峰若覆釜，氣蒸雲霧秀所鍾。西看瀑泉吼飛雪，乃有一峰迴出倒挂虹。影於晴穹一峰後，顧復何似贔屭儼若蟠蛟龍。輸青獻翠千萬狀，並視培塿誇豪雄。香爐紫煙遠莫致，廬山漫詫金芙蓉。伊昔當年紫陽翁，二三賢俊題名同。嗟余寥落生苦晚，不得親陪杖履遊其中。兜率臺高花雨濛，金仙趺坐青蓮宮。何當復約哦松公，靈巖石室幽絶處，笑揮白玉塵尾盡日相過從。

章三益匡山行

仙人休吹紫鸞笙，聽我一曲匡山行。青蓮居士讀書處，至今石室丹霞明。龍泉西南百餘里，四面崢嶸翠峰起。先生結菴當畫圖，正與匡山景相似。屋前屋後皆種松，坐看百尺蒼青龍。苔皮深含霜雪古，鐵幹返走風雲從。一亭下浸蒼波冷，縹緲煙雲成萬頃。中有神魚長比人，翠鬐翻動玻璨影。一亭上與浮雲齊，赤闌干外青天低。分明投壺笑玉女，彷彿出海聞金雞。東南一亭隱林樾，地位清高隔炎熱。人間赤日如火流，疎篁琅琳自蒼雪。最其秀者環中亭，周遭萬朵芙蓉青。朝來爽氣落吾袂，蘿風吹日天冥冥。鶴怨猿驚歸未得，繡衣今作青雲客。故山回首五情摇，歸夢時時到寒碧。自古山林鐘鼎同，先生況有前賢風。少待功成拂衣去，入門依舊山花紅。

題胡元鼎白雲樓 胡名鈞，永康人，官袁州教授。　劉　基

少年辭家往京國，蓬根一斷無消息。有時長望白雲飛，江海茫茫淚沾臆。歸來拜母悲且喜，悔作他鄉遠遊子。更起高樓對白雲，綵服

翩翩足甘旨。昔日望雲煎百慮,今日看雲美無度。卻憶天涯望雲日,
平生心事從此畢。

題胡元鼎白雲樓集　　　　　　　危　素

昔我使過永康縣,不及一登白雲樓。今晨開卷誦佳句,十載看雲
思舊遊。徵君卜宅面青壁,中峰最高倚天碧。千巖萬壑何玲瓏,雲去
雲來窅無迹。狄公昔日登太行,飛雲迴首倍悲傷。今君養母不出戶,
白雲滿樓煙樹蒼。我憶結巢棲危巘,手持白雲堪寄遠。脱巾欹枕望
青天,浩蕩晴空自舒卷。玉堂學士黃石公,文章變化如遊龍。定傳題
詠到京國,五采貫日觀長虹。

過安國公舊居有感　　　　　　　趙　艮

靈巖之北山盤環,宋臣遺址居其間。龍文虎脊相掩映,靈光上應
斗牛寒。山川孕秀信不偶,篤生膚碩文章首。棘闈鏖戰掇巍科,風流
肯落他人後。爵班翰苑鳳池香,詞頭假手煥天章。家學繩繩輝雙璧,
奕世禮樂身綱常。請纓一疏志恢復,煌煌使節驚沙漠。長驅直擣賀
蘭山,天驕斂手黃塵没。天運升沈可奈何,將星殞寨虛枕戈。幃白風
煙萬餘里,悲切何由奏凱歌。聖明幸不負忠義,安國錫封恩殊至。胡
爲黍稷秋離離,千載令人此翹跂。

題茗溪漁隱圖　　　　　　　蘇伯衡

臨江郡守居吳興,飄然便學嚴子陵。釣臺正枕雪溪水,春融苔滑
東風晴。落葉流水慰飢渴,三尺蠶絲釣明月。粟窩雨過藤蘿香,洞門
雲鎖茶煙歇。石盤酒熟詩思并,滄浪一曲看長庚。醉後忘情欲成卧,
濯足踏碎波光凝。如公至樂世應少,反惜淵明歸不早。數竿修竹排
翠屏,長安何似山中好。七尺梅枝拖雪遊,北風冽冽吹羊裘。夜半論
詩翦珠燭,唾調皆爲天下憂。當今昭代同堯舜,我將持策趨王命。觀

風使者如未知,爲爾敷陳著名姓。

東溪行　　　　　　　　　徐文通

仙源何處訪東溪,溪上人家秦世遺。路僻春生芳草徧,水流日坐白鷗期。白鷗相對青精飯,布衣有客從來願。岸幘談詩每入玄,逢人貰酒常折券。兩岸桃花物外春,煙艇漁簑空一身。樽前楚塞三湘雨,棹裏潯陽九派津。只憶臨流慣洗耳,不學垂簾隱都市。飄飄把釣自滄洲,即有蒲輪終不起。林間歲月山水經,茅屋數椽多聚星。陶公五柳門前綠,蔣生三徑几上青。鍊藥更求採瑤草,白髮紅顏稱綺皓。西山日落歌紫芝,南浦雲深臥蒼昊。籍籍令弟中丞公,擁麾開府雄山東。功名要在稷契上,逸思高出風塵中。一見爲予話山水,予心久逐澄江沚。水中居兮荷可衣,河之清兮誰能俟。

赤城行贈王恒叔　　　　　程正誼

赤城東蟠滄海隅,天台鴈蕩争奔趨。三山會合秘靈氣,紫芝瑤草神仙居。神仙不來洞天隱,精靈鬱結鍾爲儒。王郎之儒太豪俠,批鱗迫取驪龍珠。悲歌日從燕趙客,縱酒偏喜高陽徒。仰視浮雲白日晚,心中等閒萬事無。得意之時酒千石,醉墨淋漓滿江湖。嗟嗟王大夫,神仙有路蓬萊迂,長生有術不死誣。君家大藥熟鼎爐,不朽之業復何圖。爾衣一振華岳動,爾氣一噓海水枯。五斗折吾腰,長揖何拘拘。會須直上太華三峰巔,太乙真人邀與俱。揮毫引動巨靈掌,玉女之盆操作觚。長吟一泄天地秘,仍餘真宰還太初。

明日歌　　　　　　　　　應　耀

今日復明日,明日何其多。事事待明日,萬事成蹉跎。世人苦被明日累,明日無窮老將至。朝昏滾滾水東流,今古悠悠日西墜。百年歲月能幾何,請君聽我明日歌。

松化石吟　　　　　　　徐之駿

余邑有延真觀，唐羽士馬自然修真處也。門外有松化石，相傳是其幻化。蟠根入土，人莫能取。其皮節膚理，宛爾如松，焚之有煙，猶松脂然。既化，則松炭也。山中雖或偶見，未能多得。余家所藏一石獨妙，因賦之。

儌家幻事何處索，顛倒五行任驅策。有松孤挺千雲霄，忽作崚嶒體全易。人言是石還似松，我言似松終是石。松耶石耶真幻觀，此事驚人頻赫赫。驚人此事不知年，手試神通聞馬儌。鶴背乘風偶然過，指松化石延真前。延真門前古松赤，霧鬣風鬟舞空碧。不費壺中半黍丹，已成山下千尋石。雙龍天際交盤旋，雷電擘成石貌妍。皸皴輪困霜皮古，凹凸槎枒鐵節堅。有時割取入香鼎，裊裊數縷隨生煙。即今十里靈山路，石色依稀樹色鮮。色鮮此石無冬春，綽約寒光恒照人。我曾頓石高齋內，袍笏轉向案頭親。彈指鏗然是山骨，照眼蔚爾固龍鱗。相傳此中仍不測，莫道石朽松還新。吁嗟我鄉多靈宅，洞源何處無儌蹟。松脂石髓總爐丹，幾時與我紅塵客。君不見，黃初平，金華山中大藥成，白石叱作白羊鳴。又不見，馬自然，延真觀裏妙術傳，蒼松指作蒼石圓。何不芒鞋竹杖早入山，與爾攀松弄石白雲間。

秋日寄俞晛蒼

秋静鴈孤鳴，響入重雲寂。念予舊連枝，今胡夢中拆。舊事夢中難具陳，冷雨幽窗交苦辛。看潮錢塘幾回首，聯袂又步金臺塵。金臺花滿三春路，予也春殘花不遇。齊門抱瑟豈一人，喜君得賣千金賦。君才八斗本難量，一出蜚鳴四海揚。齒上新花多秀粲，胸間列宿自光芒。紫微正是需君急，君偏掉頭不肯入。百里殊非展驥時，一琴卻向栽花邑。琴聲花色總悠然，何必鳳池雞樹邊。魚出釜中寧是吏，鳧來雲外自爲仙。一旦秋高動歸慮，三異聲騰留不住。君心豈爲松菊縈，君心豈爲蓴鱸遽。吁嗟誰識君心微，北堂草綠心遥依。予今此情視

君切,何事予身今不歸。飛塵陌上迷行道,君在深山秋正好。松逕巖
扉月色閒,羨君高致何時到。

報國寺古松　　　　　　　　　　　　　　樓惟馴

移來泰巔干日表,勢如天池物夭矯。老枝勁幹鎖寂寥,金鼎篆煙
同杳渺。四旁佔踞管窺天,只道大雄梵宇小。行經東廊過重階,綿亘
虹龍猶了了。虬髯蟠風風亦狂,龍鱗攪日日偏忙。寺鍾高隨濤聲亂,
簷鳥低映顏色蒼。蒼蒼橫豎都錯落,摩梢止堪踏老鶴。不入漢時處
士家,并辭秦代大夫爵。古貌挺然懷古心,枯僧練摩宜般若。

海　棠

繁枝直聳欲橫天,如松如柏歷千年。高低深淺迷紅赤,香在昌州
翻不傳。春夜倚窗睡未足,照粧燒盡滿堦燭。東坡若見此間奇,須補
花中一語錄。

松化石歌　　　　　　　　　　　　　　　應泰華

延真觀前奇樹多,虬松鬱鬱森婆娑。茯苓芝節雙呈瑞,經霜彌茂
不改柯。物窮則變變則化,此理由來兩代謝。雖然頑質未通靈,指迷
自有神仙咤。鹽官羽客馬自然,燒丹煉汞松之前。丹成已就飛昇術,
無忘嘉樹幾留連。指謂此松栽植久,蟠桃子結尚未朽。沐浴日月三
千年,會當蛻骨離塵垢。是時仰顧天宇清,夕陽明滅照山城。忽見片
雲生遠岫,風伯雨師相繼行。頃刻階前水盈尺,萬木怒號喧坐客。一
聲霹靂震林坰,十里鉛松成怪石。松性何如石性堅,鐵皮鱗甲相新
鮮。貞心不肯拜秦爵,罅漏待補媧皇天。自唐迄今歷千載,土中往往
見精彩。謾訝根枯葉不抽,細睇膚理松紋在。邇來好事勤搜尋,或以
枕筆或薦琴。大者數尺小數寸,珍玩有如球與琳。咄哉世事幻莫測,
俯仰今古爲太息。試看靈根護井欄,一任風雨苔蘚蝕。神物顯晦自

有時，仙踪寧久埋荒陂。會見大力與拂拭，煥發精光照鼎彝。

呂孝子詩 <small>名宗福。賣身葬親。</small> 樓　杰

孝子生來性椎魯，養親不惜身勤苦。用勞用力奉晨昏，委曲承歡欣且舞。無何風木悲不寧，哭不成聲淚如雨。四壁蕭然剩一身，棺槨衣衾何處賈。徧呼將伯肯助余，吁嗟盡是守錢虜。自顧此身儼尚存，何妨鬻作富人豎。伥伥東入淮陽家，署券欣然色無沮。因兹博得楄柎財，郭外纍纍封抔土。一盂麥飯別荒邱，委身甘與輿臺伍。殷勤服役凡幾年，隱姓埋名圖報主。主家有女求媵臣，屈指首將孝子數。孝子知之慘傷懷，百感茫茫摧肺腑。引身避去恨遄逃，贖身歸來乏資斧。乃返商於族中兄，<small>名春生。</small>兄亦赤貧嗟無補。再四營得如干金，持以歸元離網罟。可憐兄弟各煢煢，相依不啻扶兩瞽。似續迄無一綫延，天道悠悠竟難覩。我知天道與善人，不爭一時爭千古。君不見伯道當年亦無兒，孝悌休聲自宏溥。即今孝子身雖亡，應有鴻名光宗譜。

五　律

梅　花 陳　亮

疎枝橫玉瘦，小萼點珠光。一朵忽先變，百花皆後香。欲傳春信息，不怕雪埋藏。玉笛休三弄，東君正主張。

偶　成 呂　浦

住近清谿曲，灘聲十二時。雨深莎草徑，風壞槿花籬。欲學淵明曠，難禁宋玉悲。麴生風味好，時復一中之。

孤山次李明之韻

古是逋仙宅，今遊昔未過。停車三奠酒，彈鋏一悲歌。鶴去衝霄遠，梅存古月多。春風枝上夢，遺恨滿庭莎。

山　行

紅樹一村曉，黃花兩逕秋。好山原不改，淺水自長流。風落經霜果，人驅渡水牛。山翁聞客至，隔屋喚新篘。

思　歸

凍雀噪疎籬，雲愁雪半垂。梅函春信蘂，松老歲寒枝。心醉非關酒，羈愁欲廢詩。鴈飛山月上，歸夢遠天涯。

餞俞邑侯歸鎮江

名重金閨彥，行魁玉筍班。春風花縣靜，秋月棘闈閒。欹枕一軒雨，開帆兩岸山。歸舟何日到，北固是鄉關。

秋　曉

破扇未盈篋，殘燈猶照窗。夜涼人靜獨，月曉鵲飛雙。俗慮詩分遣，愁魔酒借降。酒醒愁復戰，白露滿秋江。

東覺明寺　　　　　　　　　李　曄

招提重到處，秋色正紛紛。紅葉皆新句，青山只舊雲。姓名雖動俗，心跡喜離群。因與閒僧話，相忘落日曛。

山　居　　　　　　　　　　韓循仁

避地來東谷，蹉跎已二年。青山常對面，白髮漸盈顛。釀黍時邀客，餐芝謾學仙。此生通與塞，一笑總由天。

桃　巖　　　　　　　　　　黃潛

立石平如削，飛雲近可梯。莫窮千古勝，但惜衆山低。靈草經年長，珍禽隔樹啼。人言舊朝士，感事有留題。

夜訪石門於壽山麗澤祠　　　　程　銈

淅淅聞山籟，遙遙起洞天。五峰雖永夜，孤鶴自長年。巖瀑飛珠雨，桃花散錦川。我來忻對榻，山外任浮煙。

遊壽山　　　　陸　黿

嘉靖丙戌九月既望，余自仙居訪石門子於芝英，遂相與遊壽山，累宿不能去，因次石門韻。

昔聞壽山勝，今上壽山臺。白日千峰合，清秋萬壑哀。冥濛觀衆妙，磊落見群才。共識無言意，非關有象來。

寶山院方丈　　　　程文德

喬木山門古，疎鐘晚閣初。文輧此同憩，客興欲全舒。酒共燈花落，詩還貝葉書。百年吾道在，谿谷任盈虛。

毘盧閣

高閣欣鳴鳥，清樽對落楓。雲開朝雨後，日散午煙中。坐久地逾寂，心虛山更空。菊殘猶見爾，歲暮與君同。

靈巖山　　　　徐文通

歇馬空山裏，蹉跎又隔年。法筵春雁改，梵語客心憐。雨颯瓊花落，經翻貝葉傳。上方聊假寐，明月夜深懸。

鐘磬扣禪扉，松蘿鉤客衣。煙霞來復去，車馬是還非。秋色浮甘露，泉聲滿翠微。祇應留石室，累月未言歸。

客子憩東林，翛然俯北岑。花陰趺座淺，草色臥鐘深。衣著翠微潤，琴虛流水音。平生慕邱壑，從此豁塵襟。

重過呂家莊

再向田家宿，青山好月來。主人饒逸興，場圃一尊開。耕叟攜鎡入,漁翁罷釣回。狂歌不惜醉,呼取盡餘杯。

送 客

長安送歸客,忽漫起鄉愁。對此園中樹,猶疑江上樓。秋風鴻鴈度,落日暮雲浮。誰忍窺旌旆,平林黯自收。

別李三員外

世路誰知己,聯曹獨使君。高懷傾白日,古調入青雲。可惜三秋月,言將萬里分。新詩如欲寄,予在越江濆。

過東林寺

晉代東林寺,名山廬嶽峰。不逢蓮社客,空覓虎溪蹤。落日榮巖桂,秋風響澗松。星軺違夜宿,回首白雲重。

詠趵突泉

斯泉何滾滾,日夜不曾閒。彷彿來銀海,嵯峨到雪山。倒流衝漢上,歕玉向人間。無謝金莖露,如君可駐顏。

長 途

長途傷客思,日暮不成歌。馬踏湘雲重,衣霑楚雨多。秋山看木葉,遠水落魚蓑。蜀道千巖外,江鄉意若何。

宋 生

宋生詞賦客,何處訪孤墳。楚國唯秋草,陽臺空暮雲。心期恒異代,搖落重懷君。獨有宜城土,啼鵑不忍聞。

松陵驛阻雨

雲失松陵道,篷窗醉復歌。江城春欲盡,客路雨偏多。岸折迷青竹,村虛長綠莎。飛鷗不解事,故故掠帆過。

草　堂

何事江南客,偏憐至後春。草堂懷古地,杯酒遠遊人。歲逐寒潭暮,梅開醉眼新。同袍萬里外,佳句共風塵。

小　園

結廬臨越水,卻類楚鄉青。野曠浮雲夢,天高瀉洞庭。蔣公求友徑,范客種魚經。萬事歸來好,江湖有釣星。

夏日過崔園亭同汪李員外謝山人三首

長夏耽幽興,園亭特地來。人從松徑入,席向竹林開。細雨添詩思,輕風上酒杯。不愁歸路晚,膠漆有陳雷。

勝地一相過,言同鄴下才。開尊臨曲徑,隨意坐蒼苔。深院高雲度,青天細雨來。幽懷須好月,歸騎莫頻催。

月臨花影静,雨過竹痕新。不共芳辰醉,其如百歲身。風流朋與好,疎散性情真。何日辭城郭,南山守角巾。

留別徐員外

祇役趨南國,踟躕別故人。寒砧催木葉,落日下城闉。古調嗟誰識,高懷覺自真。不知燕市月,何處又相親。

獨　坐

吾道未爲艱,歸來好駐顏。分畦花與竹,鑿牖水還山。臥聽樵夫語,坐看漁子閒。無須尋五嶽,只此出人間。

方巖晚眺　　　　　　　　　吳安國

峭壁平如削,晴嵐望更賒。泉飛峰際雨,石鎖洞中霞。松老還巢

437

鶴，林深欲斷鴉。疎鐘夕陽外，長共飯胡麻。

壽山瀑布

桃花峰上水，萬丈灑晴空。到壑看珠碎，懸崖曳練同。非煙籠樹杪，疑雨濕花叢。總覺塵心洗，清音瀉晚風。

石室小酌酬徐大夫

不信桃源路，招尋路轉深。日斜蘿徑靄，雲鎖石門陰。丹竈茶猶沸，琳宮磬已沈。願留徐穉榻，同卧碧山岑。

題延真觀　　　　　　　　呂文熒

昔日追遊地，今來路不迷。樹深重閣晚，天闊亂雲低。玉訣憑誰問，松醪不自攜。倚欄還獨立，點筆一留題。

自橫梁泛舟還郡　　　　　　姚汝循

解纜橫梁渡，鳴橈濯錦川。秋山初過雨，夕漲欲浮天。四野明殘照，孤城合暮煙。媿無仁者政，竹馬亦橋邊。

古　意　　　　　　　　　程正誼

寶鼎檀煙細，銀瓶鬱酒香。曉鶯啼玉樹，春燕語金梁。粉黛宮粧麗，笙歌秋夜長。可憐更漏盡，猶未罷霓裳。

王恒叔以諫議大夫出試蜀多士未幾擢參蜀藩余亦偶補蜀憲且喜並轡天涯而恒叔尋調粵余入蜀閱月則亦報移粵藩與恒叔同舍相見歡甚爲我賦一律用韻答之

嶮巇西蜀道，萬里錦江橋。巴水注三峽，峩眉凌九霄。征矛渝嶺暮，客夢楚天遥。卻恨乘槎客，先移粵水橈。

孤劍桑乾水，雙旌大石橋。彩毫空萬古，芒屨破層霄。玉壘銅梁舊,巴山錦水遙。此中饒勝事,明月渡江橈。

憶昔西征事,停驂駟馬橋。封章留瑣闥,桃李種雲霄。天竺西來近,金臺北望遙。壯遊誇絕勝,千里錦江橈。

八月君來蜀,頻游濯錦橋。眉山元積雪,秦嶺忽重霄。石室千篇壯,金門萬里遙。那堪青瑣客,學鼓洞庭橈。

席間和魏雲叔楊瑤文韻　　　　樓惟馴

咄咄何年客,魚車不望鄉。五窮媚骨短,一淡交情長。落塵攜餐冷,夢花入榻香。青鏤君可獨,捧句怯評章。

癭儒耐百拙,翻肖虎頭痴。貧樂親朋許,煖寒客主宜。囊空境自寂,壁固路無歧。更快馬帷近,指南獲我思。

方　巖　　　　尚登岸

盤巖驚力倦,遙擬就山眠。選樹全遮影,挑雲半壓肩。竹斜清宿澗,松漲碧留天。耐險凌幽勝,斜陽醉晚巔。

登壽山遊五峰書院先儒晦菴公及東萊龍川
諸先生講學地也爲賦小詩志感　　　朱　謹

披襟雙洞口,策杖五峰前。天影留巖壑,松聲禁瀑泉。亂雲樵擔出,斜日客心懸。獨立空懷古,回眸一惘然。

禮樂青山在,弦歌白日長。眼前春草意,塵外早梅香。穿洞登儒域,凭樓面聖牆。詠歸循石徑,飛雨欲沾裳。

籃輿巖下去,何事首頻回。惘惘悲遲暮,行行入草萊。忽從歧路轉,別有一天開。田父休相問,桃巖看瀑來。

戊寅新春雪鴻先生遊於壽山方巖值予有
太末之行不獲與偕稍次原韻代柬　　　沈　藻

吏治難乘暇,尋幽足不前。無由眠醉石,遙擬看飛泉。夢逐鳴驄往,心隨顧兔懸。閒雲度遠嶺,相望亦悠然。

開春早行役,極目水雲長。桂櫂帆偏急,蘭谿酒自香。林開松竹徑,門掩薜蘿牆。瞻彼幽人吉,何須露濕裳。

涉江千里道,仰首覩昭回。曉月流寰宇,春風徧草萊。洞延高士入,山自大儒開。遙擬遲留處,森然萬象來。

方 巖

絶壁無他徑,懸崖只一關。昔賢從此入,今日未曾還。道在非仙佛,神存亦孔顏。愚民知報祭,信極反成頑。

竹月明初地,松雲覆古祠。並無開士法,今有寓公詩。高步神明接,清吟草木知。塵襟猶未洗,來日願追隨。

戍樓燈　　　　　　　　　徐 琮

敵樓燈焰紫,征士正思家。白草關山笛,黃雲日暮笳。星河搖雁磧,燐火冷龍沙。五漏聲聲轉,燭殘泪亦花。

壽山石洞　　　　　　　　　應 壞

策馬古樵路,清幽別一天。巉巖藏虎豹,深谷走雲煙。野菊疎籬放,孤松峭壁懸。登臨企風烈,仰止景前賢。

不覺登臺晚,啣山落日斜。野煙迷遠岫,村霧落平沙。度嶺歸雲疾,爭林倦鳥譁。蒼茫深樹裏,何處是人家。

次劉明府登方巖韻

長虹橫木末,盤轉一峰高。斷澗安橋上,懸崖置屋牢。雲中聞鳥語,天半聽松濤。速客山僧老,欣然進濁醪。

扶筇登絶巘,飛鳥逐人投。放眼千尋頂,置身百仞樓。詩情誰與共,遊債老難酬。但得山房靜,何妨五日留。

過德州城　　　　　　　　王　環

大道通南極,河關地勢雄。野平天似幕,岸曲水如弓。客路青無限,人家翠一叢。危檣臨睥睨,鄉思月明中。

晚過武城

薄暮臨河曲,回看幾溯沿。水瀠疑地轉,野曠覺天圓。北上千檣列,南歸一棹旋。武城今夜月,對景試鳴舷。

雨後舟思

細雨灑平沙,遊人正憶家。渡頭青草晚,天外白雲遐。客思隨流水,詩情亂吠蛙。歸與何日到,一看曉園花。

舟中望遠山

乍轉瀠洄水,欣逢平遠山。客心忙不極,山態靜偏閒。放眼看塵世,知予共大寰。何分南北路,相對解愁顏。

滄州晚眺

極望情何限,閒觀興亦豪。沙平殘照遠,水落浪痕高。一葉漁家艇,千檣柳外漕。維舟鄰草屋,幾憶舊蓬蒿。

壽張舟中

閏五月初吉,輕舟過壽張。平山青入郭,曲水碧圍莊。南北沙河路,東西石磧梁。歸途消客況,相向正他鄉。

兗州道中

西出闌漫道,寒深二月辰。風塵生馬足,冰雪碾車輪。南北途千里,關山客一身。自憐樗里士,不是浪游人。

野院偶憩

野徑萍蹤合，行來別有天。露明深院竹，雨淨小池蓮。客燕猶依宇，賓鴻已宿田。茯苓堪作枕，松老不知年。

泊桐琴　　　　　　　　　陸　坊

百折二三里，難爲旅客心。空塘喧水碓，野市入桐琴。篙刺雲根活，舟移石角侵。翻宜逢暴漲，渙渙碧流深。

古　山

古山山色古，無復古時人。黃鶴幾回到，碧桃千樹春。田高常苦旱，瀨淺不成津。鄭白渠堪仿，憑誰水利陳？

避暑五峰　　　　　　　　　仰山子

避暑得深幽，忘年遂久留。花陰窗失曙，松合徑先秋。闇谷傳人語，鳴泉洗客愁。家鄉不在此，到此可歸休。

五言排律

別方巖　　　　　　　　　胡　則

端拱元年春，僕與湖湘陳生束書居方巖僧舍。暨命駕求岳牧薦，應天子舉，將與僧別，率爲五言十二韻，書于屋壁下。卜商曰："動天地，感鬼神，莫近于詩。"僕罔敢！知而復爲，或言之者無罪，庶幾懷矣，知我無所隱焉。仲秋月朔胡則書。

寓居峰頂寺，不覺度炎天。山叟頗爲約，林僧每出禪。虛懷思往事，宴坐息諸緣。照像龕燈暗，通宵磬韻傳。冥心資寂寞，琢句極幽玄。拾菌寒雲下，烹茶翠竹前。遠陰臨岳樹，清響答巖泉。僻徑無來客，新秋足亂蟬。林風生井浪，溪雨長苔錢。自省隨浮世，終難住永年。徧遊曾宛轉，欲去更留連。明日東西路，依依獨黯然。

武侯祠　　　　　　　　　　　程正誼

魚水誠難得，奸雄恨未除。盡心劻漢室，誓死託遺孤。兩世三巴國，千年八陣圖。貞心能自竭，衰運不堪扶。上將雄才蹶，英君中道徂。出師還食盡，報主豈謀疎。二表憂思切，三升骨血枯。誰能支大廈，自分委微軀。一念臣愚畢，千秋帝業蕪。明良堂陛有，忠義古今無。元像依松壑，英風滿蜀都。

和佑順侯別方巖原韻　　　　　　沈　藻

昔賢遊息地，門掩一方天。山是仁人宅，心爲儒者禪。林泉爲故業，雲物是良緣。花向澗邊落，香從空際傳。放歌邀太白，結想入重玄。道在先民後，神遊皇古前。仁恩滋蔀屋，明德配清泉。遺愛春池雨，歡聲夏木蟬。建功開甲帳，爲國免丁錢。雲去常留影，松高不記年。像依金地設，身與婺星連。蠹簡披清詠，臨風一爽然。

秋日署中述懷　　　　　　　　　徐之駿

郭外經行罷，簷端景色開。寒蟬鳴斷續，弱燕舞低佪。暑入濃雲散，涼隨細雨來。夜初螢半出，秋早鴈方回。酒氣消孤榻，茶聲沸亂杯。棲遲身漸懶，俛仰意旋灰。奉檄羞微禄，盤根嘆菲材。夢中三徑隔，鏡裏二毛催。報國憂顛蹶，思家願溯洄。梁雲空屬望，謝樹未知裁。山好無叢桂，溪清不近梅。何當酬雅志，落日一登臺。

七　律

二遺詩　　　　　　　　　　　陸龜蒙

二遺詩者何？石枕材、琴薦也。石者何？松之所化也。永康之地多名山，中饒古松，往往化而爲石。盤根大柯，文理具析，好事者攻而置於人間，以爲耳目之異。太山羊振文得枕材，趙郡李中秀得琴薦，皆兹石也，咸以遺予。以二遺之奇，聊賦詩以謝。

誰從毫末見參天，又到蒼蒼化石年。萬古清風吹作籟，一條寒溜
滌成川。閒追金帶徒勞恨，静格朱絲更可憐。幸與野人俱散誕，不煩
良匠更雕鐫。

奏免衢婺丁錢　　　　　　　　胡　則

六十年來見弊由，仰蒙龍敕降南州。丁錢永免無拘束，苗米常宜
有限收。青嶂瀑泉呼萬歲，碧天星月照千秋。臣今未恨生身晚，長喜
王民紹見休。

紫霄觀

綺霞重疊武陵溪，鷲嶺相將路不迷。白石洞中人乍到，碧桃花下
馬頻嘶。深傾玉液琴聲細，旋煮胡麻月色低。猶恨此身閒未得，好同
劉阮灌芝畦。

水　村

畫橈兩兩枕汀沙，隔岸煙蕪一望賒。翡翠閒居眠藕葉，鷺鷥別業
在蘆花。溪雲漠漠迷漁屋，野旆翻翻露酒家。一幅江南真水墨，無人
寫得寄京華。

答侍郎胡則　　　　　　　　范仲淹

都督再臨橫海鎮，集仙遙綴內朝班。清風又振東南美，好夢多親
咫尺顏。坐笑樓臺凌皓月，行聽鼓吹入青山。太平天子尊耆舊，八十
王祥未賜閒。

清渭八景詩　　　　　　　　何子舉
清渭晴嵐

清渭盤旋似太行，嵐光過雨鬱蒼蒼。氤氳如霧凌空起，縹緲隨風

到處揚。谷轉孤村芳樹緑，水流雙澗落花香。興來秣馬尋高隱，泉石徜徉樂更長。

箭山晚翠

日落啣山照畫屏，箭山鬱鬱歲寒青。昂霄巨榦成梁棟，裂石盤根長茯苓。風撼碧濤驚鶴夢，雷轟鐵鎖悦龍形。由來秀蔭觀音廟，血食千年顯電靈。

北澗雙流

華溪有水緑如苔，迎會雙溪右澗來。二派合流川兩道，四山環擁翠千堆。尋源未許停漁棹，修禊應堪泛羽杯。夾岸桃花開爛漫，落紅隨浪泛天台。

指崖一覽

指崖屹立鎮山川，萬丈巍巍勢插天。風日雙清時有限，乾坤一覽景無邊。東西兩峴丹青獻，南北群峰紫翠連。我欲淩風登絶頂，一聲鐵笛叫飛仙。

桐畈犁耕

村北村南布谷聲，《豳風》歌罷足關情。攜朋日向東園酌，佩犢時從谷口耕。花雨一犁春信早，稼雲萬頃歲功成。君王正此招賢用，胡不當初顯姓名。

派溪釣隱

派溪有水碧無瑕，結屋臨溪釣隱家。稑子敲鍼依柳樹，扁舟罷釣泊蘆花。子陵辭漢千年遠，尚父歸周兩鬢華。祗恐客星難障掩，一竿未足了生涯。

大隴秋雲

迢迢大隴似眠牛，多少村莊築此坵。玄室幽深埋玉樹，曉雲飛遶護松楸。栖遲每入林間渺，變化長從海上浮。正是蒼生多渴望，作爲霖雨濟田疇。

高村夜月

緩步高村納晚涼，徘徊更覺景難忘。一輪月照碧梧影，萬壑風飄丹桂香。蘇子何須遊赤壁，群仙正好泛瓊觴。洞簫吹徹東方白，玉兔還留不夜光。

及第謝恩和御賜詩韻　　　　　陳　亮

雲漢昭回倬錦章，爛然衣被九天光。已將德雨平分布，更把仁風與奉揚。治道脩明當正宁，皇威震疊到遐方。復讎自是平生志，勿謂儒臣鬢髮蒼。

春　日　　　　　胡之純

春風蒲柳曲江頭，恨與春波不盡流。鶯喚新聲啼綠樹，燕尋舊壘認朱樓。百年驕豢吳兒脆，一味清談晉士休。千古興亡惟有淚，漫山花雨杜鵑愁。

壽　山　　　　　黃溍

鑿開混沌是何年，一石垂空一髮懸。飛瀑化爲天下雨，老僧常伴白雲眠。舊遊不改桃源路，化境能同杞國天。回視人間成壞相，無端劫海正茫然。

和　韻　　　　　胡翰

一峰橫闢五峰連，巖屋層臺勢絕懸。日月只從空外擲，雲煙渾似洞中眠。泉飛玉雪常清暑，木落軒窗始見天。四十餘年黄太史，足音兩度走跫然。

和　韻　　　　　　朱　濂

講筵陳説記當年，須念蒼生急倒懸。曾奪鴻儒重席坐，卻分老衲半牀眠。玉堂雲霧真成夢，石室煙霞别有天。明日紛紛塵土裏，可憐回首一淒然。

梅　花　　　　　　吕　浦

歲晚天寒日易曛，竹籬茅舍自相親。槎牙老樹一痕月，摘索疏花數點春。山澗水明冰骨格，江隄雪隱玉精神。逋仙去後知音少，强倩微吟爲寫真。

前　題

夜踏江邊一徑沙，手摇殘雪折梅花。多情索笑探春信，有恨相疏隔歲華。香透暗風過野徑，影隨寒月到山家。膽瓶貯水和冰插，到曉花開未吐葩。

九　日

病倚西風兩鬢華，門前水竹是吾家。無錢誰解憐陶令，有帽從教學孟嘉。絶岸未霜猶緑樹，疏籬過雨欲黄花。鄰家小甕今朝熟，一笑呼童且問賒。

五老峰 即桃巖。去家西十里。五世祖雲溪翁構亭爲憩戲地。山有五峰，因借廬阜五老以名之。又構堂曰六老，亦猶六一居士意。臨卒，有“雲迷五老難尋覓”之句，遂葬是山下。

桃巖水落桃花洞，散入江湖无盡頭。明月不隨流水去，白雲長伴

故山幽。龍歸雨送千峰暝,虎嘯風生萬壑秋,六老堂空山寂寂,雙泉
飛處使人愁。

雜　興　　　　　　　　　　呂文燦

南國金湯氣勢雄,吳山越水本相通。比來將相臨邊待,不覺塵埃
掃地空。翡翠拂雲連甲帳,蛟龍隨仗出離宮。太平無事修文物,制誥
還追兩漢風。

由來雲物喜從龍,草昧英雄此日逢。南海蠙珠頻入貢,東吳秔稻
舊曾供。招搖光動朱衣舉,閶闔天開紫氣重。早晚車書當混一,再修
玉檢事東封。

贈許存禮

空山雨雪正愁余,乘興相過慰索居。百代文章心事苦,十年戎馬
鬢毛疎。遼東避地還成邑,稷下遭時各著書。何日雙泉重把盞,蒼茫
分手意躊躇。

遊青山詩　　　　　　　　　李　曄

行人遠問青山口,主者頻迎綠水頭。遮午樹陰纔入路,滿身雲氣
忽登樓。桃源雞犬隨親到,盤谷詩書不外求。景物蒼茫題未盡,杖藜
他日重來遊。

壽　山

雙澗橋西五老峰,分明朵朵翠芙蓉。半空絕壁開金像,一道飛泉
噴玉龍。怪石坐來斜聽鳥,曲欄憑處倒看松。平生自倚凌雲筆,不媿
山僧飯後鐘。

方巖喜雨

觸熱區區到上方,疎簾小簟夢秋光。片雲忽作千峰暗,一雨能爲

五月涼。從此統兵無戰伐，況今多稼免逃亡。天涯野客雖寥落，吟罷新詩喜欲狂。

石室山

石室初從混沌分，呀然一竅氣氤氳。山僧常住黿鼉窟，野老能穿虎豹群。行怪帽簷常碍蘚，坐驚衣袖忽生雲。何時更借禪牀臥，六月松風絕頂聞。

大通寺

大通寺裏題詩處，鎮日晴雲繞筆端。蘇晉醉來偏好佛，陶潛老去不求官。紺樓未午鐘聲動，綠樹生秋雨氣寒。因學山僧燒筍法，瓦杯行酒罄交歡。

和李草閣遊青山原韻　　　　　方孝孺

先翁延士能青眼，草閣尋盟已白頭。雲外桂叢招隱地，窗前山色賦詩樓。當年道義非深契，經世文章豈易求。繼述有人遺翰在，珍藏千古仰交遊。

答胡叔敬對菊　　　　　韓循仁

臨觴便擬邀陶令，對景還應憶孟嘉。世事無情惟白髮，秋容難老只黃花。吟邊自嘆愁長在，客裏無因興倍加。天上故人成久別，幾回清夢到京華。

東籬佳菊足娛情，洛下名花只寧馨。共許松篁同隱逸，未應風雨遽飄零。留賓且酌杯中酒，進德須觀座右銘。爲語同懷隱君子，茹芳端可制衰齡。

題胡季祥華溪送別圖　時季祥以才名徵。　　謝　忱

寄迹林泉鶴與群，於今翻翩入雲程。文章詩禮須年少，事業功名

屬老成。溪柳生煙偏綣意,山花笑日若多情。吴江水滑風尤疾,一片征帆上帝京。

華溪釣隱　　童　燧

釣隱華溪誠自豪,齊門操瑟非吾曹。綸竿百尺水雲渺,鐵笛一聲山月高。放鶴引尋紫芝洞,得魚醉卧滄江濤。黄塵滿地不歸去,萬里天風吹布袍。

題府館風月臺　　潘　珏

兩度華溪驛裏栖,重來移館驛亭西。便誇景勝乾坤别,莫怪年來屋宇低。坐執簿書銷舊案,閒收風月入新題。悠然清興誰能會,正是山前雪漲溪。

黄花澗　　朱　方

佳致奚容俗眼觀,蕭然只好伴幽閒。花生陰地無多蕋,澗入深秋大半灘。冷澹況居煙雨外,孤高偏在水雲間。半生誤入迷途過,詩酒將來補舊歡。

石壁亭

天公偏解助幽奇,一壁如屏立翠微。地不多餘亭子隘,石居强半竹莖稀。巖花隨意争春發,山鳥忘機傍客飛。愛勝不知歸去晚,煙雲滿地月東輝。

屏山樓

危樓高架倚層空,天造屏風體勢雄。竹樹巧敷濃淡碧,杏枝分抹淺深紅。鳥飛不出煙蘿外,雲散還歸石洞中。晴景不迷陰更好,雨花浮翠入簾櫳。

茂清軒

爲嫌塵務日囂如，擇勝營軒共客居。萬綠壓簷牆過竹，一清遶屋石通渠。鳥啼深樹延賓罷，魚散澄淵洗硯餘。醉臥不知雲氣重，就牀沾潤讀殘書。

登白雲亭　　　　　　　　應廷育

誰揭新亭號白雲，應教後學踵芳塵。層巒曲澗原依舊，往古來今只此人。清世衣冠還樂聚，空山草木總回春。追思當日歌游盛，彷彿簫韶滿大鈞。

見一堂

清朝風誼激儒紳，未老投簪詎一人。名德如公真絕俗，隱淪媿我亦同塵。洞清縈濯黃花水，地迴堂延綠野春。擬就書軒分半榻，肩輿端不畏公嗔。

静觀亭

不將車馬競京塵，解組歸來自養身。俛仰一亭天地小，卷舒千古簡編親。翠交庭草禽聲滑，碧湛虛池月色新。商略静中真趣味，逍遥信是葛天民。

續蘭亭

亭上茂林修竹攢，亭下幽蘭曲水環。幻出山陰真勝概，結來洛社舊衣冠。未須俛仰嗟陳迹，賸有風流紹壯觀。我賦新詩追逸少，他年應付畫圖看。

長洲訪常劉二子　　　　　　程文德

籃輿春晚度浮梁，懶問城闉六十坊。小艇忽臨山盡處，美人宛在水中央。疎籬仄徑紆邨巷，穉柳夭桃映草堂。流寓江山元有分，翛然安土即吾鄉。

送徐汝思參議之山東　　　　　王世貞

散帙明燈至故人，焚魚酌醴坐相親。未論開府諸侯貴，且數遊燕萬事新。說劍寒星高北斗，褰帷春雪滿東秦。憐予莫嘆薪從積，留得朝來爨下身。

岱宗　　　　　徐文通

岱頂凌霄十八盤，中原蕭瑟思漫漫。振衣日觀三秋曙，倚劍天門六月寒。風雨黃河通瀚海，星辰紫極近長安。小臣願獻蓬萊頌，閶闔高懸謁帝難。

紫氣騰空護帝都，山川杳藹入看無。乾坤忽合東溟注，日月還臨北極扶。秋色歸鴻淹客鬢，清樽過雨對蓬壺。憑高莫問前朝事，帝子不回空大夫。

天簇峰巒青帝居，層陰晝鎖漫踟躕。中原郡國秋笳晚，萬里山河夕照虛。玉女空傳三島藥，秦王不駕五雲車。當年卻笑相如誕，身後還遺《封禪書》。

秋同王元美登蓬萊閣

起草明光漢近臣，三齊心跡共風塵。天邊蓬鬢逢秋色，海上清樽對故人。末路黃金誰得問，中原白羽自堪論。南夷重譯何年事，擬共銷兵慰紫宸。

高閣凌虛大海開，秋風蕭瑟逐人來。波濤勢接兵戈氣，鴻雁聲添鼓角哀。倚劍中原雙對酒，放歌萬里一登臺。浮雲何計收西北，悵望京華首重回。

秋同王元美憲副遊雲門

秋山海色坐相望，箭括穿空劃大荒。玉女自開明月嶂，仙人遙度赤城梁。天盤渤澥吞蓬島，地敞青邱吐少陽。環珮聲稀霜闕近，欲寒星斗賦長楊。

雲門高峙古青州，一望迤迤海氣流。使者靈槎疑泛斗，神仙遺世只居樓。中原雉堞秋風早，大峴旌旗暮雨收。齊塞年光同滯客，清樽相對笑吳鉤。

五月舟中有感

孤舟客思感長安，細雨衝帆夏亦寒。寡和《陽春》歌自好，見疑明月擲空難。書生敢論麒麟相，劍略多慚獬豸冠。昨夜南風吹綠柳，鶯聲真作故園看。

泛　海

蓬萊有客此淹留，落日波光大海流。積水奪將天地色，浮雲不盡古今愁。十洲瑤草環宮闕，八月靈槎泛斗牛。瀟灑庶幾神可遇，莫言簪笏滯青邱。

日觀峰

日吐雞鳴夜色寒，攬衣相對近長安。雲間蓬島開金闕，海上仙人捧玉盤。萬國山河驚入照，九天閶闔迥臨觀。浮雲莫向愁心起，佇望何勝葵藿丹。

永　康　　　　　　　　文　林

畫舸乘風入永康，疎花緣岸一溪長。山淘麥浪青重疊，雲礜魚鱗白渺茫。王事有程行作吏，勝遊無侶夢還鄉。直輸漁父蘆汀畔，斗酒渾家醉野航。

登靈巖同諸君飲洞中　　　　吳安國

危巒千仞白雲隈，玉洞淩空積翠開。怪石卻愁羊化去，野花誰遣鹿唧來。題詩顧我憐芳草，載酒勞君掃綠苔。解使山靈容吏隱，可令猿鶴莫相猜。

憶上封古剎　　　　徐可期

古寺由來莫記年，碧波翠岫兩依然。輕陰淡淡描秋色，落照溶溶雜野煙。谷鳥倦棲三徑地，禪鐘夢入五更天。小山招隱知何日，暫爾潛踪到法筵。

讀沈休文泛永康江詩因賦　　　　黃一鶚

八詠曾傳沈隱侯，誰知乘興此拏舟。題詩人去風流在，鼓枻聲遲岸影留。水鳥拂波追錦纜，機舂盡日搗寒洲。長干髣髴聞桑語，欲挽飛湍抵上遊。

詠夭桃　　　　樓惟駟

自來不惜買花錢，倩植花枝灼灼鮮。色醉龍門三月雨，光瑩仙棹一溪煙。杏林紅已春爭麗，柳浪青纔火欲然。獨向閒庭移雅步，堪誰秉燭續新編。

遊玉泉

雨霽攜朋京郭西，舒徐款竇問招提。危亭掛嶺斜川窅，老洞橫天曲徑迷。柳岸蟬聲流四野，蓮汀水鳥憩長堤。暮雲急促酣歌客，乘興歸來縱馬嘶。

破屋漏花香

馥郁疑從天際頒，無須杜廈始歡顏。香生淡酒塵俱滌，譜入殘琴

韻不慳。賦景閉窗遊趣逸，尋芳坐榻客心閒。柴扉掩翠教春住，且任
東風自往還。

永康道中 <small>小阜平疇，草堆細路，全似黃州。</small> 張希良

黃葉蒼松大道邊，寒塘清甽小山前。天交婺女才垂野，地過烏傷
始變田。蓑樹草堆籠薄霧，燒畬原火起新煙。細看風物真吾土，移得
齊安到越川。

登絕塵山 俞有斐

絕巘岩嶤萬仞間，森森古木映霞關。捫羅徑險疑無徑，到壑山深
復有山。數畝白雲呼鹿起，一池青靄釣魚還。相逢野老渾閒事，茅屋
清風好駐顏。

桃溪錦浪 徐友范

桃花洞口泛澄波，水底花開古洞多。瀾沁紅衣浮石出，竿移錦樹
釣霞過。月明恍入秦源路，春漲疑臨瓠子河。漁父當年曾到否，浪華
深處有雲窩。

雲峰晴翠

奇嵐磊落疊層雲，聳碧昂青怪石紛。挹翠無心時出岫，傍晴有色
靚含曛。閒閒煙樹圍丹鼎，藹藹瑤華種錦雯。千仞瓏璁當泮水，常看
夑虁幻成文。

石城羅碧

峭壁淩空蒼翠平，爲山亦復得爲城。雲消石寶重闈啟，風捲松濤
戍角鳴。倚樹問天搔首近，懸崖避地置身輕。秋來霜葉紅于火，彷彿
人從絳縣行。

南浦春煙

芳草迷離綠滿溪，板橋春水碧雲齊。有村皆傍煙波鎖，無石不容苔蘚栖。近岸鐘聲蕭寺午，孤舟釣影夕陽西。遊人行帶韶華去，一路氤氳黃鳥啼。

金華詩録書後　　　　　黃　彬

閒從石室啟雲函，鬖鬖松多看鶴銜。釣隱詩成聞鐵篴，謫仙吟穩駕風帆。樹排遠勢陰還密，泉奏清音響未緘。詩卷長留生氣在，不徒靈顯說方巖。"遠陰臨嶽樹，清響落巖泉"，胡公句。公諱則，居官忠義自矢，嘗讀書方巖山中，鄉人即其地立廟祀之。歷代追封，屢著靈應。

客邸秋懷八首　　　　　程兆選

塞鴻嘹唳正南征，又臥秋風古北平。傍海涼雲時慘澹，衡山瘦日轉崢嶸。黃花有約垂垂放，白髮無情故故生。屈指圓蟾知幾度，羯來二十四回明。

酒畔蒼華匪昔顔，紅鱗時與照斕斑。三更蟋蟀愁中月，一枕芙蓉夢裏山。窟兔無心營狡獪，磨驢何計得蕭閒。菰香繪美秋如許，冷卻蘆花幾釣灣。

梧井驚寒一葉飛，閒庭漸覺綠陰稀。欺霜瘦蝶闌珊舞，戀蕊殘蜂次第歸。繞屋秋山渾淡淡，窺窗涼月尚依依。年來萬象為賓客，小憩蘧廬且息機。

垂老閒關計轉疎，儒冠相誤定何如。銷磨壯志空彈鋏，辛苦塵顔爲倚閭。啼鵙蒼涼三徑草，歸鴻迢遞數行書。柘湖秋水蘭江樹，幾處臨風悵索居。

煙霜頻醉鳳城秋，倚遍元龍百尺樓。珠斗闌干山似戟，銀河迤邐月如鈎。蘋洲蓼渚迷歸夢，菊琖黃囊惹暮愁。何日雙溪重放艇，一枝柔櫓蕩輕鷗。

望月無端一愴然，空悲千里共嬋娟。桑榆有志曾何補，菽藟承歡實可憐。猶記連牀同剪燭，幾回分袂獨登船。懸知憶弟深宵立，數盡寒更正未眠。

閒愁重溯未抽簪，鵲渚虹橋喜盡諳。露冷雲龍曾放鶴，花開金虎幾停驂。驚回蕉鹿緣何淺，憶到蒓鱸興轉酣。料得煙光渾似舊，霜楓搖落滿江潭。

目送南雲度碧虛，半林紅葉記吾廬。寒江射鴨朝回棹，細雨聽猿晚荷鋤。萬感蒼茫渾一唉，百年滋味盡三餘。秋燈照眼熒熒在，擬讀人間未見書。

文丞相祠　　　　　應正禄

拚將碧血扶臣極，誰願黃冠返故鄉。正氣不隨燕市散，貞心還向海波揚。干戈已往成陳迹，俎豆於今有耿光。猶憶留題雙廟句，姦諛無許過門牆。

龜潭莊　　　　　王　環

誰占此中五畝園，石龜潭裏訝桃源。問津不假漁郎引，入境惟聞雞犬喧。萬笏青山環柳郭，一灣春水漾花村。賦詩觴酒人安在，且向林間聽鳥言。

九日載酒登白雲山

傲睨諸峰頗不群，登臨載酒任微醺。山池水落魚愁雨，江浦天低雁出雲。石鼎當年誰鍛鍊，萸囊今日我慇懃。龍沙逸興無多遠，直放豪情薄夕曛。

之任永康諸生俱以詩文相質喜而有作　　　張吉安

風俗相親氣誼敦，城居寥落即山邨。愛看裹飯朝盈市，忍令催租夜打門。安得官貧胥吏餓，最憐縣古士人尊。吾今未脫酸寒氣。公暇詩文細與論。

謁陳文毅公祠

手集龍川恨未平，今來祠下謁先生。目空餘子譚王霸，胸有千秋富甲兵。奇禍屢遭騰物議，巍科至竟重公名。錢江短盡英雄氣，淚灑西風建業城。

伏闕陳書漢賈生，晚途知遇竟何成。此身已中偏枯病，大厦原非一木樘。痛哭萬言真怪物，麤豪兩字目奇英。我經龍窟山頭路，髣髴當時歎息聲。

永康道中

到來恰喜石梁成，時楊公橋落成。舊地重經快此行。行馬似迎新令尹，杖鳩多半老諸生。尊前迸落千行淚，道上訛傳萬口名。吹得好聲過栝嶺，者番何以慰輿情。

七言排律

南　郭　　　　徐之駿

南郭新籬芍藥栽，香飄繡陌吐花纔。馬蹄漸入青山去，人面都從綠柳來。豆隴潤時深得雨，麥場乾處静無埃。濤衝厚磴盤輪急，井架高榦音寒。墜綆催。種韭地空通磵道，蒔荷渠遠接城隈。佛燈夜過長河渡，馬市春移古寺槐。霽後虹橋鳴雪瀑，風前茆店壓香醅。人家盡築城爲堡，野廟多臨舞有臺。浣婦砧隨泉響發，餅師爐向樹陰開。柴車伯道村中出，果榼留侯墓上回。民樸足知風最古，官閒應識治無才。課耕忘卻歸來暮，燎火籃輿月滿苔。

五言絶句

待　客　　　　吕　浦

一陣松花雨，半窗蓮葉風。老龍將雨去，人卧月明中。

春愁

花落黏蛛網，芹香襯燕泥。多情窗外月，夜夜入空閨。

半峰禪院遲同遊諸君　　　　　　姚汝循

策杖款禪扃，垂籐交古路。卻顧後來人，蒼蒼隔煙霧。

漁艇　　　　　　程鈺

小艇不盈丈，滿載風月輕。一蓑秋浦夜，橫笛二三聲。

秋夜

砌冷草蟲喧，月明如積雪。美人不可期，空林墮殘葉。

上方巖　　　　　　顧咸正

層層白雲堆，石屋架其上。鳥雀静不喧，半空人語響。

七言絶句

酥溪　　　　　　戴叔倫

酥溪亭上草漫漫，誰倚東風十二闌。燕子不歸春事晚，一汀煙雨杏花寒。

答胡侍郎則　　　　　　范仲淹

千年風采逢明主，一片靈襟慕昔賢。待看朝廷興禮樂，天衢何敢鬭先鞭。

閒適　　　　　　胡仔

溪邊短短長長柳，波上來來去去船。鷗鳥近人渾不畏，一雙飛下鏡中天。

秋雲漠漠煙蒼蒼,蓮花初白蓮葉黃。釣船盡日來往處,村南村北秔稻香。

羅漢洞　　　　　　　　　　　　　　應材

石磴巍峩促膝行,行時不覺看時驚。縱教良匠描難就,自是天工造化成。

集句　　　　　　　　　　　　　　胡長孺

拜掃歸來走鈿車,二年寒食住金華。自憐慣識金蓮燭,奉使虛隨八月槎。

慈母年高鶴髮垂,鄉書無雁到家遲。初過寒食一百六,一日思親十二時。

殘花悵望近人開,不盡長江滾滾來。寒食清明都過了,鵁鶄飛上越王臺。

寒食家家出古城,滿川風雨看潮生。八千里外飄零客,起向朱櫻樹下行。

一百五日寒食雨,風光別我苦吟身。尚書氣與秋天杳,同是天涯淪落人。

秋興　　　　　　　　　　　　　　吕浦

槿花籬落夕陽收,秋色愁人易白頭。涼月滿庭新促織,溪風吹老碧牽牛。

旅思

澤國蓴鱸入夢思,涼飈絺綌漸淒其。蕭蕭一夜簷牙雨,老卻梧桐客未知。

紅　梅　　　　　　　　　　李　曄

滿林紅雪影毲毲，夜靜和香浸碧潭。卻憶騎驢二三月，杏花微雨
看江南。

暮　歸

山腰小路曲如蛇，薄暮疎疎雨潤沙。醉裏亦知春色老，西風開徧
木棉花。

西巖瀑　　　　　　　　　　韓循仁

雲根飛瀑瀉巖隈，松壑砂泉響似雷。誰謂人間無此境，五老峰前
曾看來。

宮　詞　　　　　　　　　　程　銈

長春宮畔百花香，薰得幽人睡思長。倚徧象牀渾不寐，垂簾依舊
繡鴛鴦。

回雁峰　　　　　　　　　　姚汝循

回雁峰頭望帝京，寒雲黯黯不勝情。賈生已道長沙遠，今過長沙
又幾程。

巫峽書所見

巫山萬仞鬱嵯峨，巫峽嘈嘈湧白波。多少行人齊下淚，漁郎猶唱
竹枝歌。

讀繡佛菴老人苦節編年感賦三絕句　　王喆生

繡佛菴老人，予同門孝廉徐瑞九之尊慈，爲《兩虞節婦紀事》，殊
悽惋不能讀。

展卷無端涕自零，雲埋碧月水沈星。可憐宇內無中壘，獨許深閨有汗青。

班管無勞史筆塵，毫端碧血濺如新。一門風義今誰似，常見松山月照人。

我來嘆息謁高祠，_{曾謁瑞九家詞。}又誦瑤編感母儀。莫怪臨風頻下淚，祇因曾聽《柏舟》詩。

探　梅　　　　　　　　　應　煒

不是山限定水隈，知從何處覓春回。一枝折得花如雪，消受寒香漠漠來。

料峭東風氈笠斜，衝寒十里爲梅花。無端引我清閒興，夢入孤山處士家。

覺明寺　　　　　　　　　應世衡

擾擾塵氛誰自覺，昏昏醉夢幾人明。入門笑問西來意，一帶斜陽送梵聲。

過露筋廟　　　　　　　　樓惟駉

蚊陣攢蜂苦作讎，香肌欲盡了無求。千秋不死英雄骨，甓社生輝繫客舟。

望焦關

欲過將行步不成，望關顓胆數惶驚。低徊無限撚鬚意，一陣濤聲白一莖。

詠水仙

雪浣花容月種根，懶隨春卉問寒溫。湘妃既席瑤池會，不染江邊竹上痕。

題　畫　　　　　　　　程兆選

平岡迤邐赴亭皋，幾樹寒松半折腰。落日西風原上路，滿襟秋思入霜濤。

夢中題山水卷

無多落葉三丫路，何處叢蟬百疊峰。卷裏霜稜渾起粟，那教人世不秋風。

蘇屬國

禿節曾經十九年，殘氈猶自怯孤眠。已拚馬革情難斷，一笑男兒絶可憐。

永康縣志卷之十一

文

上　書

上孝宗皇帝書　　　　　　　陳　亮

臣竊惟：中國，天地之正氣也，天命之所鍾也，人心之所會也，衣冠禮樂之所萃也，百代帝王之所以相承也，豈天地之外夷狄邪氣之所可干哉！不幸而能干之，至於挈中國衣冠禮樂而寓之偏方，雖天命人心猶有所繫，然豈以是爲可久安而無事也。使其君臣上下苟有一朝之安而息心於一隅，凡其志慮之所經營，一切置中國於度外，如元氣偏注一肢，其他肢體往往萎枯而不自覺矣，則其所謂一肢者，又何恃而能久存哉？天地之正氣，鬱遏於腥羶而久不得騁，必將有所發泄，而天命人心固非偏方之所可久繫也。東晉自元帝息心於一隅，而胡、羯、鮮卑、氐、羌迭起於中國，中國無歲不尋干戈，而江左卒亦不得一日寧。然淵、勒遂無遺種，而愍、懷之痛猶有所諉以自安也。晉之植根，本無可言者，而江左諸臣若祖逖、周訪、陶侃、庾翼之徒，皆有虎視河洛之意。而桓温之師西至灞上，東至枋頭，又於其間修陵寢於洛陽，蓋猶未盡置中國於度外也。故劉裕竟能一平河洛，而後晉亡。百年之間，其事既已如此，而天地之正氣，固將有所發泄矣。元魏起而承之，孝文遂定都洛陽，以修中國之衣冠禮樂；而江左衣冠禮樂之舊，非復天命人心之所繫矣。是以一天下者，卒在西北而不在東南。天人之際，豈不甚可畏哉！一日之苟安，數百年之大患也！恭惟我國家二百年太平之基，三代之所無也；二聖北狩之痛，漢唐之所未有也。堂堂中國，而蠢爾醜虜安坐而據之，以二帝三王之所都，而爲五十年犬羊之淵藪，國家之恥不得雪，臣子之憤不得伸，天地之正氣不得而發泄也。方南渡之初，君臣上下痛心疾首，誓不與虜俱生，卒能以奔敗之餘而勝百戰之虜。及秦檜倡邪議以沮之，忠臣義士斥死南方，而天下之元氣惰矣。三十年之餘，雖西北流寓皆抱孫長息於東南，而君父之大讎，一切不復關念，自非逆亮送死淮南，亦不知兵戈之爲何事也，況望其憤中國之腥羶，而相率北向以發一矢哉！丙午、丁未之變，距今尚以爲遠；而靖康皇帝之禍，蓋陛下即位之前一年也。獨陛下奮身不顧，志在滅虜，而天下之人，安然如無事時，方口議腹非，以陛下爲喜功名而不恤後患，雖陛下亦不能以崇高之勢而獨勝之，隱忍以至於今，又十有七年矣！昔者春秋之時，君臣父子相戕殺之禍，舉一世皆安之，而孔子獨以爲三綱既絕，則人道遂爲禽獸夷狄，皇皇奔走，義不能以一朝安，然卒於無所遇，而發其志於《春秋》之書，猶能以懼亂臣賊子。今者舉一世而忘君父之大讎，此豈人道之所可安乎！使學者知學孔子，當迫陛下以有爲，決不沮陛下以苟安也。南師之不出，於今幾年矣。河洛腥羶，而天地之正氣抑鬱而不得泄，豈以堂堂中國，而五十年之間無一豪傑之能自奮哉！其勢必有時而發泄矣。苟國家不能起而承之，必將有承之者矣。不可恃衣冠禮樂之舊、祖宗積累之深，以爲天命人心可以安坐而久繫也。"皇天無親，惟德是輔。民心無常，惟惠之懷。"自三代聖人皆知其爲甚可畏也。春秋之末，齊、晉、秦、楚皆衰，諸侯往往困於陪臣而不自振。當此之時，雖如魯、衛之邦，苟能舉大義以正諸侯，則天下可以一指麾而定也。孔子惓惓斯世，而卒莫能用。吳、越起於蠻夷之小邦，而舉兵以臨齊、晉，如履無人之地，遂伯諸侯。黃池之會，孔子之所甚痛也。天地之氣發泄於蠻夷之小邦，可以明中國之無人矣。王通有言："夷狄之德，黎民懷之，三才其捨諸。"此今世儒者之所未講也。今醜虜之植根既久，不可以一舉而遂滅；國家之大勢未張，不可以一朝而大舉。而人情皆便於通和者，勸陛下積財養兵以待時也。臣以爲，通和者所以成上下之苟安，而爲妄庸兩售之地，宜其爲人情之所甚便也。自和好之成，十有餘年，凡今日之指畫方略者，他日將用之以坐籌也；今日之擊毬射雕者，他日將用之以決勝也。府庫充滿，無非財也；甲胄鮮明，無非兵也。使兵端一開，則其迹敗矣。何者？人才以用而見其能否，安坐而能者不足恃也；兵食以用而見其盈虛，安坐而盈者不足恃也。而朝廷方幸一旦之無事，庸愚齷齪之人，皆得以守格令，行文書，以奉陛下之使令，而陛下亦幸其易制而無他也。徒使度外之士，擯棄而不得騁，日月蹉跎而老將至矣。臣故曰：通和者所以成上下之苟安，而爲妄庸兩售之地也。東晉百年之間，未嘗與虜通和也，故其臣東西馳騁，而多可用之才。今和好一不通，而朝野之論常如虜兵之在境，惟恐其不得和也，雖陛下亦不得而不和矣。昔者虜人草居野處，往來無常，能使人不知所備，而兵無日不可出也。今也城郭宮室，政教號令，一切不異於中國；點兵聚糧，文移往返，動涉歲月；一方有警，三邊騷動。此豈能歲出師以擾我乎？是固不知勢者之論也。然使朝野常如虜兵之在境，乃國家之福，而英雄所用以爭天下之機也，執事者胡爲速和以惰其志乎？晉、楚之戰於邲也，欒書以爲楚自克庸以來，其君無日不討國人而訓之于民生之不易，禍至之無日，戒懼之不可以怠；在軍，無日不討軍實而申儆之于勝之不可保，紂之百克而卒無後。晉、楚之弭兵於宋也，子罕以爲：兵所以威不軌而昭文德也，聖人以興，亂人以廢。廢興存亡，昏明之術，皆兵之由也，而求去之，是以誣道蔽諸侯也。夫人心之不可惰，兵之不可廢，故雖成、康之太平，猶有所謂“四征不庭”、“張皇六師”者，此李沆之所以深不願真宗皇帝之與虜和親也。況南北角立之時，而廢兵以惰人心，使之安於忘君父之大讎，而置中國於度外，徒以便妄庸之人，則執事者之失策亦甚矣。陛下何不明大義而慨然與虜絕也！貶損乘輿，卻御正殿，痛自克責，誓必復讎，以勵群臣，以振天下之氣，以動中原之心。雖未出兵，而人心不敢惰矣；東西馳騁，而人才出矣；盈虛相補，而兵食見矣；狂妄之辭不攻而自息，懦庸之夫不卻而自退縮矣；當有度外之士起，而惟陛下之所欲用矣。是雲合響應之勢，而非可安坐而致也。臣請爲陛下陳國家立國之本末，而開今日大有爲之略；論天下形勢之消長，而決今日大有爲之機，伏惟陛下試幸聽之。唐自肅、代以後，上失其柄，而藩鎮自相雄長，擅其土地人民，用其甲兵財賦，官爵惟其所命，而人才亦各盡心於其所事，卒以成君弱臣強、正統數易之禍。藝祖皇帝一興，而四方次第平，藩鎮拱手以趨約束，使列郡各得自達於京師，以京官權知，三年一易。財歸於漕司，而兵各歸於郡國，朝廷以一紙下郡國，如臂之使指，無有留難，自管庫賤職，必命於朝廷，而天下之勢一矣。故京師常宿重兵以自固，而郡國亦各有禁軍，無非天子所以自守其地也。兵皆天子之兵，財皆天子之財，官皆天子之官，民皆天子之民，紀綱總攝，法令明備，郡縣不得以一事自專也。士以尺度而取，官以資格而進，不求度外之奇才，不慕絕世之雋功。天子夙夜憂勤於上，以禮義廉恥嬰士大夫之心，以仁義公恕厚斯民之生，舉天下皆由於規矩準繩之中，而二百年太平之基，從此而立。然夷狄遂得以猖狂恣睢，與中國抗衡，儼然爲南北兩朝，而頭目手足混然無別。微澶淵一戰，則中國之勢浸微，根本雖厚而不可立矣。故慶曆增幣之事，富弼以爲朝廷之大恥，而終身不敢自論其勞。蓋夷狄政令，是主上之操也；天子供貢，是臣下之禮也。夷狄之所以卒勝中國者，其積有漸也。立國之初，其勢故必至此。故我祖宗常嚴廟堂而尊大臣，寬郡縣而重守令；於文法之内未嘗折困天下之富商巨室，於格律之外有以容獎天下之英偉奇傑；皆所以助國家之勢，而爲不虞之備也。慶曆諸臣，亦嘗憤中國之勢不振矣，而其大要，則使群臣爭進其說，更法易令，而廟堂輕矣；嚴按察之權，邀功生事，而郡縣又輕矣。豈惟於立國之勢無所助，又從而朘削之。雖微章得象、陳執中以排沮其事，亦安得而不自沮哉！獨其破去舊例，以不次用人，而勸農桑，務寬大，爲有合於因革之宜，而其大要已非矣。此所以不能洗夷狄平視中國之恥，而卒發神宗皇帝之大憤也。王安石以正法度之説，首合聖意，而其實則欲籍天下之兵盡歸於朝廷，別行教閲以爲强也；括郡縣之利盡入於朝廷，別行封殖以爲富也。青苗之政，惟恐富民之不困也；均輸之法，惟恐商賈之不折也。罪無大小，動輒興獄，而士大夫緘口畏事矣。西北兩邊，至使内臣經畫，而豪傑恥於爲役矣。徒使神宗皇帝見兵財之數既多，鋭然南征北伐，卒乖聖意，而天下之勢實未嘗振也。彼蓋不知朝廷立國之勢，正患文爲之太密，事權之太分，郡縣太輕而委瑣不足恃，兵財太關於上而重遲不易舉。祖宗惟用前四者以助其勢，而安石竭之，不遺餘力。不知立國之本末者，真不足以謀國也。元祐、紹聖，一反一覆，而卒爲夷狄侵侮之資，尚何望其振中國以威夷狄哉！南渡以來，大抵遵祖宗之舊，雖微有因革增損，不足爲輕重有無。如趙鼎諸臣，固已不究變通之理；而況秦檜盡取而沮毀之，忍恥事讎，飾太平於一隅以爲欺，其罪可勝誅哉！陛下憤王業之屈於一隅，勵志復讎，而不免籍天下之兵以爲强，括郡縣之利以爲富；加惠百姓，而富人無五年之積；不重征税，而大商無巨萬之藏；國勢日以困竭。臣恐尺籍之兵，府庫之財，不足以支一旦之用也。陛下早朝晏罷，以冀中興日月之功，而以繩墨取人，以文法涖事。聖斷裁制中外，而大臣充位；胥吏坐行條令，而百司逃責；人才日以闒茸。臣恐程文之士，資格之官，不足以當度外之用也。藝祖皇帝經畫天下之大略，太宗皇帝已不能盡用，臣不敢盡具之紙墨，今其遺意豈無望於陛下也！陛下苟推原其意而行之，可以開社稷數百年之基，而況於復故物乎！不然，維持之具既窮，臣恐祖宗之積累亦不足恃也。陛下試幸令臣畢陳於前，則今日大有爲之略必知所處矣。夫吳、蜀，天地之偏氣也；錢塘，又吳之一隅也。當唐之衰，而錢鏐以閭巷之雄起王其地，自以不能獨立，常朝事中國以爲重。及我宋受命，俶以其家入京師而自獻其土，故錢塘終始五代被兵最少，而二百年之間，人物日以繁盛，遂甲於東南。及建炎、紹興之間，爲六飛所駐之地，當時論者固已疑其不可以張形勢而事恢復矣。秦檜又從而備百司庶府以講禮樂於其中，其風俗固已華靡；士大夫又從而治園囿臺榭以樂其生於干戈之餘，上下晏安，而錢塘爲樂國矣。一隙之地本不足以容萬乘，而鎮壓且五十年，山川之氣蓋亦發泄而無餘矣。故穀粟桑麻絲枲之利歲耗於一歲，禽獸魚鱉草木之生日微於一日，而上下不以爲異也。公卿將相，大抵多江、浙、閩、蜀之人，而人才亦日以凡下；場屋之士以十萬數，而文墨小異已足稱雄於其間矣。陛下據錢塘已耗之氣，用閩、浙日衰之士，而欲鼓東南習安脆弱之衆，北向以爭中原，臣是以知其難也。荆襄之地，在春秋時，楚用以虎視齊、晉，而齊、晉不能屈也；及戰國之際，獨能與秦爭帝。其後三百餘年，而光武起於南陽，同時共事，往往多南陽故人。又二百餘年，遂爲三國交據之地。諸葛亮由此起輔先主，荆楚之士從之如雲，而漢氏賴以復存於蜀。周瑜、魯肅、呂蒙、陸遜、陸抗、鄧艾、羊祜，皆以其地顯名。又百餘年，而晉氏南渡，荆雍常雄於東南，往往倚以爲强，梁竟以此代齊。及其氣發泄無餘，而隋、唐以來，遂爲偏方下州。五代之際，高氏獨常臣事諸國。本朝二百年之間，降爲荒落之邦，北連許、汝，民居稀少，土產庳薄，人才之能通姓名於上國者，如晨星之相望。況至於建炎、紹興之際，群盜出没於其間，而被禍尤極。以迄于今，雖南方分畫交據，往往又置於不足用，民食無所從出，而兵不可由此而進。議者或以爲憂，而不知其勢之足用也。其地雖要爲偏方，然未有偏方之氣五六百年而不發泄者。況其東通吳會，西連巴蜀，南極湖湘，北控關洛，左右伸縮，皆足以爲進取之機。今誠能開墾其地，洗濯其人，以發泄其氣而用之，使足以接關洛之氣，則可以爭衡於中國矣。是亦形勢消長之常數也。陛下慨然移都建業，百司庶府，皆從草創，軍國之儀，皆從簡略。又作行宮於武昌，以示不敢寧居之意。常以江淮之師爲虜人侵軼之備，而精擇一人之沈鷙有謀、開豁無他者,委以荆襄之任,寬其文法,聽其廢置,撫摩振厲於三數年之間,則國家之勢成矣。至於相時弛張以就形勢者,有非書之所能盡載也。石晉失盧龍一道,以成開運之禍,蓋丙午、丁未歲也。明年,藝祖皇帝始從郭太祖征伐,卒以平定天下。其後契丹以甲辰敗於澶淵,而丁未、戊申之間,真宗皇帝東封西祀以告太平,蓋本朝極盛之時也。又六十年而神宗皇帝實以丁未歲即位,國家之事於是一變矣。又六十年而丙午、丁未,遂爲靖康之禍。天獨啟陛下於是年,而又啟陛下以北向復讎之志。今者去丙午、丁未,近在十年間爾。天道六十年一變,陛下可不有以應其變乎?此誠今日大有爲之機,不可苟安以玩歲月也。臣不佞,自少有驅馳四方之志,常欲求天下豪傑之士而與之論今日之大計。蓋嘗數至行都,而人物如林,其論皆不足以起人意,臣是以知陛下大有爲之志孤矣。辛卯、壬辰之間,始退而窮天地造化之初,考古今沿革之變,以推極皇帝王伯之道,而得漢、魏、晉、唐長短之繇,天人之際,昭昭然可察而知也。始悟今世之儒士自以爲得正心誠意之學者,皆風痺不知痛癢之人也!舉一世安于君父之讎,而方低頭拱手以談性命,不知何者謂之性命乎!陛下接之而不任以事,臣於是服陛下之仁。又悟今世之才臣自以爲得富國強兵之術者,皆狂惑以肆叫呼之人也。不以暇時講究立國之本末,而方揚眉伸氣以論富強,不知何者謂之富強乎!陛下察之而不敢盡用,臣於是服陛下之明。陛下厲志復讎,足以對天命;篤於仁愛,足以結民心;而又仁明,足以臨照群臣一偏之論,此百代之英主也!今乃驅委庸人,籠絡小儒,以遷延大有爲之歲月,臣不勝憤悱,是以忘其賤而獻其愚。陛下誠令臣畢陳其前,豈惟臣區區之願,將天地之神,祖宗之靈,實與聞之。干冒天威,罪當萬死。

上孝宗皇帝書　　　　　　　　　　呂　皓

臣聞:言動之過,而非故爲之,此士君子之所不免,而王法之所宜

宥也。父兄之難,而不能以死救,此天地之所不容,而王法之所宜誅
也。宜宥而不獲宥,宜誅而不及誅,是雖匹夫之幸不幸,猶螻蟻之自
生自死於天地之間,固無損於造化之功也。然一夫之不獲,尚足爲至
治之累。自昔聖人在上,蓋甚憂之。凡下民之微,有一不平,而義激
乎其中,莫不使之朝聞而暮達,不啻如家人之相與以情通焉。嗚呼!
父子兄弟之際,天下之至情也。以不獲宥爲不幸,而自幸其不及誅,
揆之常情,猶不能以自安,況夫至情所在,渾然一體,無所間斷,庸可
以幸不幸爲區別,坐視而弗之救,畏一死之輕,而廢大義之重,不一仰
叩天閽,以庶幾一悟,而甘自投於不孝之域也邪! 臣,婺之永康人,世
修儒業,而未有顯者,於是臣父縱臣之兄與臣宦學於外,以從四方之
士游,而求光其先業焉。中間郡縣旱暵相仍,聖意軫念赤子無以爲生
也,降詔損爵,勸諭富室出粟以賑之。臣父慨然動心,令臣首出應命。
既而朝廷雖特授臣以一官,臣不佞,自少稍有立志,不忍假父之資以
食君之祿,于茲三年矣。去年之冬,獲從群士貢于禮部,未能以遂其
志,而讎人怨家所競不滿百錢,至誣臣之兄以叛逆,誣臣之父以殺人。
叛逆,天下之大懟也;殺人,天下之元惡也。非至棘寺,終不能自明。
一門父子,既械繫而極囹圄之苦。獄告具,而無纖芥之實,卒從吏議,
以累歲酒後戲言,而重臣兄之罪。搜抉微文,以家人共犯而坐臣父之
罪。夫酒後果有一二戲言,而豈有異意! 此所謂言動之過,而非故爲
之者也。深山窮谷之中,蓽門圭竇之戲言,而至上瀆九重之尊,則幾
於失朝廷之體矣! 且讎怨告訐之情,累歲不可知之事,所不應治也。
有司今獨受而窮究之,則幾於長告訐之風矣! 子實有罪,則子受之,
固也。搜抉微文以致其父,則忠厚之意,亦少損矣! 昔漢女緹縈上
書,自乞爲官婢,以贖父罪,猶足以感動文帝之聽。臣不佞,亦嘗聞義
矣。父兄不幸,誤入於罪,而有司一致之以法,則上以失朝廷之體,下
以長告訐之風,而損忠厚之意。所關如此其大也,乃不能乘是略出一
言以動天聽,寧不愧死於一女子乎! 臣重念士之求仕於時也,亦將以

行其志云耳。今日閨門踐履之基，即異日朝廷設施之驗也。平居父兄落難，乃庸懦顧惜，不能自出死力而哀救之，是無父也。天下豈有無父之子可以受君之爵、食君之禄，而立乎人之本朝者哉！臣願納此一官，以贖父兄之罪，而甘以末技，自鬻於場屋之間。毋寧冒此一官，以爲無父之子，而無所容於聖明之世。苟以爲國家自有定法，置之不問，是非陛下之聖明有虧於漢之文帝，實臣之不肖有愧於一女子，而不足以盡感動之誠也，則臣惟有先乎父兄而死爾，復何所憾哉！

疏

論建儲疏　　　　　　　　　　趙　釴

刑科給事中臣趙釴謹題，爲陳言端本事。臣聞元良主器，則前星炳燿，而萬國由貞；樹子承祧，則國本滋殖，而庶孽屏息。所以尊宗廟，重社稷，繫四海仰望之心，絕群小覬覦之念。自古帝王創業垂統，莫不以此爲先務；而當時宰臣輔世長民，莫不以此爲令圖，乃古今之通義，天下之達禮也。洪惟皇上，德符穹昊，仁被宮闈，愛及賢妃，篤生皇子，年方二歲，望隆一時。皇上憂深思遠，慨從群臣之請，特允建儲之議。此蓋防微杜漸，慮患於早之意，甚盛舉也。然臣犬馬之心，竊以皇上春秋方富，皇后嫡嗣未生，遽以支庶之弱，使承神器之重，誠恐慮之太早，爲之已速，非所以重伉儷之情，長忠厚之風，將以係天下之心，祇以起天下之議。事體既大，所關匪輕。思昔成周之時，惠王娶於陳，生太子鄭及叔帶。愛叔帶，欲立之。齊威公以其廢長立幼，將啟亂階，遂率天下諸侯會王世子于首止，示天下戴之，以爲天王之貳，以尊國本，絕亂階。説者謂齊威此舉，得禮之變，而孔子予之，所以正天下之大本也。夫世入春秋，王綱解紐，亂臣賊子，接迹當世，而聖人猶嚴於立法，以正大本，而況於清明之時乎！雖曰冢嫡未生，而支庶實繁，已足係人心、慰人望矣，而奚俟乎建儲之速乎！且皇上以英妙之年，皇后以貞静之德，此天然之配，萬世之嗣。迄今數載未有所出者,蓋以時未至耳。《傳》曰:"君舉必書。"書而不法,後嗣何觀。儻一旦天心仁愛,聖子出於中宮,則今日之議,必將改圖。其舉動煩擾,何以詔天下、遺後世哉!臣又按《春秋》桓公六年九月丁卯,子同生。孔子特筆書之,而當世大儒胡安國,謂經書"子同生"者,所以正國家之本,防後世匹嫡奪正之事。是則國本之定,在於始生之初,而不在於建儲之日也,明矣。臣愚伏望皇上繼自今嚴妃匹之分,厚全體之恩,然後推一視同仁之心,遍九宮同體之愛,使本支百世,宜君宜王,遲遲數年之後,徐定建儲之策。儻得立子以嫡,固禮之正,萬世之法也。萬一又如今日,然後擇其長而賢者立之,則人心悅、天意得,而今日聖嗣亦可以出就外傅,隆師就學,以培養聖德,講求治理,以慰天下之望。此則天地之義,正大之情,所謂公天下爲心,變而得其中者也,顧不偉與!《書》曰:"圖厥政,莫或不艱,有廢有興,出入自爾師虞,庶言同則繹。"惟皇上萬幾之暇,留神省察,仍與二三執政大臣熟思而審處之,以爲久安長治之計,則宗社幸甚,天下生民幸甚!臣待罪言官,偶有所見,不敢緘默,謹以危言上陳,不勝惓惓爲國之至。

乞宥群臣爭大禮被繫杖疏　　　　俞敬

後軍都督府經歷今升貴州思州府知府臣俞敬奏,爲乞天恩宥敢言以張大孝事。臣嘗聞孔聖云:"天地大德曰生,聖人大寶曰位。"洪惟陛下,德配天地,位等聖人,以不忍人之心,行不忍人之政,凡大小臣工,皆樂有更生之機,而爭奮敢言之氣。邇者翰林院學士豐熙,并部寺科道等,不諒聖心至孝,改"本生"二字,故聯名抗疏,伏闕呼號。言雖狂妄,實激愚衷。冒觸尊嚴,罪固莫逭,已蒙或下獄問罪,或薄示責罰。法網鮮漏,朝署爲空。今聞編脩王相、給事中裴紹宗、主事余楨等已故矣,豐熙等在獄者亦垂亡矣,而呻吟裀席恐不能起者,又不知幾矣。內外驟聞,驚惶無措。夫天下之生才,以供世用。且古者設誹木諫鼓,以招直言;恕引裾折檻,以彰直臣,誠以人君高拱穆清之上，日應萬幾，一人聰明有限，而天下事變無窮，所以補王闕、保王躬者，實惟弼直之臣是賴焉。恭惟皇考恭穆獻皇帝神主入廟，正宜赦過宥罪，體悉群臣，潤澤萬民，以張大孝于天下。伏望陛下量恢宇宙，怒霽雷霆，恩鋪雨露，于王相等已故者優恤其後，豐熙等垂亡者宥釋其身，則威福並行，寬嚴有濟，而死者不冤，生者感激。俾凡爲臣子懷有一得之忠者，無復以言爲諱，于凡國家忠孝利病、政事得失、生民休戚，莫不明目張膽，一一敢以上陳寬明之聽，以共讚維新之治，而綿祧祚于無疆也。臣職外官，言非其分，但兔死狐悲，擊目痛心，故昧進狂瞽之説，伏乞垂寬明之聽，亟賜採行，則宗社幸甚，天下幸甚！

乞恩宥積逋疏　　　　　　　徐文通

爲恤刑事。臣聞王者總一寰宇，司牧黔黎，而薄海稱治，卜世無疆者，此豈有他術哉，良以任德之意溢于任刑，惠澤之施踰于戮辱，寧約己裕人，弛禁捐負，輕賦重民，而無罄竭膏血、草菅生靈之心也。是故教化不及，而民作奸，觸死罪，犯贓逋，不得已而有眚災之赦，又不得已而有不孥之罪，無非體天地之大德、宏好生之至治焉。《易》有之：“損下益上”謂之損，“損上益下”謂之益。《記》有之：“一張一弛，文武之道。”自昔賢聖履天位、流聲稱、享永年者，皆由此其選也。惟我太祖定律：以贓入罪者，身死勿徵。老幼犯罪者，拷訊有禁。我孝宗定例：追贓年久者，並許奏聞。親屬各居者，不許濫及。仁心仁政，垂法盡善。暨我皇上臨御以來，屢屢詔旨，起解錢糧，係小民拖欠、未徵在官者盡蒙蠲除；監追贓物，係正犯身死、勘無家産者，悉蒙宥免。濊澤渥恩，繼悉惟良，後先一揆，真無愧於古帝王者。又五年一次差官審録，矜疑之外，凡追贓寃苦，悉得上聞。我皇上又無不稱可，而哀此煢獨者，是宜逋負悉完而囹圄空虛也。頃臣奉命慮囚西蜀，睹兹僻遠之地，多觸刑戮之民。苟有生道，無不冒陳，仰體德意，用協刑中。除具題外，竊見追贓人犯，父死子代，兄死弟代，宗死族代，叔死姪代，義男代家長，族婦代户丁，動千百計，監數十年，號泣悲楚，願訴宸聰。或編髫而覯三木之刑，或垂白而罹桎梏之慘，或煢寡而受械繫之辱，身無完衣，體無完膚，各類鬼幽，無望人世，其爲宛苦，所不忍言。是豈我皇上德不遠逮而澤不旁究哉？但奉行者循故事不燭其情，查勘者責虛文不核其實，是使聖明之世有及孥之刑，欽恤之朝多宛被之命也。且巴蜀之地，惟山石居多，而生計甚微。贓逋之民，亦惟巴蜀爲多，而法度難禁。蓋臣嘗之臨卭。臨卭，沃野之地，非山田之比。乃至春乏耕農，田多蔓草，一望無際，百里邱墟。民之流亡，膏腴如此，至于山谷，荒竄可知。此其故何也？山土額于旱虐，派辦廣于户工，盜賊繁于征役，邊運疲于轉輸。是以田空存而糧不減，人多亡而賦如昨，窮苦無聊，十倍他省。臣嘗閱夔州府追贓文册，有賀登瀛者，内開止有生女一口，堪變還官。臣讀至此，不覺流涕，爲之食不下嚥。賣妻鬻女，恐又不止一賀登瀛者！故臣察其如賀登瀛者，凡在贓不多，遵查節年詔書，用昭大賚，徑自釋放召保外，數内袁閣等十一名，俱正德年遠之贓，祖父遺孽，非其自犯之罪。余周生等六十八名口，俱親屬故絶，同姓貽累，非有居爨之素。蔡傑之贓，既戮其身，又監死其子若孫三命，因其故絶，今又監追族姪蔡玅陽。一人之惡，非止二世之逮。孫男之代，猶可説也。户族之代，不可説也。且查各犯屢報無産，必若照舊監追，是明以瘐死難完之贓，而斬艾無辜之命也，抑豈皇上哀矜元元之德意哉！死罪而下，其身親自犯者，荷蒙矜疑具奏，得從輕減，是于絶生之人，尚求可生之路，况于此輩，止因貽累代追，原非應死之人，而竟置必死之域，宇宙至廣，無陰以憩，豈不痛哉！臣是以謹按律例，除贓數太多、監追未久、正犯尚存、家産未絶者無敢濫開外，今擇其情尤可憫者，并事犯緣由、贓數多寡、監追年月久近，録其略節，開具奏聞。伏望聖明俯賜憐察，敕下法司，再加詳議，明于損益之道，察于弛張之宜，寬而赦之，棄蠲積逋。始雖憫窮，生齒日繁，終以藏富，無疆之恤亦無疆惟休焉。且臣聞：政寬舒，則民樂其生。天下有樂生之民，而軍旅會朝，國家之需，不誅求而足矣。政迫促，則民輕其生。天下有輕生之民，而土崩瓦解，國家之患不徵令而至矣。況于今日，邊方多事，尤當以寬民爲急，不可使有愁苦無聊之心。西蜀僻遠，民隱難達，皆陛下之赤子也。臣不勝懇切之至。

書

上饒州路太守書　　　　　　　　應孟明

某切思：古之人成德有大過人者，無他，能受盡言而已。古人之事上也，期無負于上之人者，無他，能盡言不諱而已。今之人聞人之稱善則喜，聞人之諫己則怒，諛言以媚人則能之，忠言以救人則蓄縮而不敢。吁！是焉得爲古人歟！某不敢以今人望明公，而敢以古人期明公。某之身不敢以今人自待，庶幾以古人自待。某之所學在是，所行在是。身爲下邑之微官，仰視太守之尊，知而不言，言而不盡，則有負于明公，亦有負于所學。明公，古人之徒也，幸一聽之。天子置二千石，爲民也，非取民也。龔遂、黃霸之徒，撫摩涵養，使民安，使民富，使民耕鑿有餘力，不徒爲是空言而已。使其追求之速、禁令之嚴，督促期辦，州責之縣，縣責之鄉，不容頃刻暇，始號召于外曰“民力果得紓乎？縣令其無橫取乎？”是欺民也！令行禁止，非嚴者不能辦。錢流地上，非取民者不能辦。大水失期，失期法斬，秦是以亂。令行禁止之弊，乃至此極。此豈撫民之良法歟！錢流地上，而曰斂不及民，天下寧有是理哉！催科政拙，書考下下，後人之論陽城、劉晏，果如其賢乎！令固不可不嚴，太嚴則酷。財固不可不辦，辦則傷民。明公開府之初，諸邑令尹受約束之始，某則傾耳而聆，曰必有寬徭薄賦愛利吾民之言乎？乃聞曰：“日樁月解，月十五日不到，追坐押之官坐于客位，朝入而暮出。其官之趨走輩，則桎縛械繫于客位之傍。”某聞之而驚，歸語子弟曰：“新使君之言及此，百姓之禍未歇也。”既而又聞之：鼎新樓店，聚州人飲酒，日之所獲餘數百緡。當飢民一飯無得之時，招而來之，日之輸酤者數倍。謂之能官可也，謂之善政可乎？行一約束，倉卒倚辦，官吏股慄，不敢後期。使人不敢可也，使人不忍可乎！荒飢之餘，縣邑凋敝，商旅不行，稅入無幾，民飢乏食，酒課不登，月數解錢不爲少矣。一文一縷，不取之民，將焉取之？月十五日，數足于歷，錢足于帑，官吏有賞，縣邑有能辦之稱，此明公之所知也。嬰木索，受箠楚，纍纍監繫者，明公不知也。閭巷細民，賣妻鬻子，明公不知也。中人破産，上戶空匱，明公不知也。其吏之催拘者曰：“新知府之令，汝不聞乎？”其官之行其箠楚禁械者曰：“非我也，新太守也。”彼民亦曰：“吾知新太守之令嚴也。然飢餓之身，未知死所。令雖嚴，若我何？”嗚呼！明公忍受此名而不知察歟！且以某之身親者一事言之：坊渡拘解，某之職也。遭荒拖數，坊渡之常。前者非不拘催，量其有無，爲之多寡，計其辦否，爲之遲速。今者不然。慮約束之嚴，憂月十五日之至，枷禁者日有人，鞭箠者日有人，追逮者日有人，猶不足于月十五日之數。某之枷禁箠楚其無從出之人，如己之受枷禁箠楚也，惴惴然不能以朝夕。而七年之拖下以千數，明公又下追索之令矣。以某之不安于追治坊戶，不得已而塞明公之責，諸縣之于百姓，死人甚于某之急諸坊戶也。某之所管坊渡二十一人，其輸官及期者，鄒祉一人而已。有頑猾戶楊璘，欲攘而奪之，某方不從，則厲聲于某之前曰：“州府不過欲多得錢耳。吾當高價以取之于州，以與鄒祉抗，且與縣丞抗。”某遂具稟剳詳告，意者明公灼見小人之情，楊璘者必得重罪。及行下前縣，以某之所稟與彼之所告，較短量長，而爲之先後，則是明公以利計不以義計。某之所忠告于明公，非以坊渡之爲己累也，因丞廳而推縣邑，見坊渡而思百姓，庶幾以某之言不虛，而得于身親耳。今之官賦，上司催州，州催縣。若不加料理，其何以爲政，明公之理財是也。然殺人之中，猶有禮焉。一切不恤，而以嚴取之，覘板榜行下，則徒曰寬民力、無橫取，不知民力果若是寬乎？取民果可不橫乎？先儒謂操其器而譏其事者，或者其似之。《傳》曰：“惟有德者能以寬服民。其次莫如猛。"此非至言也。有德者不偏于寬,惟其中而已。其次莫如猛,其流弊殆如秦法之密乎!子產倡之,子太叔和之。後之爲政者,不知先王仁義之中,其寬也,非懦也;其剛也,非虐也。甘棠蔽芾,其禁之而不伐乎?其愛之而不伐乎!蛤箭鈎距,其禁之而不犯歟?抑畏之而不犯歟!前太守以柔弱去,今以剛强代。困窮之民,栖栖無所告訴。邇者漲水爲災,其來也不以漸,没禾黍,漂廬舍,敗冢墓,激突浩蕩,若甚酷者。不知天意何所因而爲此歟!明公一麾出守,其僚屬之在府與在縣者,不知幾人,出言嫵媚,稱道明公之盛德與古無前者,往往皆是。某一介頑鈍,獨抱區區之忠,獻之明公,自謂委曲面諛事上官求爲容悦者,非敬上官也,誤上官也。誤上官者,誤百姓也。誤百姓者,誤所學也。某上不敢負明公天子,下不敢負百姓,内不敢負所學。以明公之高明而可望古人也,某也知而不言,言而不盡,則于門下爲有負。明公知而不行,則于百姓爲有負。漢宣帝有言:"庶民所以安其田里,而亡嘆息怨恨之聲者,政平訟理也。與我共此者,其惟良二千石乎!"明公試反覆思之。

與後谿劉先生書 名光祖,字德修。四川人。宋丞相。　　呂　皓

皓聞之:言不足以達吾所素蘊,故叙其志於文;文不足以盡吾所難言,故寓其意於詩。皓,山林一野人也,生十有五年而能文。今文不偶於世,且老矣,情有不能已,敢略陳慨慕先生之始末,而終之以詩焉。蓋皓自弱冠,則獲從世之名公游。淳熙、紹熙之間,侍鄉先生正惠林公寓中都,林公退朝,與諸生燕居,輒驚歎曰:"汝知蜀有劉夫子者乎?當今第一流也。"皓曰:"方之先生何如?"曰:"吾所畏也。節操猶可勉焉,文采蘊藉,非我所及矣!"皓時固深識之,自諉異時相遇江湖之上,摳衣函丈,似未晚也。不謂志與世違,蹉跎至此。因觀裴公,年出三十,便不復詣人。末與張公遇,乃定忘年交,亦切慕之。及自教其子能屬文,則攜以屬今文昌戴先生。一見則曰:"有子如此,君可

以老矣！」皓遂俯首東歸，屏跡不出，寧復與當世之賢有邂逅之遇邪！比年以一二老師儒在要津，偶一出聽時論焉，因又問：「劉夫子無恙否？今何官？」朋輩有抽架上一紙以示曰：「子獨知拳拳於劉夫子，爾亦知劉氏世有人乎？」徐讀之，乃先生之伯子奏疏，論時事上泰而下危者也。皓為之喟然起立，曰：「英才萃於一門，天豈徒將以世昌劉氏也哉！國與有休焉！」自度年益邁，志益惰，第能歸而語諸其子爾。惟是此子方拙更甚，守節安分，語不出口，人罕識其面者。入學舍餘十年，雖親故在朝列，未嘗一躡其門，還舍則閉坐一室，士友來自遠方者拒之不能，而非有意於衒鬻也。知子莫若父，世人未必盡知之，故不敢以為嫌而直以告焉。今適承見次，以不肖父不與俱，欲回舟者屢矣。偶有時貴先幣之招，皓欲其乘此易近地，以便往來，嘗有詩以諷其歸矣。續聞荊州易帥，而先生實當之，皓為之喜而不寐，遂又呕馳一詩，勉其留矣。不意上勤崇重，枉教下逮，欲俾父子遂團圞之私，衰草枯木亦為增輝，何其幸哉！夫皓以三十年慨慕先生之誠，而又知有子，先生以一旦遇不肖子之故，而及此老父，賢愚貴賤，雖甚懸絕，以類推類，未大相遠也。然皓猶有二說焉，敢卒言之。昔嵇紹入洛陽，或稱其為昂昂之野鶴，而人則曰：「君復未見其父爾。」此先知其父而得其子者也。至桓沖見劉驎之，必強其先詣家君。有如桓使君知其子不知其父，見子而不見父，未為失也，而驎之必爾者，何哉？若嵇康名勝固不待其子之自陳矣，先知其父而得其子，嵇氏父子遂能齊名輝映於百世之下。因其子而施及其父，而驎之之父竟沒世而名不稱焉。賢不肖，父子不能以相及，其來尚矣，而可以厚誣哉！若皓不肖父子何敢自擬於其中？然退而視履考祥，少壯而老，所以飭身厲行，所以齊家居鄉，銖銖而較之古之隱逸則容或有愧，至於今世之所謂處士云者，則固不敢多遜也。特風馬牛太不相及，微蠓之聲不到大賢之耳爾。有若自顧其身，而念所出，情之至也；既知其子，而施及所尊，義之隆也。殊念其所當念，先生施其所當施，皓也何辭焉？然世之人固有因子出仕，或曲狥其請以掩議，或喜從其後以爲榮寵者，皆非山林之士所暇及也。區區之迹，則盡見於《雲谿雜集》。先生儻自以物無巨細，欲無一之不知，則呼殊立前而叩之可也。野人不敢事苛禮，以自取外於脣門，是用援筆直書，叙其志於文，而寓其志於詩焉，惟執事其裁之。

與水心先生葉侍郎書 名適,字正則。　　　　呂　皓

皓自分山林，窮老待盡，直時未到爾。至於胸中抱此耿耿，亦自分曉，更向誰説得？蓋自東萊、晦庵二三儒先生相繼長往，東南之士，十十五五，各自雄長，有類鄉村團結保伍，斬木揭竿，各自標號，而亡所統屬。龍川於此時不能表爾堂堂之陣、正正之旗，師出以律，乃反身入行隊中，欲人折其木而奪其竿，固宜保伍紛迸四出，人與爲敵，雖身死而論未定也。士論一至先生而無異辭。雖然，時異事變，先生亦少孤矣。且吾亦知先生之微意矣。有如大厦非一木所能支，而猶往來教誘不輟。人情誰不願即安？人心誰不畏禍首？適當世道之責，而屬海内之望，有不容自私而自閟者。仁以爲己任，不亦重乎！死而後已，不亦遠乎！而謂當今若儒先生尚得而棄重就輕以自脫乎？尚得謂吾已向晚而遂置此事不之入念慮已乎？邵康節所謂前千百年無我，後千百年無我，中間只一線子。惟先生尚須豁闢門户，廣示堂奧，與後學共之，使十十五五之徒，望而震驚，失其所固執，遁者自遁，伏者自伏，聽之而已。皓不自量，別有一紙，請問晦庵、龍川二先生論辨條目。尚惟先生有教無類，或思得狂士以誘來者，不罪僭妄，賜之一言，以爲印證，俾後輩知所循持，亦先生廣示堂奧之微端也，惟先生其熟念之。

與陳龍川先生書 　　　　　　　　呂　皓

前代英雄豪傑之士，其行藏用舍，必有一定不易之規。天下有大

變,迫之而後動,不得已而後應,神色不動,志氣不撓。鳴條之役,莘野之定謀也;牧野之師,渭濱之素略也。方二公耕釣時,未聞一言及此。近見執事《酌古》著論,雖孫、吳不能遠過,固吾儕所喜聞而樂道者,況在吾鄉願進之列乎!二帝北狩之恥未雪,凡有人心,所宜裂眦張膽、奮不自顧者,況爲吾鄉講義之士乎!然卜而訪之,同載以歸,始與之陳韜略;聘幣三至,幡然而起,始與之陳堯舜之道。下至漢末大亂,事亦急矣,猶待三聘之勤始出,而與論當世之故。非固自重以要其上也,誠以在我者,養不裕則用必窮,道不宏則震必泥;在人者,望不切則聽易藐,得不難則行易怠。豪傑之士,雖無文王猶興,至於出處之大節,率不苟也。儻人不我問,吾牽裾而强告之;人不我求,吾躡門而强售之。吾懼夫千鈞之弩屢爲鼷鼠發機,氣泄力減,異時出爲時用,未必愜滿人意也。皓偶與儕輩聚議一笑爾,而執事已大不能堪。嗟乎!一笑之餘,執事盡在吾胸中矣!昔陳勝堪隴上之笑,大呼而隳嬴氏之七廟;欒布堪驪山之笑,仗劍歸漢而受裂地之封;韓信堪淮陰之笑,北滅燕趙,南滅楚,以成漢氏四百年之基業。正將假是三者之笑以試執事爾,乃不能堪,勃然盛怒,遇人誚詈,謂皓不足與語此。嗟乎!一笑之餘,執事盡在吾胸中矣!

與龍川先生論事書　　　　　　呂　皓

自昔英雄豪傑之舉動,雖甚當乎理,亦未嘗敢自恃。吾心之可察,而不恤其迹之可嫌,詞語意氣之間,一涉群小之疑,皆足以萃無名之怨,而招無名之禍。蓋在我者彌高,則知我者彌鮮。世俗昧昧,得吾心之真者寧有幾,而其所謂迹者,固已表然爲的於天下矣。瓜田不納履,李下不正冠,兹固多事自勞者,皓不敢以是謇謇之語狹望於門下,但私心所疑,謂既已無心於得瓜李,乃復試引手取之。比主人怪而詰其故,乃曰:"我豈屑竊瓜李之人哉?偶一爲之,而非真有心者。"心伏於內,眇忽難見。主人見迹而不見心,將引何者以自明邪!無以自明，則主人將不我恕矣。區區之意，不過欲門下不自恃其心，亦略顧其迹爾。況人心惟危，善惡瞬息，出入無時，莫知其鄉，雖聖人亦甚凜凜焉。凡所以正色出辭，閑邪存誠，合内外而交相爲養者，亦以心、迹之不可判而爲二也。不然，則舉天下皆魯男子爾，豈可以一下惠而遂廢男女不同巾櫛、不親授受之禮哉？縱吾心可保其無闇室之欺，非所以爲男子訓也。此爲士常行之道，執事固自能知之、能言之，宜不待皓具陳。但皓重念當先生開門受徒、四方雲集之時，而皓獨以年少庸陋、不足以當大陶冶，乃遠而他之。惟是與門人高第往來最厚，遂得窺牆仞之萬一，其能作一家門户看者絶少。夫聚十百人於大屋之下，棟折榱崩，乃旋逃避駭散，此與麋鹿之聚何異！當是時，室人交致悔咎，已無及矣！皓生多幸，獲與門牆相比，一言一動，皆將取則。故平居或有未契於私心，不敢狥衆詭隨於答問之際，因一二語執證於行事，正謂以自修其慝爾，何敢有一毫簡傲求勝之心哉？有不謂然，天實臨之！

上林樞密大中書　　　　　　　　　呂　殊

殊聞舉事者必順人心。蘇公軾常言：古今未論行事之是非，先觀衆人之向背。謝安之用諸桓未必是，而人之所樂，則國以乂安；庾亮之召蘇峻未必非，而勢有不可，則反爲危辱。是非疑似之際，尤必取決于人心，而況今日函首之事，是非較然，詎可以犯人心、獨行而不顧乎？何者？誅鼠奸魁，收召舊德，雖未及大有所設施，而天下翹然想望至治者，無他，衆人之歸則未爲而人已信之也。夫未爲而人信之，則易爲力；欲爲而人議之，則難爲功。盛名之下，其實難副。竊爲閣下惜此舉動。是舉也，不審閣下其以爲誠然耶？或心不從而貌從之耶？抑嘗誦言其不可而卒不勝同列者之議耶？今京都之内，兒童孺婦，舉以爲非，至有掩口而不願言、塞耳而不願聽者。人心所在，相去不遠，想閣下必知其爲非也。豈惟閣下知其非，想同列之人所謂異議者亦未必自以爲是也。夫未必自以爲是，而復不肯中止，徘徊顧望。若將力排衆議而爲之者，其毋乃以力排衆議之罪小、而重違虜情之罪大耶？夫重違虜情，則和議未決；和議未決，則邊釁未彌。此固今日主議之人所爲徘徊顧望者也。抑不知和好之所以可恃者，在吾國有以服其心，不在事事而從之以求，厭其虎狼之欲也。數日以來，學校諸生，詣闕授匭，已嘗及此，想閣下亦必聞之矣。今區區欲爲閣下言數語而已。閣下以爲持三公之首以送虜庭，自開闢以來有之乎？無之也！閣下以碩德重望爲蒼生而起，乃使開闢以來所未有之事書之史册、傳之後世，自閣下始，豈不惜哉！閣下以爲虜得吾三公之首其止以謝邊民而已耶？其必將用是以薦宗廟也，其必將用是以傳告諸國也，其必將用是以改元賜赦、奉上尊號也，其必將用是以東封西禪、刻石頌功也。其君負中興之名，其臣受不次之賞，而吾君吾相，乃含羞忍恥，偷安一隅，猶爲國有人乎？虜自得志以來，八十年矣，國力民心、將帥士馬，皆未必逮昔。兩年之間，技已止此，吾不能少忍，乃舉三公之首而函授之以成其名，是所謂藉寇兵、資盜糧也，是所謂借柄于敵而授人以柄也，其爲失計，不言可知。衆怒難犯，專欲難成。今者人言籍籍，萬口一辭。大決所犯，傷人必多。不如小決，使道路聞而樂之也。爲今之計，誠能一紙布告遠近，明言昨來以生靈爲念，勉從所請，而内外臣庶以爲未安，所有已差通謝副使等姑遲未行，而前所謂小使者不憚再遣。彼以吾爲有人，未必不從。猶有難者，則雖往復數四，未害也。況虜叵測，和議雖成，邊備其可弛乎？均之未能弛備，何至若是之迫哉！殊昨到京師，首聞斯議，疏遠之人，未知廟堂實意，徒見人言如此，不無私憂，故切爲閣下惜此舉動也。夫人固有好議論、口辯捷給、訕上不遜、以沽直者，閣下視殊平日何如人耶？閣下被召，親故滿前，不過謂閣下行取高官厚禄以爲宗族交遊光寵耳。如殊者，正以功名事業期閣下，閣下其無以位在五人之下、立議不專、異時或可藉口也。昔元祐諸公，坐棄地之議，而擯死者非一。今日之事，未論爲國計，正使爲身計，亦已疎矣！時事變遷，詎可保耶！惟閣下熟籌之，毋以人廢言，則天下幸甚，社稷幸甚！

答朱悦道論春秋書　　　　　　　　呂文燧

辱書承論《春秋》大義，其辭汪汪博肆，累數千百言，而議論之嚴，辯析之精，援據之密，皆非常人造次可及者。觀執事之志，自三《傳》以來，皆欲羈拂之、整齊之，以合乎夫子之經，而其末乃責之於某。某豈其人哉？累日思之，不知所對。某於《春秋》，不可謂得其門戶而窺其堂寢，抑不可謂無其志者也。執事所言，不可以一二奉復，請姑誦其所言，以質於執事。夫所謂君子者，能持公論而已。所謂公論者，能使天下之人皆知其孰爲是、孰爲非，而無所疑者是也。曷爲而能使之知之而無疑？考之於事而實，載之於言而明白簡直焉耳。孰爲實？孰爲明白而簡直？今有殺人者、毆人者、奪人之財者，號於衆者曰：某殺某，某笞某，某奪某之財，則聞之者不辯解而知其非矣。某實殺而不曰某殺之，某實笞之而不曰某笞之，某實奪之而不曰某奪之，而宛轉回遠，遷就其辭，使人自推而知之，使老生宿儒相與解之數百言而不能盡其義，豈足以曉於人哉！欲曉於人，而深其辭，使人不能曉，豈能言者之爲哉！故某嘗以爲《春秋》之作也，直書時事而不深其辭者也。必如《傳》者之言，或書族，或去族；或書字，或不書，或稱名；或特著一字以示褒，或特著一字以示貶；或予或奪，或抑或揚，則是聖人有意爲奇辭新意、自神其書，使人不可盡識也。噫！孰謂聖人之心如天地之簡易易知而若是之迂僻而難測哉！且名也，字也，族也，皆當時之人稱於人者也，孰得而增之？孰得而去之？且增之人何由而知其褒，去之人何由而知其貶？聖人之言，決不如是之艱深而難曉也！問者曰：“若是，則《春秋》之作，不待聖人，而人人皆可爲矣。”曰：“非聖人不能作也。何者？好惡生於私心，而是非定于君子。周之衰，王政不綱，諸侯擅制，霸主威行於天下，而權臣交政於中國。天下之人，惕於勢利，狃於見聞，尊卑生於俗尚，而是非淆於時論。當時史官，又皆妄庸之人，往往曲爲隱諱遷就，而書法失實，故聖人因而正之。其正之也，皆因舊文而脩之，非聖人之所創爲也。故某嘗以爲《春秋》之辭當有二種：有因其舊而不變者，有聖人筆削之者。凡國之常事，聖人必因其舊而不變；凡國之大事與事雖小而足以垂戒者，而舊史失其實，聖人因取而正之，以明天理，以正人心，以達王道，使人較然知是非之正，以爲鑒戒焉。但聖人筆削之迹，不可復見，不可妄爲之説耳。故曰聖人之作《春秋》，直書其事，而不深其辭者也。"曰："直書時事，則得失何所見？"曰："得失焉得而不見！鄭伯克段于鄢，兄弟相賊也。兄弟相賊，可乎？武氏子來求賻，賻可求乎？求，非也。不賻焉而使之求，亦非也。取郜大鼎于宋，賂也。鄰國相賂，可乎？天王求金，不貢王賦，而使天子有求焉，不臣也；不能令其諸侯，顧反求焉，不君也。某入某，某伐某，某會某，天子在而擅相伐，可乎？古之會盟也以義，今之會盟也，義乎？不義乎？某弑其君，某君可弑乎？某殺其大夫，某無天子之命而擅殺無罪之大夫，可乎？若是，則又何待加一辭、去一辭而後得失可見？"自有《春秋》以來，爲訓注者何止數十百家，大抵好自立論，穿鑿附會，而自謂深得聖人筆削之旨。其間豈無一二得之者？吾恐其於聖人之大旨終不合也。某嘗妄謂，自有《春秋》以來，唯廬陵歐陽子、考亭朱子二君子之論，深得《春秋》之旨。歐陽子謂：學《春秋》者，當信經，不當信傳。謂經不待傳而通者十七八，因傳而惑者十五六。朱子謂：仲尼據魯史以書其事，使人自觀之以爲勸戒。謂推求一字以爲褒貶，專在於是非仲尼之意。謂以傳者之意而觀《春秋》，則權謀智略譎詐之書耳。聖人晚年流涕痛哭而爲此書，豈若是之纖巧哉！嗚呼！二子之論若此，可謂深得《春秋》之旨矣！惜乎歐陽子無所著述，朱子於《易》、於《書》、於《詩》、於《禮》、於《論》、《孟》，或親爲注釋，或合其經傳，或考其異同，或命門人釋之，而獨未及乎《春秋》。然朱子之修《綱目》也，因《通鑑》舊史而變其書法，亦《春秋》之意也。戰國之君,《通鑑》曰王,《綱目》則曰君。周之亡,《通鑑》即以秦爲正統,《綱目》則於既滅六國之後,始以秦爲正統。漢之分,《通鑑》以魏爲正統,《綱目》則以蜀漢爲正統。漢中斜谷之師,《通鑑》曰入寇,《綱目》曰伐魏。劍閣之敗,《通鑑》曰伐蜀,《綱目》曰入寇。曹髦之死,《通鑑》歸罪于成濟,《綱目》則曰魏司馬師弒其主髦。二書書法不同,而其是非予奪之間,相去遠矣!某以爲仲尼之作《春秋》亦不過如此而已,非如傳者之云云也。朱子雖不注《春秋》,而脩《綱目》,其於敦典庸禮、命德討罪之法,是亦《春秋》而已,又何必親爲注釋而後聖人之旨可見!某過不自料,嘗欲倣《綱目》,大書《春秋》之經,而約左氏之文注其下,先儒議論有可取者亦附焉,使學者以經統傳、以傳附經,而考見得失,不假立説辯議,而聖人筆削之微意隱然可見。又嘗欲效柳宗元《非國語》作《非三傳》,取其穿鑿牽合之説辭而闢之。三《傳》之非見,則聖人之經明矣!聖人之經,猶水也;三《傳》之非,障水也。聖人之經,猶日月也;三《傳》之非,蔽日月者也。壅塞去則水得其道矣,翳霾去則日月之明復矣。嗚呼!以三《傳》以來,諸儒之所不能明,歐陽子之所不敢言,朱子之所不暇爲,而某乃欲以蕪陋之學去千載之弊,其不量力甚矣!是以恐懼眩惑,未能措手,誠若執事之所慮也。雖然,區區之志,猶未已也。苟遲之數年,賴師友之功,有分寸之益,必當勉成二書,以畢其志。執事少須焉,無遽爲余慮也。

上谷中虛書　　　　　　　王　崇

永康民間疾苦,惟錢糧、盜賊二者最大。錢糧不在見年常賦之追征,而在積歲諸逋之併急。蓋一歲所入,止有此數,頻年積欠,何堪取盈一時!吏卒之所追呼,桁楊之所箠楚,甚至質子於官,挈妻于路,根連蔓及,瓶罄罍空。官府利其易完,明知鹿馬;親戚責之代賠,何擇牛羊!冤泣籲天,怨聲載道。以上皆積逋併急致然,爲康人患者若此。盜賊不在於親被其劫戮,而在于他方之追捕。讎口誣扳,詭名妄報,上司信爲真情，吏書視之奇貨，捕隸遣而之先，失主隨尾其後，池魚殃及，以假爲真。或卷户潛逃，或闔門被逮，窮兇拷掠，贖命行求，田無服鎛之農，野有夜嘯之鬼。以上皆他方追捕致然，爲康人患者若此。雖有藩臬大夫，分路之名賢，當郡長貳，親民之碩彦，顧一時之議論，爭尚嚴急，深刻之分數多，寬大之分數少。在積逋，則曰非不知百姓艱難，各處之支用缺乏；在追捕，則曰重犯不得不拿，公差不得不遣。一則上修潔者避嫌疑，自不覺流於殘忍；一則慮違忤者事完報，自不敢爲之調停。未聞有破格出套、冒忌諱、明目張膽爲蒸黎作砥柱者。即有之，又皆制於眾論之所未然，而持閣於群情之所不樂，始終鬱不能施已矣！非有寬仁長者臨于其上，方内何以得有更生之日耶！夫錢糧以一條鞭之法追徵，既無耗費之漁，又絕侵欺之弊，亦甚善矣。誠恐衣食於官者，巧名色以中其奸，訛議論以變其法，則非所以惠民矣。然必分限而不厭其數，零收而不責其全。蓋少則易辦，不取必於速完；有則收受，不那奪於他用。里遞若見年之先倡，則貧不贍者破其家；逃移若甲長之代賠，則存未逃者効其避。至積逋一節，只宜相時擇急立法帶徵，必從用一緩二之謨，以爲積寸成尺之漸。寬期而不嫌夫歲月之多，自限而不至於差遣之擾。譬昨日之飢已過，明日之餓宜思，故不可盡其所有，而尤當亮其所無；不可責於救死不贍之時，而尤當伺其飽自棄餘之日。當使不足在官，而有餘在民，所謂什一在内，而什九在外者也。夫是，事則集而官不勞，逋則完而民不病矣！地方之有盜賊，猶目中之有刺，恨去之不速，而捕之不早也。乃委之於上官差人。夫差人豈能獲賊？只放賊耳。蓋賊在則獲之已矣，無所肆其橫索。惟賊走，則既得賊之重賄，又可以指賊而逼其溪壑。聲勢威於巨寇，賄賂多於強刼。打網之風大興，追捕之文益盛。其害民反有甚於強賊，又何以差人差官爲哉！繼自今，只一檄下本縣，而責之掌印正官，奉文之後，一面如檄追捕，一面多方查訪。苟真賊也，則親屬懼其連累，團保懼其干害，里遞懼勾擾，官府因以責之訪拿，合謀併力，豈有不獲者哉！苟非賊也，家長必保之，團保長必保之，糧里老十遞年必保之，官府便須白於上司住提止解。若以團保長、糧里老爲不足信，則亦別無可信之人矣！夫張官置吏，無非爲民。民之利病，死生以之，是先民而後己也。世乃有攘民食以應上征求，奪民力以供上役使，殘民命以干任怨之譽，入人死以矯執法之能；慺身高舉以博美官，畢竟惟己私而已，其於民也何哉！

序

送徐無黨南歸序　　　　　歐陽修

草木鳥獸之爲物，衆人之爲人，其爲生雖異，而爲死則同，一歸於腐壞、澌盡、泯滅而已。而衆人之中有聖賢者，固亦生且死於其間，而獨異於草木鳥獸衆人者，雖死而不朽，愈遠而彌存也。其所以爲聖賢者，修之於身，施之於事，見之於言，是三者所以能不朽而存也。修於身者，無所不獲；施於事者，有得有不得焉；其見於言者，則又有能有不能也。施於事矣，不見於言可也。自《詩》、《書》、《史記》所傳，其人豈必皆能言之士哉？修於身矣，而不施於事，不見於言，亦可也。孔子弟子有能政事者矣，有能言語者矣，若顏回者，在陋巷，曲肱饑臥而已，其群居則默然終日如愚人。然自當時群弟子皆推尊之，以爲不敢望而及，而後世更百千歲，亦未有能及之者。其不朽而存者，固不待施於事，況於言乎？予讀班固《藝文志》、唐《四庫書目》，見其所列，自三代、秦、漢以來，著書之士多者至百餘篇，少者猶三四十篇，其人不可勝數，而散亡磨滅，百不一存焉。予嘗悲其人，文章麗矣，言語工矣，無異草木榮華之飄風、鳥獸好音之過耳也。方其用心與力之勞，亦何異衆人之汲汲營營？而忽焉以死者，雖有遲有速，而卒與三者同歸於泯滅。夫言之不可恃也蓋如此。今之學者，莫不慕古聖賢之不朽，而勤一世以盡心於文字間者，皆可悲也。東陽徐生，少從予學，爲文章，稍稍見稱於人。既去，而與群士試於禮部，得高第，由是知名。

其文辭日進，如水涌而山出。予欲摧其盛氣而勉其思也，故於其歸，告以是言。然予固亦喜爲文辭者，亦因以自警焉。

中興遺傳序　　　　　　　　　　陳　亮

初，龍可伯康游京師，輩飲市肆，方叫呼大噱，趙九齡次張旁行過之，雅與伯康不相識，俄追止次張，牽其臂，迫與共飲。次張之父時守官河東，方以疾聞，次張以實告，伯康曰：“毋苦！乃翁疾行瘳矣。子可人意者，爲我姑少留。”次張不得已從之。箕踞笑歌，詼諧縱謔，傍若無人，次張固已心異。一日行城外，過麻村，觀大閱之所，伯康悖然曰：“予亦喜射乎？”次張曰：“頗亦好之，而不能精也。”伯康曰：“姑試之。”次張從旁取弓，挾矢以興，十發而貼中者六七。次張心頗自喜。伯康拾矢而射，一發中的，矢矢相屬，十發亡一差者。次張驚曰：“子射至此乎！”伯康曰：“此亦何足道。千軍萬馬，頭目轉動不常，意之所指，猶望必中。況此定的，又何怪乎！”次張吐其舌不能收。俄指其地而謂次張曰：“後三年，此間皆胡人，子姑識之。火龍騎日，飛雲滿天，此京城破日之兆。”因吁嗟長嘆，不能自禁。後三年，京城失守，其言皆驗。中原流離，伯康自是不復見矣。豈喪亂之際，或死於兵，抑有所奮而不能成也？次張每念其人，言則嘆惜。紹興初，韓世忠拒虜於淮西，力頗不敵。次張獻言，乞決淮西之水以灌虜營。朝廷易其言而不之信，已而虜師俄退，世忠力請留戰。虜酋使謂曰：“聞南朝欲決水以灌我營，我豈能落人計中！”次張言雖不用，猶足以攻敵人之心者類如此。次張嘗爲李丞相所辟，得承務郎，督府罷，次張亦徑歸。大駕南渡，次張僑居陽羨。故將岳飛嘗隸丞相軍中，次張識其人於行伍，言之丞相，給帖補軍校。後爲統制，遇大駕巡永嘉，與諸將彷徨江上，莫知攸適；又乏糧，將謀抄掠。次張聞而竟往，説飛移軍陽羨，州給之食，飛得無他，而州境賴焉。人有言次張生平於趙丞相者，丞相喜，欲用之，復有譖者曰：“此人心志不可保，使其得志，必爲曹操。”丞相疑沮而止。次張度時不用,屏居不出,竟死。昔參政周公葵屢爲余言其人,且曰:"我嘗薦之朝廷,諸公皆詰我:'子端人正士,胡爲余言此等狂生?'我因告之曰:'吾儕平居譚王道,説詩書,一日得用,從容廟朝,執持紀綱,可也;至於排難解紛,倉卒萬變,此等殆不可少。吾儕既不能辦,而惡他人之能辦,是誣天下以無士,而期國事之必不成也。是烏可哉!'"余嘗大周公之言,異二生之爲人而惜其屈,嘗欲傳其事而不能詳,因嘆曰:"世之豪偉倜儻之士,沉没於困窮,不能自奮以爲世用,欲用而卒沮於疑忌,如二生者寧有限哉!然自古亂離戰爭之際,往往奇才輩出,嶄然自赴功名之會,如建炎、紹興之間,誠亦不少,雖或屈而不用,用不大,大或不終,未四十年,已有不能道其姓字者。記事之文,可少乎哉!"自是始纂集異聞,爲《中興遺傳》。然猶恨見聞單寡,欲從先生故老詳求其事,故先爲之纂例,而以漸足之。其一曰大臣,若李綱、宗澤、吕頤浩、趙鼎、張浚。其二曰大將,若种師道、岳飛、韓世忠、吳玠、吳璘。其三曰死節,若李若水、劉韐、孫傅、霍安國、楊邦義。其四曰死事,若种師中、王稟、張叔夜、何桌、劉竫、徐徽言。其五曰能臣,若陳則、程昌禹、鄭剛中。其六曰能將,若曲端、姚端、王勝、劉光世、劉銳。其七曰直士,若陳東、歐陽澈、吳若。其八曰俠士,若王友、張所、劉位。其九曰辯士,若邵公序、祝子權、汪若海。其十曰義勇,若孫韓、葛進、石竫。其十一曰群盗,若李勝、楊進、丁進。其十二曰賊臣,若徐秉哲、王時雍、范瓊。合十二册,而分傳之,總目曰《中興遺傳》。聊以發其行事,而致吾之意。然其端則起於惜二生之失其傳,故序首及之。昔司馬子長周游四方,纂集舊聞,爲《史記》一百三十篇。其文馳騁萬變,使觀者壯心駭目。顧余何人,豈能使人喜觀吾文如子長哉!方將旁求廣集,以備史氏之闕遺云耳。

忠臣傳序　　　　　　　　　　陳　亮

余讀《書》,至武庚之事,何嘗不爲之流涕哉。嗟夫!忠孝者,立身之大節，爲臣而洗君之耻，父讎而子復之，人之至情也。度不可爲，不顧而爲之者，抑吾之情不可不伸也。逆計而不爲，人烏知吾心？生猶愧耳，況卒不免於死，則將藉口謂何哉！夫武王之伐紂也，以至仁順天命，以大義拯斯民。然君父不以無道貶尊，則武庚視太白之旗，必有大不忍於此者。然而未即死者，猶有待也。及武王既立而没，嗣子幼，君臣兄弟之間疑間方興，故將挾管、蔡之隙以義起，成敗之不問，姑明吾心，奮而爲之，是以殞首而不顧。余以爲武庚者，古之忠臣孝子也。世立是非於成敗，故無褒，而孔氏又諱而不道，然則武庚之死越二千載，目之瞑未也。雖然，武庚受之嫡嗣，處義之必不可已，而非有深計於後世也。若翟義、王陵、毋丘儉、諸葛誕之徒，非清議之所必責，俛首相隨屬，未過也；而數子者，忠膽憤發，視其國之傾、身之危，不啻不暇熟權其力，趣起扶之，意雖不就，此其心可誣也哉！作史者謂宜大書以示勸，迺惟旅次之，然且不免不量之譏，甚遂傳之《叛臣》。語曰："蓋棺論乃定。"果是可信乎？昔者貫高有言："人情豈不各愛其父母妻子乎！今吾三族皆已論死，顧豈以王易吾親哉！"然則數子之心壯矣，迺其冤有甚於武庚者。余悲之，故列爲《忠臣傳》，信千古以興頹俗，此聖人懲勸之法也。

義士傳序　　　　　　　　　　陳　亮

　　昔三代之王也，賢聖之君商爲多。敷政出令，不拂民欲；惇德行化，以固民心。雖紂之暴，而民未厭商也。故文王抑畏，以全至德。孔子曰："三分天下有其二，以服事殷。"豈不大哉！至武王，不忍天下之亂而卒廢之，雖違商而周者十室而八，然商之餘民，睠念先王之舊澤，執義以自守，雖諄復喻之，囂乎其不肯順從也。而周家卒不敢以刑罰驅之；不惟不敢，亦其心有所愧而不忍。故惟遵商之舊政，以漸服其心，歷三世，而後帖然從周。推此之時，稚者已壯，壯者已老，老者已死。耆舊强壯之民卒不肯從，而從之者皆生長於周之民也，可不謂義乎；然猶見稱"頑民"，則周人之言也，於商義矣。夫伯夷、叔齊，孔子以爲義而許之，而商民之事，亦詳見於《書》。夷、齊是，則商民不非矣。夫夷、齊非以一死爲足以存商，明君臣之義，雖有聖者，不可易也。商民非以不肯順從爲足以拒周，顧先王之德澤，有以使之，而弗克自已也。夫義者，立人之大節；而愛生憚死，人之情也。其不以此而易彼者，誠知所處矣。由商而降，惟東漢之治，惇節義，尚廉退，有商之遺風。故其亡也，義士亦略如之，然亦可以爲流涕也已。若夫王蠋、申包胥之倫，皆非有所激而興，故特行其志，而從之者不衆也。然使夫人氣沮而膽褫，則其功効豈少哉！嗟夫！商遠矣，其民之姓氏不得詳也，故序存之，而傳夷、齊以爲義士首，於東漢之士加詳焉，其他時起者附之，庶乎有聞風而興者，豈徒補觀覽而已哉！

謀臣傳序

昔堯舜之際專尚德化，三代之王以仁政，伯國以謀，戰國以力。治亂之不同，所從來異矣。由漢迄今，有國家者始兼而用之，然德化之與仁義，皆人主之躬行者也。至于排難解紛，則豈可以不謀，而力烏用哉！此權智之士所以爲可貴也。雖然，權智可貴矣，行之以譎，則事以辦，亦或以否，否必不可繼也。故君子行權於正，用智以理，若庖丁之解牛，是以智不勞而事迎解，功已成而無後患。蓋五常之用，智爲難。仁、義、禮、信，過則近厚；過於智，賊矣。故凡列國之策士，皆行穿窬，而衣人之衣以自齒於編民者也，此不足論；論漢已來智而不賊者，然亦無幾。故身名俱全惟張子房，他皆不逮已。要以排難解紛，故不得而舉少之。雖然，事固有幸有不幸，遇左、馬之筆，則片謀寸長，聲迹焜灼；史筆中絕，雖奇謀至計，類鬱而弗耀，余甚慨焉。故將章列其行事，以備謀國者之覽。迺取太史遷之所嘗載者，若張、陳之徒，標于卷首；其他删次論列，惟意之從。合而曰《謀臣傳》。其奇可資以集事，其賊可以戒，不爲無取云耳。

英豪錄序

今天子即位之初，虜再犯邊，君憂臣勞，兵民死之，而財用匱焉。距靖康之禍於是四十載矣，雖其中間嘗息於和，而養安之患滋大，踵而爲之，患猶昔也；起而決之，則又憚乎力之不足。嗟夫！事勢之極，其難處非一日也。蔡謨有言："創業之事，苟非上聖，必由英豪。"今上既聖矣，而英豪之士闕乎未有聞也，余甚惑焉。夫天下有大變，功名之機也，撫其機而不有人以制之，豈大變終已不得平？此非天意也，顧天實生之，而人不知所用耳。彼英豪者，非即人以求用者也，寧不用死耳，而少貶焉不可也。故飢寒迫於身，視天下猶吾事也；見易於庸人，謂強敵可勦也；信口而言，惟意之爲，禮法之不可羈也，死生禍福之不能懼也。一有事焉，君子小人，一見而得其情；是非利害之間，一言而決。理繁劇則庖丁之解牛也，處危疑則匠石之斲鼻也。蓋其才智過人者遠矣。然而旅出旅處，而混於不可知之間，媢之者謂狂，而實狂者又偶似之，將特自標樹，則夫虛張以求賈者又得而誤之矣。此英豪之所以困而不達，而謂無人焉者非也。嗟夫！承平之時，展才無所不用，職也；而困於艱難之際者，獨何與！且上之人亦過矣，獨不可策之以言而試之以事乎！雖商、周之於伊、呂，不廢也；廢之而不務，而憂無人焉者，亦非也。抑余聞之：昔人有以千金求千里馬者，不得，則以五百金買其骨焉，不踰期而千里馬至者三。何則？趨其所好，人之情也。不得於生者，見其骨猶貴之，可謂誠好之矣，生者之思奮，故也。故余備錄古之英豪之行事，以當千里馬之骨，誠想其遺風以求之，今未必不有得也，顧其誠好不耳。蓋晉武帝稱"安得諸葛亮者而與之共治"，正使九原可作，盍亦思所以用之。凡余所以區區於此錄者，夫豈徒哉！夫豈徒哉！

石泉分韻序　　　　　　　　　　呂文燧

洪武元年四月壬戌，余與朱君材可、何君彥誠、族弟國明、族子伯貞、思恭六人者會于石泉之麓。時積雨新霽，天氣淑清，佳花美木，攢夾兩岸，牧人樵豎，行歌往來其間，望之如繪。乃命童子疏泉爲流觴曲水，加石灌莽之上，六人者以次列坐，觴酒置之水，使順流而下。觴之所直，人輒飲之。酒半，余間語座人曰：“吾今日之會，視晉人蘭亭之事固不可同日語矣。然彼數君子者，或建節統師，或剖符典郡，或插貂入直，皆被青懷紫食夫人之祿。而是時，朝廷方介居江左，壤地日蹙，胡羯分割中土，故宮委於蓁蒿，衣冠淪没，禮樂文物爲之掃地。不能枕干席甲，攻苦茹淡，戮力王室，以復君父之讎，狗社稷之危，而留連麯蘖，貪惜光晷，以風流蘊藉，純盗虚名，可乎？今我與諸君子，無官守之責、職思之憂，而一觴一詠，自放於林泉之間，亦人之情也。然則蘭亭之會，視吾今日之樂，若不及矣！雖然，終身之憂，重於一職。輟學之失，甚於曠官。今吾數人者，年益長，志益荒，聰明强識益不及於前時，而名不加立，道不加修，其所憂豈不有大於當時者？奈何襲其故事、蹈其遺弊哉！然則吾與晉人皆失也。”五人者乃皆謝曰：“當相與戒之。”酒竟，以杜少陵“願吹野水添金杯”之句，析而爲韻，各賦一詩。章既就，乃書此語，序諸卷首，以相愧厲云。

應氏世德録序　　　　　章　懋

世德者何？示遠也。《傳》曰：“德厚者流光，德薄者流卑。”是以貴始，德之本也。夫人之所以艱難辛苦、力行孝義，以求無愧於天地者，初非有心以基後福也。而彼蒼者天，自豐其報，譬之水木，源深則流長，本固則末茂，理勢自然，無足怪者。若今永康應氏，不既可徵也哉！應在南宋時有周夫人者，卓然以孝義稱，嘗愈舅氏之疾，而不圖古冢之藏，蓋有丈夫之所不能者。其子少師公，又能以經濟之資、忠貞之望，自小官受知人主，屢更任使，動出上意。觀其念邊防，釋寃獄，匡郡守，拒權臣，矯詔賑飢，築牆服盗，要皆不存形迹，務竭忠貞，以答一時之殊遇。惜乎竟止於斯，而卒不能以底于大用，識者恨之。

以至提舉之明正學，侍郎之死王事，均之爲才子弟而足以世其家者也。是何應氏之多賢與？人徒知應氏之大發在於少師，而不知少師之忠貞，實母氏之孝有以啟之也。夫天下之賢德，莫大於孝義，而孝義之能盡者，尤莫難於婦人。大蛇之賜，其與孟宗之筍、王祥之鯉異世而同符者與？至於焚香以祝，而不希冀於非望，則又李氏之母掩築而願徼福於諸孤之心也。是故忠孝本無彼此，天人實相流通。自古求忠臣必於孝子之門，宜乎懷才抱藝者恒萃聚於其族，而宣力効忠以馳驅於當世者，往往皆應氏之子孫也。嗚呼！宋有天下三百餘年，中間宰輔不下千數，其譜牒蓋無家不有也，而余平生所見，纔及數家，則其子孫之不肖而失之者多矣。其視少師，官不過部貳，位不在政府，後人迺能痛譜牒之毀于兵，稽史傳，考郡書，捃摭遺文，彙以成帙，而求取正於有道，以期傳播於無窮者，其相去一何遠哉！雖然，祖功宗德，用罄顯揚，仁也；繼志述事，爰圖永久，義也。仁且義，雖孝子慈孫愛其祖考之甚者，何以加此？由是而觀，應氏先後一門，本支綿衍，其德厚而流光者歟！戀爲鄉後進，在告以來，衰病日尋，欲薦芳蘭而不可得，然而高山仰止，素切于衷，而喜其後人之知本始也，於是乎言。嗣孫之賢者曰璋，曩從余游，席珍待聘，爲博士弟子員，將通顯於時有日矣。行看穿碑十尺，大書特書，以樹立乎神道，以揚厲乎先德，以昭示乎嗣人。余，史官也，雖老矣，尚當爲應氏任之。

贈姚虛谷守金華序　　　　　程文德

嘉靖庚寅正月，皇帝郊祀之明日，慶成大禮，錫宴廷臣，自公卿大夫暨侍從之臣咸與焉。方入門，偶值虛谷姚公、東竹趙子相揖。東竹顧謂：“吾郡缺守，必得如公者，乃諧僉議。”私心躍如，意公亦勿能辭也。既數日，命下，果爾。其歡曰：“幾之先見有如是哉！”於是同郡之士官京師者，咸以得人爲慶。又數日，相與醵餞於靈濟之宮。公至，則曰：“將濟謀灉，入境問俗，古之訓也。愛必思助，贈不忘規，友之道也。兹行也,諸君子曷以裨我?"僉避席曰:"何能裨公?《易》稱虛以受人,我虛谷公實有之,敢不敬展所私,以酬來辱?"則有作而言者曰:"民財日屈,朘削滋豐,民力告竭,奔走作慝。率之維何?小大弱強,咸欲有咨,臧否旄別,易眩厥施。平之維何?"公曰:"惟廉惟公,敢不慎諸?"則又有作而言者曰:"誠僞枉直,莫訊其端。大盜若愚,奸法宄度。正之維何?郡比圮水,民用遷止,因之饑饉,賦額靡蠲。卹之維何?"公曰:"維明維仁,敢不懋諸?"則又有作而言者曰:"暴橫陸梁,閭里勿寧,胥徒舞文,官方幾毀。詟之維何?"公則曰:"予不佞,安敢縱焉弛度,以廢厥威。"於是在座者咸起而爲賀,知公之必能踐言也。蓋公服膺尊翁慎脩公之訓勿怠,自癸未登進士,拜秋官,迨今凡七年。介而辨,徵其廉;守法不撓,徵其公;吏事精核,而寬厚存焉,徵其明且仁;儼然以肅,而人不犯,徵其威。蓋先行其言矣。夫廉以率下,公以平軌,明以正物,仁以卹民,威以詟暴。下率則官勵貞,軌平則人順,物正則不欺,民卹則孚惠,暴詟則君子勸而小人懲。夫君子勸而小人懲,物不欺而民孚惠,官勵貞而人順軌,其何功不樹?於郡何有也?是不足爲公賀,且爲金華得人慶乎!然則幾之先見,非偶然者,而且見於慶成之日,公之大成,固可竢也,郡爲之兆爾。於是衆復起爲公壽。某因書以爲別。

盧新菴文集序　　　　　　程正誼

吾儒性命之學,自生人以來,聖帝明王所以植乾綱、垂道統、維世教、作治功,使天理得以常存、人心得以不死,皆此學爲之根柢,如日月三光之在太虛,六合資之以不毀,萬有賴之以生成者也。無此學,則聖王繼天立極,無所爲立極之具、御世之柄,雖有天下,豈能一朝居乎?世謂堯舜開精一之傳,而性命之學始得原委。不知自伏羲御世,畫八卦,造書契,則此學已行於政化之中,特洪濛之世,大道難明,至堯、舜造其精微,始得象得名耳。歷禹、湯、文、武,以至孔、孟,此學大明，如日中天。聖門諸弟子又從而羽翼之，堯舜心傳至此爲萬古熙明之會，雖楊、墨、老、莊輩邪説並興，此學不無晦蝕，然孟子辭而闢之，人心廓如，不能爲吾道損矣！自秦、漢之興，迄於五季，上下千餘年，其中學士經生，乘時自奮、或慨《詩》、《書》之缺，工讎校以佐六經；或感興廢之殊，紀得失以垂勸戒；或因功令之設，誇詞賦以備文章。究其要歸於吾儒性命之學，均爲無當，然其孜孜强學之意，皆欲羽翼聖真，未有叛吾道而從異端者也。宋興，當治教休明之會，真儒輩出，表章六經，提孔、孟之宗旨而昭揭之，使與日星並曜，無復晦蝕之災，豈獨學子經生之幸？千百年道脈之幸也！元主中夏，正學衰微，然何、王、金、許四公，皆婺産也，猶然倡理學於八婺之中，其要歸以真實心地、刻苦工夫爲主，雖各得其資之所近，然其説不詭於聖賢。我明論學，如文清、文成、甘泉、楓山諸公，雖所入門徑不同，皆得聖功要領，而“良知”二字，尤自心源提出，明切易從。當時豪傑士蒸蒸奮起，正喜我明之學，不讓皇宋。奈何今之學者，乃有大謬不然者乎！天台氏言學楚中，謂孔子素王、釋氏空王，合儒、釋而並尊之。天台之作俑也，李載贄師之，尚言陰騭之事，止以其身爲緇流，害猶未甚。管登之師之，爲轄闔其説，以爲佛、老二宗，異吾夫子之身綱常，同吾夫子之言性道，性道難聞，而於竺經聞所未聞，當與《周易》、《詩》、《書》並傳者也。嗟嗟！自古惑世誣民，寧有至此極者哉！今其説浸淫宇内，學士經生往往喜其不經之談，爭奔走之；飯僧放生之事，家傳而户習之矣。不佞菲才綿力，恨不能息邪説以正人心，不知將何底極，心切憂之。吾友新菴盧君，年相若也，並有擔當斯道之志，以弘毅相責難。未幾，不佞叨升斗之禄，周遊於齊、梁、楚、蜀間三十年，而歸南畝，復會新菴君於五峰，則君年逾七十矣。樂道安貧，砥節礪行，心業業如少壯時，君其有衛武之風乎！責難於髫稚之年，踐言於黄髮之後，友道其庶幾乎！一日，君持其所作詩文稿凡十數卷，詣余乞數言弁諸首。余披閲之，卒業，歎曰：“吾儒正學，此其爲中流砥柱耶！吾不意狂瀾既倒之後而猶得見此學也。"新菴君志肩斯道，今果不食其言。
他日異端息、吾道無恙，非君之力而誰？自今而後，吾黨同志士誦君
之功且不衰，詎不佞一人之喜已也。是爲序。

永康二義士序　　　　　　　胡檟

我朝立法，綱舉目張，無微弗悉，而于賦稅尤嚴。蓋自祖宗混一
以來，畫野分州，各因封域之洪纖、土壤之肥瘠，以定征輸之上下，毫
毛不容增損于其間者，而況容之相假借乎！久假不歸，終相侵奪，而
當路莫之裁也，亂由階矣！浙之嘉、湖，正德間藉口歲凶，分厥賦若
干，告貸于吾婺、衢、嚴三郡，移粟就民。三郡不辭，是吾仁也，暫也。
而輒派爲常額，不可矣。至吾三郡亦荒，乞歸原貸，而竟不獲償，是猶
晉饑而秦輸之粟，秦饑而晉閉之糴也。用是浙東疲敝，民不勝籲天。
此吾郡生靈，均之赤子，而乳或攘之，彼何幸，此何乖！牧此五郡如牧
牛羊者也，以吾芻牧給彼牛羊笑，彼牛羊之主則逸而我獨勞也。余婺
屬邑永康有應崇正者，奮不顧身，自願上其事。厥弟廷彰，挺然任翼
之。於是歸謀諸父。父命之曰："汝舉爲公，志大矣。毋以我爲慮而
且計費也。"遂力請於郡伯兩山張公，公許之。迭奏數年，家四壁立。
後繼張公知府事，則虛谷姚公也。公謂國之有賦，固以爲國，尤以爲
民。民病矣而不以聞，是予之辜。時因入覲，崇正偕行，聽其再奏，命
下監司，爲直之。屬有讒人交鬭妒其成而利其敗者，日覬覦焉而媒孽
之。應志益堅，不以賄通，不以威挫，克承父命，卒歸所負，而賦賴以
均，民叩以息。二郡公惠愛于焉溥矣！夫均賦息民，本我有司之事。
今一布衣能代行之，而余司牧者反重席其庇焉。崇正其義士歟！崇
正其義士歟！今之貪婪者，以身殉貨；自愛者，以身殉名。若而人者，
果爲貨耶？爲名耶？抑無所爲而爲善耶？臧文仲曰："見有禮于其君
者，事之如孝子之養父母也；見無禮于其君者，誅之如鷹鸇之逐鳥雀
也。"余承乏烏傷，乃于鄰封得此義士，豈惟三郡之民有攸利，更喜江

湖俊彥而肯爲廊廟竪勛若此,故書以俟觀風者採焉。

左氏兵法纂序　　　　　　王世德

　　余幼治《尚書》,十七始讀《春秋》,若《左氏傳》則手録一過,然特取便於舉業耳,於大義則茫如也。通籍後,役役閩、楚間二十載,必備是書於行李中,蓋未敢忘筌蹄意耳。歲甲子,有召募浙兵援黔之役,因嘆安酋吾故屬,其崛强不能敵一大郡,乃全黔不足以禦。試思國家平日屯養於衞所、廩食於州縣者幾千萬,而盡歸無用,何哉!蓋今天下之病,全在狃於治平無事,祖宗所爲防禦良法,率蕩焉若掃。即以武世官,以武取士,徒供文具,故一旦患生而失措。然余謂小醜竊發,乃天所以眷顧我國家,而與以修政立事之時。此時一失,弗可追冀。左氏不云乎:"勇夫重閉,況國乎!"又曰:"春蒐,夏苗,秋獮,冬狩,皆於農隙以講事也。三年治兵,入而振旅,歸而飲至,以數軍實。"古者四時講武,猶三年大習,故管氏作内政寄軍令,而齊桓以霸;子犯蒐被廬一民聽,而晉文以興。莒恃陋而三都傾,楚易吳而藩籬撤。一展卷間,而善敗燦如,其陣法、軍志,雖乏全篇,而可以錯綜互見。至出奇料敵,挫銳乘衰,雖後之知兵者,舉莫越其範圍。故古之爲將者,多好《左氏春秋》。杜元凱有《集解》,世稱武庫,卒成平吳之功。范希文以《左氏春秋》授狄青,曰:"將不知古今,匹夫勇耳。"青自是折節讀書。其討儂智高也,交趾願出兵助陣,青上奏曰:"以一智高,橫噪二廣,力不能討,乃假兵交趾。倘彼貪得忘義,因而起亂,何以禦之?"事平,人服其遠略。若公者,真能讀《春秋》者也。余暇因取其有合兵法者,手自録之,凡一百十則,題曰《左氏兵法纂》,將以公之同志,使得有如狄武襄者出,吾知其必有以辦賊,而無事求助於外,庶不負經學取士之意,不徒爲取功名之筌蹄也。尚有志取秦漢以來諸將帥用兵有與左氏合者,以類相收,使有經有緯,尤稱明備。而才愧行秘書,姑以俟之異日。

金華先民傳序　　　　　　　　　　　應廷育

金華爲浙東名郡，人物踵生，自昔稱小鄒魯，而於斯爲盛。其傑然者，國史固已有傳，而卷帙浩繁，不便考求。其或鄉評可稽、史所弗錄者，歷世漸遠，傳聞日微，亦將聲銷迹泯，竟與石火電光同歸變滅而已，此即尚論者之所憫也。吳禮部緣是輯《敬鄉錄》。然僅止宋季，且本因文以著其人，其諸嘉言善行，崇德茂勳，無文可託者，或未之詳。勝國以及創業之初，鄭清逸《賢達傳》彬彬具矣，惜乎偏徇目前，而往事多漏。成化間，太守周公所輯郡志，大率襲鄭舊耳，其於銓量之予奪、科條之前後、記載之詳略，觀者均不能無遺憾焉。矧閱今餘七十年，亦未有嗣而輯之者。居閒論古，慨思有述，輒本二公遺編，參以歷朝史傳及諸大家文集，并採名賢家狀、碑志而附益之，於是因人而詳著其事，因事而核定其人，分爲道學、名儒、名臣、忠義、孝友、政事、文學、武功、隱逸、雜傳十類，臚而列焉，總之曰《先民傳》。其記載之體，一節著稱者，雖數語不爲簡；群行兼備者，雖累牘不爲繁。要以一覽悉其人品大小之實。至於舊存歷銜而事行無徵及事行僅存而無取於觀法者，則皆輟而弗書，以從實錄，非敢謬司鑒定人物之權，亦聊以攄景行之私焉耳。尚友君子，或將有取於斯云。

永康縣學教思碑序　　　　　　　　　程正誼

宋淳熙間，吾邑龍川陳公及金華東萊呂公、新安紫陽朱公倡明理學於永康。迨宋末元初，則有北山何公、魯齋王公、仁山金公、白雲許公相繼出於金華，而吾婺稱"小鄒魯"，實永康之學倡之也。士生兹邑，固不難於興起，而所以端其表儀，定其趨向，以陶成士者，不在師哉？萬曆癸卯，邑庠教諭缺。主爵謂永康故道學里，學校賢才所自出也，兹邑師表，實難其人，倘非正直方莊、光明淵粹，足以陶鎔士德、矯鎮世風者，未堪此任。乃於海內諸博士中，採輿望所共歸者，得嚴陵翁。公以平原司訓領今職，雖循資，實拔異也。公下車，即進多士於庭,而與之約曰:"國家設師儒之官,以訓迪多士,非止課其藝文、稽其勤惰,爲多士青紫計,而欲與爾多士切磋砥礪以聖賢相責難也。爾邦先哲,遠有東萊、龍川、紫陽,近有北山、仁山、魯齋、白雲,皆爾師也。其所謂窮理致知、反躬實踐者,有無體驗,而窺其藩籬;所謂真實心地、克苦工夫者,有無繹思,而得其要領。不佞所責難於多士如此,多士勉旃!"由是定章程,申約束,要在敦行維風,諸士亦蒸蒸奮起趨於正矣! 不期年,公聲華播於八婺。婺士民無問知不知,皆曰:"公非庠博士才也,即百里不足以居公矣。"丙午秋,不佞抱疴謝客,外事久不聞。忽道路誼傳,曰:"翁先生擢司牧矣。"居無何,又相傳曰:"翁先生擢六館矣。"不佞未見邸報,且信且疑。有同業友盧君應試、葉君之望等詣不佞,請曰:"翁師之師華水也,化深淵海,望並嵩華,恩義洽於士流,吾不忍其去也。今擢報且至,有計可留乎?"余曰:"無之。人臣無以有己,臥轍攀轅,皆虛也。"又曰:"吾多士詣中丞臺、御史臺及藩臬諸司請之,可乎?"余曰:"不可。兩臺監司,以天子之心爲心,不敢私華水也。""然則何如?"余曰:"周人之思召公也,不翦伐其甘棠,棠存而愛存矣。晉人之思羊祜也,爲樹石於峴山,石存而思存矣。君輩森森豪傑,並爲桃李於公門,其爲棠不既多乎? 披拂公之清風,幾更寒暑,又不止一時之蔭已也。公去矣,公之心教,諸君佩服而力行之,以風後學,使其化大行華水之上,彌久彌光。觀之野,則禮樂弦歌;徵之朝,則端人正士。千載後觀風使者採之,曰:'此翁師之教所遺也。'則公之棠陰,永於召公矣! 況峴山之碑可樹也,君何患焉! 抑公自下車以來,美意芳猷,有難更僕。往年博士君輿馬取給驛中,公以民貧賦逋、官帑不繼,諸期會所需輿馬,募以俸錢,爲編民省費無量,是恩逮編民,而民思之矣。鄉賢祠年久未葺,公諭先賢子孫之在泮者,各捐貲有差,責書記一人,爲之鳩工飭材,會計出入,而始終綱紀其事,則以身親之,勞心焦思,不憚煩焉。諸所費浮於所捐,又出其俸金濟之,不責諸生償也,不三月而輪奐更新,神明獲妥,是恩及先賢,而諸賢在天之靈與其子孫皆思之矣。前後邑大夫，重公材品，有所咨詢謨議，罔不攄赤披忠，而公則以禮自閑，守官常惟謹，大夫之用情日篤，而公之事大夫益虔也，則愛深於寅寀，而前後邑大夫皆思之矣。君欲爲公樹石，垂芳聲於不朽，則華溪士民無遠邇有同心焉，匪獨多士敎思之無窮也。矧不佞固編民乎？亦鄉賢子孫乎？不佞子弟亦公門桃李乎？衆士民之思公者一，不佞之思公者三。若採華溪之石，共樹峴山之碑，不佞願執鞭以從諸君之後。若曰徵詞以宣令德，則不佞無文，何足以辱君命？惟諸君圖之。"

永康縣志卷之十二

記

驚秋塘記　　　　　　　　　　樓炤

余嘗典樞務，入揆庶政，出綜戎行。今上駐蹕臨安，登吳山，覽西湖，輒動北顧之思：二聖未還，境土未復，昔人中流擊楫，聞雞起舞，豈漫然哉！蓋以國步多艱，四郊多壘，志士所以觸物而感激於中而不可遏也。余適在衰絰，哀痛之際，益深懷國之憂。偶自南府，往觀故居，見池水清漣，天光雲影，某童子時所釣遊處也。正金風蕭瑟，梧葉飄颻，遊魚出没，芰荷菱芷，殊香異馥。四顧雲山，萬木蒼蒼，胥商意也。物遭之而色變，木遇之而葉脱。徘徊斯塘之上，而惕然若有所驚，因名曰"驚秋"。何也？四時之行，百物之生，時至于秋，凡物之生長於是乎收焉。觸目激中，寧無故宮禾黍之思乎？二聖之在朔漠，寧無宴饗北面之情乎？王業偏安，寧無拓清圖大之志乎？夫尺土皆王土也，開府南郊，君之賜也，故居之適，亦君之遺也，余有焉，余自安焉，君之故都何在也？臨斯塘，覿斯景，戚焉而驚動於心，擊楫起舞，誠有異代而同情者。余願因秋風之驚，凡荷戈執戟者同此心焉，百揆庶司同此心焉，文吏思死其職，武吏思死其兵，追奔逐北，蕩平中原，以雪祖宗數百年之恥，而大我興圖，則今日驚秋之塘亦激發忠憤之一機，其有關於社稷爲不少也。因記之。

赫靈祠記　　　　　　　　　　胡廷直

廷直四世從祖尚書兵部侍郎保定公，於婺州爲鄉里，其生也，利有以惠之；其没也，功有以庇之。婺之人廟公於方巖，歲時奉祭甚謹，鄰境別祠又甚多，而秩文未克耀。紹興三十有一年，廷直爲建安縣丞，有請於上。朝廷可之，賜廟額曰"赫靈"。明年二月，命下，廷直跪拜伏讀，至於感泣。聚族敬睹，咸曰："此盛事也，盍不書？"又明年，隆興元祀秋，廷直自州丹陽東歸婺，以拜公之廟，謹齋祓稽首而記之曰：生當侯封，死當廟食，大丈夫生平之志也。能禦大災，祀之；能捍大患，祀之，朝廷報神之典也。論譔其先祖之美而著之，後世子孫明其善之義也。先保定公由儒業登顯仕，入典藩郡，爲良二千石；七按錢穀，爲能刺史；出入禁闥，爲名從臣。開國建功，生有榮焉。始公被天子知遇，申命進秩，乃奏免衢、婺民身丁錢，到於今受其賜。自今之薨，謀報無從，即絃誦之所，廟而食之，殁有靈焉。公於平生之志，可謂盡矣。宣和中，盜起清溪，保險方巖。弄兵踰月，王師不能下。首惡夜夢神人飲馬於巖之池，是池盜實怙之，以濟朝夕，平明往視，已涸矣。其徒駭亂，大兵一臨，即日蕩平。由是邦人事公有加於他日。若水、若旱，若疫、若癘，有求無不應，有禱無不答，跡實表表，滿人耳目。"赫靈"之賜，於義爲大。公蒙報祀之典，可謂至矣。先是，賊平，廉訪使王導以聞，封佑順侯。倉卒不審，止用方巖神奏，而逸其名氏。衢、婺之人，凡厥祀事，板祝旗幟，皆實公爲佑順侯，從舊也。繼而闔邑之士狀於有司，廷直於公爲孫也，詎宜緘嘿？於是詳述始末，力請正名。自天發號，繫公之神，載祈載享。顧廷直才不邵，不敢自任論譔，亦庶幾由此以見拳拳明其善之萬一也。嗚呼！公始官，能以文章知孫丁於許田；既出守，能以功名知范文正公於宛邱，其識度必有大過人者。蘇東坡頌韓昌黎，謂其在天爲星辰，在地爲河嶽，明而爲人，幽而爲鬼神，蓋天下之士高明瑰傑理所必有也。廷直於公亦云。

重建紫霄觀記　　　　陳　亮

道家有所謂洞天福地者，其說不知所從起，往往所在而有。然余觀世人之奔馳於耳目口腹之欲，而顛倒於是非得喪、利害榮辱之塗，大之爲天下，淺至於緇銖，率若蟻鬬於穴中，生死而不自覺，宜其必有超世而絕去者，當於何所居之？則洞天福地亦理之所宜有。大較清邃窈深，與人異趣，非可驟至而卒究，故君子常置而弗論。余居之南凡二十五里，而得洞靈源福地焉。川埜平衍，居民錯雜，又近在驛道之旁，非有所謂窈深不可尋究者。中有觀曰紫霄，茂林脩竹，大抵皆道士手植以自蔽，亦非其地本然也。考其圖志，皆缺裂不全，其説以爲梁氏望此山有王氣，掘其地，蓋雙鶴騰飛而去。山川深長袤遠，猶懼其氣之不足王，是區區者亦足以勞有國者之思慮乎？又言：其傍有僊人煉丹之所，大同間始爲觀依焉。而錢氏有國時，嘗崇奉而脩起之。水部員外郎陳矩記其事，曰清泰三年者，後唐廢帝之年號也。五代之際，天下分裂，錢氏據兩浙自王，然猶倚中國以爲重。當是時，貨財干戈，一日不自整齊，則四鄰争得，窺伺其國。兩浙本非寬廣閒暇，而道家方脩土木之工於其間，晏然無異於平時，豈真有所謂靈異足以動人耶？何其地之不稱也！本朝混一區宇，是觀因以不廢，而焚毀於宣和庚子微細之盜。盜平，無尺椽片瓦可爲庇依，道士結茅以居，相與敞三門於其前，使人有所觀仰，而三清未有殿也。知觀事劉居靖自初得度時，以殿之役爲最大而經始焉。其後乃建堂説法，爲殿以崇奉聖祖，翼以兩廡，而齋堂、庫宇、鐘臺、藏室、庖湢之所，及若道家所宜有者，無不略備。殿之西偏，則爲明窗浄几以自啟處，道經儒者更閱不休，而文墨琴棊皆所不廢。客至，蕭然終日，忘其爲驛道居民之爲可厭也。方山川未通，居民未多，林木陰翳，禽獸麋鹿出没於其間之時，其静深當不止今日，而超世絕去者，豈必其不樂此！所謂洞靈源者其幾耶！地之變遷，觀之興廢，與其人之勤勞相望，居靖願得文以紀，而余不足賴也。

浚井記　　　　　　　　　應孟明

予訪峽山之明日，齋臧以無水告，曰："此地難得水也。"取之東家之井，東家之井勿能以旁及；取之西家之井，西家之井道迂而且長。凡涉數門，奔一里許，而後得水至。吁，其憊哉！且盥瀹烹飪，今兹固不乏也。不知火雲燒空，汗流息喘，挽天河而濯之猶恐不逮，升斗之潤，何能快此亡聊耶？予於是焦然以無水憂。睡三夕，山空月生，萬籟不作，有泠泠而徹枕間者，如擊盤之珠，如滴槽之酒，如瑟瑟而絃斷續，如珊珊而佩瓚瑤。豈山能相予哉！推枕起坐，伺曉以叩諸友。諸友曰：“是山之址，是窗之隅，有泉脚焉。汙廢而弗治，不以水見知於人也。”予因董前日告勞之僕，揮鍤運石，浚為泓井。其深五尺，方廣稱之。清湛泠然，呼吸以足，一塵不到，鏗乎太虛。諸友相與聚觀，且嘆之曰：“盥瀹足於是，烹飪足於是，三伏澡雪之須又將足於是。”人以為隘，我視之南溟也。人以為淺，我視之九淵也。孑孑之僕，庶其少息肩乎！吾嘗聞貳師拔刀扣山，飛泉湧出。天畀吾數公盍簪於此，豈特芳潤漱九經、淵源浚師友而已？兵洗潢池，浪空鯨海，他日志也，肯無水以渴吾心，垢吾體乎？斯井之成，天也，非人也。諸友欲走筆志諸壁，予曰：“諾！”

贍學田記　　　　　　　　　　應材

人之在官，有一善可書，則其不可書者未必皆善。終一政，無可書之善，然後知一政無非善，書之則不勝也。孫公伯虎來尉我邑，士民之大惠，無日無之。添置學糧，亦吾儒所當為者，宜不書之，以隱蔽孫公為善之大概。然學糧無碑，不可傳久。異日有萌攘取之心，何所據依？主教導姚公龍興甲申來視勾稽簿，屬意於學，戮力克終。其事不可沒，其實即不可無書。學者葉傳以二公添置者，乞文立石材，謹俾其具元所有學田并刊之，為永康縣庠不刊之定額，非敢輕記孫公之善也。

宋建宣聖殿記　　　　　　　　周虎臣

詔復鄉舉里選之法，十有三年矣。黨庠術序，應時營繕，無有遠近，咸務極宏麗，以侈上之賜，獨永康循襲卑陋，逮今弗革。虎臣列職之明日，祗故事奉奠，告於學，視其廟貌弗嚴，規制狹冗，因惕然不敢寧於心，大懼不足以本一邑之風化。越明年春，有事于上丁，牲幣既陳，樽俎不得成列，登降執事，周旋不能。退而嘆曰："此豈有司奉承詔旨哉！"乃度地慮庸，力請于提舉學事司，乞錢四十五萬。既得請，即敷告于邑之士民，不待訪山擇木，而巨楩傑棟，文梁勁桷，水運陸馳，合沓四集。於是範金凝土，攻木礱石，塗墍設色之工，爭出其巧，踰月而殿成。結桴增梦，重拱疊欂，煒煒翼翼，視之使人不戒而有肅心。又衰材力之餘，以新外廡，以作重門，階序牖闥，奕奕完密。庖湢器用，纖悉畢具。乃諏吉日，以十月戊辰，奉安宣聖神位，而以配享從祀次焉。越三日辛未，虎臣率諸生齋戒奉籩豆如上丁之禮，諸生咸唯唯，懌於心，見於色，且曰不可無志。宋政和四年縣令兼教諭周虎臣撰。

敕書樓記　　　　　　　　　洪清臣

藝祖皇帝制詔：郡邑建樓，以藏敕書。惟時守令，奉以周旋，罔敢失墜。永康，婺支邑。建樓崇奉敕書，厥惟舊矣。宣和間，睦寇竊發，猖狂入境。官舍民居，蕩爲煨燼。民力日益窘，官吏或牽制不敢爲，或倥偬不暇作，迄二十餘年，未曾復古。紹興辛酉秋，毘陵強公友諒來領是邑，顧其門戶迫褊積圮，而藏敕書于廳事，大懼無以稱國家垂訓之意，乃相舊址，增卑而崇，拓隘而廣，鳩工度材，經始于季冬之己巳，落成于明年孟春之庚子。役方閱月，而土木之工，丹艧之飾，恍然一變。危梯層簷，翬飛壯麗，前此未有也。清臣備員二令，不欲使無傳，書之以告來者。

佑聖觀捐施題名記　　　　　　胡長孺

佑聖觀以祀帝玄武名，祠之盛，始建逮茲今，一百四十一年如一日。跨浙水東西，盡江漢南，無與是雁行。歲元旦日至上巳時節朔望，虎林士女，大集庭下，勢若禹峽春流，胥濤秋壯，墍赴岸滅，前擁後推。彎騎卷休，輿轎道息。武無可布，視不得留。集者亦咸嚴戒潔齋，澡滌洗沐，專壹志慮，肅齊形容，喜怒不行，哀樂不入，好惡不作，驕吝不生，靈府明凈，淳湛静瑩，俯仰鞠跽，瞻望像儀。香氛燭光，呈露隱見；雲冠霞佩，芝蓋華旛。御氣乘風，輝映颮舉；聆音觀影，忽儵後先。其或孝隆尊親，慈覃幼稚；義鍾伉儷，愛厚弟昆；益友善鄰，嘉媾懿戚：禱言甫發，響答旋臻；疾痛遂瘳，菑害隨弭，訟争銷息，吉慶大來。敬極信深，忘吾有己。何況金帛，聚散無常，傾廩倒囊，非所悋惜。受福食德，絶意覬覦。體異而同，磁石傅鍼。類鳴必應，銅山感鐘。環循無端，報施之道。牢辭固拒，所不能回。儻非絶席祠官，祝釐共二，紛華永謝，嗜慾弗萌，淡乎平虚，己私凈盡，如鏡懸室，不受垢塵，去來經行，無不呈露，顧安能致其如此哉！祠之建也，施貲者有差；歲三月三日齋醮費，施田者亦有差；度道生爲道士，又有施田。提點住持孫君益謙、提點觀事吴君存真，懼歲序之易遷，致捐施之無紀，將取氏名、爵里與貲田、材石數，鑴堅珉，與觀祠同爲長久。二君俱來請記，故爲具道如此云。延祐三年九月戊申記。

卧雲樓記 　　　　　　　　　　　陳 樵

雲，山川之氣，閒物也。雖勇如賁育，知如樗里、弘羊，富貴如金、張、許、史，不可得而奪者。山林之士，欲寢而卧之，不亦異乎！自古迄今，卧者非一，皆莫得其真。至吾希夷子，一卧乎華山之上，與群仙浮游天地外，可謂得其真矣。余亦慕之，卧西峴峰一十年，闇谷澗二十年，少白山諸洞穴中又二十年。或者以爲得其真矣，猶未也。今年八十有八，心若死灰，形若槁木，忽不知其雲之爲人、人之爲雲，顧視林下，寥然無一人能繼者。乙巳春，吕審言來曰："華溪陳生世恭，結樓於其上，以'卧雲'榜其楣題，請記之。"余聞之，如空谷足音，跫然而喜曰："何知之晚也！非斯人之徒與而誰與，況吾同姓者乎！無其具可也，況有其具乎？雲不孤矣。雖然，智勇不能奪，欲將其具而奪之乎？苟欲奪之，誰與爭之？惟世之人莫與爭，余亦莫得而爭之。非余莫與之爭，吾希夷子亦莫得而爭之矣。吁！使有可爭，知、勇者奪之，又奚待山林之士哉！使知、勇者可奪，則山林之士棄而不取，夫何言焉！非亘古今人所不爭奪，吾徒惡得而取之？是所謂山林之士之所爲也，可爲異也矣。生欲取人之所棄，必將棄人之所爭奪者，斯得其真也。若夫人之所爭奪者，長物皆是。有長物，雲不留矣！使有索長物於吾山中，俱無有焉。審言曷以斯言告之。"

仁政橋記   李　棠

永康縣東南三十步，有水滙而爲淵，涵浸汪濊，名曰華溪。溪當處、婺之交，行旅輻輳。舊以木爲橋，隨廢。勝國至元間，改石橋，覆之以屋，揭名仁政。國朝洪武中，屋燬于火，知縣張聰新之。永樂戊戌，樗菴葉先生講《易》于華溪之上，予摳衣侍席者期年。講誦之隙，與二三同志散步于溪之南，覩長橋垂虹，萬室鱗次，環溪之傍，列肆張市，珍貨山積。黃童白叟，歌舞戲遊。予以承平之久，民被休息，故樂業豐裕如此。堪輿家云：仁政橋跨長流，通四遠，爲邑吭喉。邑之盛衰，于橋之興廢卜之。予既成進士去，官轍東西殆數十年。景泰乙亥春，歸自南嶺，由瀫水舍舟即路，薄暮宿莢道，晨望華溪，見滄波浩渺，空闊無際，昔之橋若從而去者，諦視之，則傾覆盡矣。遂刺船而渡，顧市肆，鞠爲瓦礫。訪故老，僅一二在，皆欷歔而言曰：橋壞于水，市井焚蕩于寇，民奔迸未復，故四望寥落如此。予爲之默然，低徊不能去。豈堪輿家之言果有可徵？抑盛衰相尋，理勢然耶？其年秋，浙江按察僉事馮公誠，行部過之，視橋之廢，惻然興嗟。遂以贖刑之金，庀材命工。悉將就緒，而馮弭節他郡，厥功未究。明年春，安成劉君珂以進士來宰是邑，治民事神，動必思古。屬橋未就，乃毅然曰："此有司責也。賢使者作之于前，我可不成之于後哉！"遂殫力竭思，窮日夜經營之，不數月而橋成。其長若干，廣若干，石以方計若干，工以日計若干，屋凡若干楹。完美壯固，有加于舊。費出自公，不取于下。衆德之，請記其事。嗚呼！有位者心乎愛人而無其政，是爲徒善，故乘輿濟人，君子譏之。今橋之費，不啻數百金，而民不知，其濟人也博，其垂後也遠。一念之發，利澤無窮。"仁政"名橋，豈虛語哉？予嘗以巡撫爲職，每思安民之術無他，在賢守令而已。今永康得劉君，興廢舉墜，幾復承平之舊。他日予重過仁政橋，見溪山改觀，民物阜繁，既以信夫堪輿家之言，而又得賢宰爲邑民慶也。善始而善終，君其勉之！景泰七年歲在丙子冬十一月望吉。

譙樓記　　　　　　張元禎

邑有麗譙樓，古也。永康，古麗州之域，當婺、括孔道，行旅喧闐，使傳絡繹。公私寄舍者，伺漏鼓晨興趁道，憧憧逐逐無虛日，則永康麗譙，誠非偏州下邑比矣。正統己巳，括寇煽亂，長驅入境，民居焚剽十六七，麗譙亦相隨燼焉。前政扼于勢力，飭堂舍視事，具大較而已，卒未有能宏舉以煥其備也。成化己丑，山陽高侯鑑奉命來令，疏通愷悌，求民利弊建除之。甫再朞，政通人和，乃進父老于庭而告曰："麗譙實司晨昏，警荒惰，以崇一邑瞻望。俾今不圖改觀，則蕪莽瓦礫，擾擾黃埃，若等雖怸然，典守亦寧免過！"衆曰："諾！"于是侯請于郡守李公嗣，捐俸爲倡。貳守雷公霖、節推郝公榮協贊之。邑之富民義士，輸貨獻材。經始于成化辛卯之春月，四易弦晦，告成。翼日，侯率僚寀父老登焉，父老咸羅拜致慶。縣貳甌寧劉肇、簿樂亭李傑、幕蓬萊紀能，咸預有力，迺屬邑訓分宜歐陽汶、建安田麟，走書幣豫章，請記于余。永康俗故謹厚，山顔水腹，士民樂業。自經寇變，民始困乏。于此而興作焉，非特不能爲，亦不可爲也。比年來沐朝家清明之澤，省刑簿斂，田野宴然，侯尤能正其本，倡教化以導之，故民不戒而集，有不爲,爲之孰禦其成哉! 天下之事難成于不易爲,而恒怠于不能爲。若侯誠可謂之能爲而善用民矣! 昔有以更鼓分明覘爲政者,侯之政,殆將恢宏遠到,此特其權輿爾。因侯之善,余故喜而志。

重建縣治廳堂記　　　　洪　垣

永康,巖邑也。凡令是者,率以嫌疑自避,懦懦然重足不敢有所爲。養濟者,羈繫者,居而肆者,儲備而賑者,善惡之明旌,監司之彌節,與吾一邑之官長僚友所以涖而聽政者,各無其所。予初至,乃考厥治,作而嘆曰:"縣事,猶家事也。家之弗飭,爲厥長者已之乎!"維時乃院養濟,乃葺犴獄,乃修學校,乃祠啟聖,乃造預備倉于興聖寺西,教養舉、善惡昭矣,乃悉檢其故址,立申明亭,建布政司。惟縣堂朽腐泹爛,不忍勞民也,乃支以兩木,權坐理于堂廡間,將待倉庫之餘而後舉焉。居閱月,義民趙廷懷輩各自輸所宜有,或以其楹,或以其棟,或以其榱桷,與其灰石瓦磚若干,輦致堂下。予三止之,不可,乃遂成其志。始于甲午年七月,訖于是年十一月,凡五月而完。計其費凡五百一十金。高廠宏壯加于前。是舉也,當時巡按有聞而固止之者,其意以永康舊俗重儉嗇,好強戾,苟一聽其所爲,恐彼得以一日之力要求于令,而令不敢復裁抑,以爲不便。其爲令謀則善矣,實亦有未盡然者。或曰是廳某初造于某年,其財力全出于官,某繼造于某年,其財力復出于民某而督之以官,故民猶以爲官事,弗究其力,工雖速成,壞亦不久。不若即令廷懷輩自成其志,彼將顧身後之義,不爲苟免杜塞計。其爲利一也。或曰:官民之財一也,官不足,不能不取于民。與其取于民,不若從諸富民爲之,事省而衆不擾。其爲利二也。或曰:化民者每因其所向而利導焉。應氏所尚,義也。縣學以創,而應氏子姓至今多良善者。今斯民之倡爲義也,安知其不因而不敢爲不善乎! 其爲利三也。或曰:古者君民一體,上下一心,故有興作力役之事,任之農隙,而民不以爲屬。爲之君者,亦直任其力之所供，不以爲勞，而義之名亡。夫自井田學校貢賦之法廢，民心日不如古，故在上者常疑其民之挾詐，在下者每疑其上之貪暴。甚至有倡義于官者，則又疑其以義行詐，始弗之信。是以上下卒于相疑，如頭目與手足不相聯絡，欲教化之入人心，以復三代之治，難矣。今夫諸民者，獨非三代之民乎？乃執疑而固遠之，則已過矣！覺山洪子聞之嘆曰：是吾志也。夫一體之道微而後義彰，尚義之意息而後科索起，科索之毒起而後猜疑生，猜疑之念生，生民之道其不至于滅絕也幾希。故使民科索不如使之以義，使之以義又不如使之與吾爲體。與吾爲體，是吾志也。是吾志而未能如斯堂之有成也，吾其安焉？吾嘗清稅糧、興水利以養民矣，猶有不能舉煙火者十常二三，是民之得其養猶未如吾也。嘗立石巖精舍與石門應子倡斯學以教民矣，猶有溺于舉業之習而未能自信者常若安焉，是民之得其教猶未如吾也。嘗立十家牌約以變民俗矣，而健訟好鬪至有殺身破家而不知反者，是民俗之化猶未如吾也。常定淹没子女之戒以生民矣，猶有婚嫁之慮十不舉一焉，是民之能生生猶未如吾也。亦嘗嚴火葬之禁以厚民矣，猶有陰陽之忌十不能葬其一焉，是民之送死者猶未如吾也。吾不能充一體之心以體斯民，使斯民雖有一體之義，又不能體吾之志，達之于其親族鄉里也，居斯堂也，吾其安焉？雖然，吾限以召還去斯民之速也，斯民之于吾，真三代之民之心也。去縣二年，以命按治淮陽，掌教事。可韋李子欲謁記于南山戚子賢而未果。又二年，梅坡甘子翔鵬政績用成，備述斯民之意，求記于余。余直以當創造之義告于來者，且以見余之未嘗一日安于斯堂也。時同義預茲事者二十人，而往來督役者某也。嘉靖十八年仲冬月。

李溪橋記　　　　　　　　洪　垣

李溪渡，東浙要津也。當衆壑衡流，其地墳沙。舊有橋，不久爲洪波橫擊以去。嘉靖癸巳，予承乏永康。耆民章德昭三走予，論茲渡利害甚悉。遂告諸府大夫，竟以剽悍難知，未得其方，而土人以爲此渡終不可復梁矣。越七年庚子，予自嶺南外補永嘉郡，束裝晨涉，見德昭之子章根致、四明上人德顯，相與經始其事，若指諸塗，不以困意。予頗訝之。上人曰：“無吾異也。吾法則異耳。舊法立垛者以九，黎其石，或衡而乘之，其亘逾丈。其首之經，則僅減亘之半。迎水而與之爭，故不利于水而爲水所勝。若吾之爲法也則不然。視舊垛之疎數，而殺其三，條其石相比以屬，銳其首，縱而應之，復深浚以浚其止，其浚一丈，其亘八尺。其首之經，則減亘而漸收之，以致于秒。故其合也如錐，其戢也如謝風之鷁，其洞門之相闢爲分水也，則如九河之道，各安其故，無所于忤，是自避以避于水也，故水與石不相奪，而吾得以自存。夫何異焉！”予曰：“汝何以知之？”曰：“以吾師之學而知之。吾師之言曰：毋炫爾華，毋燿爾精。炫其華則奪神，燿其精則奪形。不炫不燿，順而與之，以歸于無有，是謂至人。吾因其言，推之茲橋也，是以知之。豈惟有生之道爲然哉？雖我公之治溫也，亦莫不然。遂其生，不以我生。復其性，不以我性。糾者理之，梗者達之。公好公惡，以委和其情，則民自歸于正。若曰我能立某事，興某功，善惡由己，自以爲烈，吾日見民之壅腫，而彼不知其甚也，則潰亂四出，欲其無所奪焉不可得也。故曰爲政之道，推之茲橋也亦然也。”予曰：“然。”上人蓋學釋而慕老氏，且知竊附吾儒，故其論如此。既二年，予以科場事出華溪，而茲橋亦成，屹屹然且試以三春之水矣。乃嘆曰：天下之性，以利爲本。學道者觀此，其所得也多矣！庠生章子樹詣予，遂爲之記其説。是役也，所費千金。括郡脈泉李公、永康尹敬齋陳公、寒泉龔公實督成之。若夫盜息民安，刑平俗厚，使一方士庶各樂捐其所資、以成斯舉者，則兵憲沖庵歐陽公舉之德。

覈田記　　　　　　　　吳　寬

永康縣令王君爲縣三年，廉慎有爲，賦平訟息，縣大稱治。君謂吾所爲至此者，其勞亦甚矣！蓋縣爲里百二十有奇，田數出糧賦爲石萬八千有奇，皆立之長，以司其事。國初至于今日，每十歲一造版籍，司其事者更易數輩。其人良則已，否則轉相爲弊。蓋以田可隱也，則有詭寄之術；糧不可除也，則有洒派之方。豪家鉅室有收穫之利而無征斂之苦，其害悉歸之小民。于是其賦既無所出，往往毀屋廬、鬻男女償之。弱者忍不敢發，稍强而自立者始訴于官，而訟由是起。其事不獨永康，而永康爲甚。君既數爲清治之，嘗曰：今爭者雖小息，然彼豪且鉅者終賄其長，能保其不更起而訟乎！且弱者獨不能訟，又何忍其終無伸乎！吾將躬視之以究其弊。則移于上以示其事之不敢專，復誓于神以示其事之不敢慢。至其里，則召其長若書役輩操版籍、緣丘壟從事，悉按圖式，求其主名。有爭辨者，輒復驗之，無不貼服。歷半年而事畢。疆界既分，罔敢踰越，諸弊皆去，而賦始平，而訟始息。人以君公且明，亦無敢怨者。而小民則相與感之，欲生祠君。君不欲，乃止。會縣學生應綱貢于京師，乃請文以述君政蹟。予曰："君之賢，予固知之。然小民感而祝之則已，何事于文哉！文之，恐非君所欲也。"應君曰："民欲之，奚暇爲君計邪！"乃書以遺之。君名秩，字循伯，蘇州崑山人。成化丁未進士。其美政甚多，巡按御史嘗奏請旌異，朝廷行將召之矣。

司諭徐君教思碑記　　　　　程文德

嘉靖丙辰冬十二月，永康儒學教諭徐履素先生秩將滿，遷湖廣榮府教授。先生自揆衰病，致事而歸。諸生悅服先生素教，一旦聞別，皆齎咨涕洟，謀所以留先生而不得，咸皇皇然。通邑人士，民無少長，亦皆嘆惜。既行，諸生思不釋，則謀建亭礱石，圖所以志其思者。維時某初里居，因見屬。而予兄文思、弟文謨、文訓，皆承履素愛好，故不得辭。竊嘗怪今天下牧民之吏，其去也，往往有去思遺愛之創，播人耳目，而學校之敷教者，寂然無聞焉，豈善教不如善政之多耶？既而思之，無亦勢利殷而道義薄不免於世情耶？若履素先生之教吾邑，則諸生之思先生也固宜然哉！先生忠信篤厚，剛方正直，表裏無間，始終如一。初任遂昌司訓。嘉靖庚戌，擢掌吾邑教，於今七年。始至，脩祭器，煥然一新。當祭期，夙夜綜理，務竭明禋。凡應事，敦大體，明義利，秋毫無苟。人或少干以私，則嚴詞以拒之。教諸生，先德行而後文藝。不率教者，恒婉言以導之，猶不率，斯朴之，一皆欣然感悟。又教諸生習射禮，歌周雅，肅肅雍雍，恍然鄒魯遺風。昔人謂經師易得，人師難求。先生確乎君子，真人師也！其於諸生，蓋恩義兼盡云。孟子曰："以德服人者，中心悦而誠服也，如七十子之服孔子也。"《易·臨》之象曰："君子以教思無窮。"於戲！先生以德服人，諸生之思先生也，容有窮哉！僉曰："然。"遂書之以復諸友。先生諱鑑，字明中，福建泉州府惠安人。

重建社學記　　　　　　　　　徐顯臣

　　牧父挺菴吳侯，由進士高令奉廷命更賢康邑，以興道善俗為首務，繕學宮，飾俎豆，彬彬改觀，而闡經程藝所以獎翼士類，意蒸蒸厚，士爭澡濯激昂，酬千載一遇矣！侯思盛際，家有塾、黨有庠、術有序、國有學，因地設教，茲賢才彙興。國家稽古，建置社學，而湮墜弗舉，司教化者謂何？迺尋故址，捐俸庀材，建有造堂若干楹，後為燕息所若干楹，衛以門屋，繚以垣墉。工始于某月某日，閱月告竣。延耆儒王興禮為師，遴子弟秀穎者居其中，贍之訓之，希闊盛典，伊始自今。邑博士胡君以準、徐君朝陽、夏君景星相與協贊，而樂觀厥成，屬臣記之，以風示永世。臣不佞，敬以侯建學造士之德意，為多士申之。保奭曰："若生子，罔不在厥初生，自貽哲命。"故蒙以養正，聖王重焉。夫嬰質沖齡，天真未斲，猶水之不波，而木之方蘗。不此之豫閑，而遽責善于他日，是猶水之源未浚而汲其流、木之本未培而擷其實，其不涸而瘁也者幾希！故必先群之小學，示孝弟以惇其本，游六藝以博其文，躬灑掃應對以節其逸性，習升降周旋以消其鄙心，授之絃歌誦讀，俾優而游之，以興動其天趣，則筋骸束，耳目齊，心志一，所以養之者豫且備也。由是而熟之，所謂大學體用全功即此而在，君子之育真才、挽醇俗，端不越是矣。嗟夫！社學之廢興，固人才風化之所繫盛衰也，其攸繫豈淺鮮哉！昔班史傳循吏不及邑令，世恒疑之。設有如侯之學窮本原，政先風化，與文翁教蜀者埒，班詎能遺哉！吾于侯之善政善教而益有感矣。勗哉小子，尚敬體有造之意，以無忝所生可也。是爲記。

遊永康山水記　　　黃 綰

從剡入永康，與石門子遊壽巖。行見五峰相亞，意即壽巖。石門子曰：此俗呼爲翁婆巖者，請爲易之。其嶄然而出者曰天柱，其覆而左者曰石鍾，其踞而右者曰維摩臺，又左曰石甑，又右曰蟾蜍。行度一舍，沿溪折入，見大石插空，嵬屼不可仰視，群木森茂，雜然其間。又行，從木杪見樓閣在石壁中。梯石而升，弛擔而休，倚檻見東南一峰突起，曰雞鳴。少進，一峰竦出而俯，曰覆釜。覆釜之西，一峰尤傑，曰桃花。北一峰稍低，水時時下滴，曰瀑布。瀑布左連大石壁下，梯石望之，高闊數百丈，若晴霞爛然，曰固厚。壁下皆洞，其一即所居樓閣，謂之壽巖。時日欲晡，谷中有雲氣籠木，蓊然蒼碧，日穿木葉，入照洞中，光景甚佳。西上塗堊僅存，煙痕茬苒，皆宋、元人書遊觀詩及歲月姓名，陳龍川、朱晦翁、呂子約嘗同遊，乃龍川親書其上。又有“兜率臺”三字，亦云晦翁親書。石門子設酒茗閣上，飯罷西行。又一洞，中置觀音像，旁設大士像十八，洞口有四楹，楹間有粉壁，屢經塗治，新故數層。見題詩畫竹，皆剝落不全，惟胡彥恭詩及鐵木普化耳會兵識字無恙。洞廣而邃，可居。又西有石峽，飛泉直下，上有龍穴，祈禱輒應。同遊林典卿、周鳳鳴、應抑之、周德純，羅坐其中，周晉明、周仲器後至。石門子欲即此建麗澤祠。日落歸僧廬宿焉。明日，去方巖山。山口見一峰，昂首北立，曰天馬。下有村塢，石穴中有居民，垣竹茨牖，儼若太古。踰澗南行，豀石窈窕，上有一屏，名青玉。循青玉右行，至一岡，坐望方巖如方城，向夕餘霞隱映，路從削壁升，石階八九轉，未至，見崖端中開一門，既登，如行雉堞樓櫓間。忽而青山蜿蜒，中藏寺宇如平埜，不知爲方巖絶頂。世傳有胡侍郎則嘗讀書其中，歿遂爲神。宋徽宗時，睦賊方臘寇永康，鄉民皆避于此。賊顧絶澗，緣大藤，將至，赤蛇齧藤中斷，賊皆墮死。澗兩石並起百餘丈，中僅一線，名千人坑。賊乃緣間道登據。夜夢神人騎白馬飲泉，明日泉涸，賊懼，遂降。皆謂胡公靈異，其民至今崇信。寺後有石洞可坐。又陰崖巔絶，有小石洞，爲胡公讀書堂。日已暮，乃下，復至壽巖，擁蒲然燈，又十餘宿。霜風盈急，木葉盡赤，諸友漸去。應天監、趙孟立、徐子實相繼復來，論各有得。山中小生程梓、周玲、孫桐，皆奮有志。他日，去石皷寮，程舜敷載酒于路，邀坐其叔父池亭。天欲暮，促行四五里，至山口，風雨至，崖松黝黑，白煙橫飛，窅然不知所入，遂過靈巖。洞在山上，南北通明，可容千餘人。由洞後石嶺登入，黃葉蕭蕭，客皆淒然。倦即洞中草鋪，燒地爐環坐，夜久乃臥。明日天晴，出洞南，仰視洞上，蒼峰矗立，崖端柏枯死，小樹綴石，若藤蔓下垂，掩映屋瓦，丹碧可愛。稍西一門，下出崖半，棧石爲道，曰飛橋。下望陂田，自成村落。東門有井，深可百丈，僧云昔有龍飛去。復由後嶺下，沿溪望北山，崖石數，松林鬱鬱，皆可遊，不暇顧。再至石皷寮，翠壁參差。入谷中，小洞邃寂，即晦翁欲屋東萊讀書處也。西南見瀑布下注，其下有潭，泓深澄黛，斑魚數尾，游揚自得，聞人聲即逝。石門、舜敷、鳳鳴列坐石上，皆喜呼童攜酒共酌，久之不忍去。又云東萊嘗買田四十畝，今屬方巖寺，故籍猶存可考。既出，僉謂當紀以竢來者。

遊方巖諸山記　　　　　　　　　　　吳安國

永康諸山，方巖其最名者也。予至邑之明年，以公暇，偕二客爲登山之遊。而諸山俱有賢主人，具酒肴以竢，予遒獲畢所遊焉。去邑五十里，未至方巖，曰壽山。予遊自壽山始。山盤旋而上，萬仞壁立如削，而五峰屏列于前，蒼翠翁鬱：一曰桃花，二曰覆釜，三曰雞鳴，四曰固厚，五曰瀑布。峰之名，或以色，或以形，望之誠然。山之巔，有石洞，廣可五六丈，深十餘丈，開朗瑩潤。洞前有臺，曰“兜率”。依石爲梁，石上有丹書“兜率臺”三字，相傳爲考亭朱先生書。按志，考亭嘗與東萊、龍川三先生講學于此。洞傍有瀑布，泉自峰頭半空而下，飛珠濺玉，望之若近若遠，渺焉莫可測也。又西，曰三賢堂，危樓層疊，亦依石爲之，即三先生講學之所云。自壽山可三四里，始至方巖。山形益峻峭，駕石橋，凡幾百丈，緣崖累級，曲折而上，掖而行。既上，則有崔嵬大石，劃然中開，對峙爲關。自關而入，山徑平衍，中爲廣慈寺。寺有佑順侯祠。侯，邑人，胡姓，仕宋爲兵部侍郎，有德于民，嘗讀書茲巖，歿而爲神，有靈應。祠後爲屏風閣，亦就石洞爲之。洞復幽雅，有井，曰研井，清冽可鑑。有坑，曰千人坑，深幾百丈，俯而瞰，股栗不止。傍有小石穴，曰讀書堂，胡侯所憩也。時春夏始交，萬綠如染，而雲霞落照，與山翠爭色。憑高四顧，塵襟爽然。自方巖十里許，轉而至靈巖。靈巖之高，與方巖等，中亦有洞，廣如壽山，深倍之，坐可容數百人，前後通豁，境益佳勝，宋少師應公墓在焉。自靈巖可二十餘里，曰石室山。山亦秀峻，上有洞，洞差小，舊有洪福寺，今廢。至石室而歸云。予嘗考載籍，天下山水名勝，不可勝紀。今觀諸山之勝，有載籍所不及紀者。蓋石洞平豁，樓臺入雲，一奇也。飛泉灑落，霧雨溟濛，二奇也。危橋鑿空，煙霞入袖，三奇也。中峰忽開，人境迥隔，四奇也。至于嶙峋突兀，幽窈巖邃，天之所造，地之所設，又奇之奇也。特以道僻境幽，騷人逸士，足跡罕及，則茲山之不名于天下，豈亦有數歟！茲遊也，以庚辰暮春之念有六。二客爲邑博士徐君朝陽、夏君景星，主人爲邑大夫程翁養知、徐翁師皐。而予，長洲吳安國也。

龜潭莊記　　　　　　　　葉　通

龜潭莊者,致政侍郎林公之別墅也。古麗近治之山水,皆土岡小阜。龜潭山特橫亘一里許,石壁峭出,一石蜿蜒入潭,浮水面而上如龜,因以名其潭。潭源出酥溪,自北東而西南,滙爲潭。又西而小花溪。圖志:溪旁有碧桃洞,時浮出花瓣者,此溪也。東面酥溪,西背山,右枕潭,爲莊娛老堂。正東面,群峰環列,而可名者華釜、翁媼、方山、黃崗、東巖、馬轀、石馬、巾山、白氈、白雲尖凡十,而不可名者大抵簇簇如芙蓉。四方相距三十里,皆平地。大溪盤貫其間。天水相照,衍迤明秀,景物歷歷可數。古麗絕勝之觀,蓋在是矣!娛老堂左,爲海棠之亭,曰數紅。右爲雜花之亭,曰秀野。堂陰相比,有軒。軒前有荷池,軒曰龜巢。秀野少南有桃,曰霞隱。少西有橘,曰霜餘。霜餘少北而西,有月池。循月池而北,有竹,曰細香。南爲藏書精舍。循月池而西北,夾徑稚松毿毿。行百餘步,爲射圃,曰吾不爲。鞦韆滑臺,是足爲戲耳。西爲望邑,屋數千家,朝暮煙靄蔥蒨,樓觀翬翼,江山城郭之勝,實兼有之。此山間之大凡也。自霞隱而下石壁,倚壁瞰流,爲鷗渚,可以俯石龜。有古桃、石竹,懸崖而橫出檐閒。亭去水不數尺,夏潦蕩突,亭不爲動。客至則偃臥其下,仰玩桃竹,睥觀波流之浩渺,竟日忘去。自秀野而下,連壁木芙蓉百數株,爲芙蓉城。過芙蓉城,而登舟泛潭。潭袤可二里,深綠多魚,時與客把釣,課得魚多少爲酒罰相笑樂。自數紅而下,爲安坻,壁跟有小池。安坻之左,伊渠經焉。舟行自潭北小浦入渠,過安坻,抵伊渠橋,望見湖石灘而止,則泊舟柳下,飲詠徜徉,無不得所欲。此又山麓溪干之勝也。莊占山百畝,其可著亭榭處甚夥,公獨曰:"吾得退而享是,亦過矣,又何以多爲?"凡所名亭之花,往往散漫無倫次,菜甲草花,叢出其旁,公方有夸色。而富人貴公子來觀之,輒掩議竊笑。要之龜潭之勝,不以人力。天地之所劃、仙靈之所繪,與公之胸次犁然而當、超然而相得者,豈待土木花卉而後爲工哉!遊龜潭者,水陸有三道:其一從邑之泉井巷踰澗北上,步至東南三里,至龜潭莊之門;其一自澗東南沿溪而上,至霞隱後重門而入;其一自公所居第,步至下小花溪,而上至龜潭。凡三道,皆三里云。

徵德堂記 　　　　　　　王　崇

應氏徵德堂者,大宗祠。歲祀禮成,合宗人以餕享也。堂初名餘餕,尚書久菴黃公易今名,仍手題其榜顏之。宗人蕃,堂深廣能受,然自天成公特建,費甚大。人情斗粟尺布不忍予,公能特建堂,久菴公乃爾其嘉樂公也。徵德者何?祖宗積洽百餘年,而應氏始大,宗始蕃,實惟德是祚;乃應氏能以其大且蕃也,益祇遹世庥,爲邑巨室,以昭受祖宗之成,亦惟德是祚。善作善述,其爲德也,信矣。應氏自台遷縉雲,再遷永康,居芝英,其上世長者,以忠信孝悌起家,率子弟,誦法孔、孟,修服先王,一時奇杰,相項背興,若鶴邱、方塘、芝田、石門、伯宣、天純、克之諸公,今又若古麓、晉菴二老,其間應歲辟、歌鹿鳴、舉進士,或振鐸宮牆,或握符郡縣,或持憲外臺,或列卿尚寶,聞道媲賢者有之,篤學名世者有之。他如挾策待問、操觚飛芬,學士經生,戶不勝踵。若庶人也,則家千金、夫千畝者,豈少也哉! 此堂所以開而鬼神爲之歆饗者也。然則登斯堂也,其有不仰止前修而追思上世者乎! 仰止者不曰盛哉其風澤乎! 盛,難乎其繼也。追思者不曰盈哉其庇庥乎! 盈,不可爲久也。昔我先公既以德世其澤、世其庥矣,德盛則澤從而盛,德隆則庥從而隆。吾後人也,容有不順乎親、不敬其長者耶? 自欺其心,自詭其行者耶? 不畏孔、孟之言,不率先王之訓者耶? 有一於此,是謂背德。要必去其非而從其是,監諸昔而戒諸今。無念爾祖聿修厥德,則履盛持盈之道得,而風澤庇庥之慶可衍於無窮。徵於前者不將有徵於後耶! 是堂也,祼於斯,脤於斯,少長疎戚之揖且讓于斯,不可以觀且興乎! 矧有神焉聳其上也,夫是知天成公建堂者之功爲烈也,夫是知久菴公之名堂者之所爲旨也。

報功祠碑記　　　　　　　　　陳見智

永康，山邑也。去縣東六十里，曰銅山，舊產銅。宋元祐、紹興中置場輸課，後以地力微薄，所產不及所輸而止。山之麓爲普利寺，又曰銅山寺，屢興屢廢。明初，邑博士應子仕濂精形家術，捐私橐，徙大雄殿于翠微環繞之中，而又捐贖其寺產，由是緇流彙集。浮屠氏德其力，於正刹後建專祠，尸而祝之，額曰"報功"，志勿忘也。鄉大夫黃公惺吾備記其事，勒諸石。國朝戊子、乙未年間，兩爲土寇所摧殘，蘭若鞠爲茂草，祠亦頹敗。應氏後裔不忍先德泯沒，謀所以復之。舉族議出祠帑，建殿脩祠，焕然一新。昌黎云："莫爲之前，雖美勿彰；莫爲之後，雖盛勿傳。"應氏可謂善作善述矣！其重修後裔及寺山墓兆，詳勒祠碑。

重立戒石碑記　　　　　　　　　徐同倫

涖永之明年，重葺戒碑亭于堂廡之間，揭《官箴》也。凡物之廢興有數，恒視乎人與地。人與地失其宜，則廢易而興難。丁未夏，余受永令。八月望後，晨抵蘭江，宿婺郡旅次，詰朝疾馳至荽道，夜闌至永，黎明履任。四顧荒頹，黯然削色。門內有亭，欹如就傾者，戒石碑也。碑則半卧半竪，劃焉中斷。余因力舉諸廢，自兹石始。鳩工運斤，礲錯交下。余問曰："攻于石有法乎？"工曰："唯唯。小人服習于斯，知有繩墨矩度而已，法則未之前聞。凡夫違繩墨者務盡去之，再則護惜之，惟恐其少損，更加以琢磨，合乎矩度，殫心援植，而屹然立焉。"余曰："噫嘻！此立石之法，而非止立石之法也。夫永之未立者多矣，則政治其可弛乎？彼且違于繩墨也，余將以去之者立之。民生其可置乎？彼且護惜之未周也，余將殫心援植以立之。風教其可緩乎？彼且鮮合于矩度也，余將引繩切墨、礲焉錯焉以立之。立吾永，要無異于立斯石之法而已矣。況乎碑之立也，所以觸于目、惕于心也，欲厚于持己、薄于責人，嚴于御役，而寬于育衆也。更藉以砥礪躬行,顧畏民嵒者,胥視此矣。雖然,永之未立者,余知之,余將以立之。余之難以自立者,又誰知之?而誰立之?凜凜乎其敢即于安也?惟恪守斯銘,以無負素心、不負吾君與吾民而已。"是爲記。

重建永康縣治廳堂記　　　　沈　藻

皇帝御極之三十年歲辛未十月,臣藻奉命出宰永康。邑在萬山中。方視事,公宇頹敗,上雨旁風,靡所遮覆。諸父老目擊公宇之不可以安處也,聿來聚謀,請撤而更築之。予慮勞民,因循未果。未幾,烈風震撼,棟橈榱折,因遷案以避。諸父老子弟復申前請。予乃上其狀于各憲,咸報可。遂支俸發值,助者疊至,於是諏日興作,凡出納錢帛、採辦材木,邑人任之,胥吏勿與。物酬平價,工計傭值,因是物料不期而集,工役不召而至。首建廳事,翼以挾廡,繚以周墉,其餘若穿堂、儀門、賓館,以次新飭。於壬申九月立址,明年春二月工竣,計費四伯四十餘緡。落成之日,士民載酒稱慶,請予立石記之,予不獲辭。昔人之言曰:凡民不可與慮始而可與樂成。然不有始之,何以成之?蓋成之者匪難,由於始之者得其道也。夫上下之所以感通者,情也;事之所以易成者,法也。情洽則一倡而百和,法立則綱舉而目張。情與法并,仁智出焉矣。仁以厚民,智以御事,施設在上,率由在下,于成事何有!今予初蒞茲土,情未孚于民,法未施于事,而民之響應若是,是則民之期望乎我者深也,予何以加于民哉!予惟日夜孜孜以求不負我君我民,併不負於斯堂已耳。予不敢謂己仁,惟以寬牧民;不敢謂己智,惟以逸使民。予之用情用法如是,亦期民之不負乎我之寬且逸之也!予之坐斯堂也,自今伊始,與民期約,亦自今伊始,積日而月,積月而歲,我寬之逸之也終不改。設或有因我之寬之也而不知懼,因我之逸之也而不知勞,而我之所以寬之逸之者終自若也。然而今日之民情亦大可見矣!我與斯民,自可預卜其相與有成也。今既不難于慮始矣,又豈難于他日之樂成也哉!用抒我衷,以爲斯堂記。

山羊記　　　　　　　　　　仇兆鰲

　　沈侯爲永康令，鄉民有以山羊來獻者。問所從來，則曰：“羊與虎鬥，不勝，匿于隘巷。民獲之，獻于公所。”沈侯曰：“縱之。”以木牌繫諸項下，書曰“放生”，驅之郊外。翼日，羊突至縣署，馴擾于庭。侯異之，復縱于郊。越三日，羊復至。縱之如初，自是不復見矣。羊有大力，牛身犀蹄，頭則羊也，皮可用，血能療創，肉亦肥雋，獵者爭欲得之。羊幸免虎攫，難免人攫。嘻！人更猛于虎耶！侯縱之，匪示羊以恩，乃示民以仁也。昔者程明道爲上元主簿，見有黏鳥者，取其竿折之，戒勿復爲。仁者之用心如是。沈侯之縱羊也，明道先生之心也。仁政可知矣。永邑之民，忍於殺物，極之至於淹女、錮婢、鬥狠、傷命，今亦漸革矣。夫上之化下，民之相率爲善，總自不忍之心始。觀夫侯之縱羊，羊之一再廻顧，有不爲之惻然動心者乎！予爲此言，不特爲沈侯頌，而併爲永民告也。告之維何？曰仁人在上，遵而行之，民之福也。

貞女碑記　　　　　　　　　　姬肇燕

　　貞女潘氏玉姑，本邑九都監生文達之女也。祖諱君登，有積德，還金不昧，舉鄉飲耆賓，年逾八旬，持家有法，訓子孫以禮，故女幼而端靜，則知大義。甫八齡，母嬰夙疾，女親侍湯藥，晷刻不離，衣不解帶者凡五載，且自任其勞，勉兄課業無荒於學。其孝友兼篤者如此。迨年十七，許聘徐灝爲配。灝亦出自儒門，應童子試，曾拔前茅。因數奇不偶，忽中漆毒云亡。女時未經于歸，聞訃，則哀號擗踴，欲披麻往弔。父母堅執不允行。女貞烈之性成於天，視死如歸，遂截髮墜樓，誓以身殉。父母救阻，得免。從此局戶悲啼，粒米不沾脣吻者十有五日，竟溘然長逝。尤可異者，既沒之後，兩睫不合，歷二晝夜如故。母察其微，撫屍痛哭，云：“我必以汝夫之櫬葬汝同穴，以遂汝志。”語畢，目忽瞑，無復留人世矣！徐子以己丑歲十二月廿六日病故,而女以庚寅歲正月十六日殉身。死之日,通都士庶老幼男婦莫不咨嗟嘆悼,遂具事公呈於縣。余閱其狀,不禁擊節嘆曰:"此真貞女子也! 此真烈女子也! 夫以蘭姿蕙質,而具鐵骨冰心,一旦聞夫喪,了明大義,毅然從夫地下,是死於義,死於禮,非死於情,死於名也。則古之烈女子、烈丈夫何以加此? 豈非得天地之正氣、鍾山川之靈秀,而能立萬古之綱常者哉! 女雖死,而精英散之人間,可以愧天下之女子而從二夫者,并可以愧天下之人臣而懷二心者。於此而不傳,亦宰斯土之過也!"爰旌其門,顏曰"香閨烈士",仍勒諸石,用垂不朽云。

重修明倫堂碑記　　　姬肇燕

余蒞永七載,每朔望叩謁先聖禮畢,偕學師佐貳,集邑內縉紳士庶耆老子弟於明倫堂,宣講聖諭十六條暨御製訓飭士子文。盛暑嚴寒,歷久不輟。辛卯夏,堂爲蠹朽,棟折榱崩,磚瓦皆裂。余顧而愀然曰:"斯堂也,綱常是賴,風俗攸關,不可不亟整之。雖工費浩繁,簿書旁午,念慮勿置也。"謀於司教徐公瀾、司訓張公文燿。僉曰:"邑人應姓之有功於此堂,由來舊矣。盍召而謀之?"迨與語,舉欣然以繼述自任,踴躍趨事,鳩工庀材,易棟梁,增磚瓦,築垣墉,朽者新之,頹者起之,缺者補之,兩越月而煥然告成功焉。朔望集講,余又不禁顧而欣然曰:"微應氏之力不及此!"因考諸志,知此堂創自有明正統間應公諱曇字仕濂者尚義捐建。成化中,其孫尚道重加修葺。越四十年,又復傾圮,尚道之子天啟、天祥、天澤、天文,丕承先志,重創造焉。邑紳宦遊京師者請於太史王公作記勒石,班班可考。至萬曆間,天澤之孫志臣捐貲重修不墜。本朝壬戌,尚道裔孫輸銀捌拾兩更理新之。今三十年來,公裔復大加修葺,統計前後創建者二、修理者五,更七世而無倦焉。余因之有所感矣:世之齷齪者,株積寸累,田宅是計,既不足以語此。一二慷慨好施之流,亦不過創修梵宮道宇、平治橋梁塗路、祈福田利益而已，求如仕濂與尚道諸公之爲人倫計，捐建此堂，後先繼美，而其後人追念祖德，克紹前徽，殆弗可及也已。爰記其本末，俾後之登斯堂者覽觀而勸興焉，是亦維風易俗之一助云。

永康縣學宮建修碑記　　　　　　　　竇光鼐

永康縣學，自明正統己巳燬於寇，邑士應仕濂捐貲重建，至弘治庚申，大成殿災，仕濂孫尚端拓基重建，尚端子天成繼成之。而明倫堂則自成化間仕濂孫尚道重葺，至正德癸酉尚道子天澤等復修崇之。嗣是後裔分掌一牆之圮、一木之蠹，不以煩有司，子孫繩繩，視若世業焉。嘗立學宮會備歲修之費。我皇上御極三十有二年，尚端裔孫秉璋，以文廟建置歲久，銳意大修，功宏費鉅。會貯殫盡，復議捐貲立會。族人踴躍爭先，重貯修用。比年歲修，有贏無絀。予按試，經由學側，教諭方卓然具道其事，請爲之記，而予未暇也。後三年，予復使浙。又三年，試竣，麗水學教諭應正禄録其志乘碑記可稽者以呈予。予惟自古設學，以明人倫，《中庸》所謂天下之達道也。聖人修道爲教，而夫子集其成，故殿曰大成，堂曰明倫，所以正教也。道之不明，教術分歧。佛刹道觀，無慮貴賤，不惜厚施營構，以資禱媚，而郡邑學宮之繕脩，率由有司督糾衆力然後成事。其故何也？蓋生人理義之心，與欲利之心同禀生初。顧理義微而難見，而利之爲欲易溺，異端詭説導以所欲，浸淫肺腑，貪生倖福之私，雖賢智不免，而使之適於理義，非彊勉不能服從，習漸然也。應氏之族，獨能力建文廟，祖作孫述，傳數百年，承修不怠，可謂知所擇矣！抑夫子勖子夏爲儒，有君子、小人之分，不可不察也。君子務躬行，不尚口説。子臣弟友，夫子猶云未能，治己治人，皆是道也。真儒不世出，而訓詁之傳，多逞臆説，甚至侈言性與天道，區儒林與道學而二之，則已好名而失其實矣。後之人復拾其唾餘爲時文應試，父兄以之爲教，子弟以之爲學，每以小人之心而欲假君子之辭,近且並其辭亦失之,而傳播習襲,恬不知怪,所學愈陋,故所就愈鄙。嗜利之爲,或反出二氏下,可哀也已。我皇上壽考作人,刊頒經史,復特頒《四庫全書》以資博學觀覽,近復石刻蔣衡書十三經於辟雍,御製序文,宣示道要。蓋聖人久道觀文,所以成化育材、儲天下國家之用者如此其至也。而諸生猶各安故習,徒學爲近年科舉文字,司鐸不得辭其咎,予甚惡焉。今既奏禁講章,異端邪說,放黜務盡,爲儒者匹正所趨,而志於君子之學,窮經述史,別擇子集,用以反求諸己,由獨知之不欺,深造以致其道,是予所願與諸生共勉者,非直爲一邑一家言也。乾隆五十七年六月記。

康濟橋碑記 代知縣劉垂緒作。　　　　徐紹開

粵稽川梁之設,自有夏迄今,尚矣。顧《夏令》總曰成梁,而《禹貢》必言濬川者,凡以因勢利導,川濬然後梁成,其大較也。雖然,成梁之法在利導,而利導之方,又不可不揆時度勢也。永康東南鄉二十里名曰石柱者,上達蒼、甌,下通衢、婺,東浙要津也。舊有橋,廢興無定。明嘉靖庚子,陳敬齋公倡捐,時四明上人授其法,浚一丈,亘八尺,屹如履坦。前令洪覺山先生補永嘉郡,經此而爲之記。信足徵矣。厥後不免復圮者。非惟歲久則然,亦其勢迥異也。勢不審,縱有志勤葺,大抵補偏救弊,迄無成則。嘗歷其地,綜其勢,詢諸土人,而熟審之,蓋其源出四十四都,迤邐而西,至石室山。圍遶山麓,又轉而北,經石柱,自北而南。其兩岸也,南岸而西多依山,利在深;北岸爲野涂,利在淺。各安其故,無所干忤,故舊橋不過九垛而濟。今南岸墳沙日長,洪水沖入北岸,漸沖漸濶。建橋須十七垛,視前幾倍。不峻其防,北岸靡所底止也。竊意堤防北岸弗致泛溢,當於岸北之上流約四百步外疊石爲擺,避其沖擊,斯水勢仍復故道,而橋功可竣。凡爲此計,詎自詡一勞永逸耶?而於因勢利導之時宜庶或有合耳。且夫《大學》一書,莫要於絜矩。矩者,平也。然必度其左右并上下前後

無不方，而後協一以均平，君子平其政類然。彼成梁，豈有異道歟！橋成，顔曰“康濟”，取古詩“有謀必康濟”之義，兼寓邑名於内，昭兹來許焉。是役也，所廢數千金。始以李生鶴庚請，余慨然任之而董其事。俾闔邑樂輸者，則王生儒璋、徐生啟璋、應生道種、樓生煜、徐生行、王生惟精、馬生聖簾、吕生尚選、王生鍾佩，王鳳坦、李松年俱與有勞，並書於石，以志贊美云。

傳

二列女傳　　陳　亮

列女杜氏，永康大姓女也。生而端莊且麗。宣和庚子冬，妖臘起，所在嘯聚相剽殺。里有悍賊輩，謁杜氏門，大言曰：“以女遺我。即不肯，今族汝矣！”其家驚泣，欲與則不忍，不與禍且及。言於女。女曰：“無恐，以一女易一家，曷爲不可！待我浴而出。”趣具湯。其家以告，賊相與歡笑以俟。既浴，取鏡，抹朱粉，具衫衣，盡飾。俄登几而立，縻帛于梁而圈其下，度不容冠，抽之，籠其首，整髮復冠，迺死。其家遑遽號噭，賊聞，亦驚捨去。嗚呼！學士大夫遭難不屈者，萬或一見焉，而謂女子能之乎！方杜氏之不屈以死，猶未足難也，獨其雍容處死而不亂，無異乎子路之結纓，是其難也不可及已。陳子曰：余世家永康，去杜氏不十里許。余雖不及目其事，大父母屢爲余言如此。雖古之烈女，何以進焉！余既傳其事，以示余友應仲實。仲實因爲余言：宣和辛丑，官軍分捕賊，所過乘勢抄掠。道永康，將之縉雲。及境，富民陳氏二女并爲執，植其刃於旁，曰：“從我，我婦之；否者，死。”長女不爲動，掠髮伸頸請受刃。官軍斫之，次女竟污焉。後有誚之曰：“若獨不能爲姊所爲乎？”次女慘然連言曰：“難，難。”世之喜斥人者必曰兒女態，陳、杜之態，亦兒女乎？人之落患難而兒女者，事已即縱辭自解，昂然有得色。視陳氏次女已愧，他又何説！仲實得之胡先生經仲。二君，謹言君子也，余是以志之。

章氏貞烈傳　　　　　　　　陳調元

貞烈，章姓，韞名。永康青龍人。生而莊静。年十二，許字馬氏。越七載，結褵有期。而馬生害疹，險惡不救。韞聞之，放聲而哭，欲往省。父母憐之，恐不測，乃聽往。至則拜舅嬸，逕入室。時馬生已不省，韞擗頓啼呼。馬生覺，曰：“吁！”張睛言：“負汝，負汝。”指贈二釵訣。女曰：“家，余家也，何釵爲！”馬生吁吁而絶。韞哀慟，脱珥筓笙麻，親爪櫛飯含視襲斂，囑卜兆者虚右，憑棺約：“爾前遲我，我爲爾圖後事。”踰年，抱叔氏初孕之子從海嗣。孝敬雍睦，性不耐逸，孤檠夜雨，絡緯蕭蕭，四壁涼風，翦尺鏦鏦，凜如也。郡縣歲交旌。今週甲子，臺憲上其事于部。禮臣議：女子從一，不亦貞乎！未醮而決，不亦烈乎！命之貞烈，以彰厥里。遂下所司，旌曰：故童馬世稱未婚妻章韞奴貞烈之門。馬生故名家子。貞烈父名龍，母金氏。初，母娠，族博士員璠夢幢蓋鼓吹送狀元來，是夕貞烈誕焉。

應仕濂傳　　　　　　　　朱　謹

君諱曇，字仕濂。永康芝英里人也。應氏自有宋時居芝英，以敦本尚義世其家。君生於洪武辛未，少補弟子員，以舉子業無與實學，遂棄去，與四方賢士討論實義。其所學綽有餘裕，郡邑事每從之咨詢以行，輒有實效。父殁，喪葬盡禮。兄仕清，與之析産，君悉以沃産讓兄。亡何，仕清卒，君乃專志撫孤，代理婚嫁云。君性好義，所在輒有恩，及激人心腑。常於温州市上見一少年，倚棄筐而泣，泣甚悲。君詢之，則曰：“予自東陽來者，父喪，母子苦守。貸於人貿易，於此日久，貨不行，母望於家而身不得歸，是以悲耳。”君惻然，就其值償之。其人大悦，悉君姓氏而去。又嘗徵租莊上，忽聞旅店中哭聲甚屬，往視之，則一襤縷婦人也。有兇徒怒杖之，君亟勸而止。杖之者曰：“我以重價得此娘，兩售於人，兩不肯就而反。今安所得值乎？彼實累我。是以恨而擊之。”君愴然曰：“擊之奚忍！我償而值。”其人大喜，遂以金贖之，挈至家。忽洗容易服，姍姍而前。詢之，則宮人也。發遣而出，落於販奴之手。具以告君，復從絮裏中出一囊授君。君以此益廣利濟。僕人有拾遺金百兩於杭州寓舍者，歸而入舟，始白於君。君大駴，亟返于杭，訪失金者，還之。歸途，遇一羽士，相之曰：“君陰德溢面，福未可量也。”先是君所遇東陽少年不復省憶矣，後數年，君以事過東陽，聞人言：某所胡姓者家供一牌位，書君姓氏於其上。君跡至其地訪之，牌固在，亟命撤去之。胡姓者母子感泣不已，其後兩家子姓結婚媾，成世戚云。君於邑中義舉，罔不勇赴，捐金以葺學校，置田以助里役，築橋賑飢，修復佛寺，計其生平，所費不貲，而卒莫之竭也。迄今芝英一區丁允數千人，其賢裔猶能守禮好義，宛如仕濂公存日云。

節婦徐氏傳　　　　　　　樓上層

節婦徐氏，諱某。永康河東呂日諧之妻，同邑庠生徐堯時之女。日諧卒崇禎丙子，維時節婦年十九，欲與俱殞者數矣。家中人救之，得不死。哭曰：“我夫麟鳳其文，而虎羆其氣，竟不祿，早死。夫亡，我質殊綿奄奄遺一綫命耳。”竟乞死，不得。蓋日諧學問詩禮，爲邑名諸生，會呂氏族方建祠河東，日諧負力揭巨礫，分擲左右如轉丸，曾不屑意，故節婦云然。頃之，節婦掇日諧故所嘗讀書零編剩牘，悉裝貯笥篋，其他冠履櫛沐具，雖敝皆珍而有之，閉戶執篋，稱未亡人某，卸脫簪珥，囊漆髮付飛蓬焉。節婦性至孝。屬姑有疾，姑廢食，節婦亦廢食。頃之疾愈，姑就食，節婦亦就食。其起居懼哀，惟姑之從，不主自已。有丈夫子一，以建祠時生，故名曰兆宗。卒時年二十有六，垂革，家中人勉使就藥。節婦辭曰：“吾乃今獲就木呂氏矣。藥雖良，其慎勿我强。其有能使我姑忘其老而子忘其少者，實維某存歿無窮之感。”樓子曰：余以甲寅三月載泛舟永康桃溪，河東呂新之來見。其人彬彬有古君子風，數爲我言徐氏事。當崇禎朝，巨盜猝起，揭竿斬木，掠婦女，遊行東西，男女之化不振者慘甚。而節婦獨義狥其夫，雖其地非兵刃之所及，而貞心烈膽，初不以死懼，轉若以死幸焉。蓋新之之祖，曰增廣生瑄。瑄字自西，雄於文，世所爲錢吉士、徐思曠不遇老生，其研經砥史，故當稱天下才也。自西則於諱兆宗者爲子，於節婦爲子之子。兆宗壯亢激越，視金帛如土芥，氣雄一時。以父早卒，學於曰諧兄曰昌。曰昌爲庠序秀。節婦曰："婦人義不聞梱外事，況稱未亡人者哉！雖吾子家而幸不罹水火之厄，弟婦之責也；學而幸不墜詩書之訓，兄公之任也。"以故終節婦身內外無奪倫者。則諱堯時者之教行於其子，而諱曰諧者之教閑於其家也。維節婦誠賢矣哉！

呂母節孝胡孺人傳　　　　　　　　盧檠

　　昔晉程杵之謀匿趙氏孤也，曰死易，立孤難。臣道也，妻道也，二而一也，吾於呂母節孝胡孺人有感焉。孺人者，永康河東呂兆昌之妻，系出下溪胡氏。考諱宗玉，妣金氏。幼時即知父母劬勞，以孝聞。其歸於呂也，兆昌年既長矣，又以早失怙恃，家中落，孺人至不數日，即脫去簪珥，相以勤勞，一切米鹽淩雜，蕉萃代匱，絕口不言苦辛，而歲時祭祀，則必腆必誠。嘗言吾不獲逮事翁媼矣，每歲承祀只一二日，固不少用吾情耶！兆昌既病劇，延醫攻以萬方不效，籲天求代，不應，康熙辛巳五月十有六日竟不祿以死。孺人痛甚，絕而復蘇者再，已指四歲孤言曰："吾不難從夫以死，然此子未成立而遽棄之死，是再死吾夫也。"蓬頭垢面，益自作苦，奩中物不贍，則紉鍼補綴佽之，至漏下二三十刻不已。每寒食，攜其孤，展墓伏哭，良久乃歸，歸途涕猶潸然，非《禮》所稱有終身之喪者耶！孤子懋池，年甫七歲，即爲覓句讀師教之，曰："家故貧賤，豈爲拾青紫計哉？他日明於大義，俾人稱吾夫有後，吾願足矣！"稱未亡人垂三十餘年，有二女，既嫁，懋池亦且成立。懋池乃請於姻族曰："他人母之爲母也易，懋池母之爲母也難。

他母,母也。戀池之母,不惟爲母,爲父、爲師、爲傅。其節也,以慈也;其慈也,以孝也。年符旌格前此矣,長者曷亦哀而憐之而以請於有司乎?"於是爲論次其事,告於邑侯嶺南黄公,遞達於大吏請題。乾隆十年歲乙丑,天子命下,予大府金錢,表厥宅里,樹風聲焉。君子曰:人生天地間,忠孝廉節得其一皆足不朽。如婦人以節聞,固婦人之不幸也,然欲立孤而孤立,俾其夫得有後,於千世而其以節孝坊表,亦無異丈夫之以忠孝著稱也。若孺人,其亦可以無憾矣!

吕節母應氏傳　　　　　程尚曾

節母姓應氏,岳松吕公配也。年二十一,婦于吕。踰八年而吕公亡,遺子一,曰行元;女一。當吕公之未卒也,臥疴逾時,凡左右扶掖暨藥裹湯餌之費,拮据萬狀,率惟節母是賴。及公之卒,母年才二十有九,行元僅九齡耳。家故貧,寒燈敗簪,遺孤子焉。母必辨色而起,一切勞苦委瑣之事悉獨肩之,即艱難踏頓,未嘗告瘁也。嘗以祭,牽其子拜且泣曰:"而子而佑之。其教之育之,未亡人之事也。"鞠育恩勤,勞瘁備至。行元既冠而娶,生子曰開成。母曰:"吾夫真有後矣。"未幾,媳蚤世,復爲行元繼娶應氏。喪葬問徵之費,悉籌畫于母。應氏生子,曰開學,母始粲然曰:"吾夫後不單矣。"鄰里賀者僉曰今日黄河清,蓋以母自守志以迄于今未嘗露齒云。方冀含飴弄孫,卸所肩于子,詎料行元復未竟厥緒,捐母以歿。嗚呼!母之遭,可謂再不幸矣!斯時二孫男皆未成人,旁觀者咸慮之。母則毅然曰:"吾夫九京所睜睜者,此二雛耳。吾遂委諸婿媳乎!吾雖老,吾子死,則吾責猶未既也。"于是總攬家計,凡内外淩雜,率身親之。家素業杜康,醫釀篘漉,必自點檢,勞瘁之況,無異疇曩,而家亦因之而少康。歲丁酉,開成輩俱已生子,開成且以貲入太學,邑之紳士僉仰母之節且賢,謂事關風教,宜有坊表以章婦順,條其事上于州。于時州大吏按之,悉如狀,乃據以請上,奉俞旨焉。嗚呼!母之榮可謂極矣!而母則服其命服,蕭拜以虔恩命,暨謝媚族,後遂摒擋庋置篋中不復服,曰:"吾一生苦志,得布衣以終足矣!"母之識,又何高人一等也!母現享年九十有三,曾玄且繞膝矣,而矍鑠不衰,斯固熙朝之人瑞也。予故傳其梗概,以明天人之際應若影響有如此者,以爲當世勸焉。

説

茉莉説 應孟明

茉莉之生,宜於閩而不宜於浙。閩之地,籬旁舍下,山樊水涯,如刺如藤,不植自繁。浙之好事者,遠而求之閩,既得之,則辛苦培之,不敢植地上與群花偶,瓦以爲缶,木以爲斛,植其中,求遷徙便,夜歸于室内,晝出之庭下,時而寒之,則晝夜不出,居火之近。然猶十植而八九不生而六七不繁。余於庚辰歲寓李溪,見有鬻茉莉而號於市者,余出數百錢,易數本以歸。植群花之圃,亦以群花視之,不甚貴重也。更四年,花之繁不止十倍。其植之初,纖纖其根,垂不盈尺,今焉環其土而四五尺其根也;植之日,疎疎其莖,纔一二數,今焉條達幾於百數其莖也。其葉璀璀,其叢冥冥,人之愛也思視之勤者,皆不吾植若也。隆興改元冬十二月朔,禹山張伯勉乞分於余。余從之。將行,謂余曰:"先生自庚辰春歸而植之,今四年矣。一日分以遺予,可無説以侑其行?"余曰:"余於花無甚愛,然於兹花之植有感焉。人之愛其身也,居以華屋,食以粱肉,衣以紈綺,畏寒暑如畏狼虎,畏道途如畏敵人。惰其四支,疾痛仍作。弱而如不克,瘠而如不食。或疾以生,或疾以死。是無他,愛其身者,害其身也。真能愛其身者反是。出之以大風烈日,當之以道途飢渴,手勞於持,足勞於履,心勞於思慮。身勞而力倍,癘疫不能入,憂患不能侵。其生也堅強,其死也壽考。是無他,勞其身者愛其身也。子歸,以吾言號諸人曰:孰愛爾身?害身之尤。孰勞爾身?堅強以休。晏安無事,古號鴆毒。動心忍性,增益厥福。無藏爾家,無愛驕奢。謂吾不信,有如兹花。"

牙醫説　　　　　　呂　皓

余左車有齒搖動，痛楚不可忍。將有遠行，亟欲療之。人有言張其姓者業攻此，因呼而示之。張者曰："是齒也，可存可去，亦視其人爲之。"予曰："何謂也？"張曰："俗輩無遠識，欲求快於一時。存之則痛未易遽止，必訾吾無速效而莫吾酬。去之則痛可立止，然傍無依輔，牽連撼他根，必將復求於我。彼不悔，吾又何難焉！彼之齒日以少，而吾得酬益以多，不盡不止也。於公則不敢然。蓋公知道君子也，諳人情，達物理，識利害重輕，不責效之遲捷，是用先告公以自治之方，始可以盡吾術、行吾志。次第其良劑而治之，閟元氣以養齒之末也，節飲食以養齒之銳也，嗇津液以養齒之體也。又從而度乃口以防羞之起，結乃舌以防邪之干，護乃脣以防風之寒。浸久浸固，雖無赫赫之功，必不貽患于後日。日計不足，月計斯足矣。必若不視勞以爲功，不指功以言報，故敢盡以語公焉。噫！滔滔者皆是也，如公者幾何人？苟執吾術而不知變，則有委溝壑而已耳。"張因倒其囊中脱齒數斗，列以示余，曰："此應脱而脱者，彼未應脱而與之脱者。"應脱者十不一焉。又蹙頞而進曰："脱一齒，僅得米二升，吾母老、妻瞽、子幼，一日不脱數齒，則將不能給矣。利害之切吾身蓋若此，寧求脱人之齒且快于人而己得食乎？將必圖固人之齒且忤于人而己不得食乎？其爲我決之。"余俛焉無以答，因笑語座客曰："諸賢異時出而醫國，其取方於此。"

拙齋説　　　　　　呂文燨

拙者巧之反也。巧者世之所趨，拙者人之所棄。余嘗究二者之得失而論之。蓋古之人，其本在於生人之具取足焉而止矣，不求稱欲而過役其智也。食飲取其充腹而已，故汙尊抔飲而足焉；衣服取其蔽形而已，故大布博褐而足焉；室屋取其待風雨而已，故茅茨土階而足焉；器什取其贍用而已，故陶金冶土而足焉。至於禮，取其接上下之體而已，故儀文具備而足焉；樂取其達天地之和而已，故比聲切律而足焉；刑取其除暴禁非而已，故明法慎罰而足焉；政取其遏惡揚善而已，故審令施制而足焉。至於言，取其道賓主之情而已，故辭達而足焉；行與事，取其盡父子、君臣、夫婦、長幼、朋友之分，而動靜云爲亦行其所無事而已，故盡倫正躬，迪德而足焉。夫如是，故其民相安於無事，而並生於天地之間。其後道敝樸散，人僞滋生，務求稱欲而不知止足也，遂以古人之所爲者謂之拙。於是珍饌瓌品必求其味之美，輕紈纖縠必求其飾之麗，瑤臺瓊室必求其居之華，雕文刻鏤必求其制之異。禮之敝至於便辟習熟而無忠信惻怛之實，樂之過至於流蕩忘返而無和平淡泊之趣，刑之失至於深文峻詆而無哀矜欽卹之意，政之衰至於雜霸任知而無《關雎》《麟趾》信愿仁順之風。夸毗呫囁從橫捭闔之辯作，而要君證父賣友斁倫敗類之行興。而凡其所行事，日趨於澆惡狙詐，鐫鑿其本真，劕琢其天性，刓其大者使之細，朘其厚者使之薄，究天下之物不足以給，竭天下之慮不足以贍，角天下之人至於相與攘奪竊亂而不知紀極。是皆世俗見謂巧者，而其敝至於如是。則天下之患，皆巧之所致，而非拙之罪也。其間或有豪傑之士，鑒其禍敗，苦其智之窮，而欲反其本，懲其欲之過，而思復乎古，於飲食也寧菲，衣服也寧素，室屋也寧陋，器什也寧樸，禮寧失之野，樂寧失之淡，刑寧失之不經，而政寧失於疎略。言寧失於訥而少文，行寧失之遲鈍椎木。徑情而直行，一切美麗華異淫慝刻薄佞僞之類，凡所謂巧者，悉推以與人，而不與之校，而以拙自處。及其至也，天下之人莫不受其弊，而己獨高拱而無事。由是而觀，是拙者未嘗不爲巧，而巧未嘗不爲拙也。拙者可以爲巧，而巧者雖欲爲拙，不可得也。嗚呼！拙者有餘，巧者不足。巧者勞，拙者逸。巧者賊，拙者德。巧者争，拙者平。巧者擾，拙者寧。其弗然乎？延陵吳君克讓，以拙名其齋，而徵文于余。克讓，名將之子，生而富貴，又聰明而有文章，其才與力皆可自致於巧以馳騁於世，乃耻之而弗爲，而取其所棄。蓋所謂豪傑之士志乎古而反其本者，故余因爲之説以贈之，且以發其意云。

昌陽説　　　　　　　　　　王　崇

　　應子讀書靈巖。巖皆石，周匝虛窟若洞，洞中多昌陽，亡擇廉虒，類託根于石，而迥出衆芳。應子愛之，盂其數本，登之几上，櫺風窗月，意與之偕，翛然也。《神農經》：餌之長生，久則仙去。以其氣陽而能昌吾之元陽也。故洞賓爲純陽道人。應子之愛，無乃是也。嘗曰：樂其與自家意思一般。殆非謂是也，然又有大于是。陰陽合一，太極也。太極，一也，兩之則天地生矣，三之則人參其間矣。非有兩則不能一，不三則不能參伍以變。參伍，陽數也，而陰每居于空虛不用，故陰不可長而陽不可消。消長之機，治亂之道也。邃古太樸沖和，萬彙不喻而自解乎道。庖羲畫卦，則之于天，是時蓋純乎其天技也。軒轅永端於天，以人修之，然猶純陽用事。堯舜而下，一陰纔來，呼咈形矣，忠質互而文矣，陽將極矣，於是作《易》。作《易》者何？嚴消長也。陽不長，則我長之，是昌之也，純以其人者也。昌陽之説昉此矣。周既季，陽微而三陰乘之，上下易位，萬物亂軌，孔子於是作《春秋》。《春秋》，猶夫律也；《易》，猶令也。令之不從，不得已而付之律也。《易》防其亂，盡變以立權也，所以前物而開其用，昌之始也。《春秋》明治，援常以正經也，所以后業而成其斷，昌之終也。其爲崇陽一也。今去季周滋遠矣，人心之《易》如綫，而《春秋》終人事矣。夫人心有《易》，天之性也；事褊《春秋》，非性之罪也。是故君子大則致道于上，昌于八荒，施及後世，是可與皋、夔、周、召者遊。小則光于其家，恒于其鄉，際身所邇，皆被之《易》，而《春秋》无所用之，詒永加大，取是足焉，是則孔子徒也。彼純陽之以長生，生其身焉已。若此則長生其心，心生則天地之道存，而功常參。故明有顯聞，幽有馨祀，惠澤流動，百世如在，而神仙不與焉。是則昌陽已矣，應子以爲何如？

尊經閣説　　　　　　　　王　崇

獲鹿尊經閣成，師弟子請説。説者曰："六經，聖人之書也。聖人不可得見，所可見者，書也。《易》、《書》、《詩》、《春秋》、《禮》、《樂》是也。尊而閣之者，尊聖人之書而奉之以高閣也，示隆重也。"請者漫然，以爲未竟。崇乃言曰：欲聞所以尊經乎？斲輪者曰：聖人之書，聖人之糟粕也。苟知聖人之糟粕者書也，則知所以尊經矣。仰曰天，俯曰地，人兹貌焉。然鼎立也，謂其能參天而兩地也，故惟聖人始得爲人。六經者，聖人所以爲人之道也。故觀于吾身，而六經之所爲備矣。觀于吾心，而聖人之本來面目可見矣。觀于其《易》、《詩》、《書》、《春秋》、《禮》、《樂》，而知皆吾人之箋釋矣。《易》言乎其命也，《書》言乎其行也，《詩》言乎其思也，《春秋》言乎其識也，《禮》言乎其體分也，《樂》言乎其風氣也，皆聖人之所爲文也。遂義以致命曰時，遹德以紹行曰中，慎動以辨思曰正，鑒微以精識曰公，脩則以定分曰敬，軌物以宣氣曰和，則皆聖人之所爲旨也。聖人之文非不足也，然有旨焉，君子弗文也。是故君子皆遂義也而不愆于時，則庶乎《易》矣；能遹德也而不詭于中，則庶乎《書》矣；能慎動也而不離于正，則庶乎《詩》矣；能鑒微也而不闇于公，則庶乎《春秋》矣；能脩則也而不欺于敬，則庶乎《禮》矣；能軌物也而不戾于和，則庶乎《樂》矣。言皆駸駸乎入之矣，入斯深矣，然而未尊也。昔者堯以天下讓舜，而舜亦以授禹，湯武以匹夫匹婦之心而臧否天子，乃天下不以爲犯順，顧益從之，斯善用夫《易》之時。伯夷、太公若高海濱也，而姬伯之歸復下翔乎周粟，瞷亡之拜，固鄭重乎嘉覿也，而互鄉佛肸乃假樂焉，斯善用夫《書》之中。伊尹放其君于桐，以天下擅廢置也而人不疑。首陽之諫，匹夫犯天子爲之而人不以爲異，且猶義之。斯善用夫《詩》之正。象，天子弟也，舜能制其惡于有庳之放，而周公不能以管、蔡而寬天下之誅。禹，鯀子也，能以其績蓋羽山之愆，而堯不能以丹朱而享一日四海之祚。斯善用夫《春秋》之公。不告而娶，禮所不許也，然未聞嫣訥之嬪而稟頑囂之命,卒以延虞氏百世之祊。天下獨夫受矣,而文王猶以北面之節終焉。比干諫且死,不敢不盡言以私聖人之竅。斯善用夫《禮》之敬。無懷、葛天之治以樸爲其道也,民犹然不争,風俗大穆,鳳鳥龜龍巢焉,擊壤康衢,至今可想也。斯善用夫《樂》之和。夫羲、軒而上無《易》,堯、舜無《書》,禹、湯無《詩》,文、武、周公之前《禮》、《樂》尚隱也。然而數聖人者,行則度,動則憲,惻怛忠厚,以善夫世累之遭而不失乎天理人倫之正,俾後世哀然稱篤行焉,炳炳若日星在天、江河行地,而未有不以爲經者,彼安求端哉?蓋求端于我而已。人惟以我之不足而無所與才于天地也,則形氣之以也,而我索然小矣。庸詎知夫嘗鼎立也,而分有常尊者哉?夫心之知覺是謂賢,心之神明是謂聖。聖則能作先天地而體其撰也,賢則能述後天地而發其蘊也。經之始也,是鼎而立者也。是故心之所極,千聖莫能過之;心之所安,千聖勿能違之。聖人懼夫心之不安也,於是累千萬言不足而有經,經所以極此心之安也。古之人,心安則身聽之,貧於是,賤於是,夷狄患難生且死於是,而身毋違焉。身所以安此心之極也。夫天下未有能大於心者,身且聽之,其尊之也至矣!今夫天,人則知尊之;君,人則知尊之,皆舉吾身而聽之也,至於經有不然者。彼誠知夫富貴福澤之以爲愛其身也,而無所與於君臣父子之道也。苟知是道之足吾庇也,而富貴福澤反或污焉,則知所以用情矣。君臣父子之道,聖人之道也。天下之物孰有榮於聖人之道者哉?奉其身以聖人之道,是尊其身以聖人也,尊之至也。故夫愛身者,能使其身一聽於聖人之道,真若民之於君也,萬物之於天也,亦惟其命而莫之違焉,斯可謂之尊經矣。苟徒以其書也,則誠糟粕已也,其與未畫之前、秦火之後,一也。經何爲哉!

愛牡丹説　　　　　　　　　王世鈇

自茂叔先生以牡丹爲花之富貴,後世清尚之士遂噤口不敢道。予獨愛牡丹,謂其亦有君子之德焉。植必處中,大居正也。挺勁其幹,阿那其枝,剛柔節也。備五彩以爲色,冠百花而首出,和順積而英華發也。故有時移種上林,天家增重;有時飛來瓊島,老眼頻看。良貴耳,非趙孟之所貴;至文以爲富耳,非晉楚之富。牡丹亦有君子之德焉。然則先生之説非耶?曰:先生之説,別有寄托,非斥牡丹,如謂世俗之所愛必不可愛,彼蓮花亦嘗比六郎矣,先生何以愛之耶?出汙泥而不染,此蓮花之心也。視富貴如浮雲,則又不妨愛牡丹矣。

學日説

晉平公謂師曠曰:"吾年七十,而猶好學,何如?"曠曰:"臣聞少而好學,如日出之陽;壯而好學,如日中之光;老而好學,如秉燭之明。"秉燭者,賢於暗行矣。柳齋子曰:此瞽師之失辭也。學與年增,明因學進。故少之所蒙,或老而開焉;壯之所滯,或老而化焉。愈學愈鼓舞,愈老愈精神,其樂不可量矣!因爲三言以正之曰:少而好學,如日初出,昧爽恍惚;壯而好學,如日始升,融朗徐增;老而好學,如日中天,光滿大千。故夫子不知老之將至,而又欲假我數年。

夜明砂説　　　　　　　　程兆選

夜明砂,蚊睛也。夏秋之月,暝色交,蚊乃市,薨薨聚簷霤間。飛鼠時其市也,來往趁如織,迎而吸之,市墟腹果,獨其睛食已不化,輙糞以出,淘之,粲如砂。方書用已目疾,甚良。人之膚腠,風入則粟,汗出而漿,潛扃密啟,孰察杳茫。蚊刲厥喙,卒盜而藏。則睛爲之鈇也,其亦神矣。挹彼注此,靈液播精,磨光豁瞖,轉魄而明,其良於目也固宜。百物於人,苟資之,皆可徑而致。象之齒、虎之骨、麋麛之胳、龜蚌獱獺之甲與髓,以及溪髮、石乳、草根、木節、果核、瓜犀,下至蛇蟬之蛻、螳蜋螳之卵,皆得羅山網淵、撼林掘野求之,獨兹砂非腹以鼠,輸以糞,漱以微湍,則終歲不能以粒睛固。神砂之效,於目誠良,乃致之必委折若是,不若是,卒不可得而致。嗟乎!以彼抱其纖微渺瑣之質，於天地直一塵耳，復寧足以有無計，乃以一節之長，不可終棄，必使糜肌腐骨、蒙垢逐污，輾轉挫辱於崎嶇煩穢之中，幾無由自拔，乃更爬羅蕩滌，變動光明，卒成其材，以擅其能，而名後世。此即管夷吾三浴三薰而相，范睢折骨拉骼而封，其榮瘁升沉，亦寧有毫髮異。豈造物者固不憚煩哉！彼其一視同仁，皆有大不得已焉者也。余故爲之說，以明造物於才，既生之，則其愛之也，即纖微渺瑣如砂者，亦必撴撴委折成就之若是。

箴

上光宗皇帝鑒成箴　　　　陳　亮

五閏失馭，僞主僭竊，綱常絲棼，宇縣瓜裂。干戈日尋，湯沸火熱，元元憔悴，無所存活。藝祖勃興，天爲民設。受命之日，兵刃不血。痛茲版圖，尚爾割截，丙夜不安，往就普說。獨立門外，衝冒風雪。謀定戈指，莫我敢遏。首征揚州，重進誅亟；旋征澤潞，李筠就殺。復掩湖南，保權力屈；爰取荆南，繼沖悚懼。一鼓孟昶，蜀城斯拔；徂征嶺南，劉鋹面縛。馳使江南，李煜踧踖；傳檄吳越，錢俶納國。十餘年間，憂慮危慄，頭若蓬葆，雨沐風櫛。東征西伐，天下始一。解兵脩貢，降王在列。施袴麻鞵，緣布衣褐。訓練六軍，法度陞級。太宗繼之，乾乾夕惕。親征河東，督勵士卒，人百其勇，城無全堞。下詔寬赦，繼元乃伏；收復漳泉，洪進屛息。真宗嗣之，二祖是法。契丹來寇，人心業業。決意親征，俯從準策。親御鞍馬，躬秉黃鉞。白旄一麾，王師奮發。我氣既盈，虜氣斯竭。稽首請和，干戈載戢。譬以禍福，實賴臣弼。於皇仁祖，善繼善述。未幾元昊，在西復悖。謀臣勇將，連年討伐。邊民既困，國用亦乏。厥後智高，忽爾猖獗。南嶺東西，擾擾數月。以時討平，狄青之力。靖康之難，言之汗浹！二帝北巡，狼窠熊窟。沙漠萬里，風霜冽冽，胡塵撲面，驚弦慘骨。國祚若旒，誰任其責？賴有高宗，克紹前烈。匆遽渡江，心膽欲折。皇天降監，風濤安帖。所至成市，暫都于浙。顔亮凶憸，震撼六合。投箠采石，意謂無越。幸而倒戈，自取夷滅。壽皇履位，求賢如渴。崇事高宗，孝心尤切。二十八載，終始無缺。高宗上僊，哀號哽咽。四方來觀，其容慘怛。王業艱難，坦然明白。今王嗣位，祖宗是則。無湎于酒，無沈于色。色能荒人之心，酒能敗人之德。以宰相爲腹心，以臺諫爲耳目，以將帥爲爪牙，以尚書爲喉舌。登崇俊良，斥退姦梡。勿謂天高，常若對越；勿謂民弱，實關治忽。勿俾禍起於蕭牆，勿使患生於倉卒。勿私賞以格公議，勿私刑以虧國律。勿侮老成之人，勿貴無益之物。勿妄費生靈之財，勿妄興土木之役。勿謂嚬笑之微而莫我知，勿謂號令之嚴而莫我逆。盡孝乃明主之治，論相乃人主之職。聖言不可侮，人心不可咈。傾耳乎公卿之言，游心乎帝王之術。勿謂和議已成，而不慮乎遠圖；勿謂大位已得，而不恤乎小失。當效禹王，寸陰是惜；當效文王，日昃不食。勿效夏桀，瑤臺瓊室；勿效商紂，斮涉剖心。如履薄冰，深虞没溺；如馭六馬，切虞奔軼。勿謂微過，當絶芽蘗；勿謂小患，當窒孔穴。左右前後，當用賢哲。王惟戒兹，民罔不悦。草茅作箴，敢告司閽。

銘

存心銘   樓炤

穹然者天，高而明也。隤然者地，博而厚也。人與相參，曰維心也。有心不存，天地間也。涵養乎静，全其理也。省察乎動，防其欲也。厥要維何，主乎敬也。終始惟一，心即存也。厥心既存，天地似也。推而施之，四海平也。擴而充之，萬物育也。克聖克賢，人無愧也。

菊軒銘   宋濂

金華韓先生進之，以耆年碩德爲州里後進所矜式。文章問學既不獲用於世，乃寄情於鞠華，東籬之下環植之，亡慮數十本。蓋以鞠有正色,與先生所稟正性相符,故當風露高潔之時獨致其妍,而非凡花豔卉之可同也。濂,四十餘年之老友也,雖不能文,爲著《鞠軒銘》一首,先生當與我刪之。銘曰:

鞠有正色,具中之德。君子法之,以無頗與僻。鞠有落英,斯鞠其馨。君子餐之,期不爽厥真。菊兮君子兮,合爲一兮,終無貳兮,永爲民則兮。

永泉井銘 在縣東南合德鄉。 　　　李　曄

爰籍于經,"井"義是作。下"巽"上"坎",收而弗幕。惟茲永泉,淵泓澄渟。不射于鮒,不羸其瓶。其永伊何? 源泉混混。人知其流,孰探其本? 動而不括,君子以之。泥污不食,去道遠而。如鏡之平,如玉之瑩。返觀其心,其心若静。邑改而隳,井存不移。既飲而壽,其樂無涯。我作斯銘,豈其不宜。子子孫孫,永遠無毁。毁,叶喧規切,音隳。揚子《太玄經》:"減其疾,不至危也。""瀏漣之減,生根毁也。"

崇德齋銘 　　　國　朝應正禄

天生烝民,莫不有德。崇之伊何? 古訓是式。高明有基,廣大有域。修辭立誠,斯學之則。見善則遷,聞義必力。勉而行之,孰知其極。勿忘而嬉,勿助而賊。聖人有言,先事後得。

廣業齋銘

古有謨訓,業廣惟勤。勤而或弛,没世無聞。煌煌令典,渾渾皇墳。居稽上下,用志不紛。得寸則寸,得分則分。積日累勞,富有日新。藏之非陋,用之爲勳。莪莪髦士,眂此銘文。

宋林樞密墓碑銘 　　　樓　鑰

公諱大中,字和叔。贈少保禄之玄孫,少傅邦之孫,少師茂臣之

子也。公少篤志問學，文章自出機杼。登紹興三十年進士，調左迪功郎。乾道六年，丞貴池縣，改宣教郎。淳熙三年，知撫州金谿縣。郡督賦太急，公堅請寬限。民感公之深，競輸于郡，視歲額反加焉。七年，知湖州長興縣。時歲旱河涸，米價騰貴，已有攘奪之患。公方憂之，忽水自荻浦灌河，聲振數里，來舟輻輳，闔境以爲神。詹侍郎義之，力薦於朝。十年，幹辦行在。十二年冬，求補外。同擬者四人，孝宗皇帝指公與計衡姓名曰：“此二人佳，可除職事官。”遂除太常寺主簿。十六年夏，除諸王宮大小教授。光宗即位，葉尚書翥等俱以公薦，擢監察御史，論事無所迴避。紹熙改元三月，御批賜公等曰：“臺閣正則，委寄匪輕。言事覺察，各有舊制。茲示朕意，各務遵承。”公答奏有曰：“職有常守，期各務于遵循；言所當言，庶不辜于委寄。”自是風采益振。五月，遷殿中侍御史。三年三月，兼侍講。在臺省首尾四年，薦趙汝愚，救鄧司諫，保安宰臣留正，身居言路，而申諫省之氣，誦宰相之賢，他人不敢爲也。出知贛州，德化大洽。五年七月，皇上登極，趣召公還。贛石至險，公欲行，不雨而水高數尺，怪石盡没，俗謂之清漲，殆出神助，趙清獻公以後，惟此得之。九月，除中書舍人。十二月，遷給事中，兼侍講。公言得制誥之體，而橄詞批敕，風裁如臺中時。佗胄來見。公接之無他語。使人通問，因願納交。又笑卻之。會彭侍郎龜年抗論佗胄甚切，公連名上疏，直聲益著。初，趙丞相登政府，汪義端爲御史，力攻之，不得，遂罷去。至是佗胄引爲右史，公又駁之。故朱晦菴與朝士書曰：“林和叔入臺無一事不中節，當于古人中求之。”除公吏部侍郎，不拜。除煥章閣待制，知慶元府。時郡齋有盜，若鬼神之狀，公以爲此黠賊也，必顯捕治。已而果然，由是姦人屏息。城門有河，而水湧堤決。公撙節浮費，得二萬緡置局，命富而能者董之，易之以石，河患遂息。二年，求祠，得請未行。五年四月，提舉武夷山沖祐觀致仕。去邑居二里，得龜潭之勝，作莊園，談笑自若，有獨樂之風。既而有召，命令州軍以禮津遣，又促其行。始至闕，而吏部尚書之命已五日矣。內引奏，得玉音嘉獎。公首論：無求更化之名，必務更化之實。力陳朱熹、彭龜年、呂祖儉以論擊侂胄，皆已故矣，量輕重旌表之，以伸其寃，且以爲直言之勸。是日，除端明殿學士、簽書樞密院事。嘉定改元閏四月，公兼太子賓客。謂所親曰："年登八十，豈堪勞勩！獨念和議，尚須審度。"未幾，而公薨矣。公孝于親，友愛兄弟，悉將先疇分與之，又官其從子二人。悼已之後，自言子雖早歿，三孫足以承家。冒暑得疾，猶自力以趨朝謁。六月壬申，薨于位。上爲震悼，賜水銀、龍腦及銀、絹各五百，東宮亦致賻焉。享年七十有八。積官至朝議大夫，爵東陽郡，食邑一千一百户，食實封百户。贈資政殿學士、正奉大夫。以二年十一月己未葬于南塘山之原。謚曰正惠。特添差從子籥爲婺之司户參軍護其葬，朝旨轉運司應辦。可謂始終哀榮矣。娶趙氏，先卒，贈永嘉郡夫人，至是合祔焉。子簡，以公樞密恩例，特贈登仕郎。曾孫四人，子熙、子點，並將仕郎楷等求銘石，義不容辭，發揮幽光，愧勿克稱云爾。

辨

築城辨　　　　　　　　　　沈藻

永康城起於孫吳，拓於宋，墮於元末。有明以來，不復建。嘉靖間，應僉憲廷育修邑志，有云："城以設險，兵以徼巡，場以閱武，均之不可廢也，而廢焉者多矣。備書其故，用訊于識微慮遠之君子。"僉憲此説，亦既昌言城之不可廢矣。顧其志成于嘉靖間，而未刊布。至萬曆辛巳，邑令吳安國始授之梓。中有附錄僉憲築城利害一書，其言曰：縣舊有城，而卒不復者，以地形之必不可城也。夫城之不復，人事之缺。若云地形不可，則自赤烏以來非即此地形乎？邑之有城，如人身之有裳服。今有人焉，以布帛之不充，裸露其體，輒曰非無服也，以我之形體必不宜於服也，他人聞之，豈不矗然失笑乎！又云：若欲築城，必先拆去兩傍民居，以爲城址、馬路，防禦外患，其憂遠在數百年之内，而蕩析民居，其患近在旦夕之間。是以寧略遠憂而忘近患也。信斯言也，則凡古之君臣深謀遠慮爲國家慮長久如盤庚之遷殷、召公之營洛，舉凡建功立業之爲，皆是舍近圖遠者也。其他舛謬之説甚多，不足辨也。予初閱之大疑，以爲僉憲永之僑胕也，豈宜有是説。既而察之，始知永人憚于大役，故僞爲是書，以竄入應志。初不審僉憲正論炳炳于前，而乃綴此矛盾之説，以相欺誣。觀者不察，尤信以爲不刊之語，故不得已而辨之。

胡公丁黨辨　　　　　　　　程夔初

按《宋史》，真宗末年，丁謂降太子少保，分司西京。初，謂舉進士，客許田，胡則厚遇之。及謂貴顯，則驟進用。至是謂罷，則亦出爲京西轉運使。又曰辛卯貶丁謂爲厓州司户參軍。初，則坐丁謂黨降，知信州，徙福州，及謂貶厓州，賓客盡散，獨則遣人如海上，饋問如平日。程子曰：此謂之黨者，徒觀其迹而不知其心者也，否則史氏之誣也。凡人於世，尊卑儕類，莫不有交與。以貧賤而上交，雖不必盡出於不肖，然或有所利而爲之，其迹猶難明也。以富貴而下交，非其愛士之殷，則其獎進之雅，其心甚可察也。此君子之所以異於小人也。且夫小人，於寒素之士則輕之，於權利之門則趨之。及其趨之，有勢則附，無勢則避。一旦禍起，多方晦迹，避之惟恐不遠者，是誠所謂黨也。若乃胡公之於晉公，原以貧賤相交也，黨者所不爲也。朱崖之遺，又自以患難相恤也，黨者所不能也。以貧賤遇其人，初不以富貴望報。如使以富貴望報，必不能以患難相恤。以患難相恤者，是不避嫌疑，不棄故舊，其與遇貧賤之心，無以異也。蓋其視貧賤富貴患難如一轍，故其心光明俊偉，而其志初終不移，是惟公平無私者能之矣！世徒見晉公用而胡公進，因疑其黨耳，不知公平生仕途爲國爲民，歷有政績異能，公之才德自足重用，不必晉公汲引也。晉公即有所汲引，亦自以雅故深知相推，公豈有所要以求進者耶！且其果相朋比也,則公既進,必引之要地,與爲私圖,如林特、錢惟演之屬,踪跡款密。而公落落在位,不聞阿附,即曰進用,而公爲朝廷用,不爲晉公用,可知也。乃因其平日交厚之故,一陟一黜,而遂橫加非議以爲黨,是其大謬不然,又豈知君子之用心而與小人絶遠者哉!當晉公貴盛時,錢惟演結爲婚姻,及其敗也,乃擠之以自解。是真所謂小人之黨,而其棄交背義有如此之相反者也!若公之於晉公,始終義也。天下未有黨者而能爲義,即未有義者而可謂之黨者也。若其平日之厚遇丁也,亦有説。當晉公少年,才氣文章,王元之嘗稱之。其立朝,寇萊公薦之。謂公不如李文靖之先見,則可;謂公亦如二子之稱許失人,則不可。何者?人固難知也。且公之於宛邱也,以國士遇范文正。其在許田,焉知不以遇文正者遇晉公?厥後一賢一奸,則是負之者之過也,而待之者復何過乎?而因此謂之黨乎?公之薨也,范文正志其墓,有曰"濟陽丁公爲舉子時,與孫漢公客許田,待之甚厚。及其執政,而雅故之情不絶。暨丁有朱崖之行,昔之賓客無敢顧其家,公實被議出玉山,尚屢遣介夫,不遠萬里,而往遺焉。此人之所甚難。"噫!觀文正之言,可以知公之心矣!公,神人也,聰明正直,不待小子之辨。然生乎公之鄉,視史氏之誣,固知而不容不辨也!

乞列何王金許四先生從祀疏(補) 朱 方

雲南布政司右參政臣朱方爲乞褒崇正學事。臣原籍金華府,有故宋儒何文定基世稱北山先生、王文憲柏世稱魯齋先生,俱金華縣人;金文安履祥世稱仁山先生,蘭谿縣人;元儒許文懿謙世稱白雲先生,亦金華縣人。四子師承,克繼道統。蓋文定親炙於勉齋黃文肅幹,文肅則親受業於徽國朱子熹之門而獨得其傳者也,踵武相接,機鈐相須,繼往開來,彌大而昌,匪直有功於朱子,抑實有功於聖門。揆之祭法人心,允宜從祀文廟。成化間,浙江按察司僉事辛訪特具奏請,蒙勅禮部備行,本部尚書兼翰林院學士陳文等會議題准,當蒙欽賜正學祠額并祭文,准龜山楊中立例立祠鄉郡,未秩從祀。臣考當時議者,謂何基等於道不爲不造其涯涘,然達淵源則未也;不爲不躡其徑庭,然入堂奧則未也。臣固宮牆外望未識堂奧者,然嘗歷考宋、元國史列傳及一應制誥行狀與凡墓志誄詞并諸先輩論述而論其世矣。謹按文定者,受業勉齋,的傳濂洛,深潛沖澹,精體默融,立志以定其本,居敬以持其志,力學以致其知,躬行以踐其實,抱道隱居,樂天知命。宋朝以其一德一心踐行不爽,謚之曰“定”。文定之道,傳於文憲,通睿絕識,窮聖賢之精蘊;雄辭偉論,發理象之微著。格致服行,真傳的緒,誠精明達,有體有用,日明霜潔,玉栗金精。風力宏撫,足以濟世綜物;著述規爲,足以解梦主度。道在經綸,進有可行之真;安老陋巷,退有可藏之實。宋朝以其廣聞多能,善行可紀,謚之曰“憲”。文憲之道,傳於文安。省察克治,涵養充拓,嘗進牽制擣虛之策,欲以紓宋祚於阽危,而時不能行,遂謝歸不出。簞瓢樂道,著書忘老,立德立言,可法可師。窮理盡性,誨人不倦。治身接物,毫髮無歉。而謚之曰“安”,蓋以其溫良敦仁也。文安之道,傳於文懿。誠明兩盡,知行並進,精絕詣識,戰兢惕勵。讀晦菴之書,而泝伊洛之源;跂夫子之牆,而見宗廟之美。萬殊之差,無微不析;一本之同,會歸有極。酬酢萬變,必用其中;涵養本源,以敬始終。而謚之曰“懿”,蓋以其溫柔聖善也。竊又惟四賢之謚,不特一節。四謚之上悉連“文”字者,蓋以朱子師生,上自楊、李,下逮蔡、黃,無不皆然,所以明一原、盡衆美也。制謚之意,正以表四賢之道德、造朱子之淵源耳。宋誥何基有曰“睠言山澤之癯,獨得淵源之正”,而《宋史》亦曰遂安淵源之懿。金履祥祭王柏有曰:“猗與先生,世濟淵源,克己亦顏,弘毅似曾。”而范棫亦曰“學貫天人,道源洙泗。”許謙挽金履祥有曰“統緒傳朱子,淵源繼魯翁。”而《元史》亦以其親得何、王二氏之傳,而並充於己。淵穎吳萊之稱文懿,則曰“上追洙泗之本源,前泝伊洛之宗派。”而文靖虞集,亦以其德性道學之淵微未易知。文肅柳貫亦曰“其授受之淵源,粹然一出於正。"致蒙欽賜祭文,亦曰"接晦菴之源流。"合而觀之,四子於斯道淵源不可謂不達,而堂奧不可謂不造,亦既章章明矣!議者又謂羽翼斯道,莫如著述。程朱之後,如胡安國之《春秋傳》,蔡沈之《尚書傳》,真德秀之《大學衍義》,吳澂之《五經纂言》,學校以之育材,經筵以之勸講,其功偉矣。何、王、金、許之所爲書,其用恐未若是之專,其功恐未若是之偉。臣竊謂如此議擬,是尚未嘗深加查考於四儒之所謂制作著述及其顯用之顛末也。何基所著有《大學中庸發揮》、《易大傳啟蒙發揮》、《太極通書西銘發揮》、《近思録發揮》,而《朱子感興詩解》一編,雖出於一時之載筆,實所謂萬理之指南。王柏所著有《讀易記》、《讀書記》、《讀春秋記》、《讀詩記》、《讀論語衍義》、《太極衍義》、《伊洛精義》、《魯經章句》、《論語孟子通旨》、《書附傳》、《左氏正傳》、《續國語》、《朱子旨要》、《道學志》、《詩可言》、《天文地理考》、《墨林類考》、《大爾雅》、《六義字原》、《帝王歷數》、《正始之音》、《伊洛指南》等書,永樂中多已呈進,而《研幾圖》一編,固聖門心學之要領;《上蔡講義》,尤學者修治之實功。金履祥所著,有《論孟考證》,補《集注》之未備;《尚書表注》,正《集傳》之誤遺,而《通鑑前編》,則擴先賢之所未發,以復見帝王之盛治,尊經黜誕,雖微詞必有折衷;考舛訂訛,於大義尤爲明當。誠五經會通之旨歸,萬世不刊之要典。他如《大學疏義指義》,天歷初廉訪使鄭允中亦嘗上其書於朝矣。許謙所著,有《四書叢説》、《詩集傳名物鈔》、《書集傳叢説》、《春秋三傳管窺》、《觀史治忽幾微》、《儀禮三傳義疏》等書,皆有補於聖道,有功於後學者也。四賢之書,雖不能如胡安國、蔡沈、真德秀之顯行於時,亦皆羽翼經傳,裨益程、朱,其功不少。永樂間,纂修《五經四書性理大全書》,亦既蒙與楊中立、吳澂諸人之書一體採録,頒降學校,要不可謂非學校養士經筵講貫之資也。特當時議擬忽焉,未之深究,故止令照楊中立例立祠鄉郡,而賜之祭。厥後楊中立已封將樂伯,進入從祀之列,而何基等未有爲之上請者。臣竊又以勉齋黃文肅幹,上承朱統,下啟何傳,與夫豫章羅文質從彥、延平李文靖侗，派接程宗，教興朱學，皆與楊中立道同功等，並宜優崇，乞勅多官會議，將羅從彥、李侗、黃幹、何基、王柏、金履祥、許謙，俱加其封爵，列諸從祀。庶幾上以奉宣我皇上表正儒宗尊崇道化之盛意，下以作興後學而興隆世教也。

書永康縣新志後

　　永康自吳赤烏年置縣，至南宋嘉泰，而志始萌芽。元延祐，邑人陳安可續修之。有明數百年間，重修者數四，乃其書僅有存者。國朝康熙壬子、戊寅，且再修矣，迄今一百四十年。志之失修，未有若斯之曠久者也。其間賢令尹亦嘗接踵，而簿書期會，未暇及此。我廖明府萃堂先生以粵西名進士來宰是邦，下車數月，政修人和。公餘考索，覯簡編之未備，慮文獻之無徵，慨然以修志爲己任，乃大開帷幕，以引方容，且諗於衆曰："一百餘年之久，闕略必多，搜採不厭周詳，棄擇務期精當。志猶史也，而褒譏寓焉。志非譜也，而稱述異焉。"明府既洞見夫修志不易之成法，而必以秉筆任之邑紳者，欲以觀好惡之公而察其取舍之慎也。曙霞等顓童不窹，汲綆未修，惟勉圖報，命珥筆以隨諸君子之後，而稽諸史牒，考諸省志、郡書，諮諸一邑之公論，闕者補，繁者芟，譌者訂，按部就班，巨昕細旷，惟明府之取裁，而無所容心於其間也。若云康海之志武功、崔銑之志安陽，其何敢望焉！至於網羅參考，以敷政而立教，則明府之序詳言之，更非在宇下者所與知也。

　　道光十七年壯月應曙霞、潘國詔謹跋。